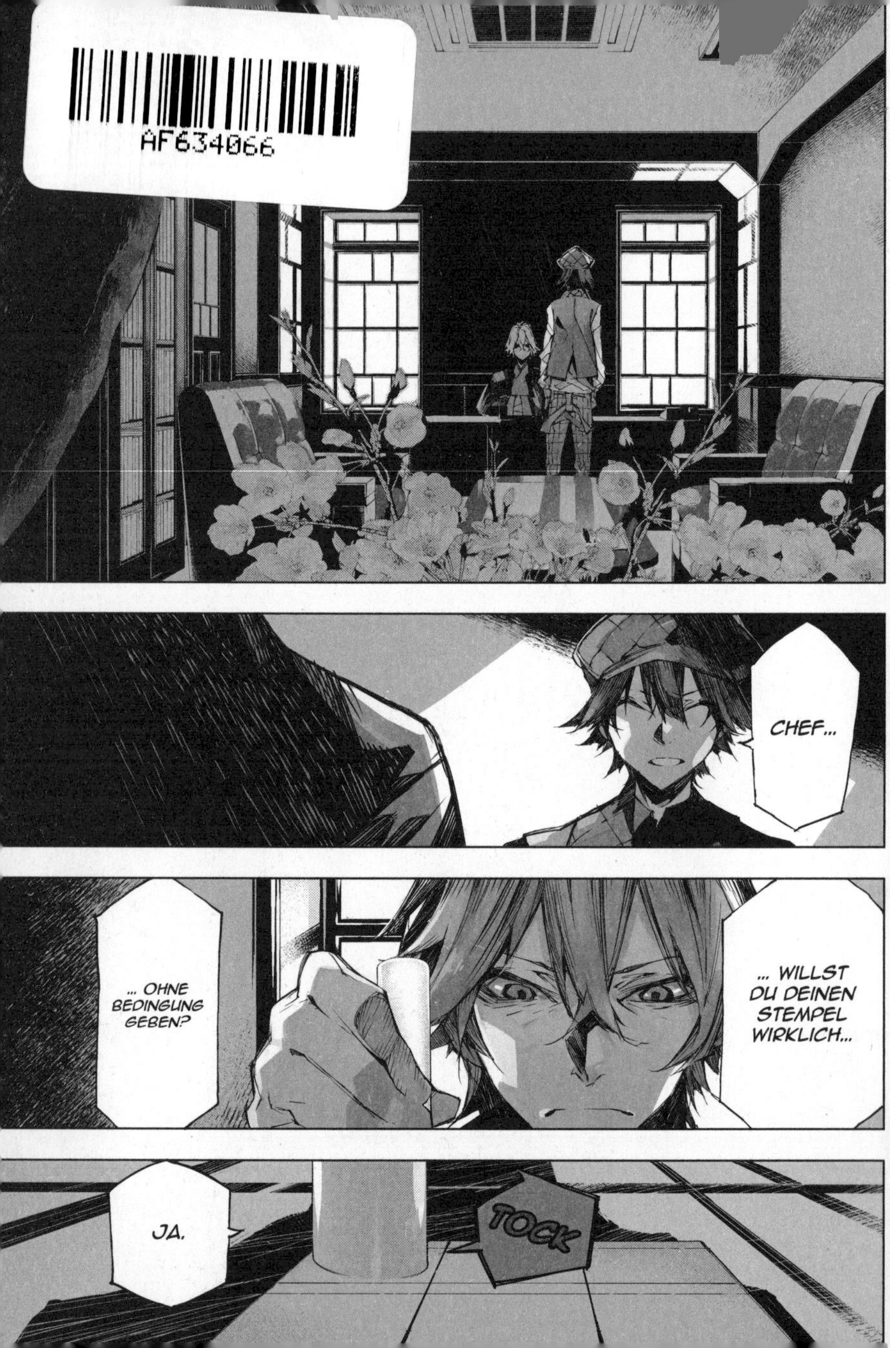
CHEF...
... WILLST DU DEINEN STEMPEL WIRKLICH...
... OHNE BEDINGUNG GEBEN?
TOCK
JA.

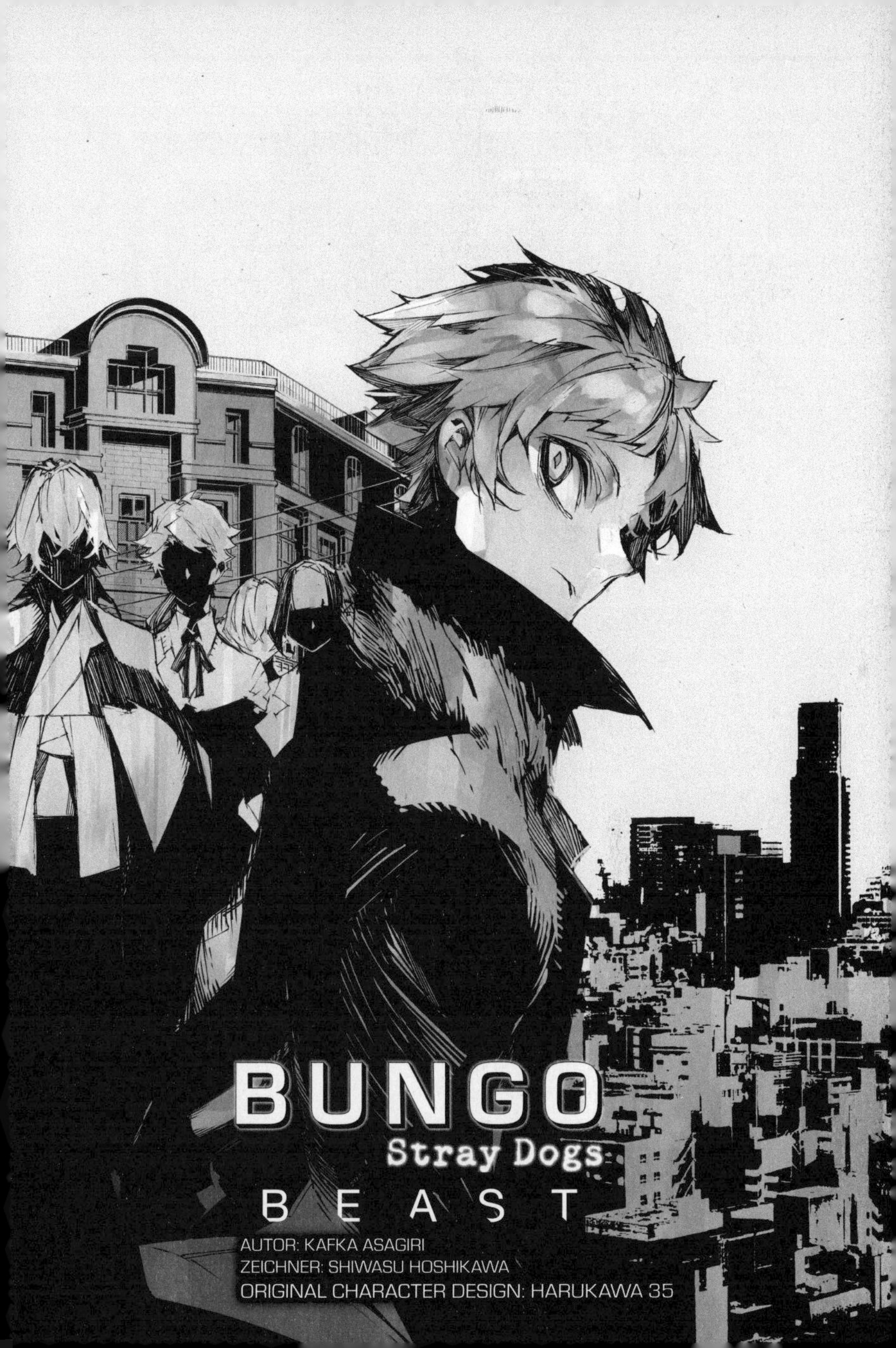
BUNGO
Stray Dogs
BEAST
AUTOR: KAFKA ASAGIRI
ZEICHNER: SHIWASU HOSHIKAWA
ORIGINAL CHARACTER DESIGN: HARUKAWA 35

#5 BEDINGUNGEN

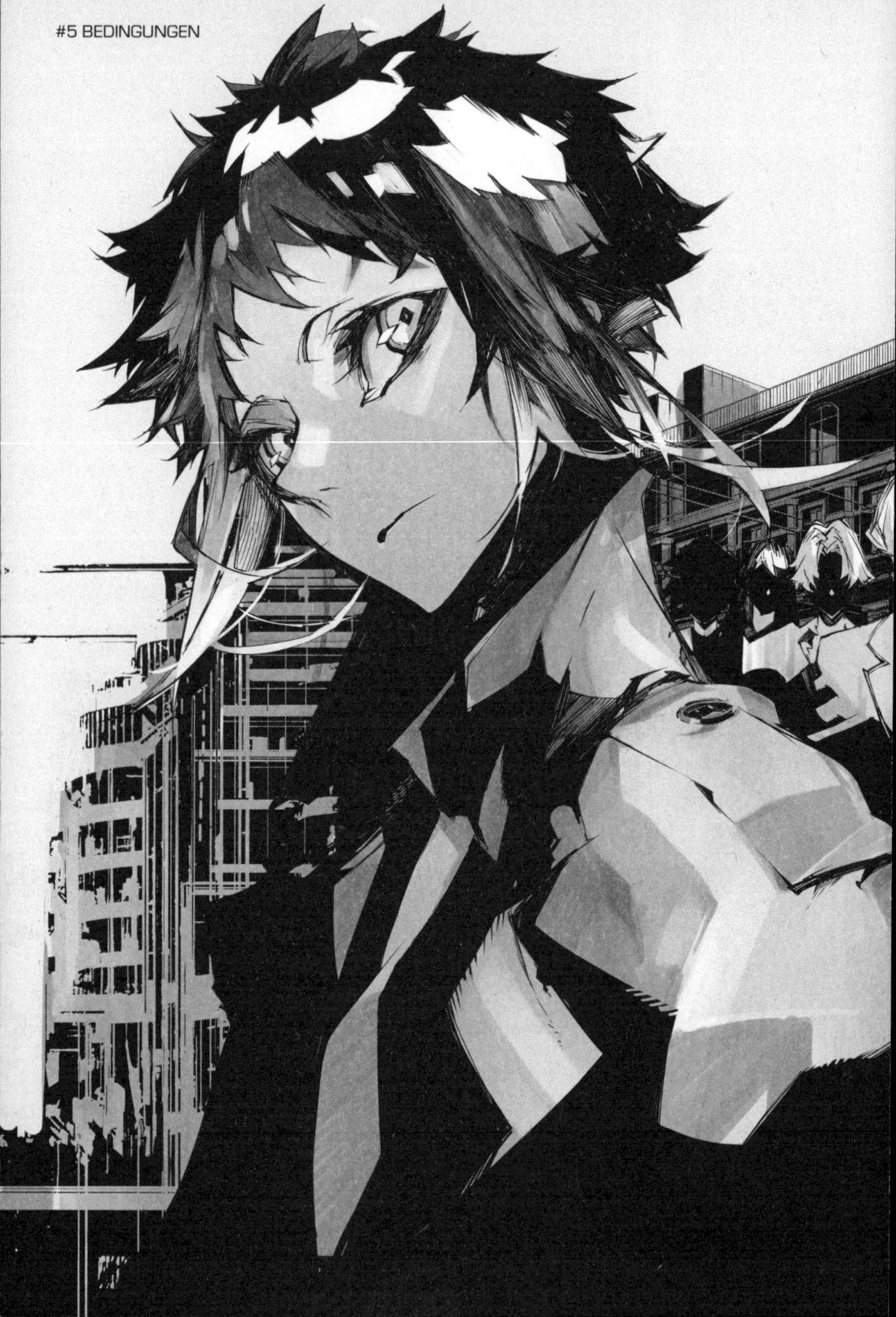

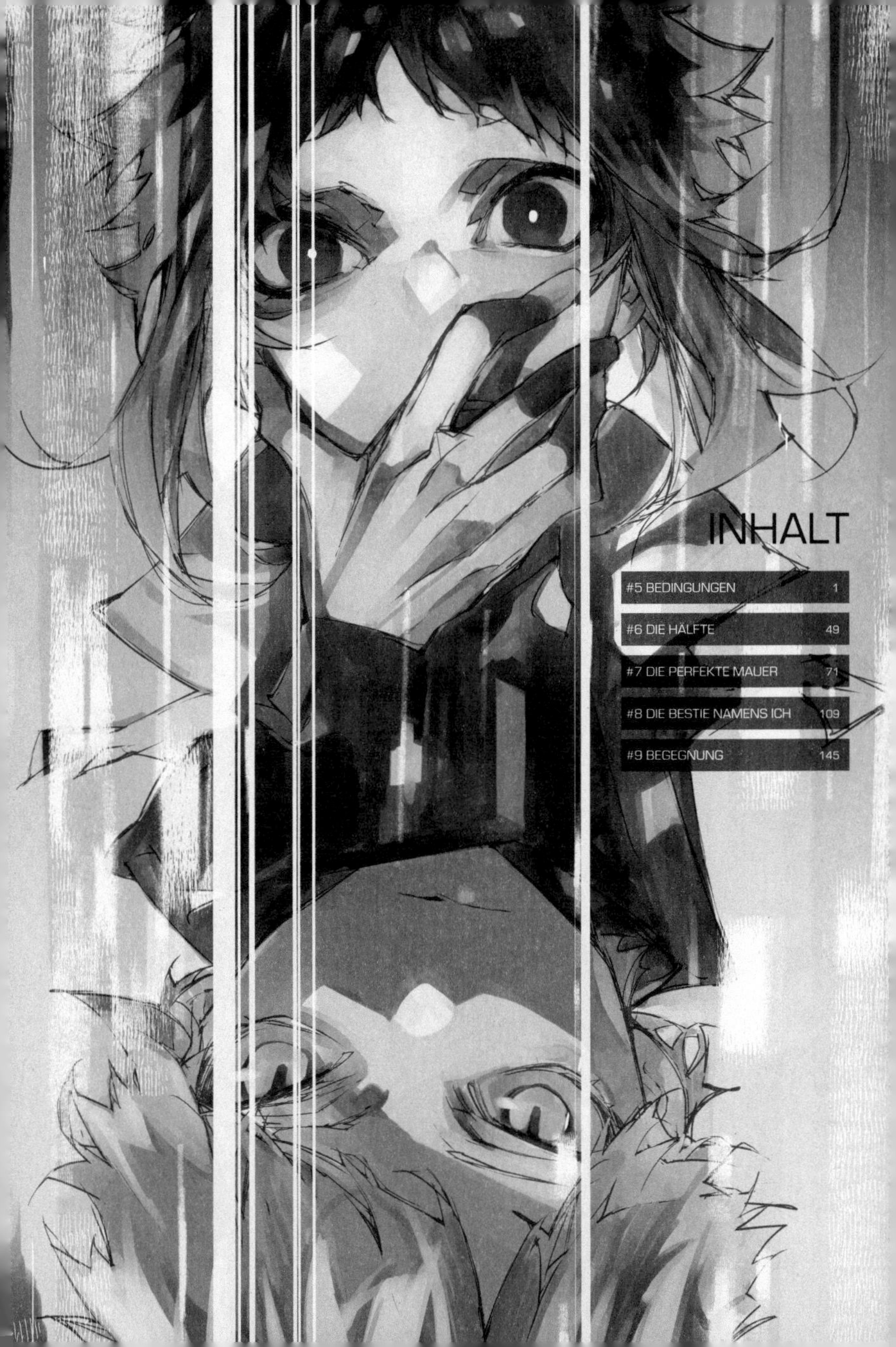

INHALT

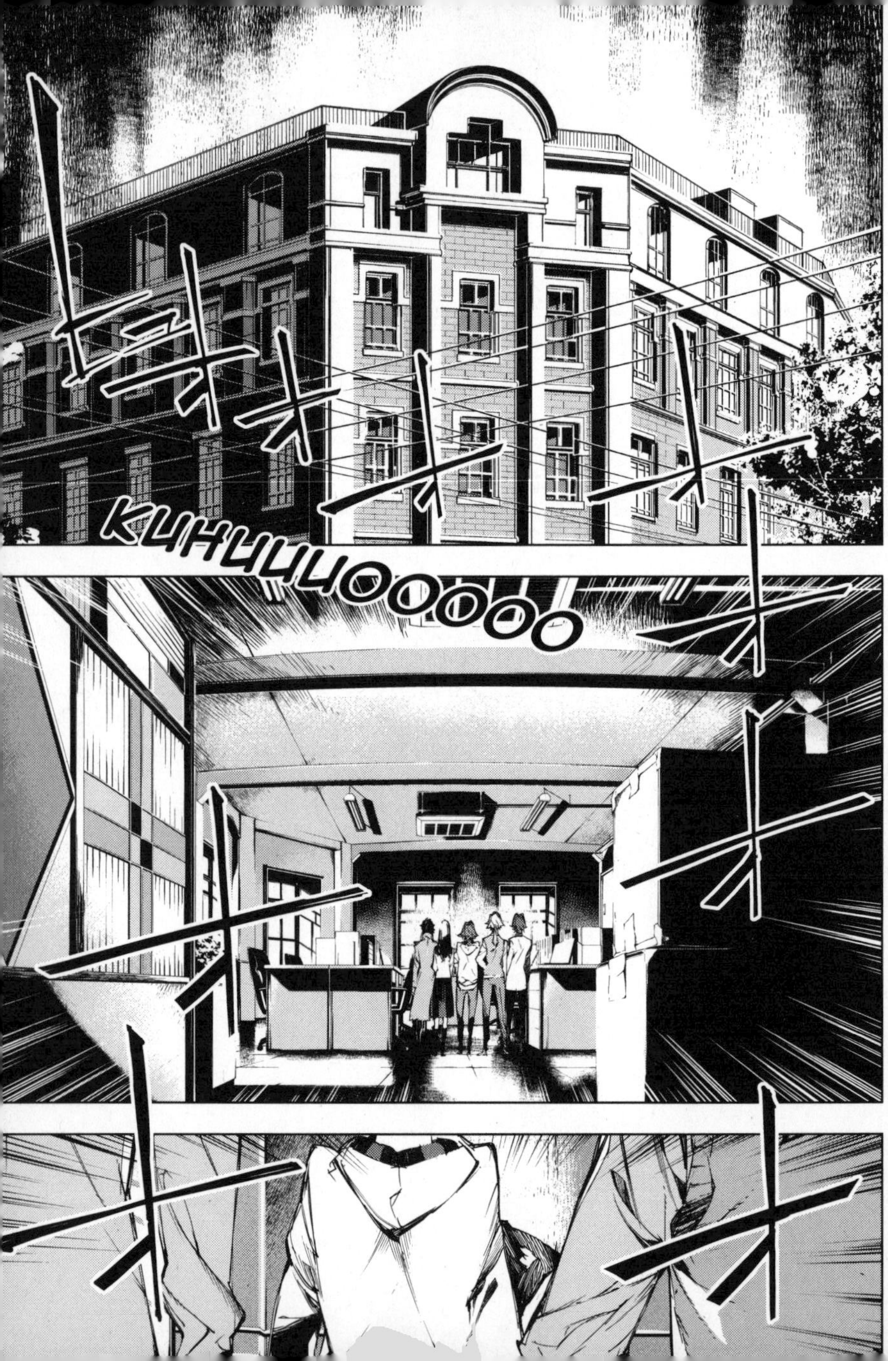
KUHUUUOOOOOO

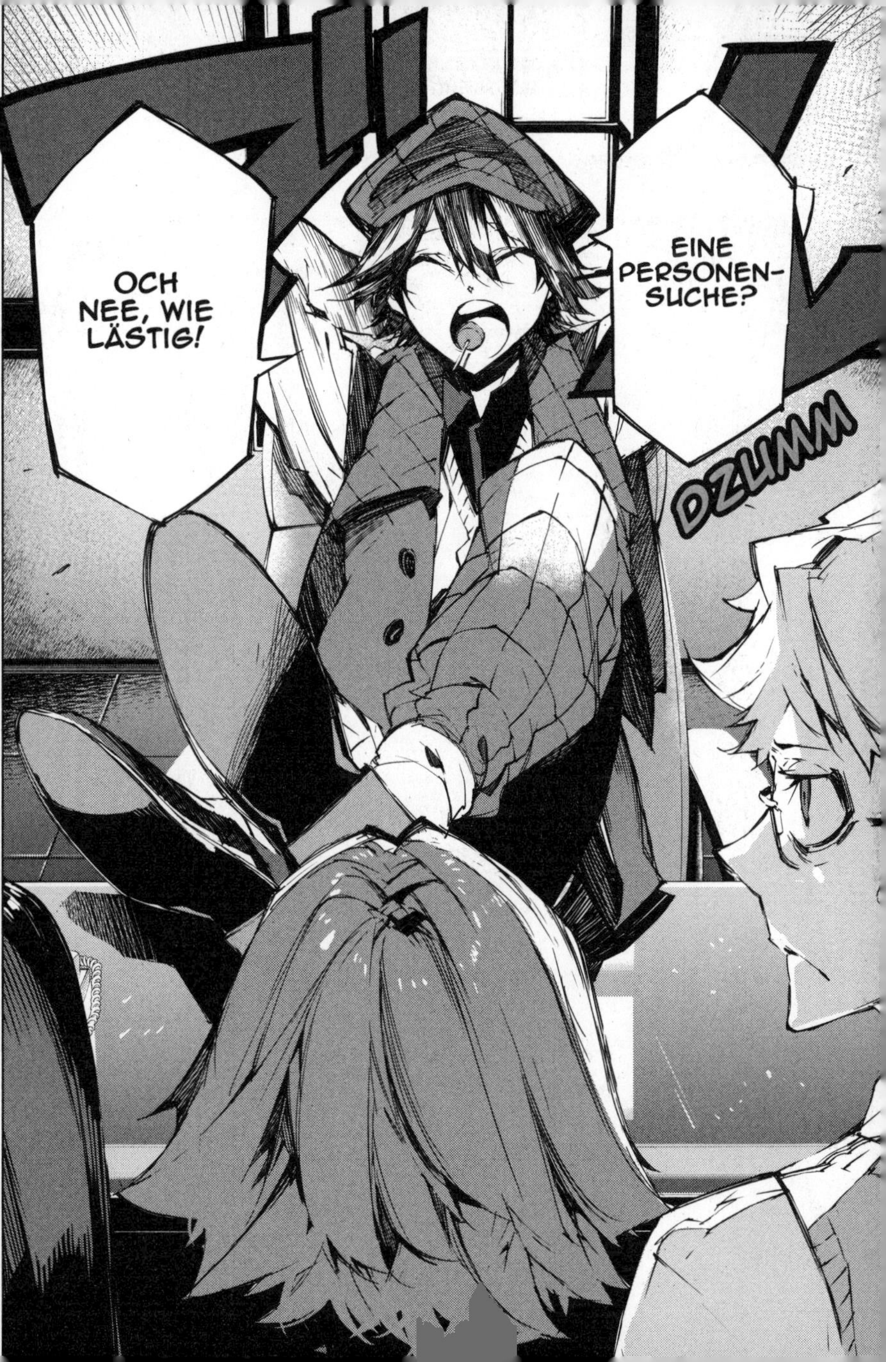
EINE PERSONEN-SUCHE?
OCH NEE, WIE LÄSTIG!
DZUMM

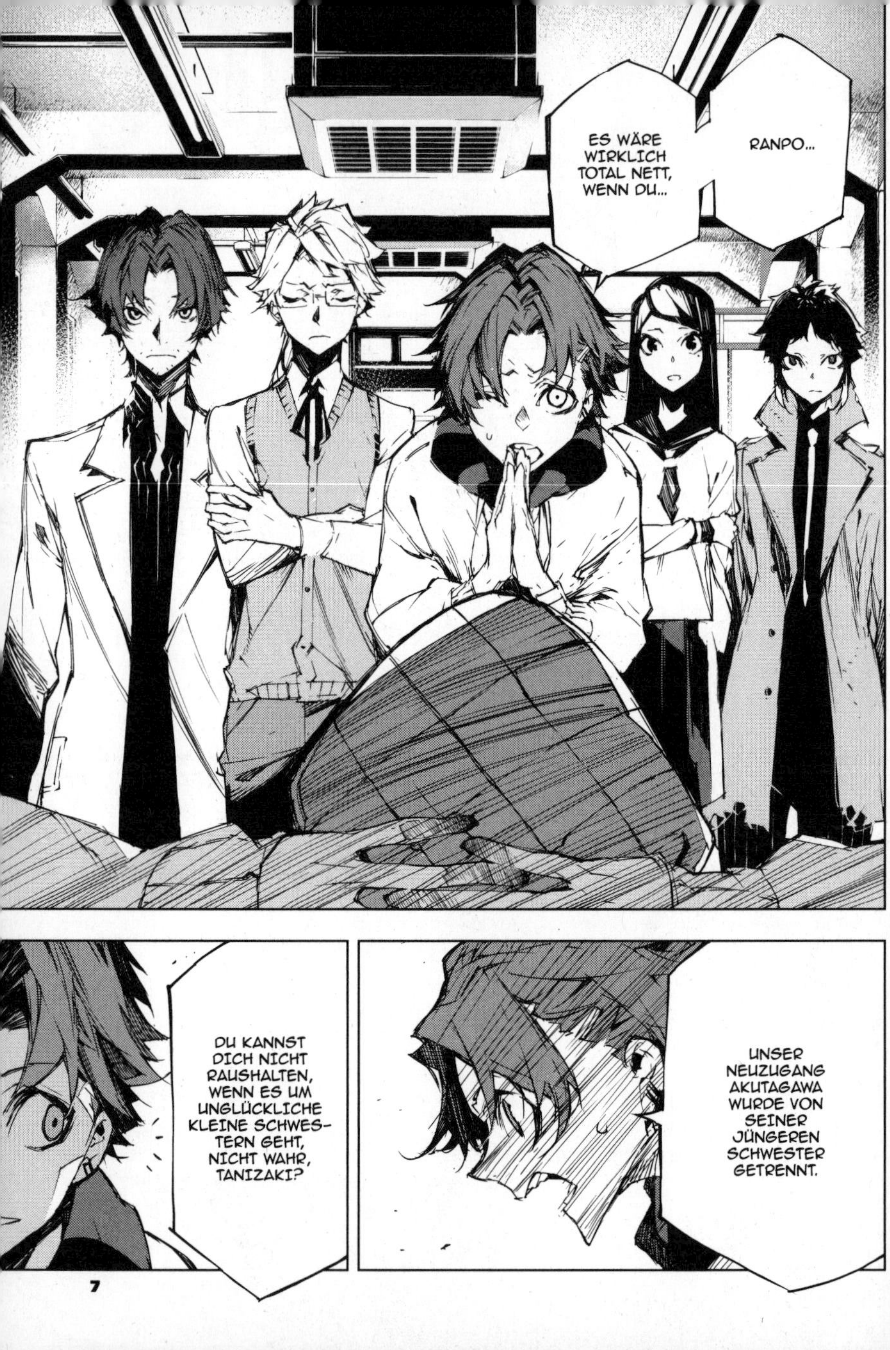
RANPO...
ES WÄRE WIRKLICH TOTAL NETT, WENN DU...
UNSER NEUZUGANG AKUTAGAWA WURDE VON SEINER JÜNGEREN SCHWESTER GETRENNT.
DU KANNST DICH NICHT RAUSHALTEN, WENN ES UM UNGLÜCKLICHE KLEINE SCHWESTERN GEHT, NICHT WAHR, TANIZAKI?

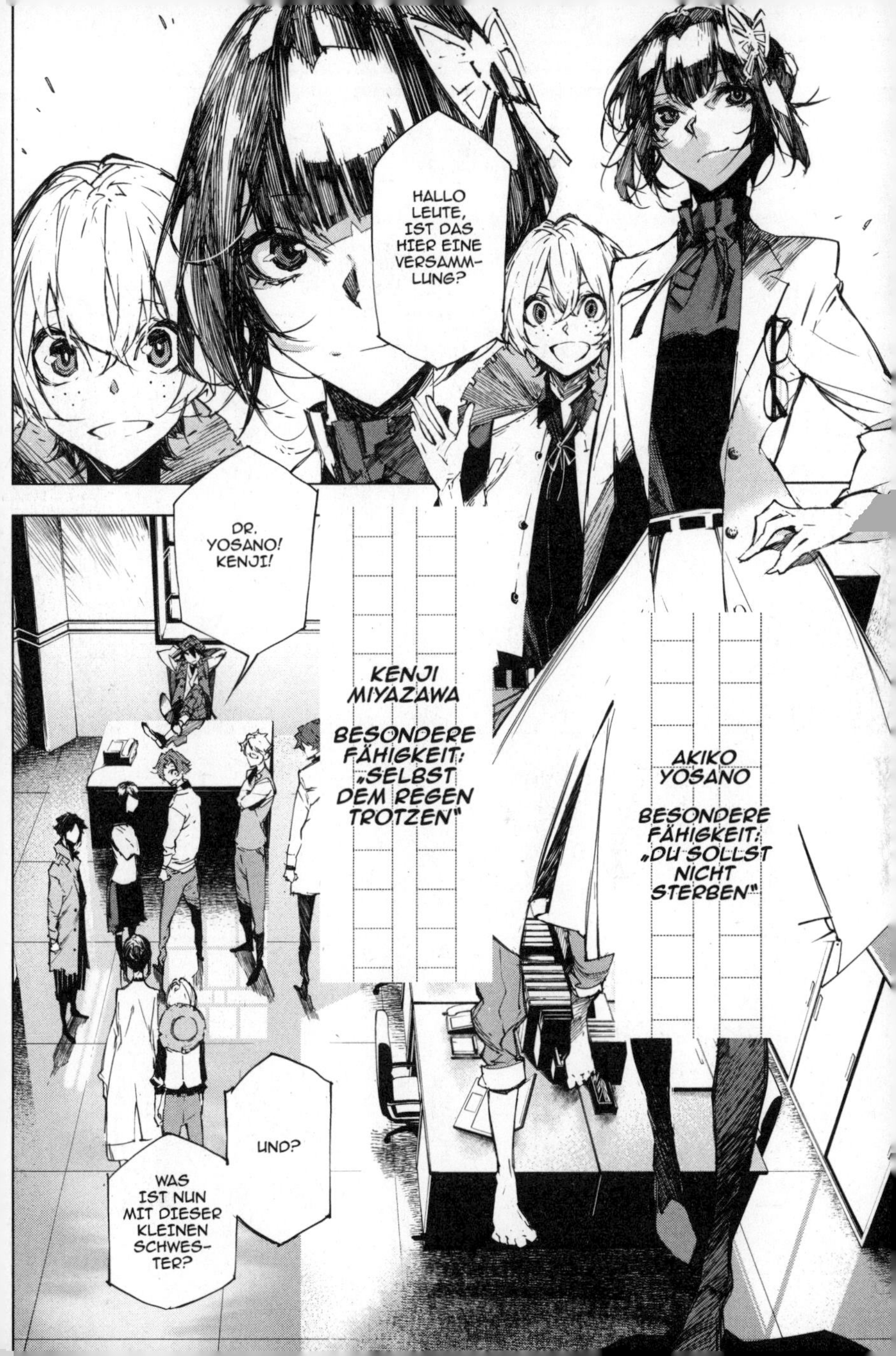
HALLO LEUTE, IST DAS HIER EINE VERSAMM-LUNG?
DR. YOSANO! KENJI!
AKIKO YOSANO
BESONDERE FÄHIGKEIT: „DU SOLLST NICHT STERBEN"
KENJI MIYAZAWA
BESONDERE FÄHIGKEIT: „SELBST DEM REGEN TROTZEN"
UND?
WAS IST NUN MIT DIESER KLEINEN SCHWES-TER?

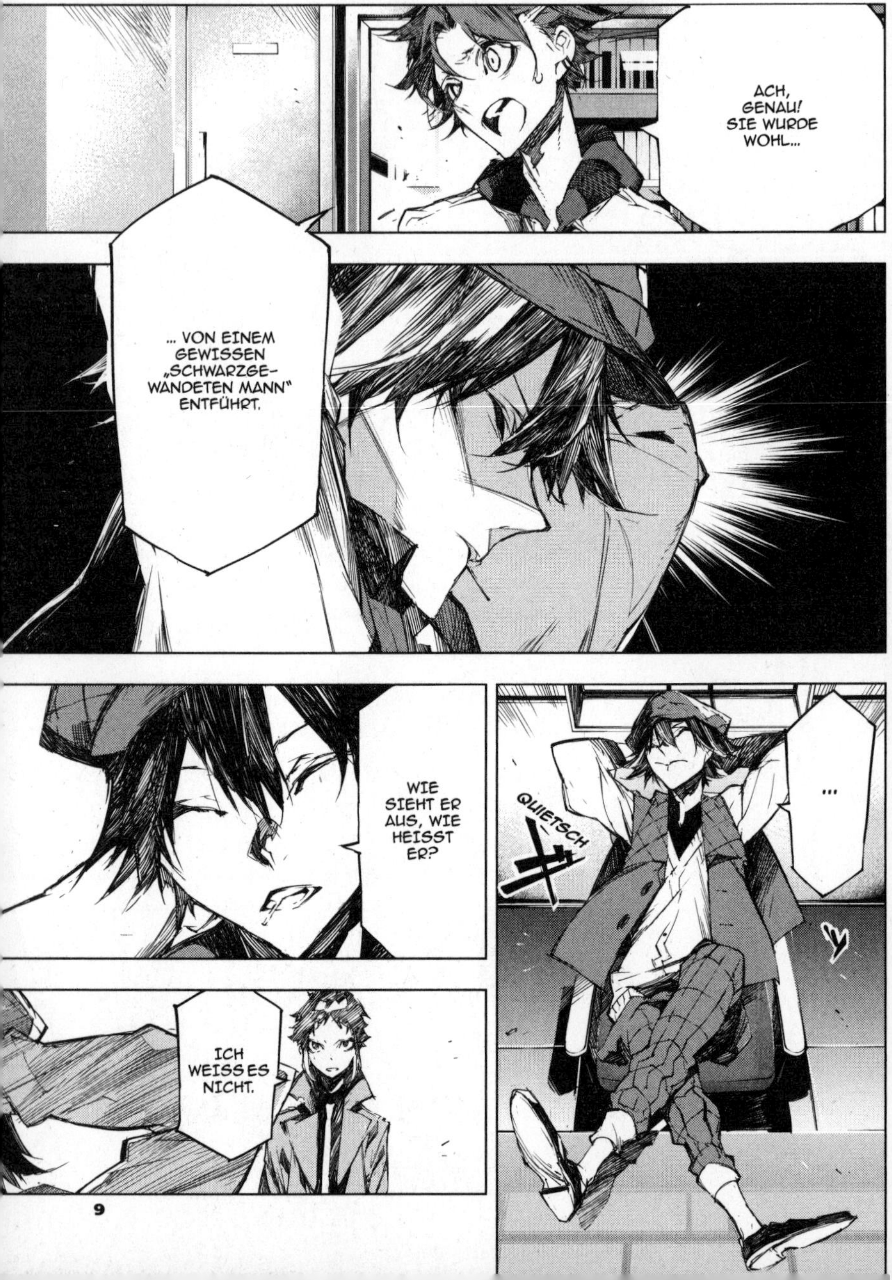
ACH, GENAU! SIE WURDE WOHL...
... VON EINEM GEWISSEN „SCHWARZGE-WANDETEN MANN“ ENTFÜHRT.
...
QUIETSCH
WIE SIEHT ER AUS, WIE HEISST ER?
ICH WEISS ES NICHT.

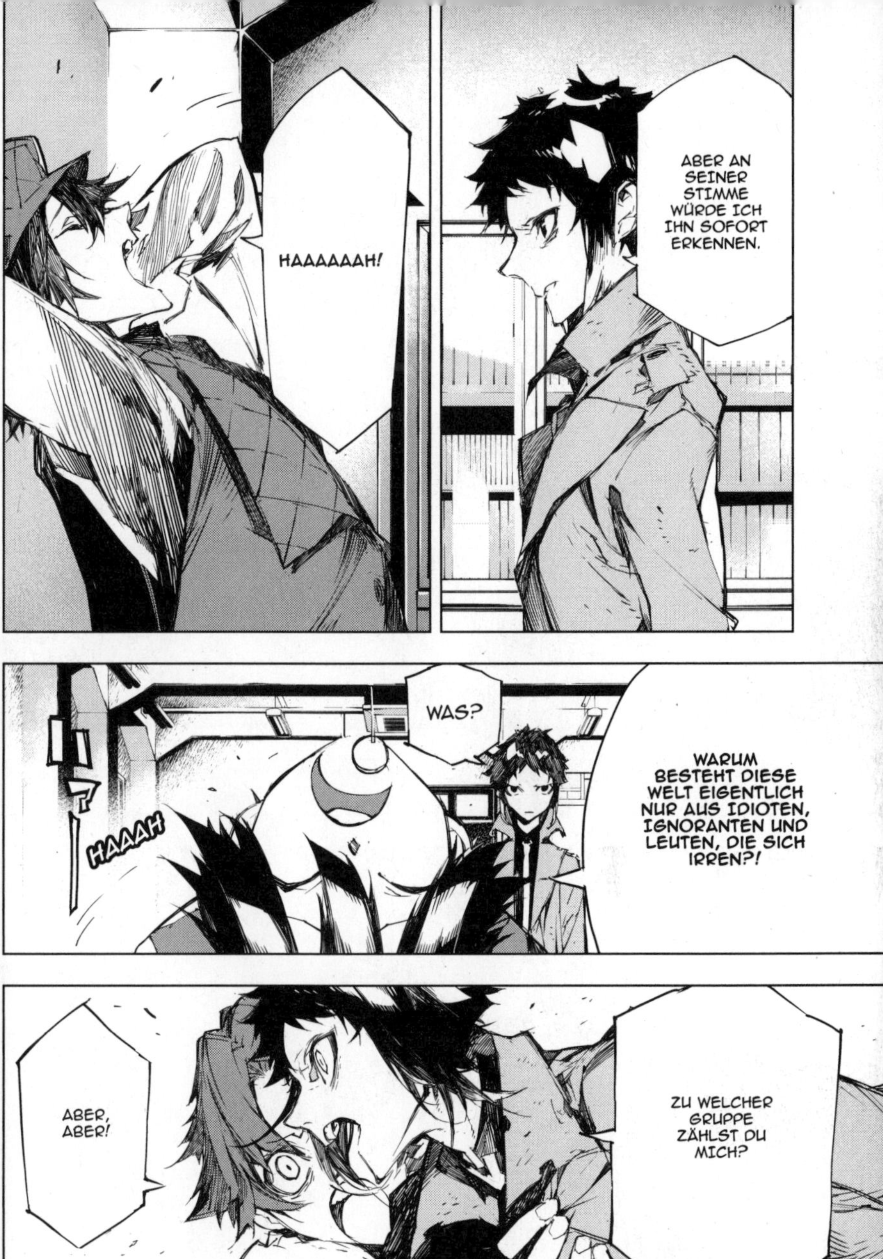
ABER AN SEINER STIMME WÜRDE ICH IHN SOFORT ERKENNEN.
HAAAAAAH!
WARUM BESTEHT DIESE WELT EIGENTLICH NUR AUS IDIOTEN, IGNORANTEN UND LEUTEN, DIE SICH IRREN?!
WAS?
HAAAH
ZU WELCHER GRUPPE ZÄHLST DU MICH?
ABER, ABER!

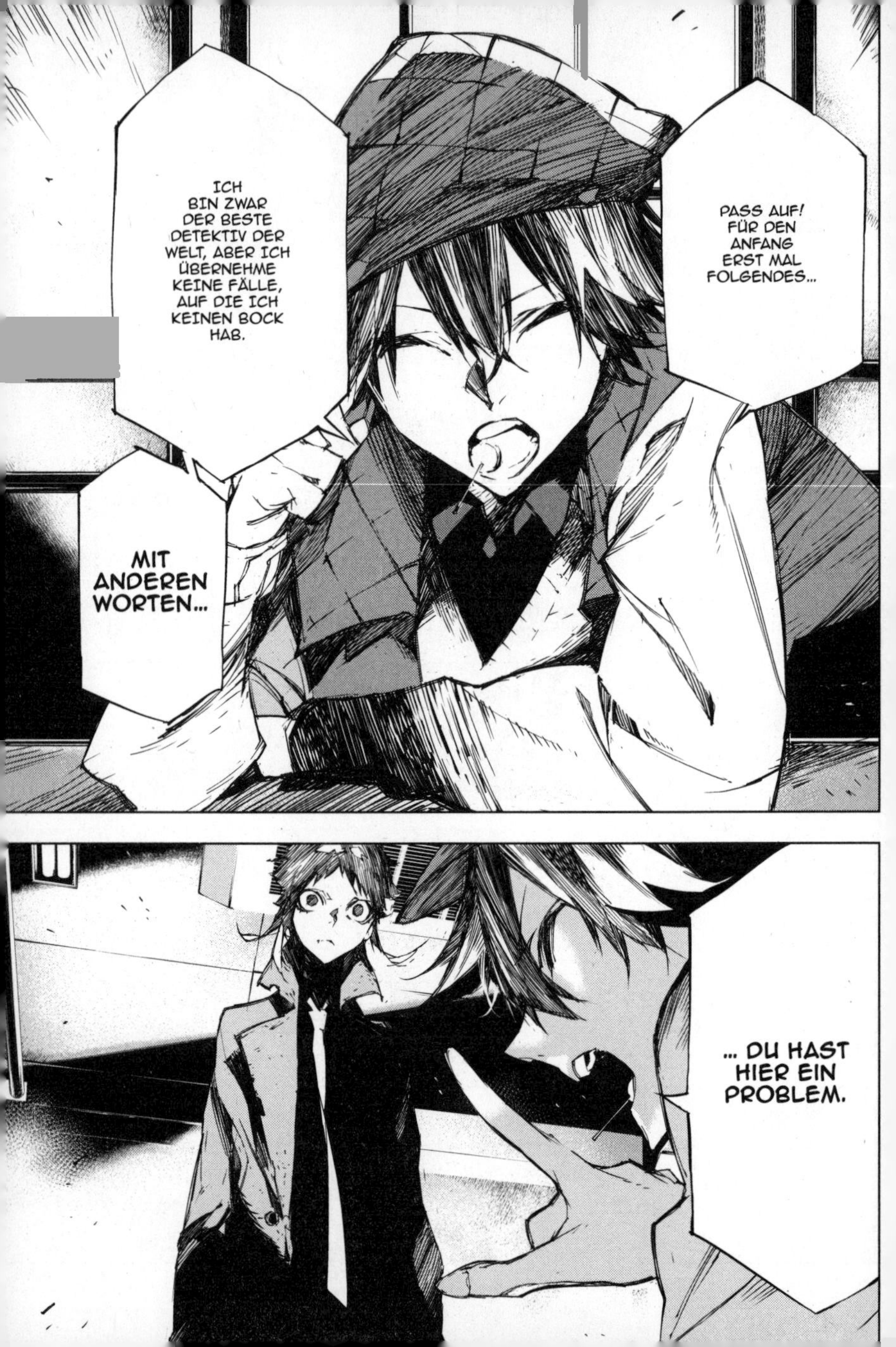
PASS AUF! FÜR DEN ANFANG ERST MAL FOLGENDES...
ICH BIN ZWAR DER BESTE DETEKTIV DER WELT, ABER ICH ÜBERNEHME KEINE FÄLLE, AUF DIE ICH KEINEN BOCK HAB.
MIT ANDEREN WORTEN...
... DU HAST HIER EIN PROBLEM.

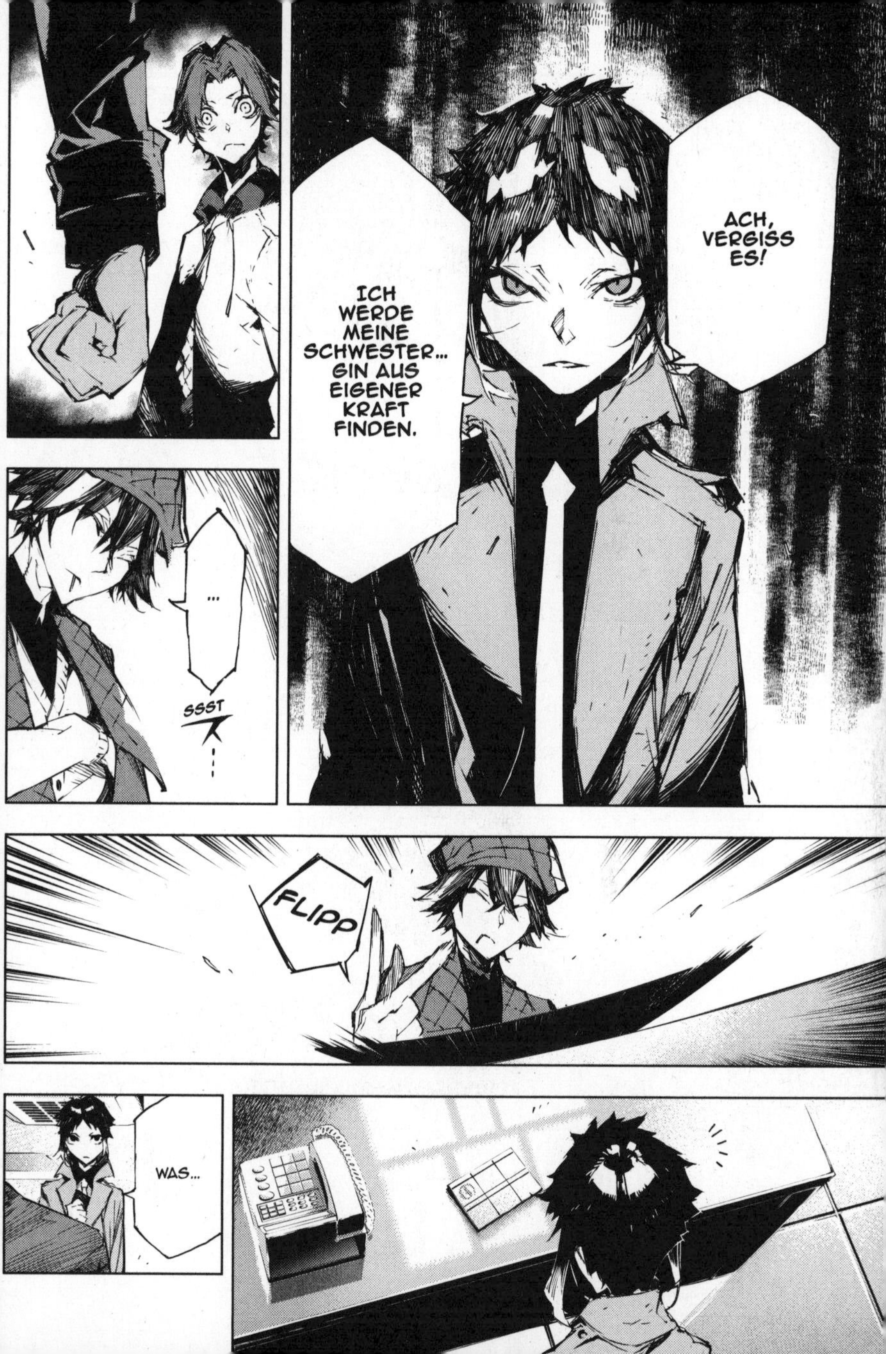
ACH, VERGISS ES!
ICH WERDE MEINE SCHWESTER... GIN AUS EIGENER KRAFT FINDEN.
...
SSST
FLIPP
WAS...

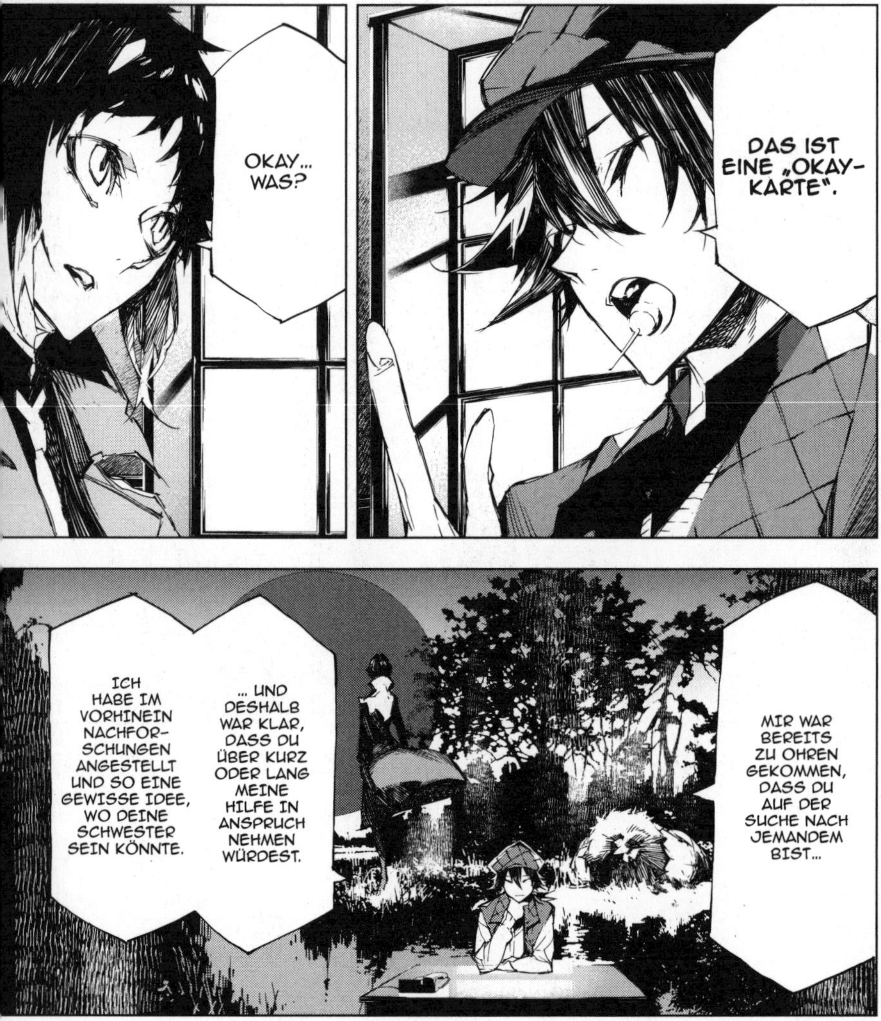
DAS IST EINE „OKAY-KARTE“.
OKAY... WAS?
MIR WAR BEREITS ZU OHREN GEKOMMEN, DASS DU AUF DER SUCHE NACH JEMANDEM BIST...
... UND DESHALB WAR KLAR, DASS DU ÜBER KURZ ODER LANG MEINE HILFE IN ANSPRUCH NEHMEN WÜRDEST.
ICH HABE IM VORHINEIN NACHFORSCHUNGEN ANGESTELLT UND SO EINE GEWISSE IDEE, WO DEINE SCHWESTER SEIN KÖNNTE.
...

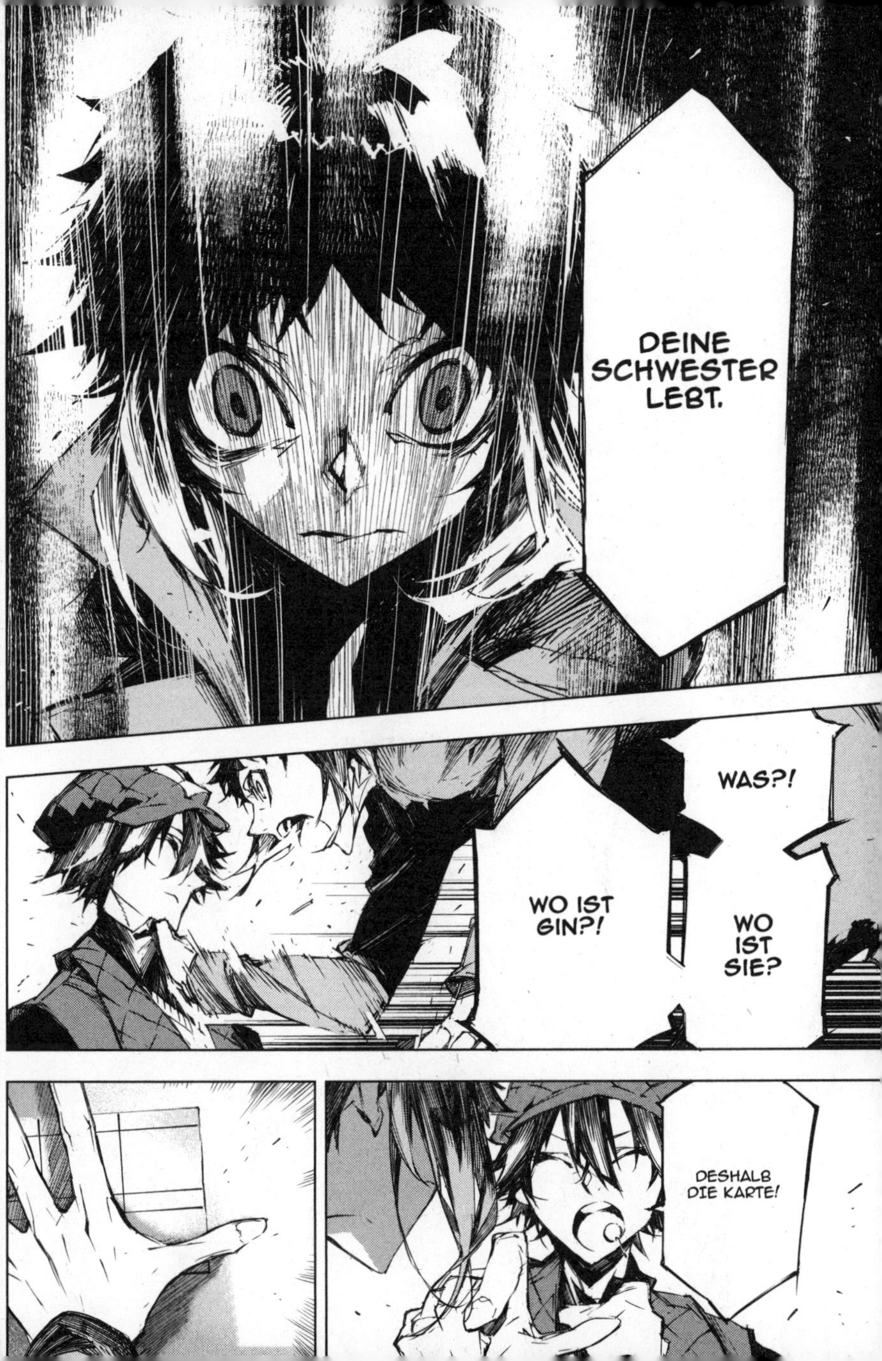
DEINE SCHWESTER LEBT.
WAS?!
WO IST SIE?
WO IST GIN?!
DESHALB DIE KARTE!

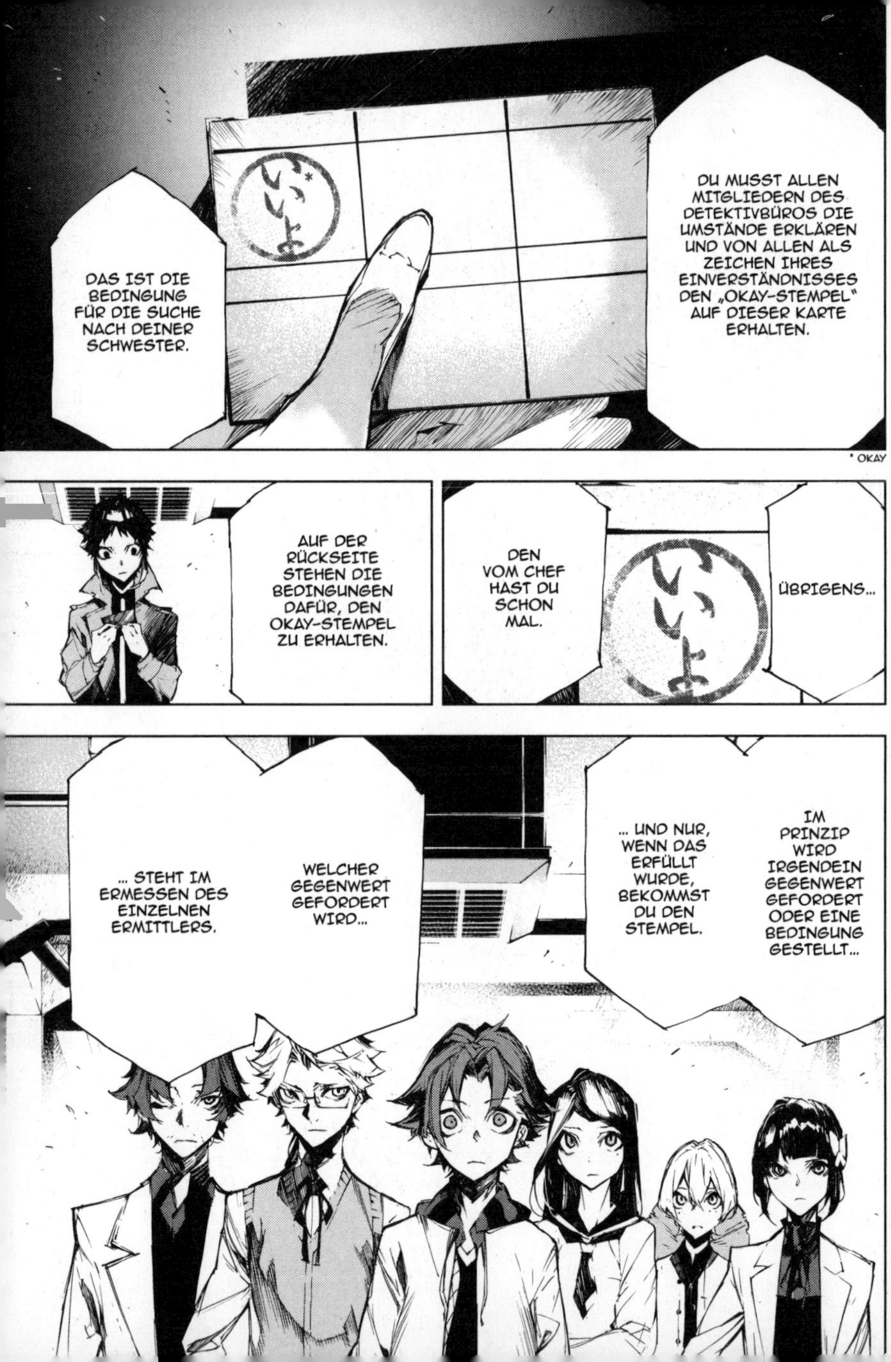
DU MUSST ALLEN MITGLIEDERN DES DETEKTIVBÜROS DIE UMSTÄNDE ERKLÄREN UND VON ALLEN ALS ZEICHEN IHRES EINVERSTÄNDNISSES DEN „OKAY-STEMPEL“ AUF DIESER KARTE ERHALTEN.
DAS IST DIE BEDINGUNG FÜR DIE SUCHE NACH DEINER SCHWESTER.
ÜBRIGENS...
DEN VOM CHEF HAST DU SCHON MAL.
AUF DER RÜCKSEITE STEHEN DIE BEDINGUNGEN DAFÜR, DEN OKAY-STEMPEL ZU ERHALTEN.
IM PRINZIP WIRD IRGENDEIN GEGENWERT GEFORDERT ODER EINE BEDINGUNG GESTELLT...
... UND NUR, WENN DAS ERFÜLLT WURDE, BEKOMMST DU DEN STEMPEL.
WELCHER GEGENWERT GEFORDERT WIRD...
... STEHT IM ERMESSEN DES EINZELNEN ERMITTLERS.

* OKAY

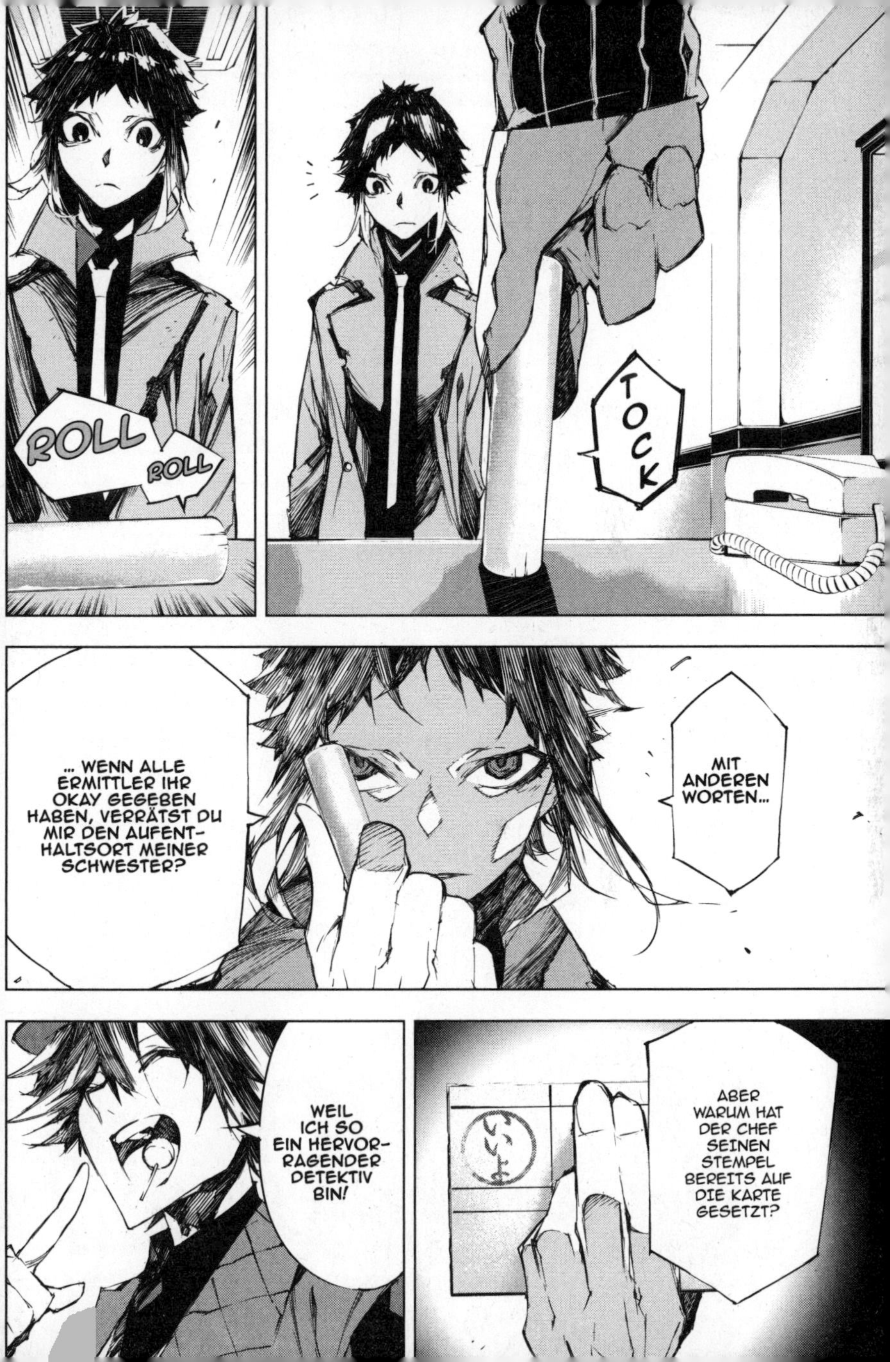
TOCK
ROLL
ROLL
MIT ANDEREN WORTEN...
... WENN ALLE ERMITTLER IHR OKAY GEGEBEN HABEN, VERRÄTST DU MIR DEN AUFENTHALTSORT MEINER SCHWESTER?
ABER WARUM HAT DER CHEF SEINEN STEMPEL BEREITS AUF DIE KARTE GESETZT?
WEIL ICH SO EIN HERVORRAGENDER DETEKTIV BIN!

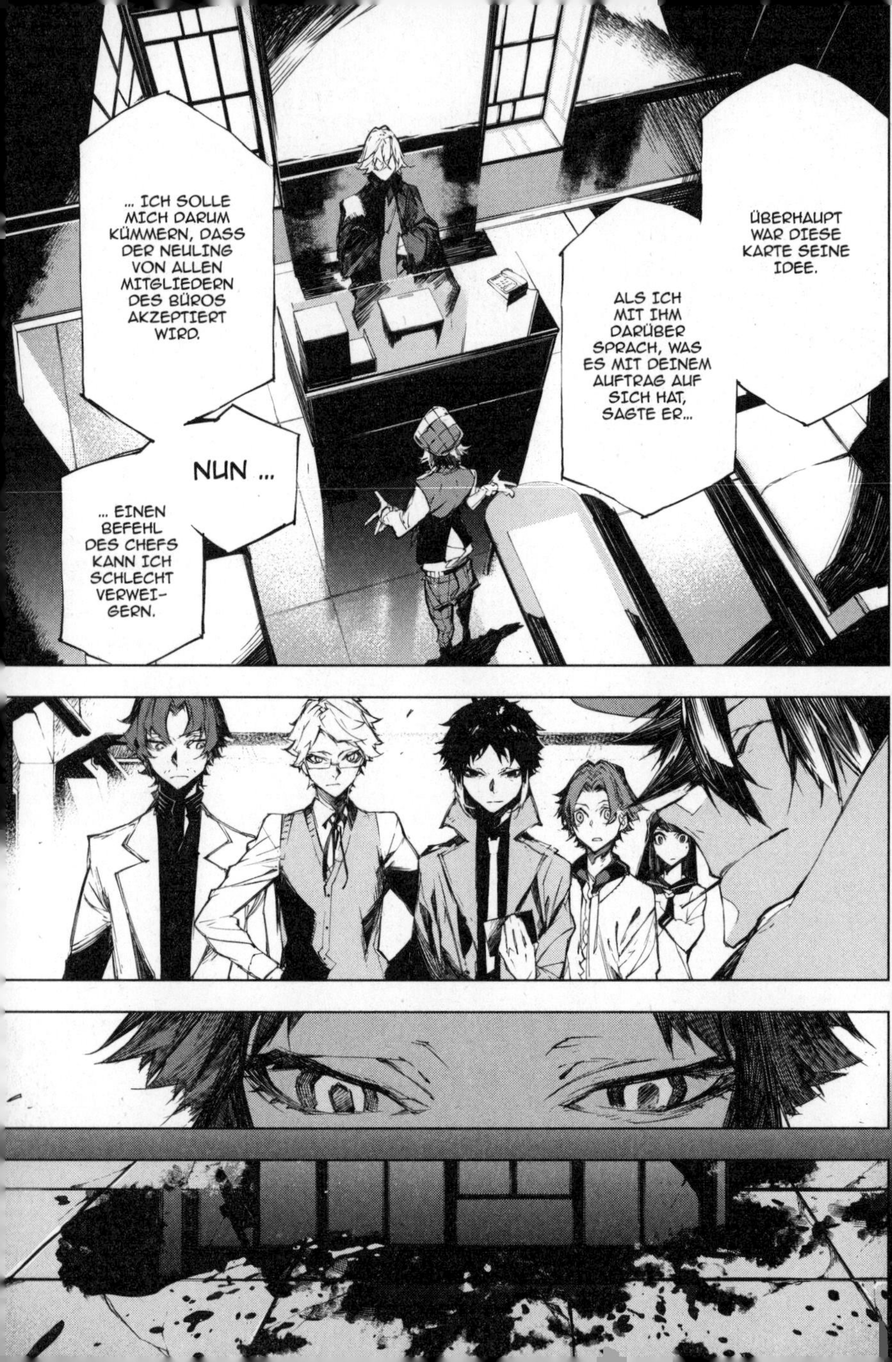
ÜBERHAUPT WAR DIESE KARTE SEINE IDEE.
ALS ICH MIT IHM DARÜBER SPRACH, WAS ES MIT DEINEM AUFTRAG AUF SICH HAT, SAGTE ER...
... ICH SOLLE MICH DARUM KÜMMERN, DASS DER NEULING VON ALLEN MITGLIEDERN DES BÜROS AKZEPTIERT WIRD.
NUN ...
... EINEN BEFEHL DES CHEFS KANN ICH SCHLECHT VERWEI-GERN.

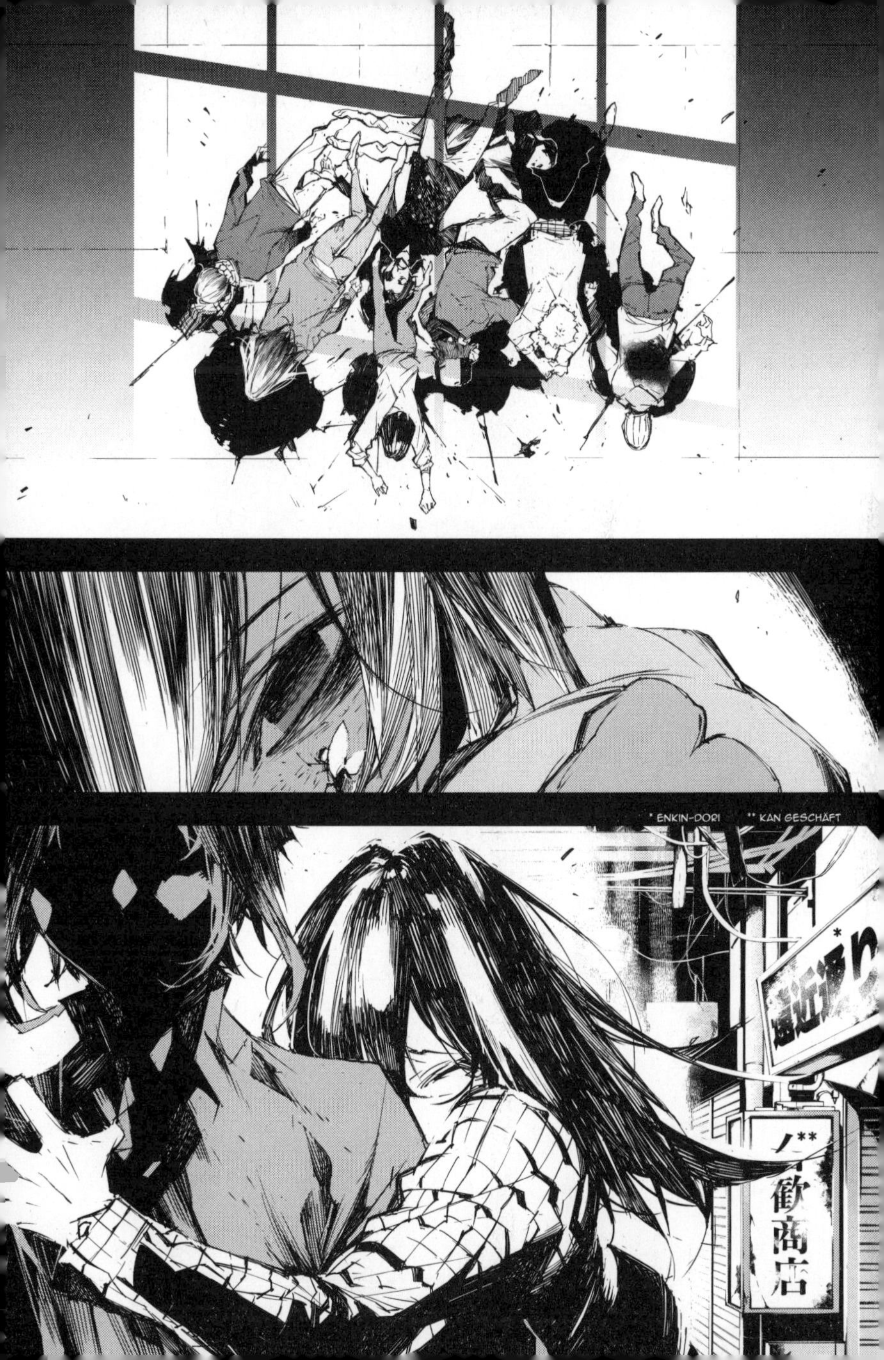
* ENKIN-DORI
** KAN GESCHÄFT

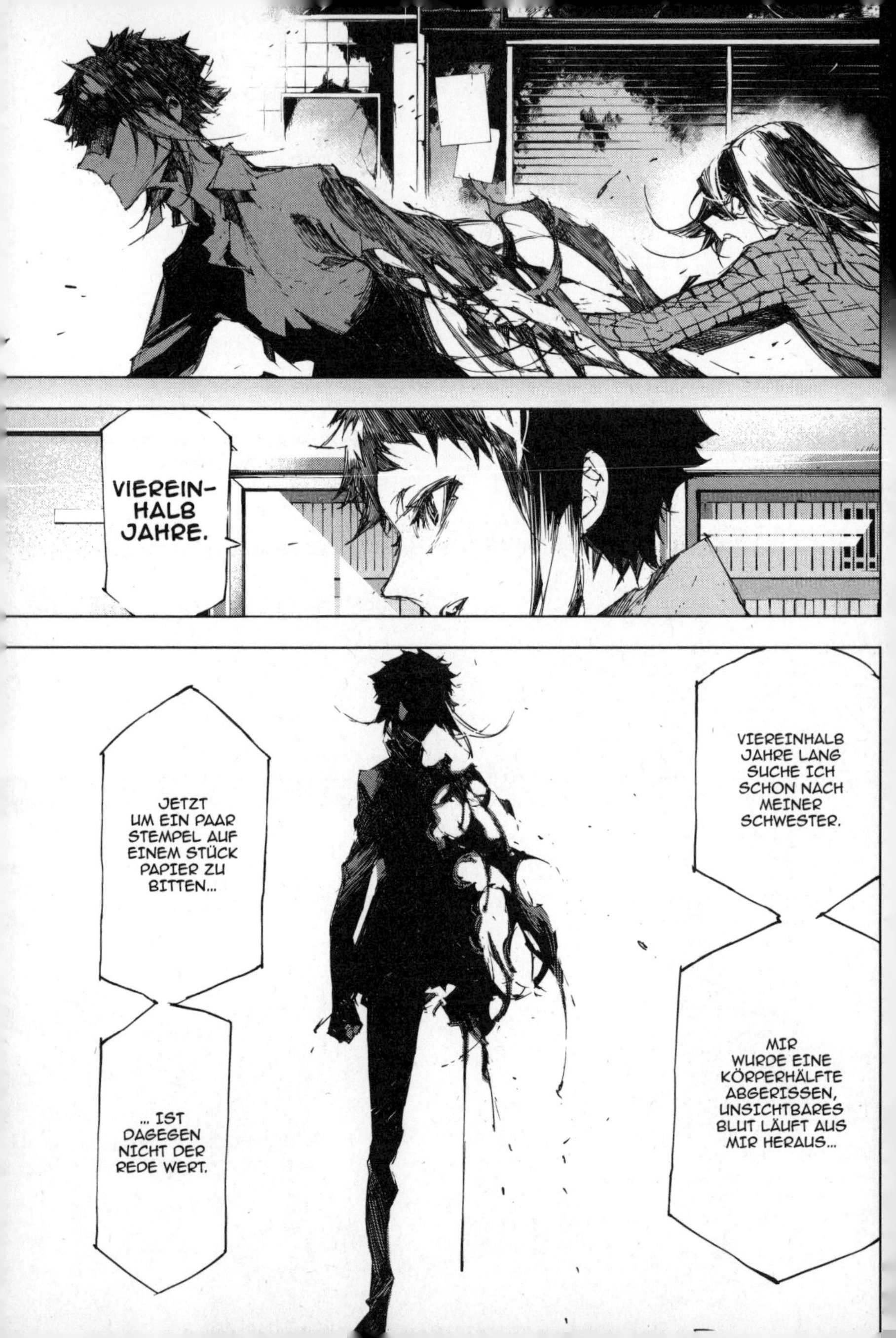
VIEREIN-
HALB
JAHRE.
VIEREINHALB JAHRE LANG SUCHE ICH SCHON NACH MEINER SCHWESTER.
MIR WURDE EINE KÖRPERHÄLFTE ABGERISSEN, UNSICHTBARES BLUT LÄUFT AUS MIR HERAUS...
JETZT UM EIN PAAR STEMPEL AUF EINEM STÜCK PAPIER ZU BITTEN...
... IST DAGEGEN NICHT DER REDE WERT.

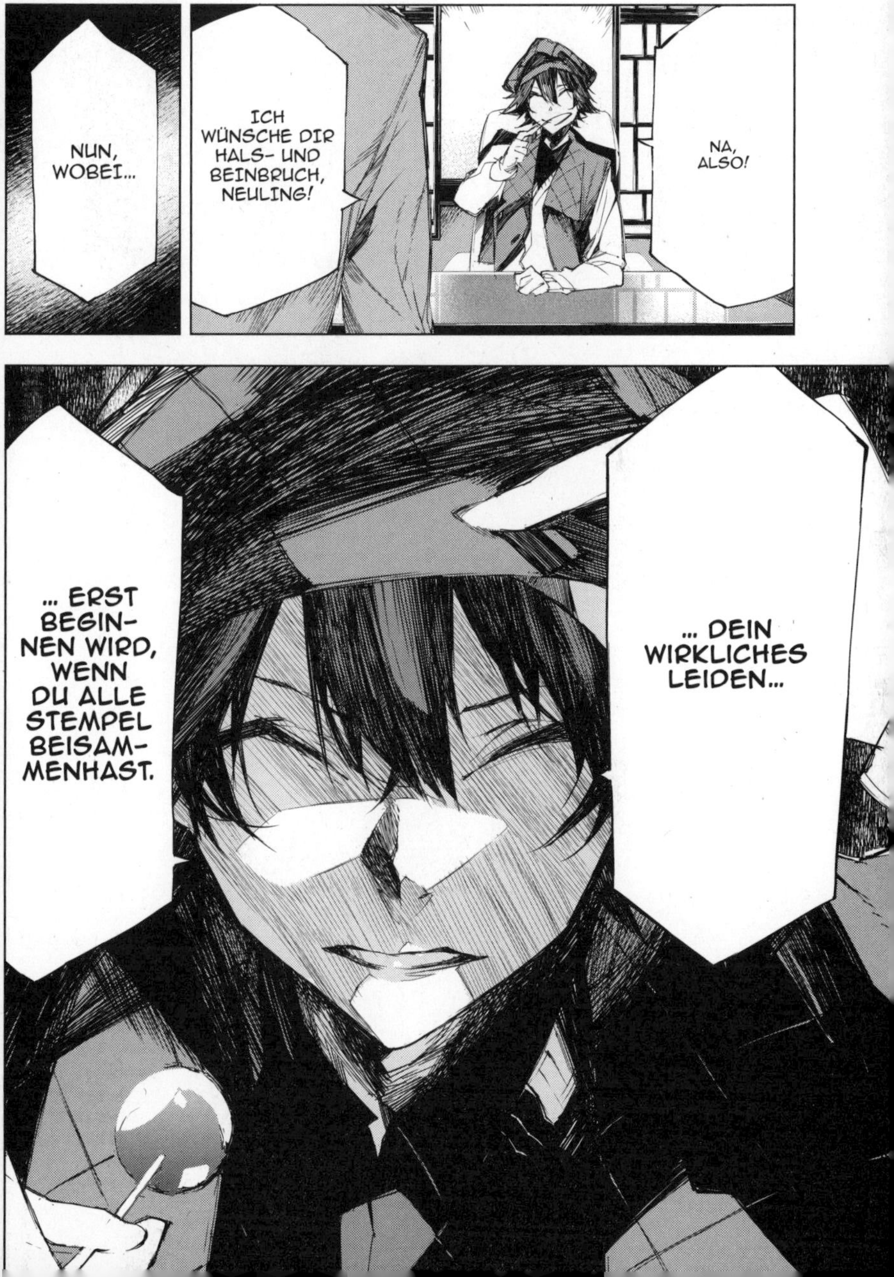
NA, ALSO!
ICH WÜNSCHE DIR HALS- UND BEINBRUCH, NEULING!
NUN, WOBEI...
... DEIN WIRKLICHES LEIDEN...
... ERST BEGINNEN WIRD, WENN DU ALLE STEMPEL BEISAMMENHAST.

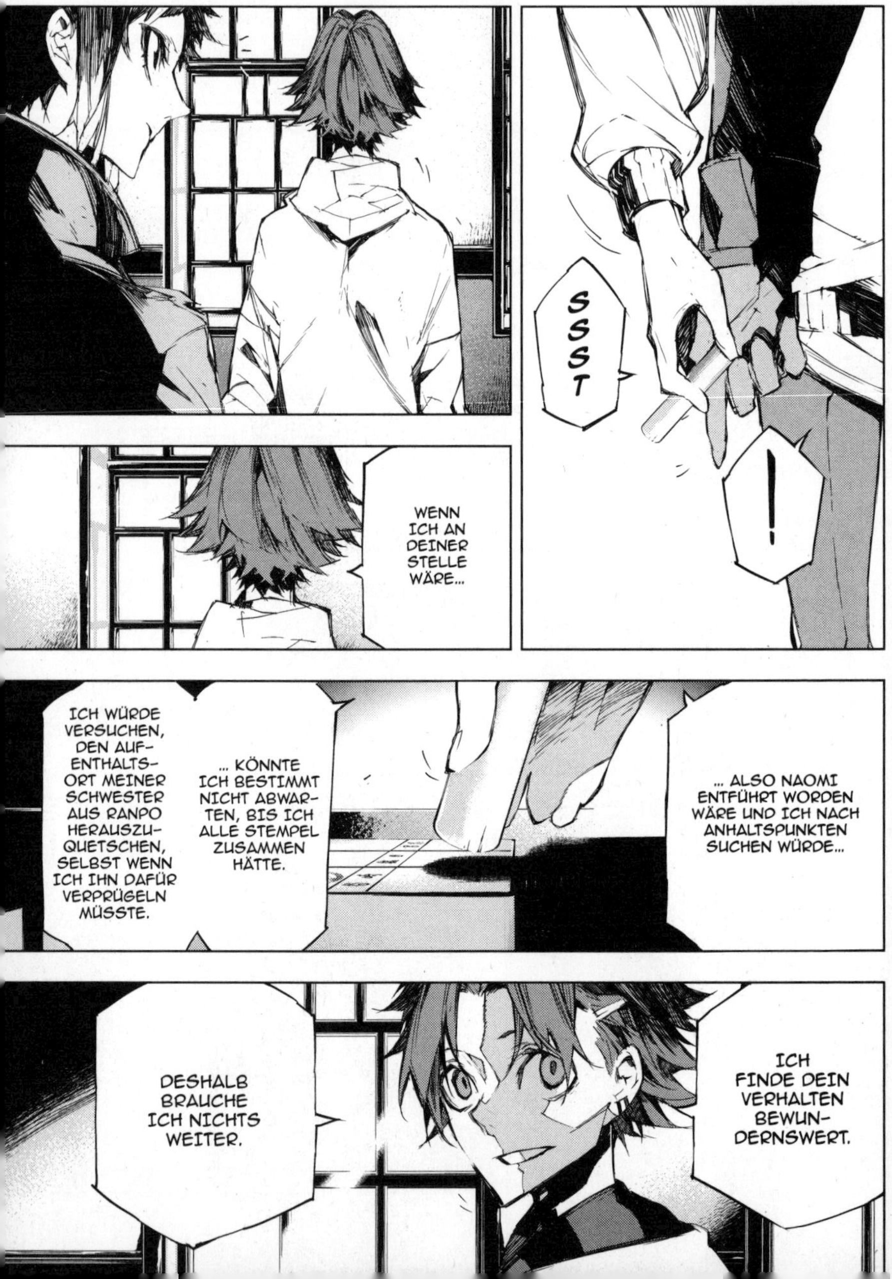
SSST
!
WENN ICH AN DEINER STELLE WÄRE...
... ALSO NAOMI ENTFÜHRT WORDEN WÄRE UND ICH NACH ANHALTSPUNKTEN SUCHEN WÜRDE...
... KÖNNTE ICH BESTIMMT NICHT ABWARTEN, BIS ICH ALLE STEMPEL ZUSAMMEN HÄTTE.
ICH WÜRDE VERSUCHEN, DEN AUFENTHALTSORT MEINER SCHWESTER AUS RANPO HERAUSZUQUETSCHEN, SELBST WENN ICH IHN DAFÜR VERPRÜGELN MÜSSTE.
ICH FINDE DEIN VERHALTEN BEWUNDERNSWERT.
DESHALB BRAUCHE ICH NICHTS WEITER.

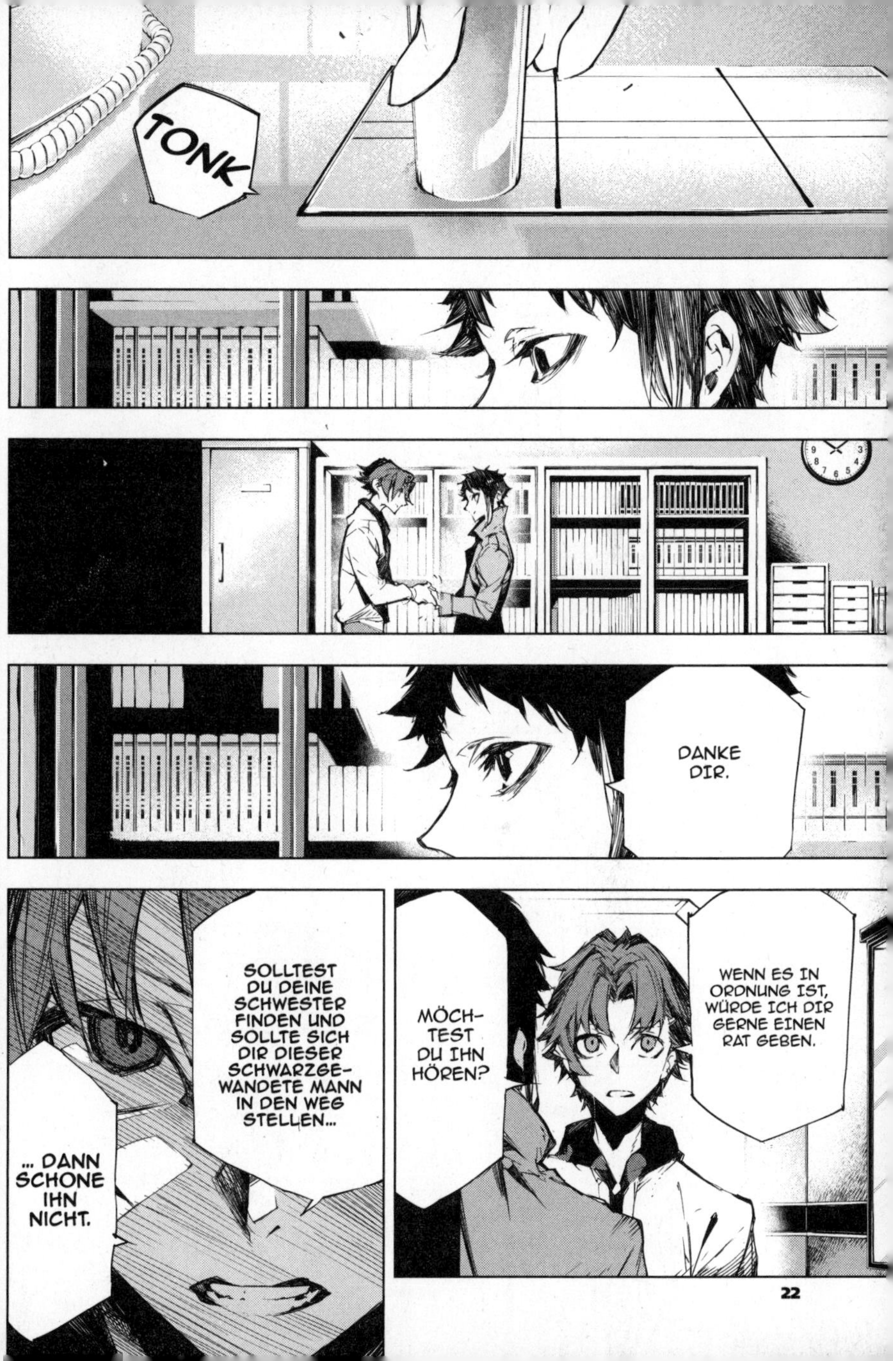
TONK
DANKE DIR.
WENN ES IN ORDNUNG IST, WÜRDE ICH DIR GERNE EINEN RAT GEBEN.
MÖCHTEST DU IHN HÖREN?
SOLLTEST DU DEINE SCHWESTER FINDEN UND SOLLTE SICH DIR DIESER SCHWARZGEWANDETE MANN IN DEN WEG STELLEN…
… DANN SCHONE IHN NICHT.

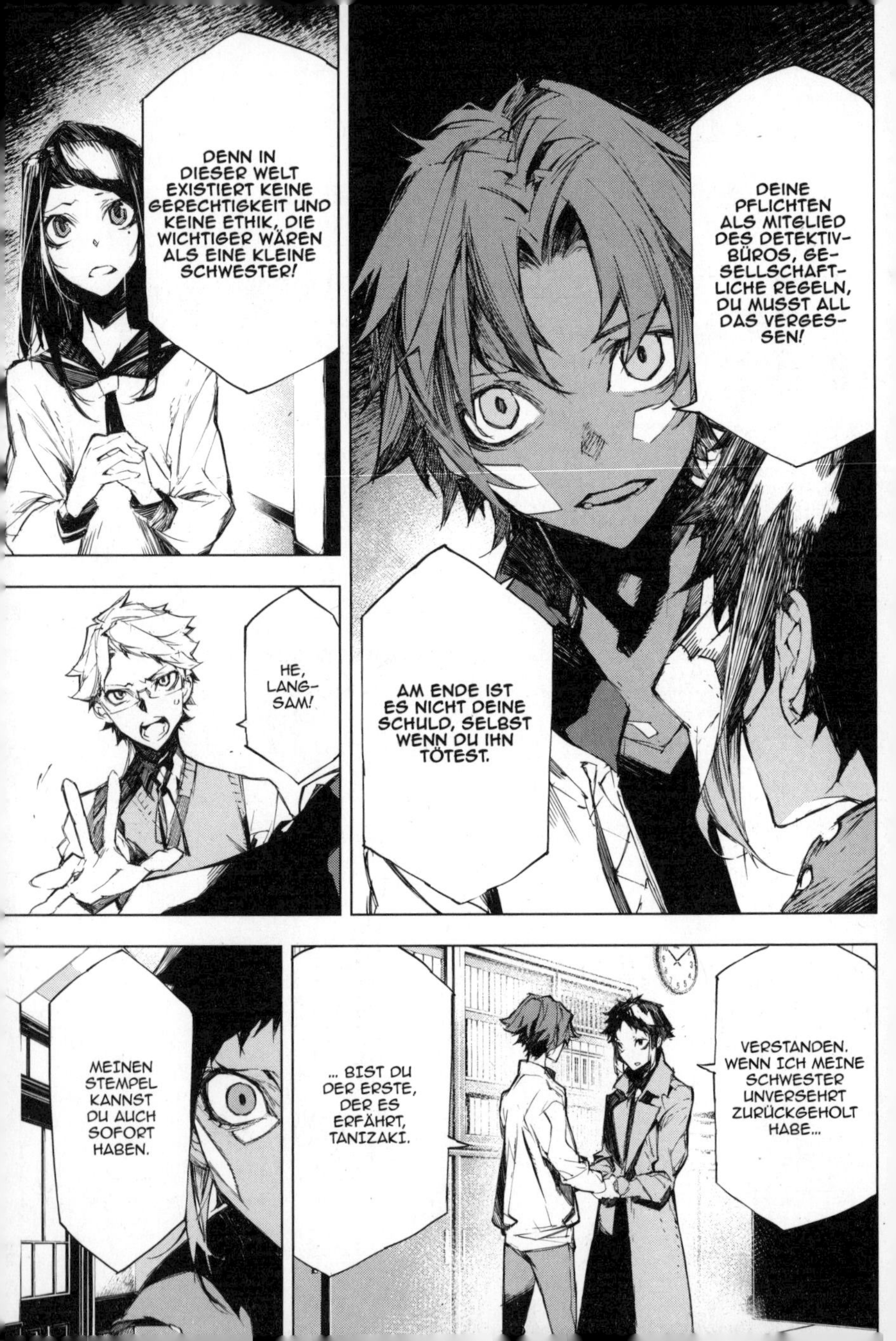
DEINE PFLICHTEN ALS MITGLIED DES DETEKTIV-BÜROS, GESELLSCHAFTLICHE REGELN, DU MUSST ALL DAS VERGESSEN!
AM ENDE IST ES NICHT DEINE SCHULD, SELBST WENN DU IHN TÖTEST.
DENN IN DIESER WELT EXISTIERT KEINE GERECHTIGKEIT UND KEINE ETHIK, DIE WICHTIGER WÄREN ALS EINE KLEINE SCHWESTER!
HE, LANGSAM!
VERSTANDEN. WENN ICH MEINE SCHWESTER UNVERSEHRT ZURÜCKGEHOLT HABE...
... BIST DU DER ERSTE, DER ES ERFÄHRT, TANIZAKI.
MEINEN STEMPEL KANNST DU AUCH SOFORT HABEN.

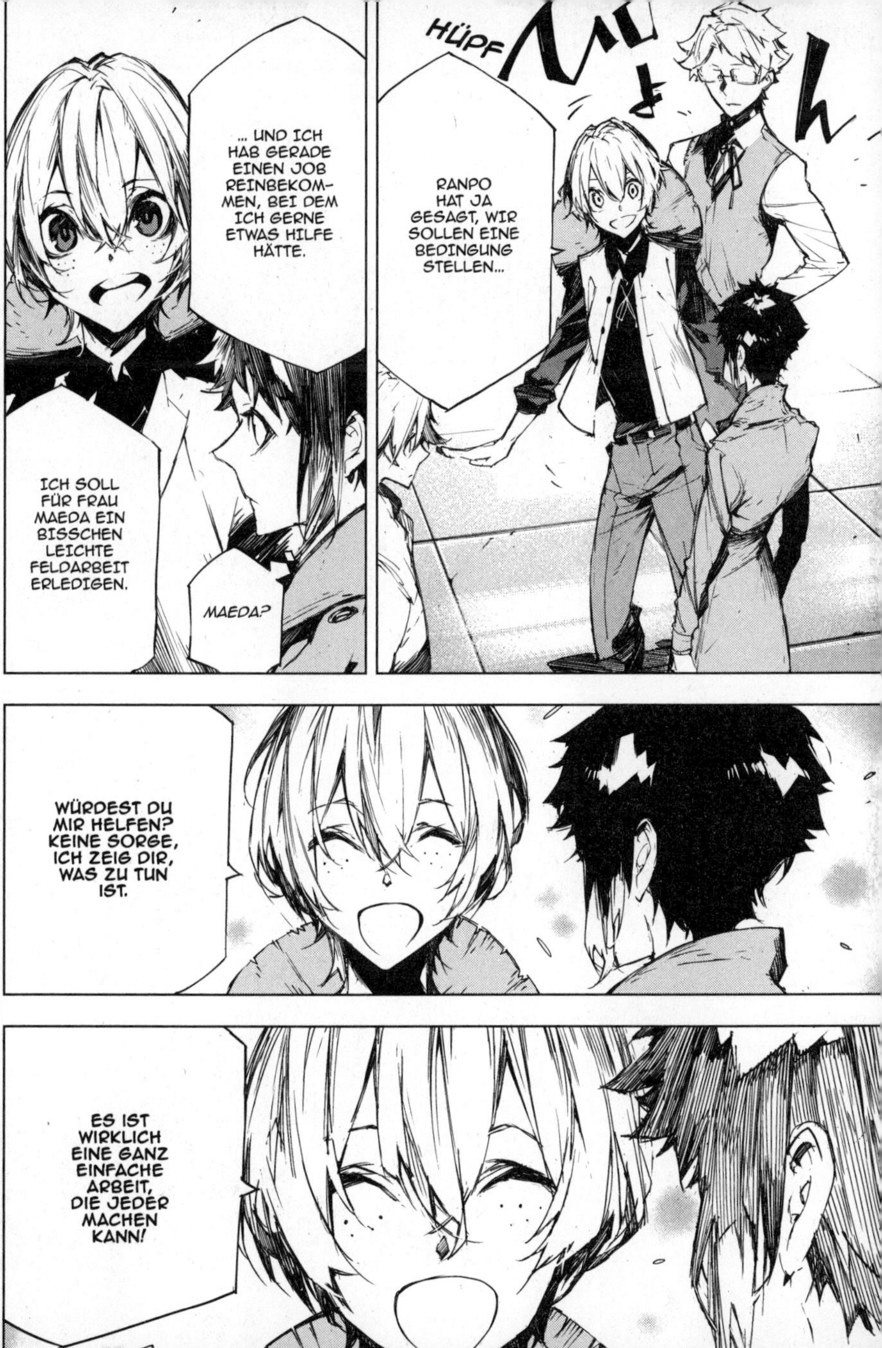
HÜPF
RANPO HAT JA GESAGT, WIR SOLLEN EINE BEDINGUNG STELLEN...
... UND ICH HAB GERADE EINEN JOB REINBEKOMMEN, BEI DEM ICH GERNE ETWAS HILFE HÄTTE.
ICH SOLL FÜR FRAU MAEDA EIN BISSCHEN LEICHTE FELDARBEIT ERLEDIGEN.
MAEDA?
WÜRDEST DU MIR HELFEN? KEINE SORGE, ICH ZEIG DIR, WAS ZU TUN IST.
ES IST WIRKLICH EINE GANZ EINFACHE ARBEIT, DIE JEDER MACHEN KANN!

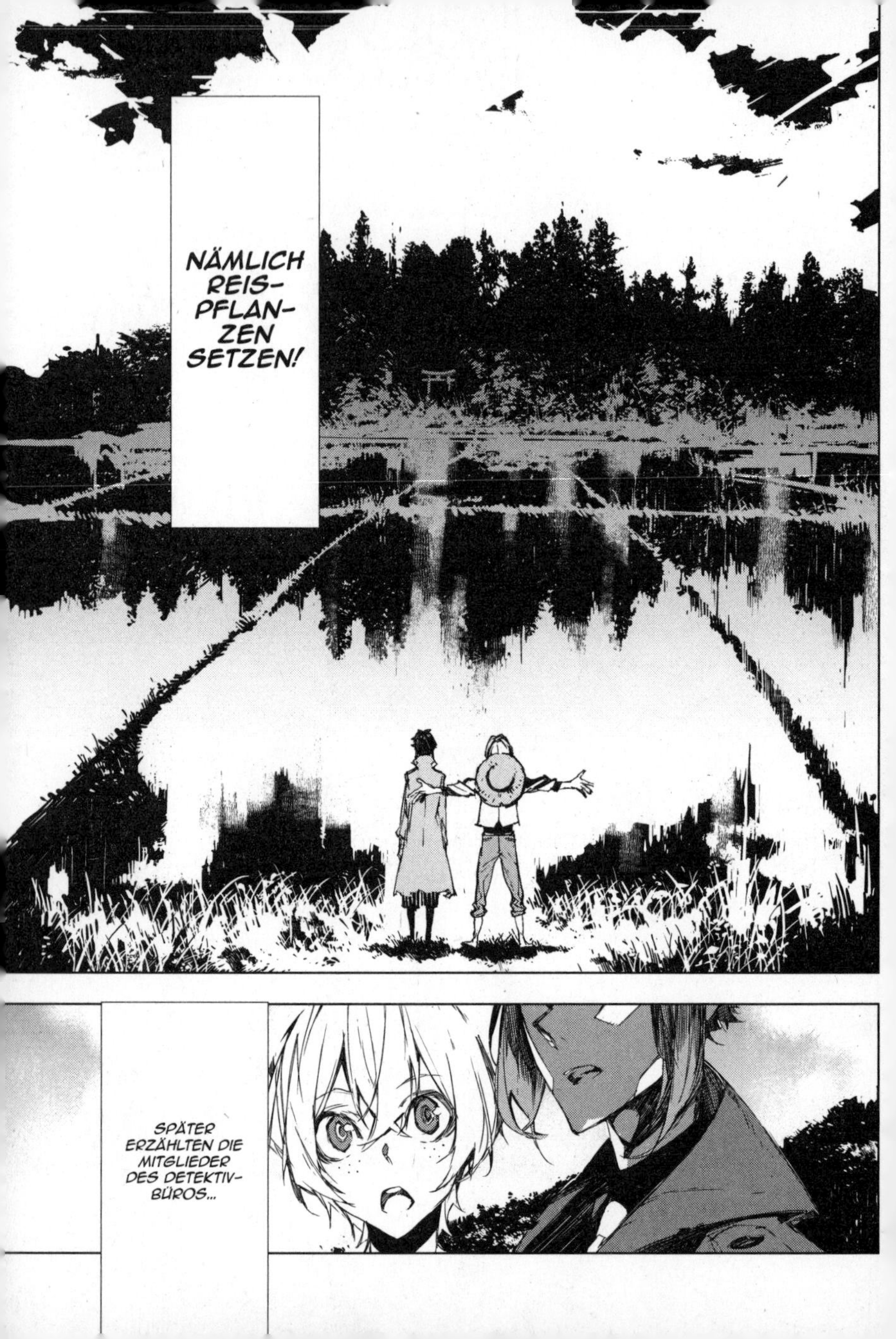
NÄMLICH REIS-PFLAN-ZEN SETZEN!
SPÄTER ERZÄHLTEN DIE MITGLIEDER DES DETEKTIV-BÜROS...

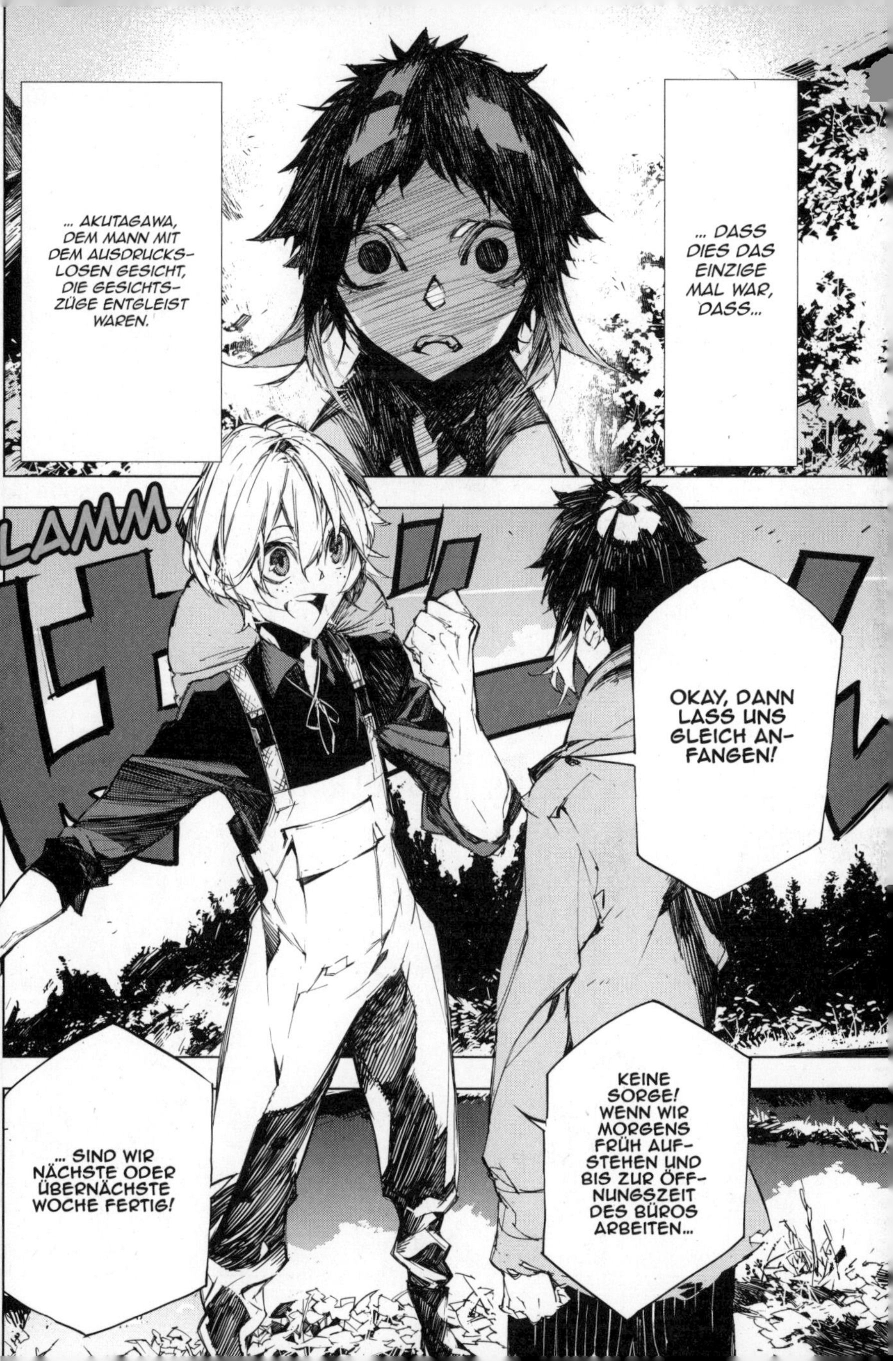
... DASS DIES DAS EINZIGE MAL WAR, DASS...
... AKUTAGAWA, DEM MANN MIT DEM AUSDRUCKS-LOSEN GESICHT, DIE GESICHTS-ZÜGE ENTGLEIST WAREN.
LAMM
OKAY, DANN LASS UNS GLEICH AN-FANGEN!
KEINE SORGE! WENN WIR MORGENS FRÜH AUF-STEHEN UND BIS ZUR ÖFF-NUNGSZEIT DES BÜROS ARBEITEN...
... SIND WIR NÄCHSTE ODER ÜBERNÄCHSTE WOCHE FERTIG!

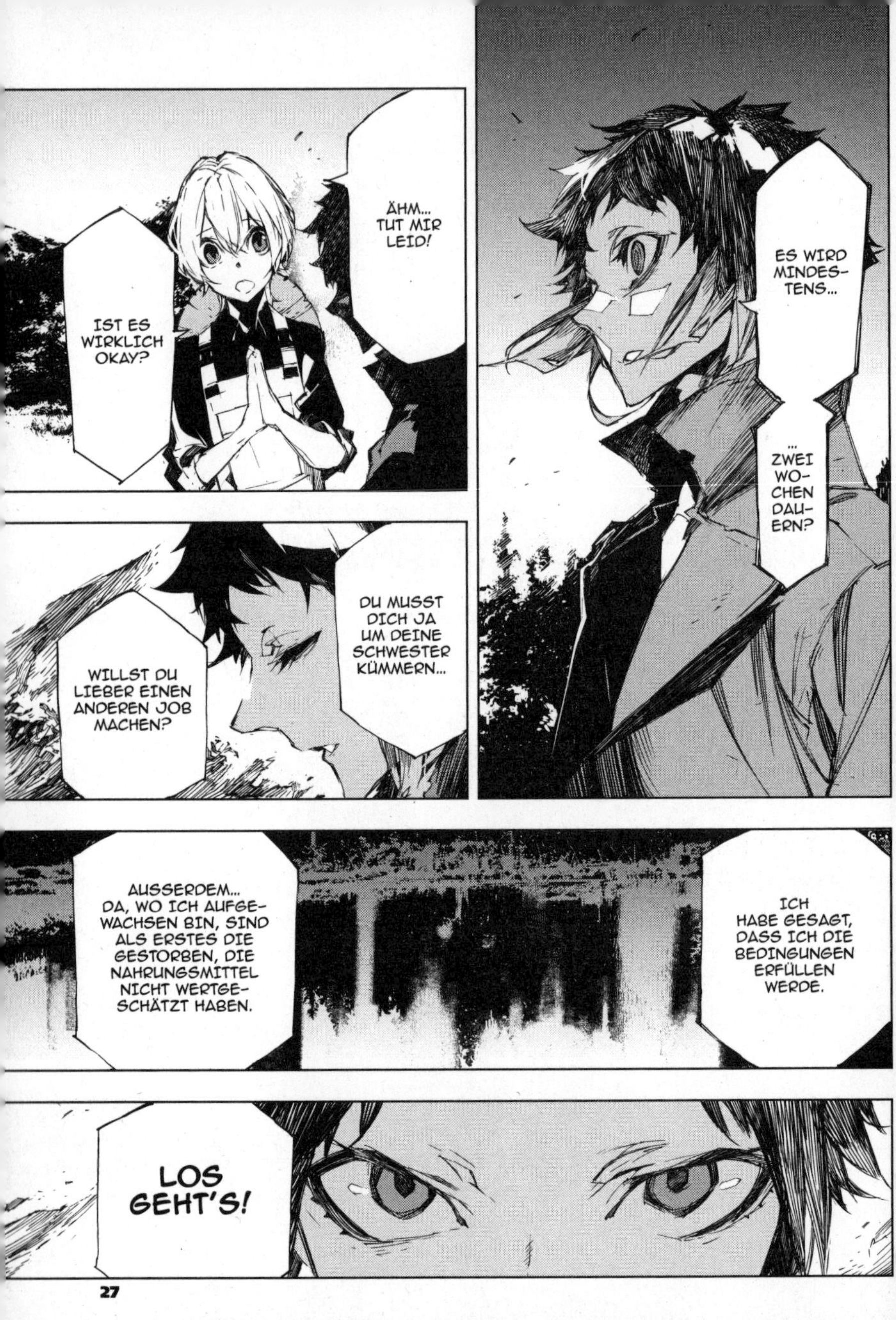
ES WIRD MINDESTENS...
... ZWEI WOCHEN DAUERN?
ÄHM... TUT MIR LEID!
IST ES WIRKLICH OKAY?
DU MUSST DICH JA UM DEINE SCHWESTER KÜMMERN...
WILLST DU LIEBER EINEN ANDEREN JOB MACHEN?
ICH HABE GESAGT, DASS ICH DIE BEDINGUNGEN ERFÜLLEN WERDE.
AUSSERDEM... DA, WO ICH AUFGEWACHSEN BIN, SIND ALS ERSTES DIE GESTORBEN, DIE NAHRUNGSMITTEL NICHT WERTGESCHÄTZT HABEN.
LOS GEHT'S!

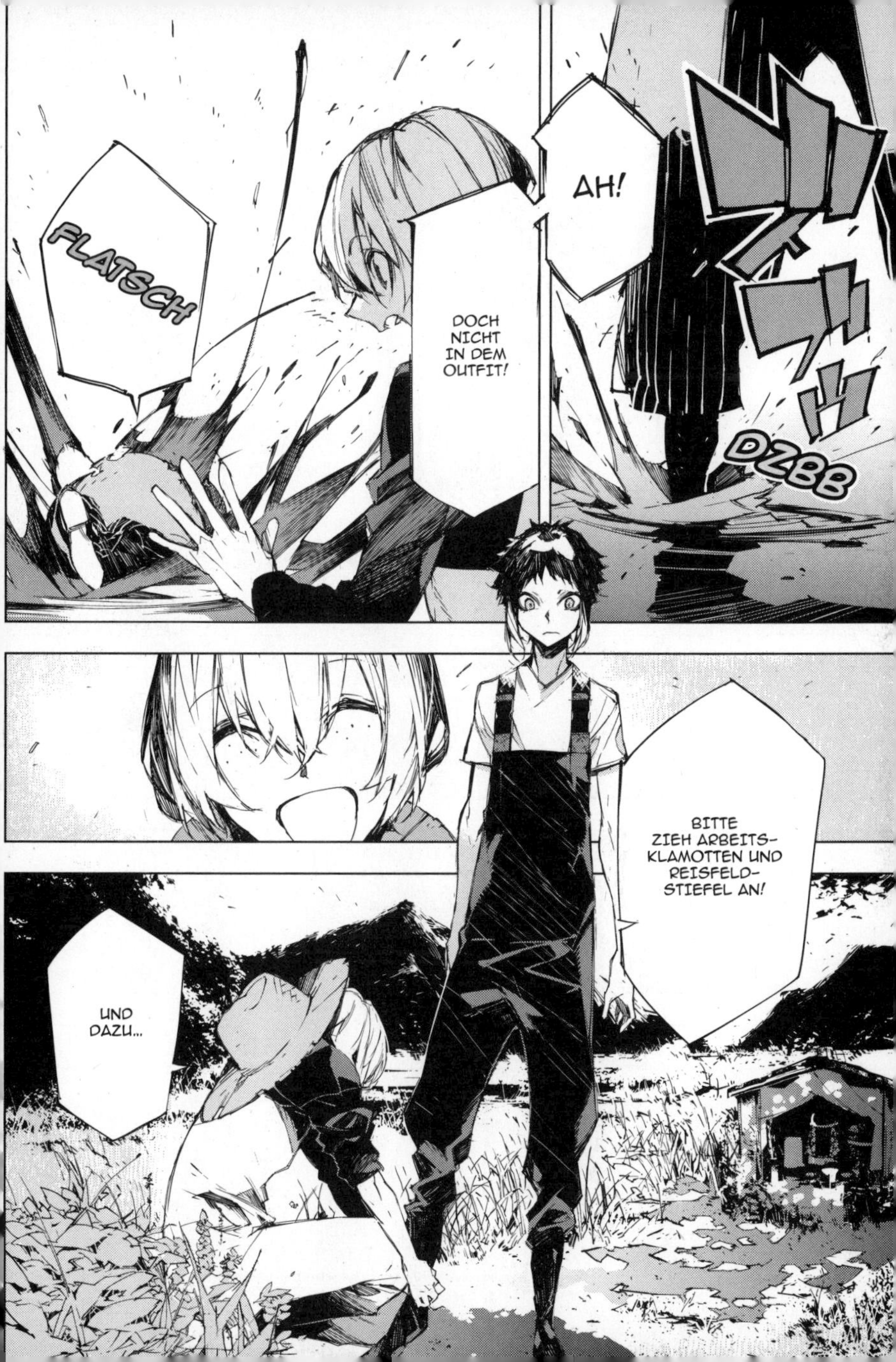
AH!
DZBB
FLATSCH
DOCH NICHT IN DEM OUTFIT!
BITTE ZIEH ARBEITS-KLAMOTTEN UND REISFELD-STIEFEL AN!
UND DAZU...

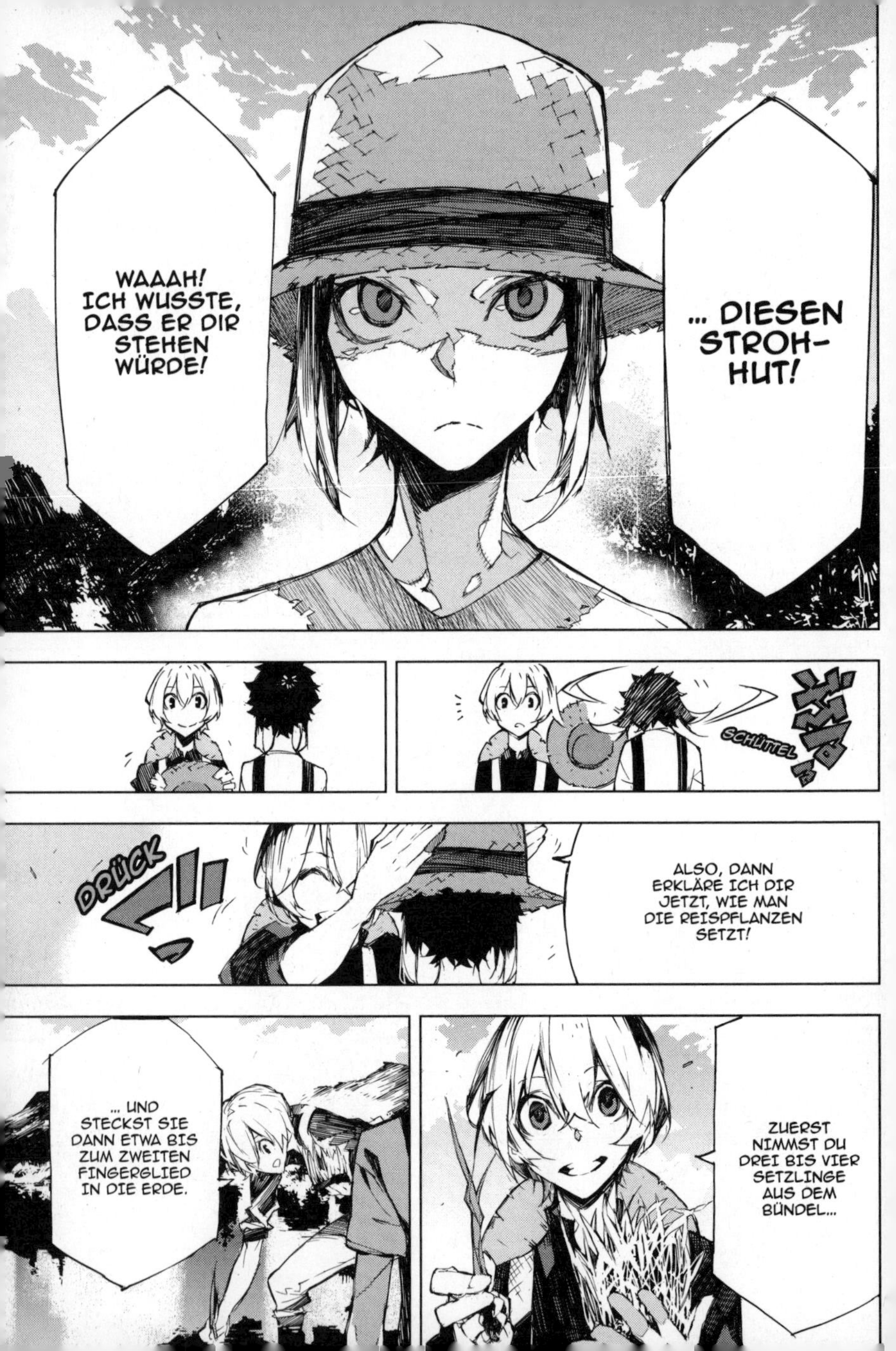
... DIESEN STROH-HUT!
WAAAH! ICH WUSSTE, DASS ER DIR STEHEN WÜRDE!
SCHÜTTEL
ALSO, DANN ERKLÄRE ICH DIR JETZT, WIE MAN DIE REISPFLANZEN SETZT!
DRÜCK
ZUERST NIMMST DU DREI BIS VIER SETZLINGE AUS DEM BÜNDEL...
... UND STECKST SIE DANN ETWA BIS ZUM ZWEITEN FINGERGLIED IN DIE ERDE.

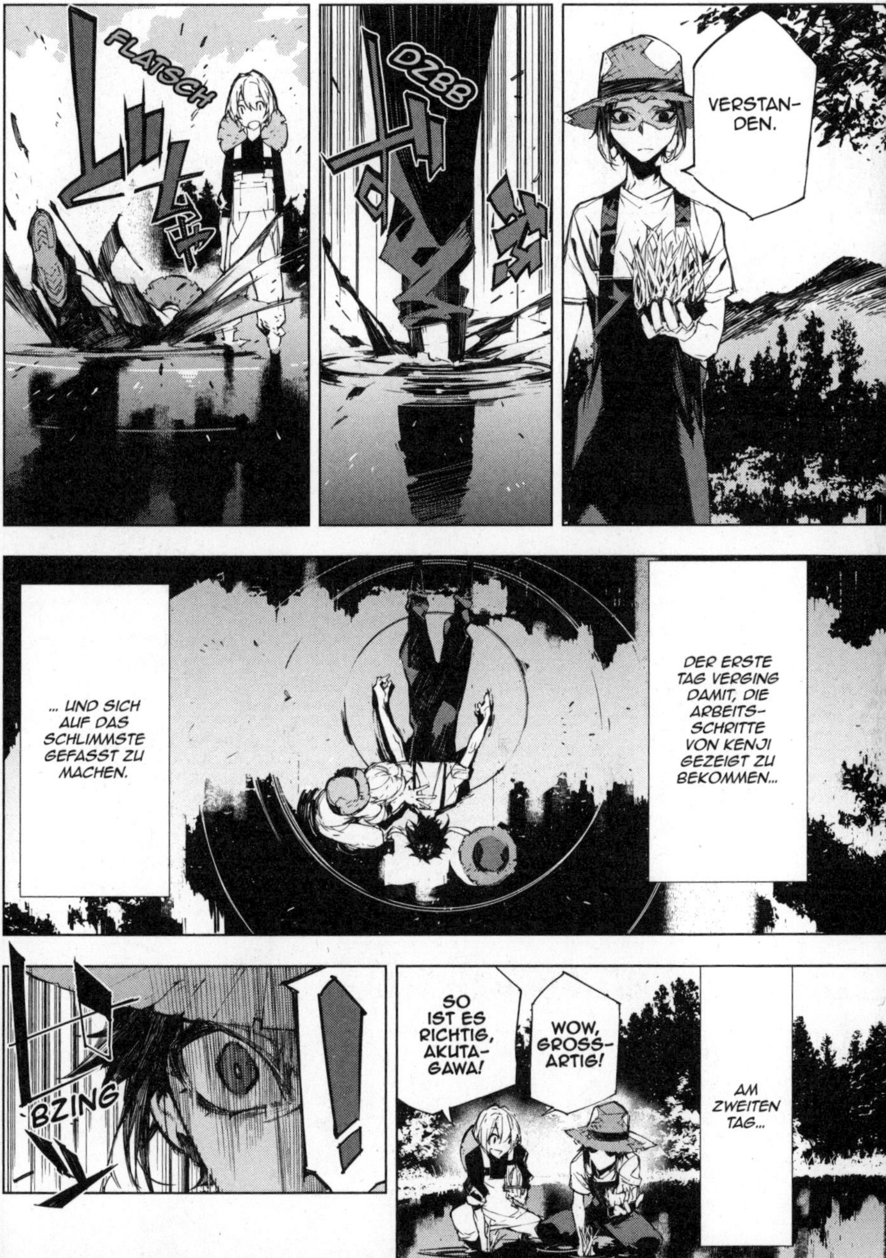
VERSTANDEN.
DZBB
FLATSCH
DER ERSTE TAG VERGING DAMIT, DIE ARBEITSSCHRITTE VON KENJI GEZEIGT ZU BEKOMMEN...
... UND SICH AUF DAS SCHLIMMSTE GEFASST ZU MACHEN.
AM ZWEITEN TAG...
WOW, GROSSARTIG!
SO IST ES RICHTIG, AKUTAGAWA!
BZING

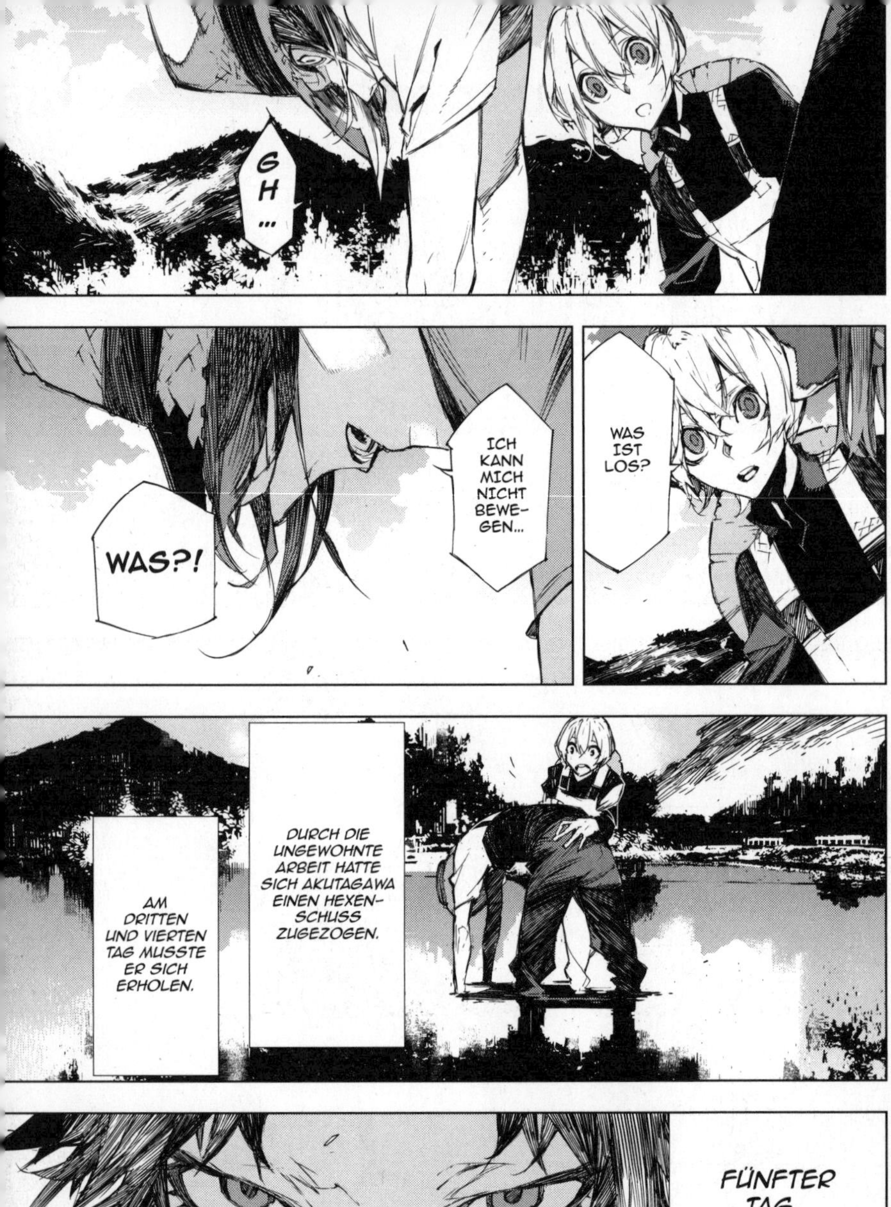
GH ...
WAS IST LOS?
ICH KANN MICH NICHT BEWEGEN...
WAS?!
DURCH DIE UNGEWOHNTE ARBEIT HATTE SICH AKUTAGAWA EINEN HEXENSCHUSS ZUGEZOGEN.
AM DRITTEN UND VIERTEN TAG MUSSTE ER SICH ERHOLEN.
FÜNFTER TAG...

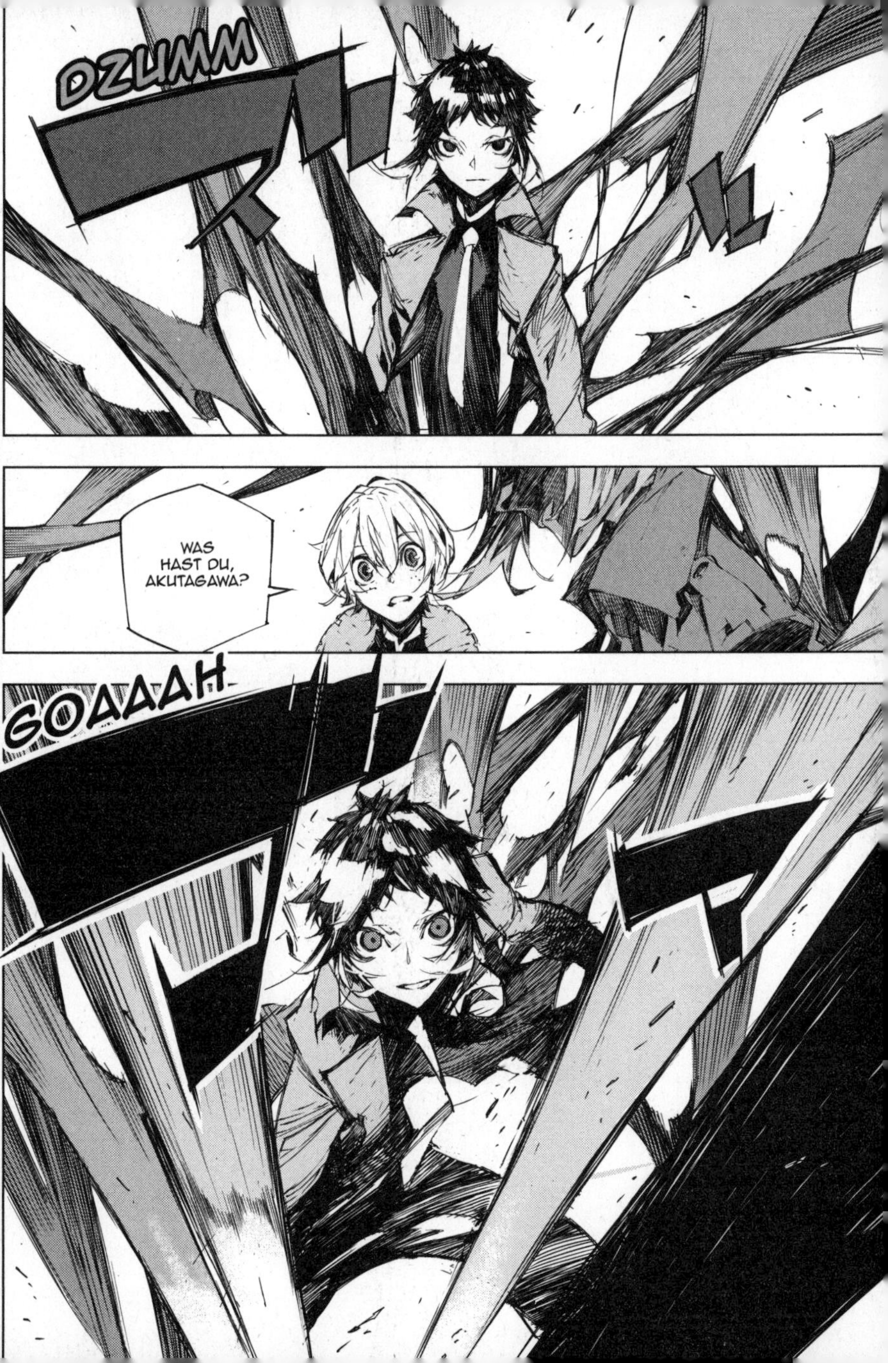
DZUMM
WAS HAST DU, AKUTAGAWA?
GOAAAH

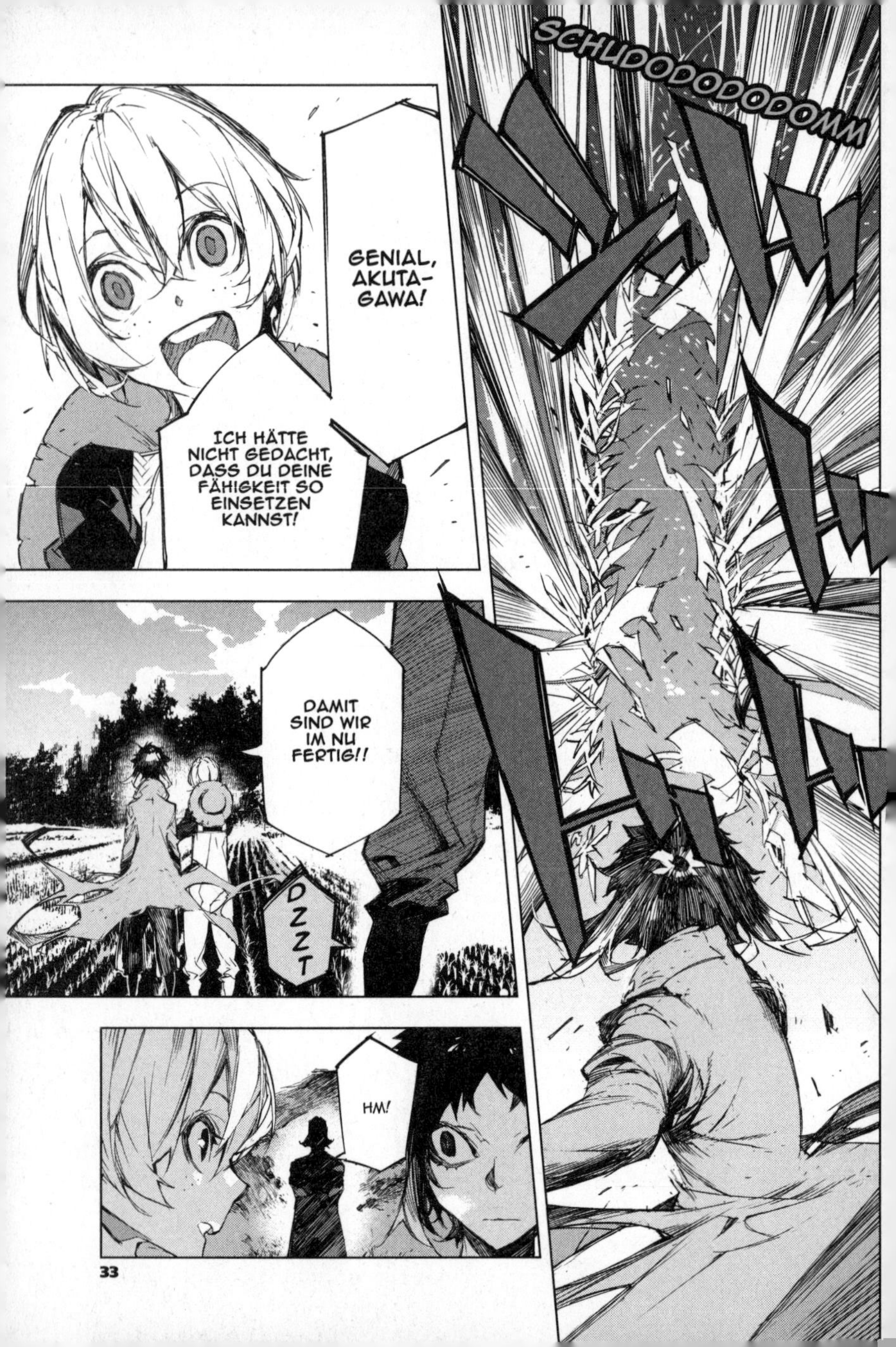
SCHUDODODODOMM
GENIAL, AKUTA-GAWA!
ICH HÄTTE NICHT GEDACHT, DASS DU DEINE FÄHIGKEIT SO EINSETZEN KANNST!
DAMIT SIND WIR IM NU FERTIG!!
DZZT
HM!

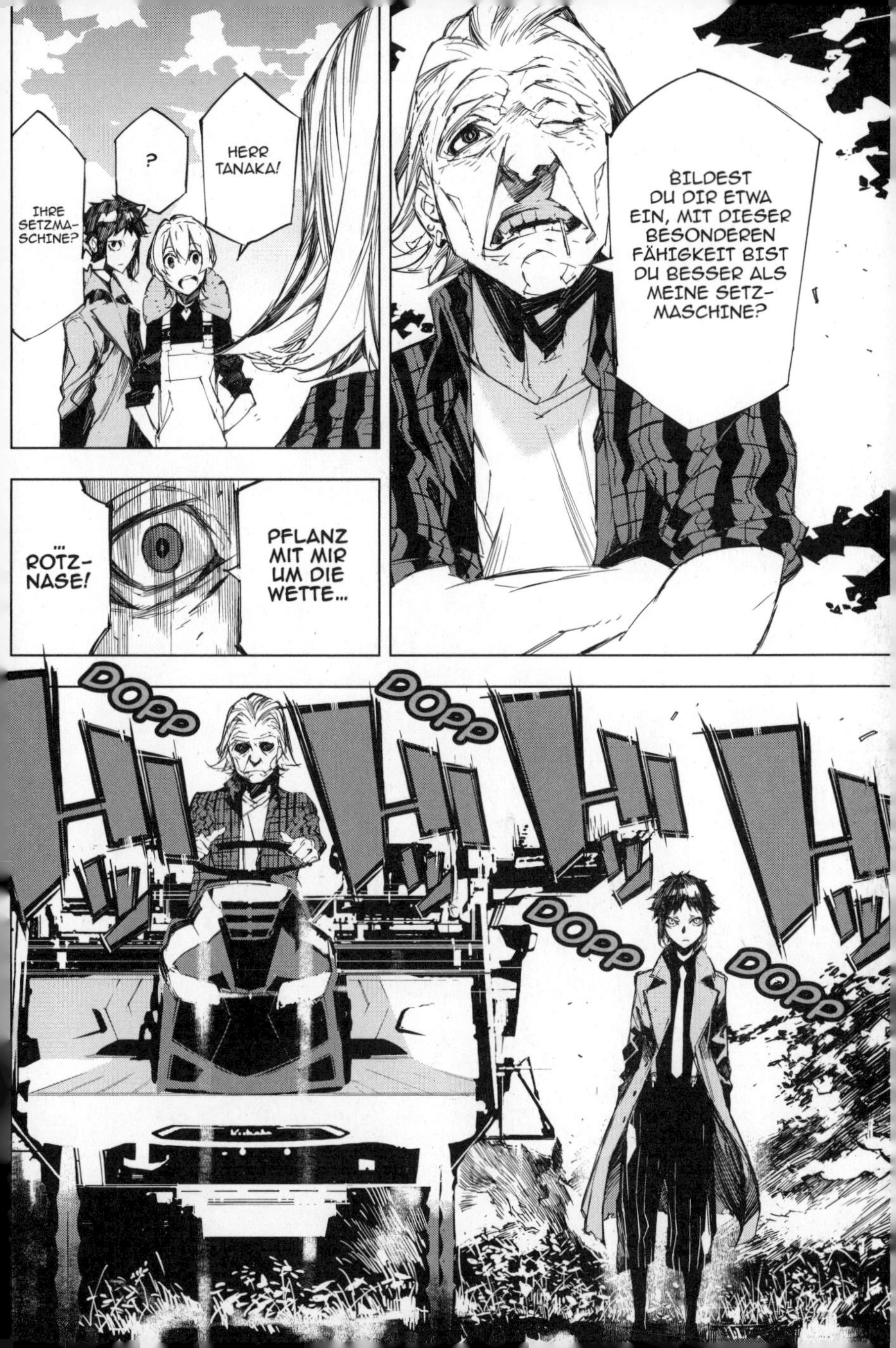
BILDEST DU DIR ETWA EIN, MIT DIESER BESONDEREN FÄHIGKEIT BIST DU BESSER ALS MEINE SETZ-MASCHINE?
HERR TANAKA!
?
IHRE SETZMA-SCHINE?
PFLANZ MIT MIR UM DIE WETTE...
... ROTZ-NASE!
DOPP
DOPP
DOPP
DOPP

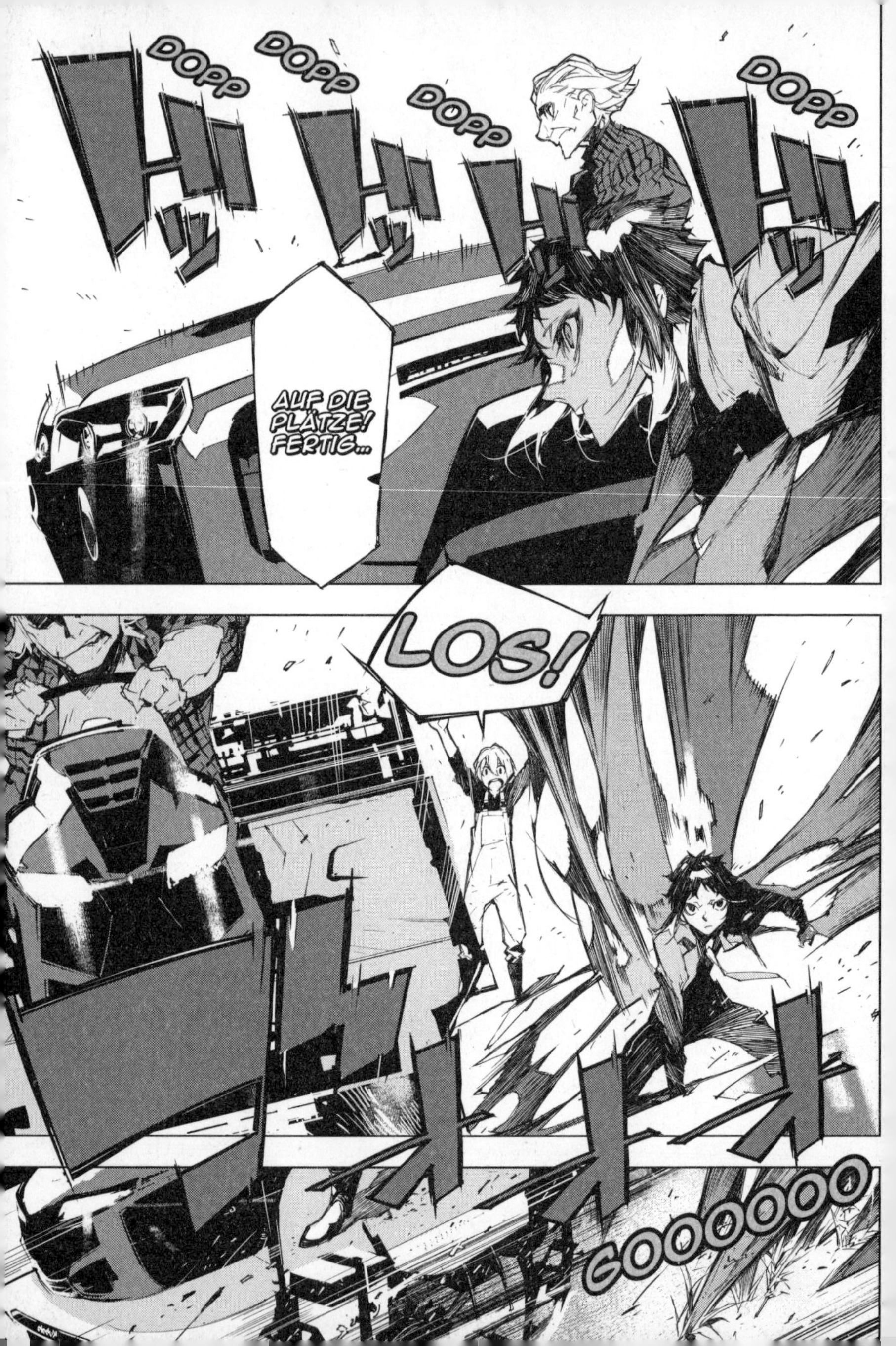
DOPP
DOPP
DOPP
DOPP
DOPP
AUF DIE PLÄTZE! FERTIG...
LOS!
GOOOOOO

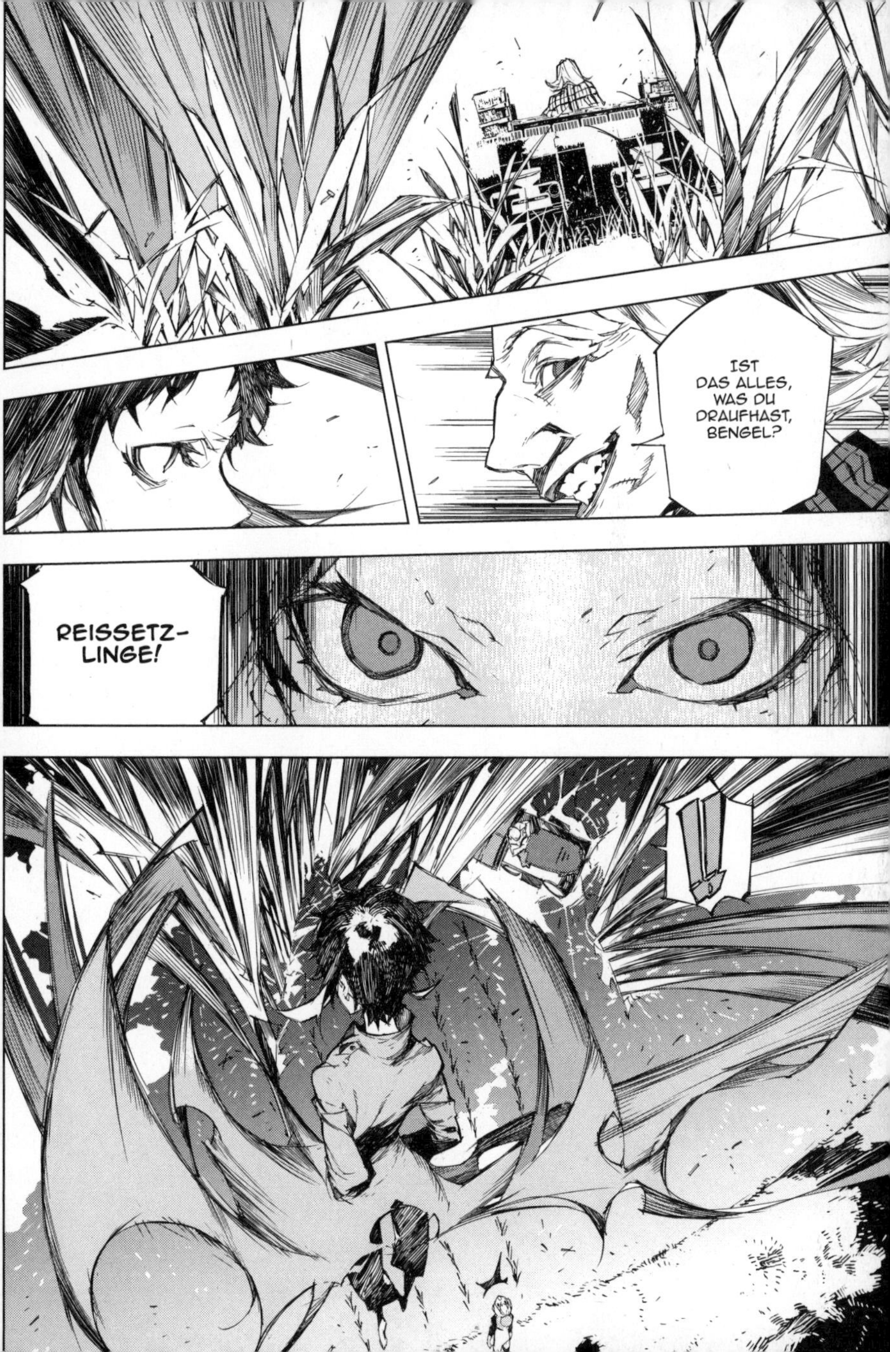

IST DAS ALLES, WAS DU DRAUFHAST, BENGEL?
REISSETZ-LINGE!
!!

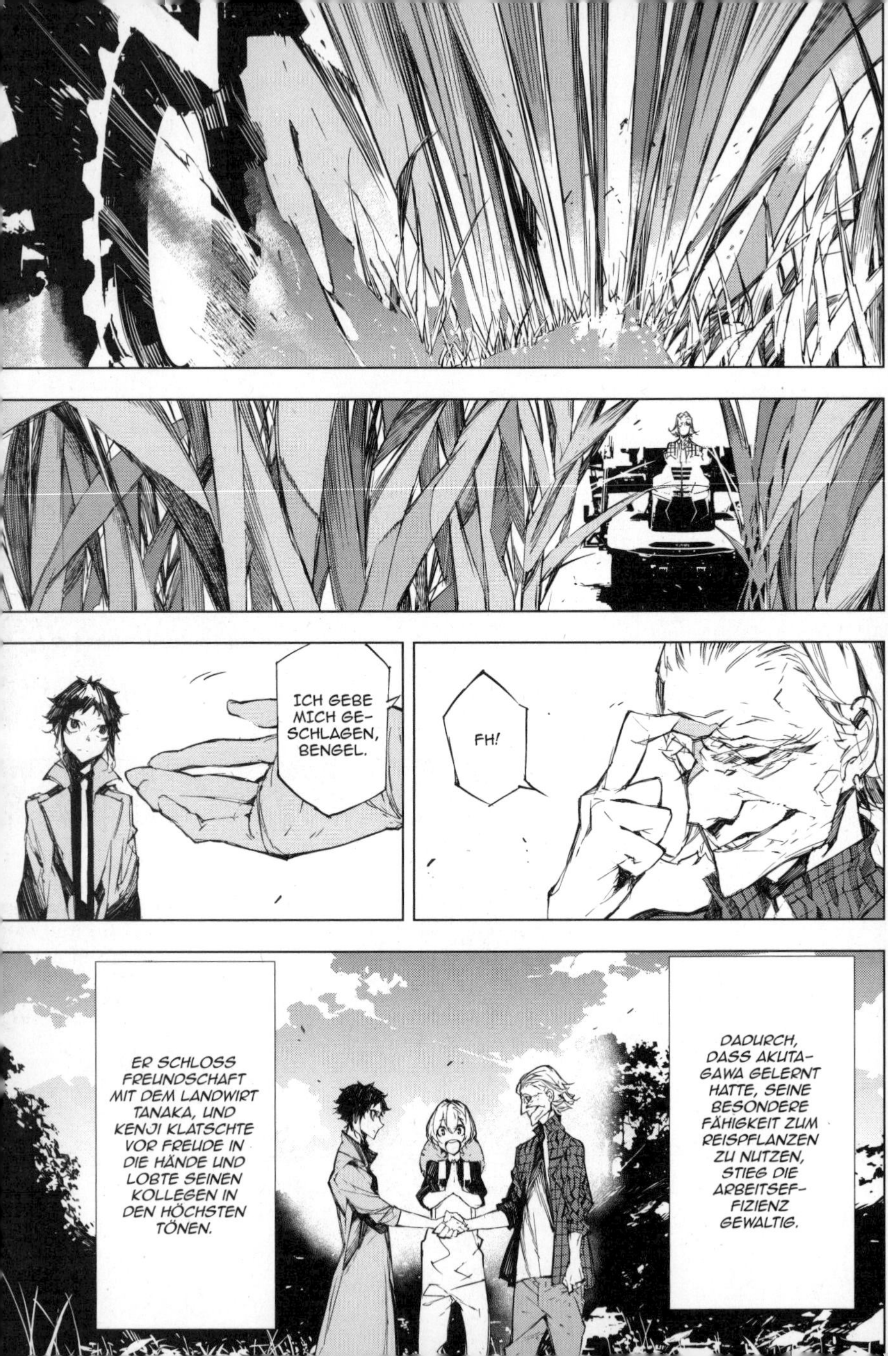
FH!
ICH GEBE MICH GESCHLAGEN, BENGEL.
DADURCH, DASS AKUTAGAWA GELERNT HATTE, SEINE BESONDERE FÄHIGKEIT ZUM REISPFLANZEN ZU NUTZEN, STIEG DIE ARBEITSEFFIZIENZ GEWALTIG.
ER SCHLOSS FREUNDSCHAFT MIT DEM LANDWIRT TANAKA, UND KENJI KLATSCHTE VOR FREUDE IN DIE HÄNDE UND LOBTE SEINEN KOLLEGEN IN DEN HÖCHSTEN TÖNEN.

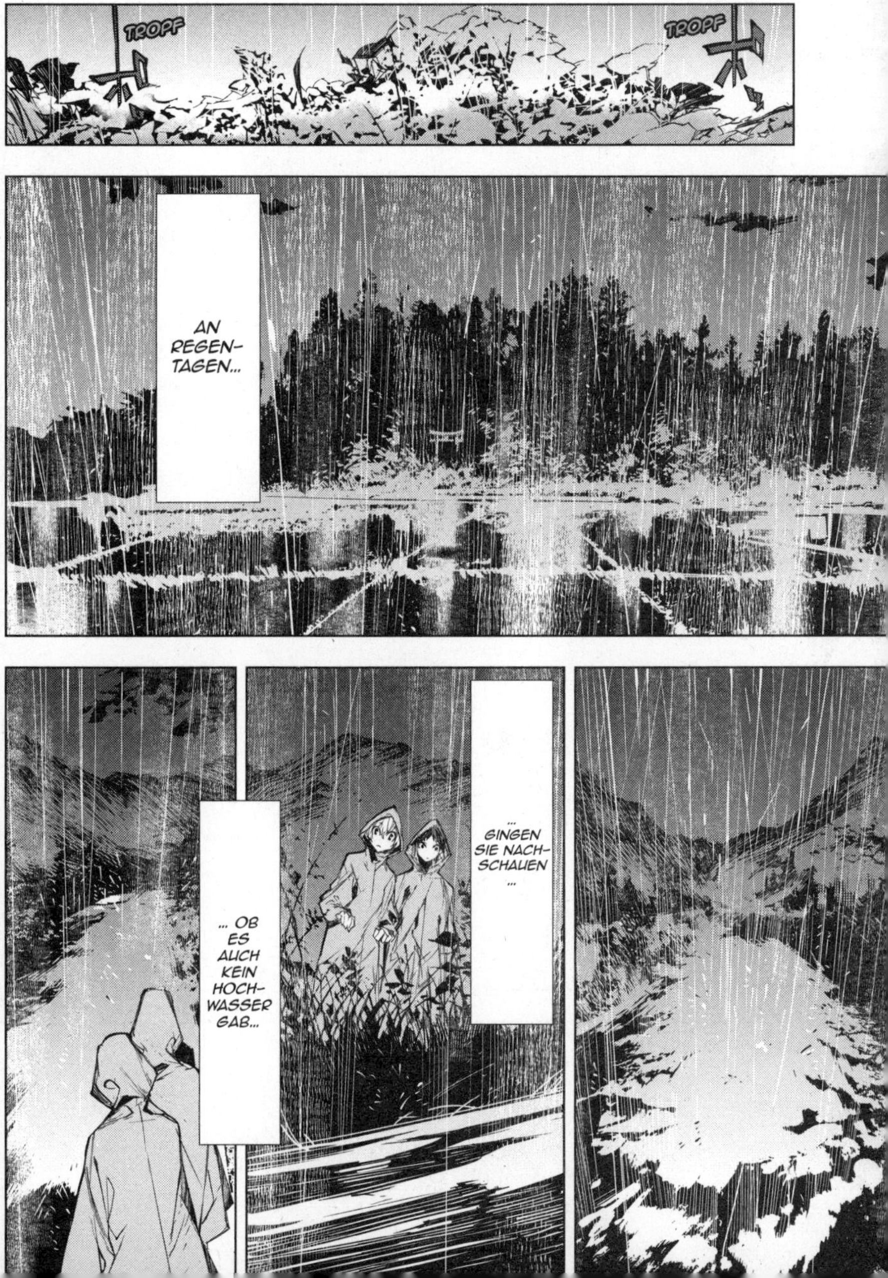
TROPF
TROPF
AN REGEN-TAGEN...
... GINGEN SIE NACH-SCHAUEN ...
... OB ES AUCH KEIN HOCH-WASSER GAB...

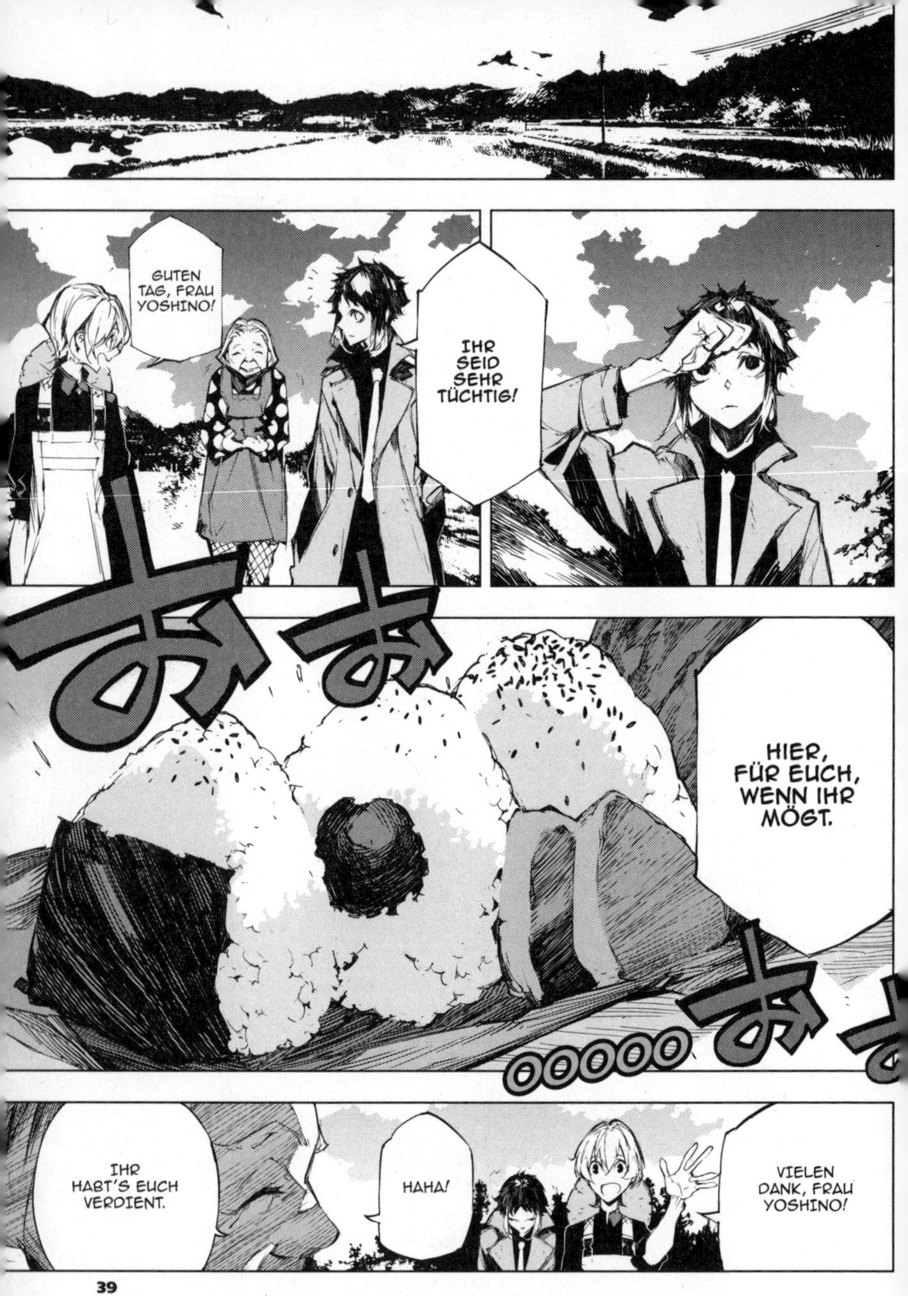
GUTEN TAG, FRAU YOSHINO!
IHR SEID SEHR TÜCHTIG!
HIER, FÜR EUCH, WENN IHR MÖGT.
お お
OOOOO お お
VIELEN DANK, FRAU YOSHINO!
HAHA!
IHR HABT'S EUCH VERDIENT.

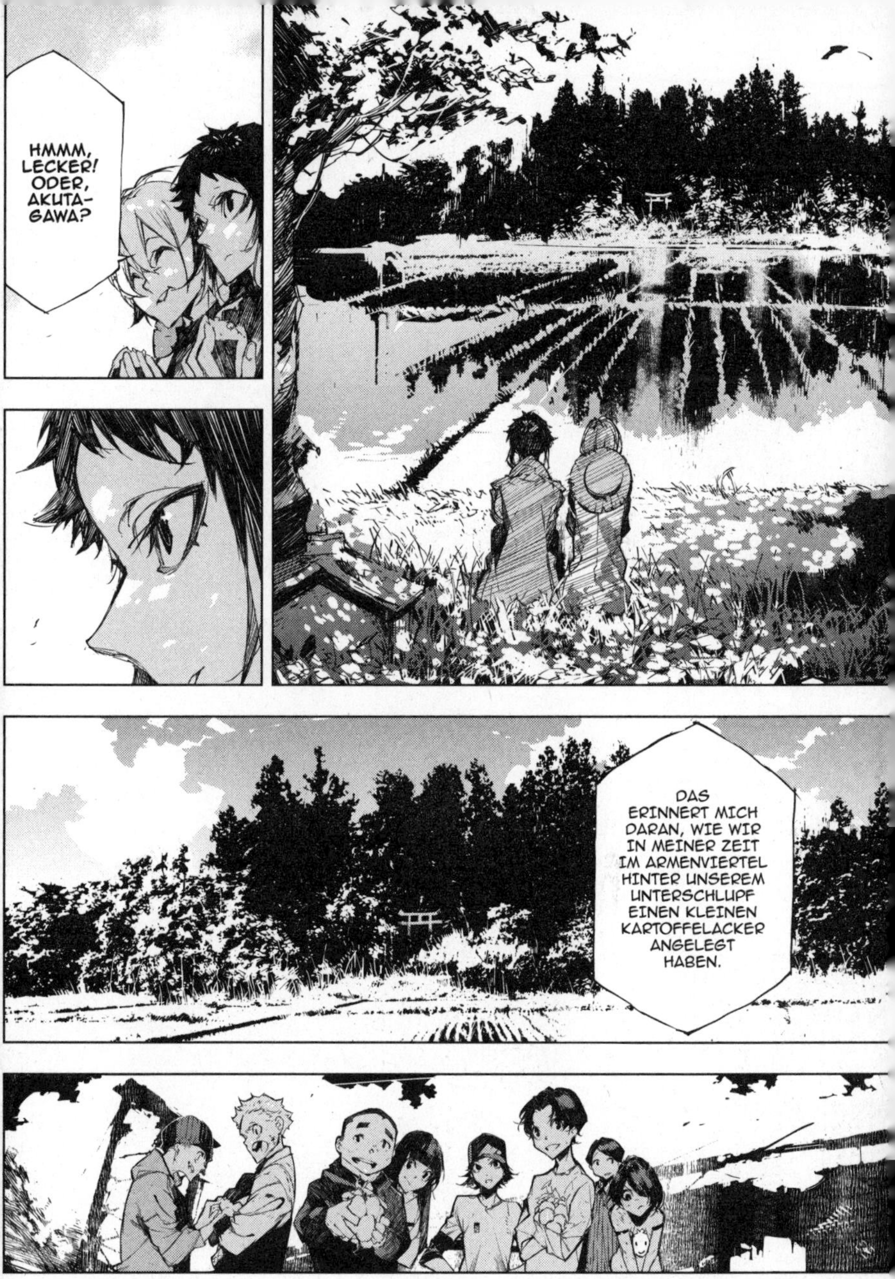
HMMM, LECKER! ODER, AKUTA-GAWA?
DAS ERINNERT MICH DARAN, WIE WIR IN MEINER ZEIT IM ARMENVIERTEL HINTER UNSEREM UNTERSCHLUPF EINEN KLEINEN KARTOFFELACKER ANGELEGT HABEN.

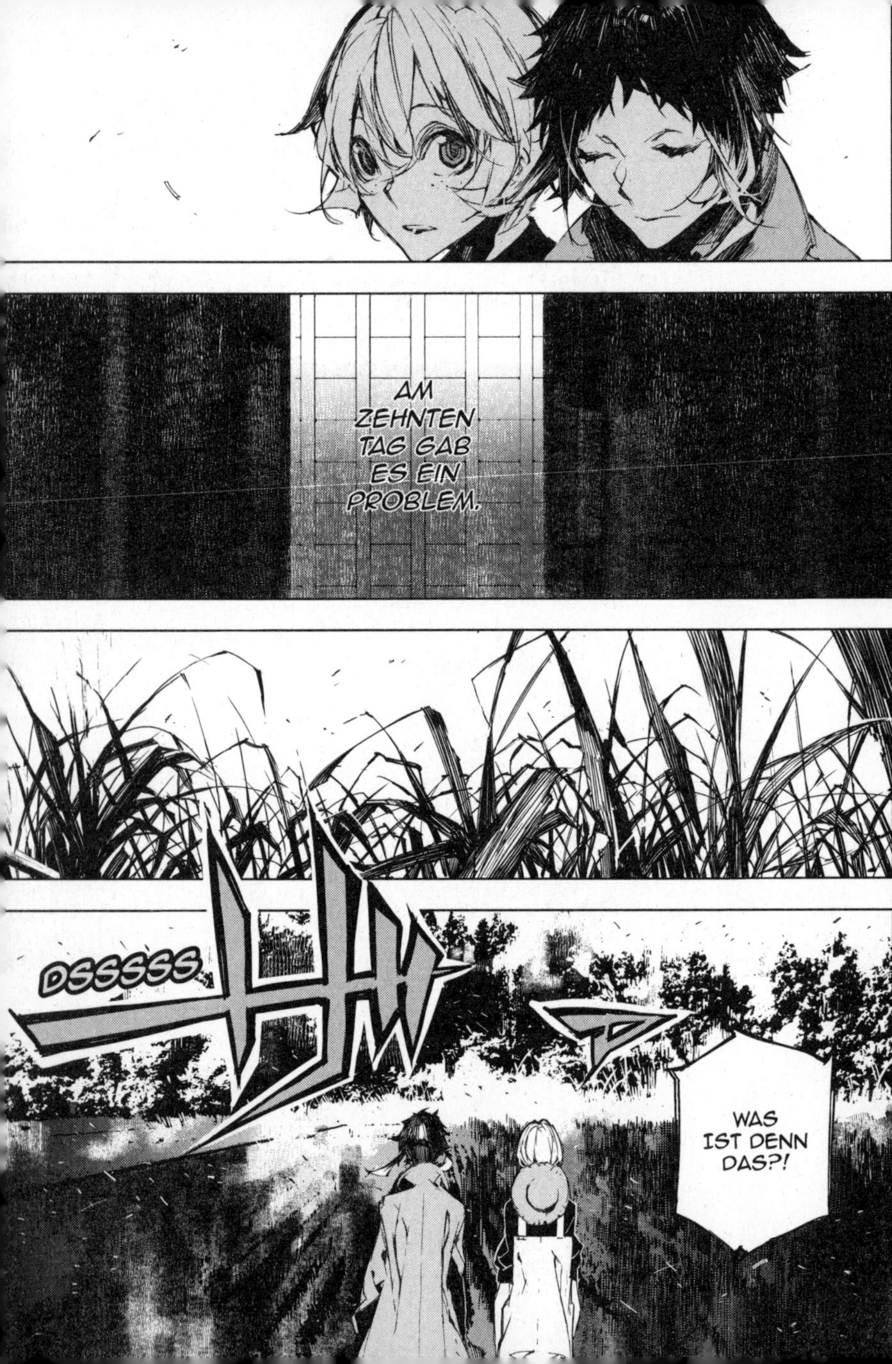
AM ZEHNTEN TAG GAB ES EIN PROBLEM.
DSSSSS
WAS IST DENN DAS?!

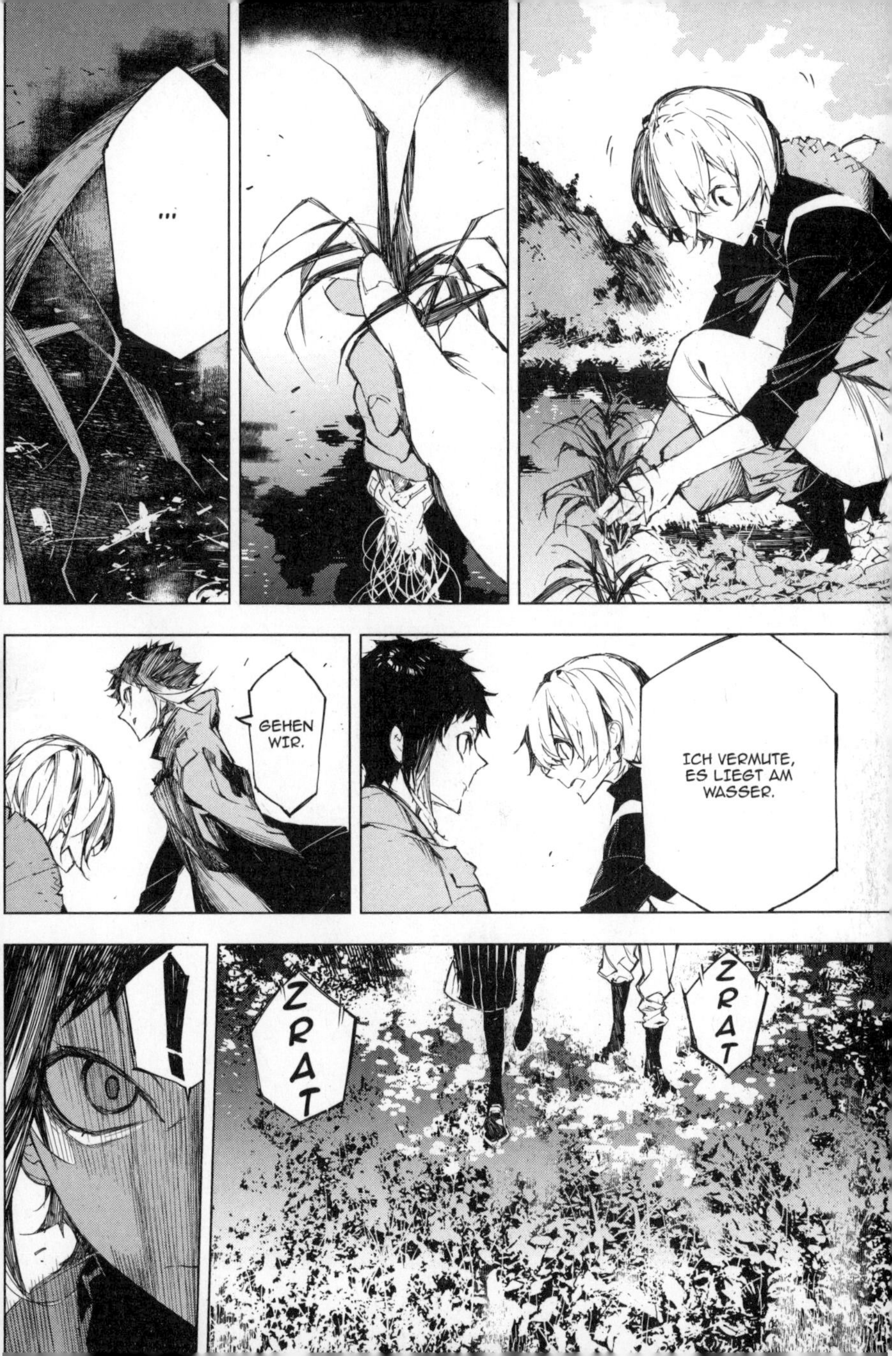
...
ICH VERMUTE, ES LIEGT AM WASSER.
GEHEN WIR.
ZRAT
ZRAT
!

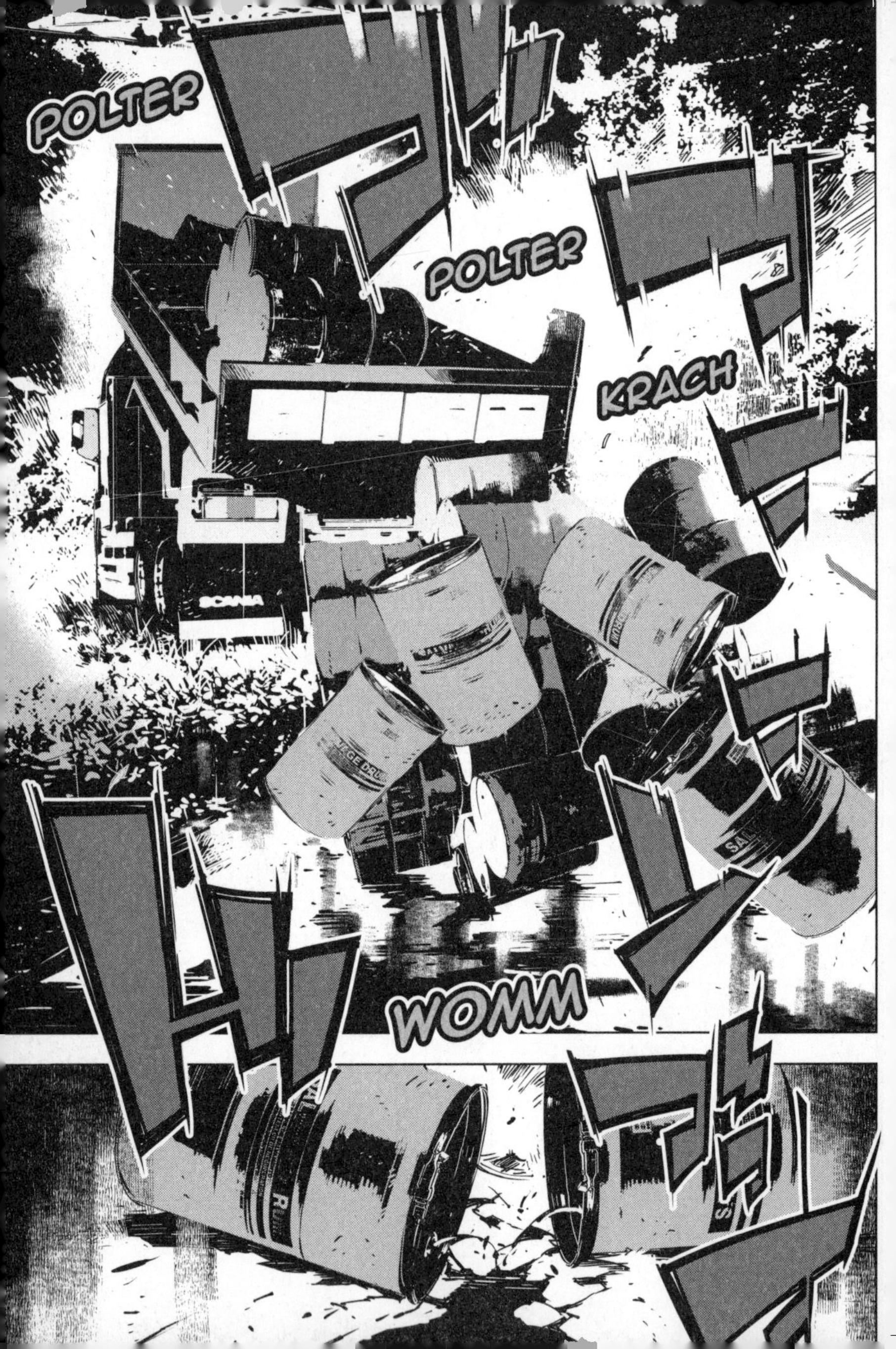
POLTER
POLTER
KRACH
WOMM

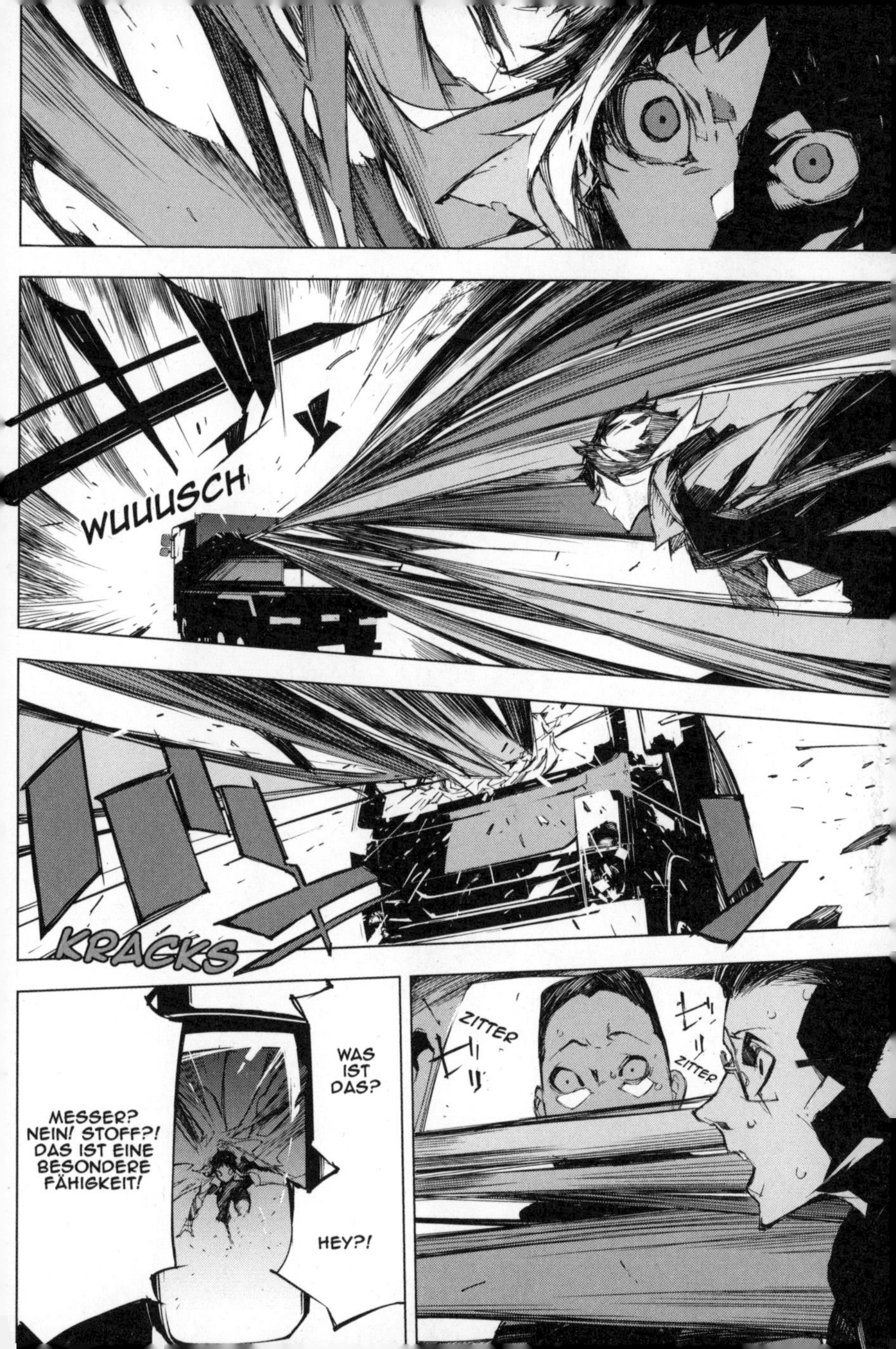
WUUUSCH
KRACKS
ZITTER
ZITTER
WAS IST DAS?
HEY?!
MESSER? NEIN! STOFF?! DAS IST EINE BESONDERE FÄHIGKEIT!

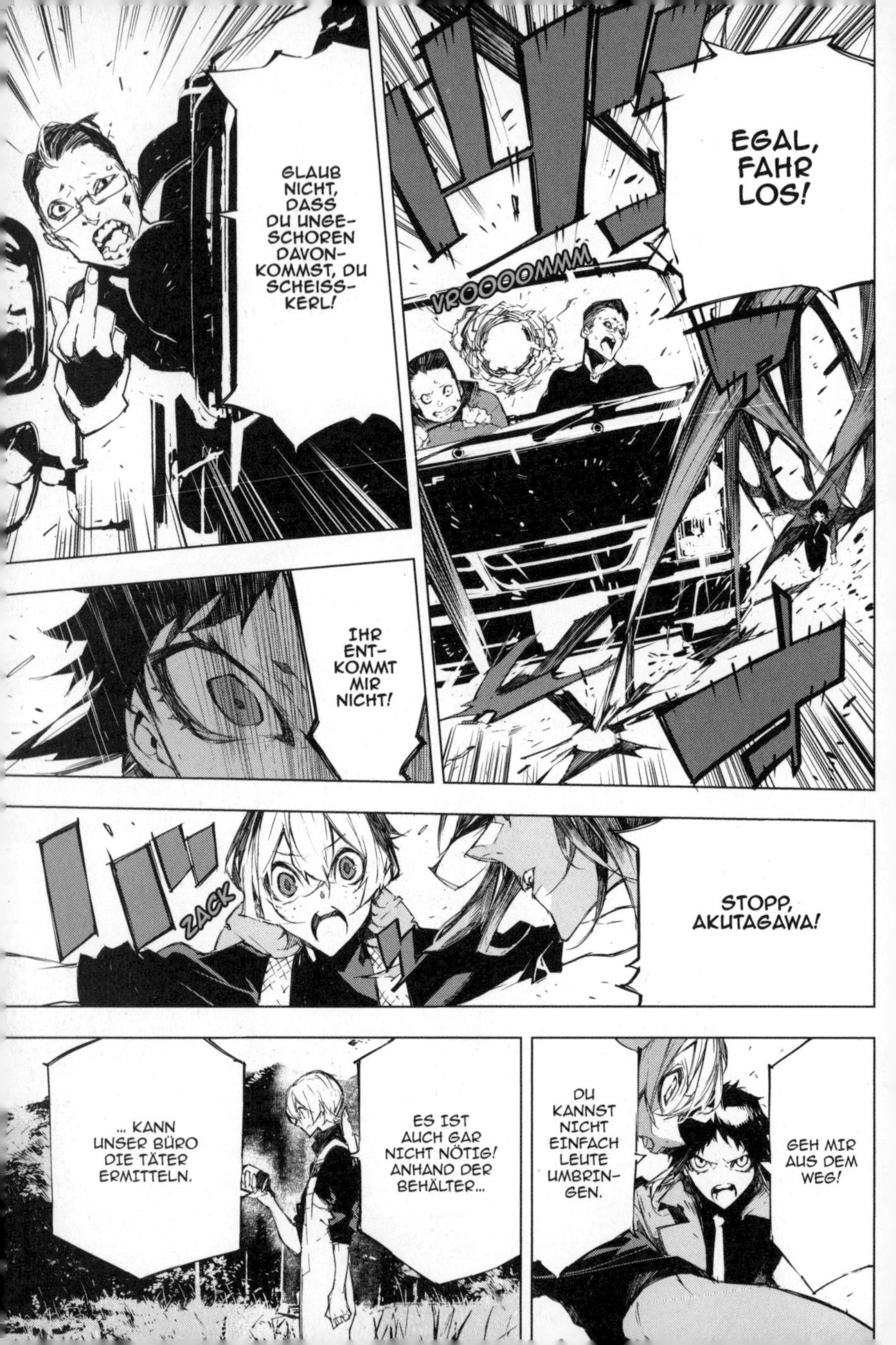
EGAL, FAHR LOS!
GLAUB NICHT, DASS DU UNGE-SCHOREN DAVON-KOMMST, DU SCHEISS-KERL!
VROOOOOMMM
IHR ENT-KOMMT MIR NICHT!
STOPP, AKUTAGAWA!
ZACK
GEH MIR AUS DEM WEG!
DU KANNST NICHT EINFACH LEUTE UMBRIN-GEN.
ES IST AUCH GAR NICHT NÖTIG! ANHAND DER BEHÄLTER...
... KANN UNSER BÜRO DIE TÄTER ERMITTELN.

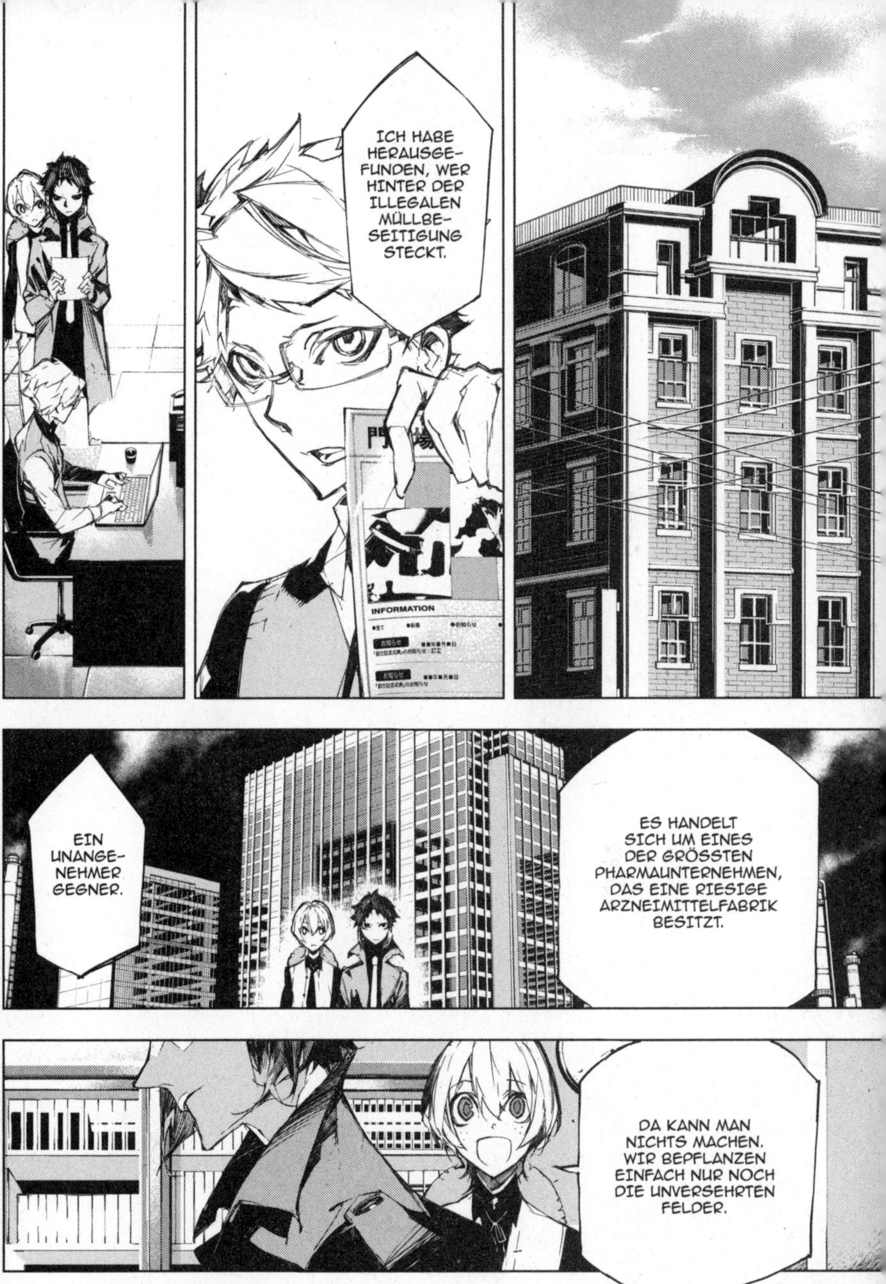
ICH HABE HERAUSGEFUNDEN, WER HINTER DER ILLEGALEN MÜLLBESEITIGUNG STECKT.
INFORMATION
ES HANDELT SICH UM EINES DER GRÖSSTEN PHARMAUNTERNEHMEN, DAS EINE RIESIGE ARZNEIMITTELFABRIK BESITZT.
EIN UNANGENEHMER GEGNER.
DA KANN MAN NICHTS MACHEN. WIR BEPFLANZEN EINFACH NUR NOCH DIE UNVERSEHRTEN FELDER.

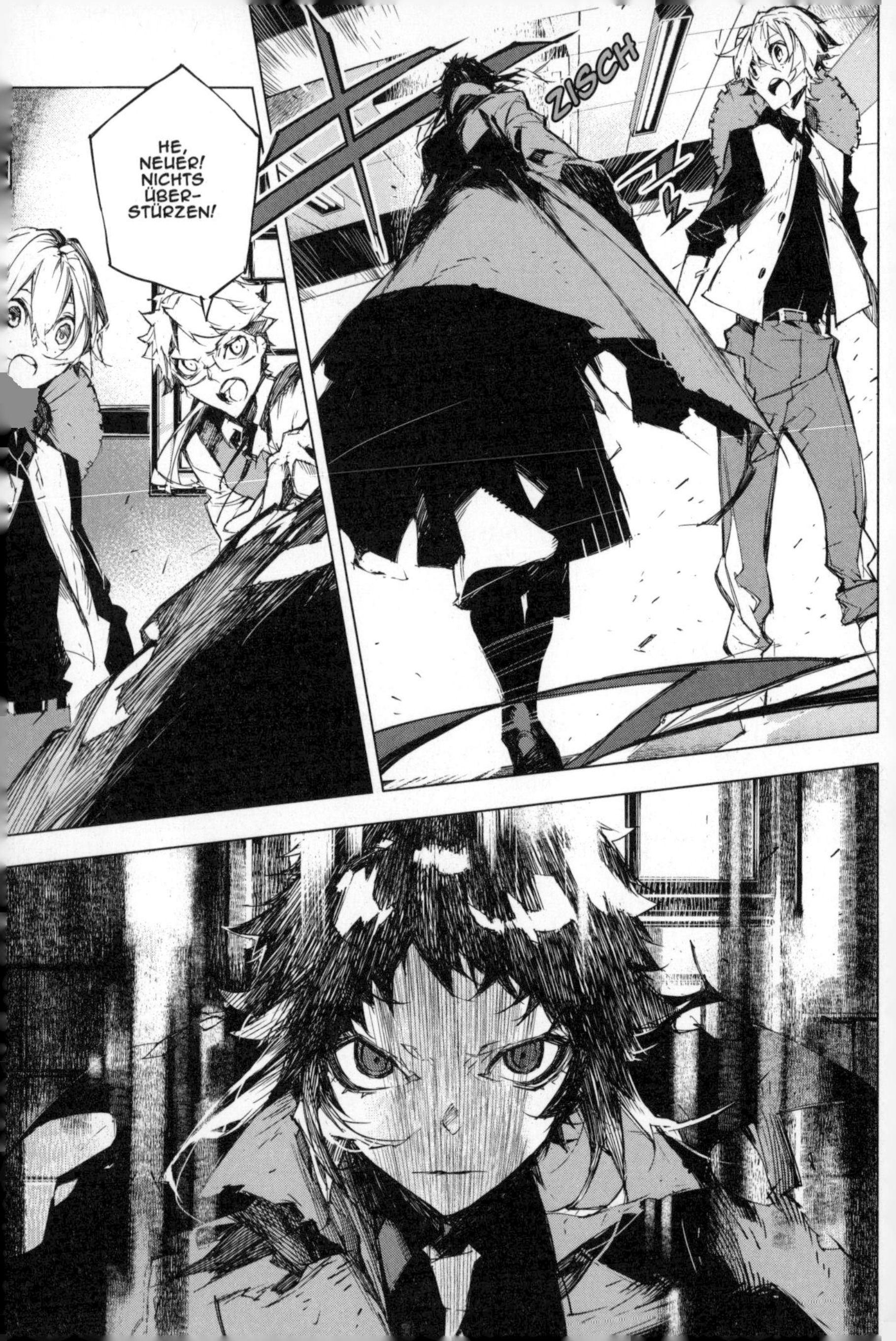
ZISCH
HE, NEUER! NICHTS ÜBER-STÜRZEN!

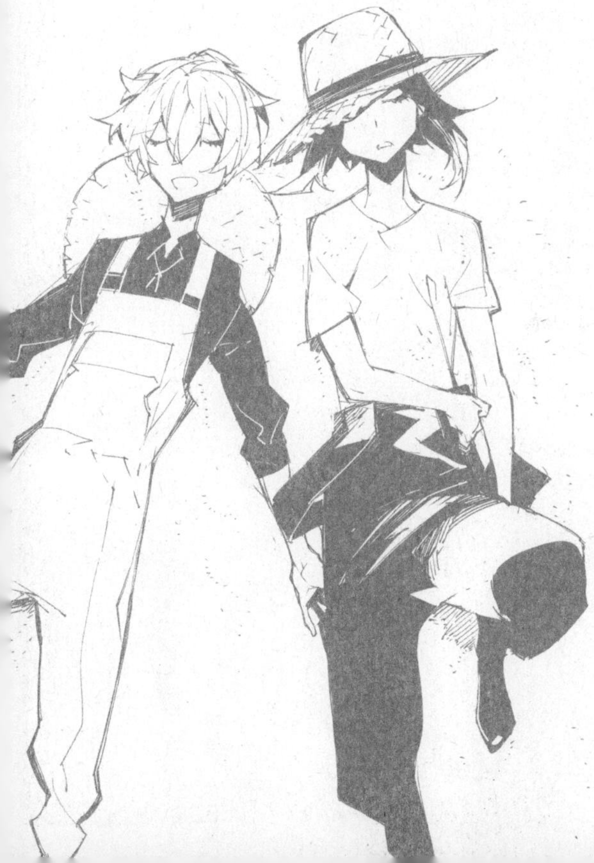

Bungo Stray Dogs

BEAST

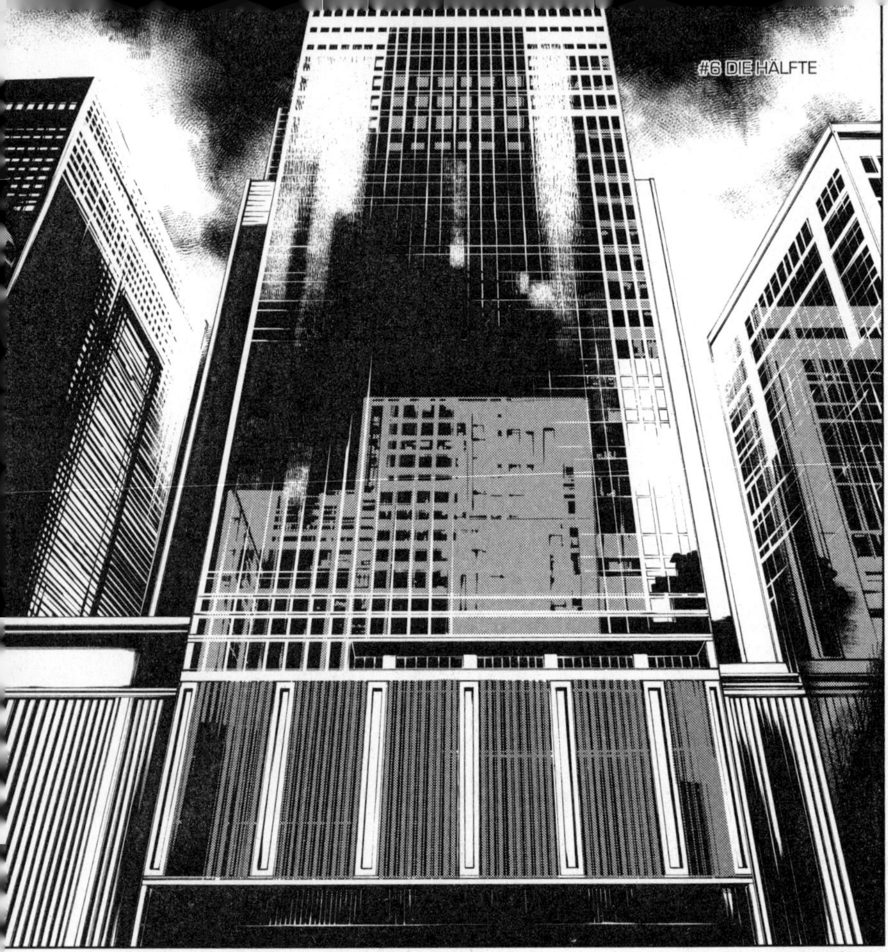
#6 DIE HÄLFTE

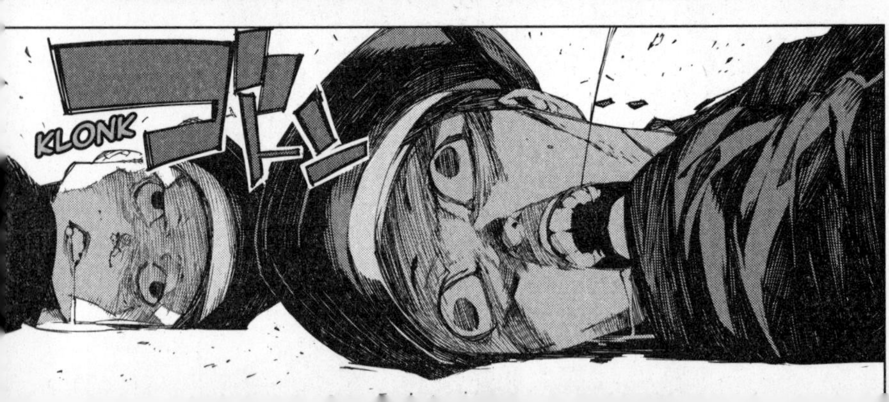
KLONK

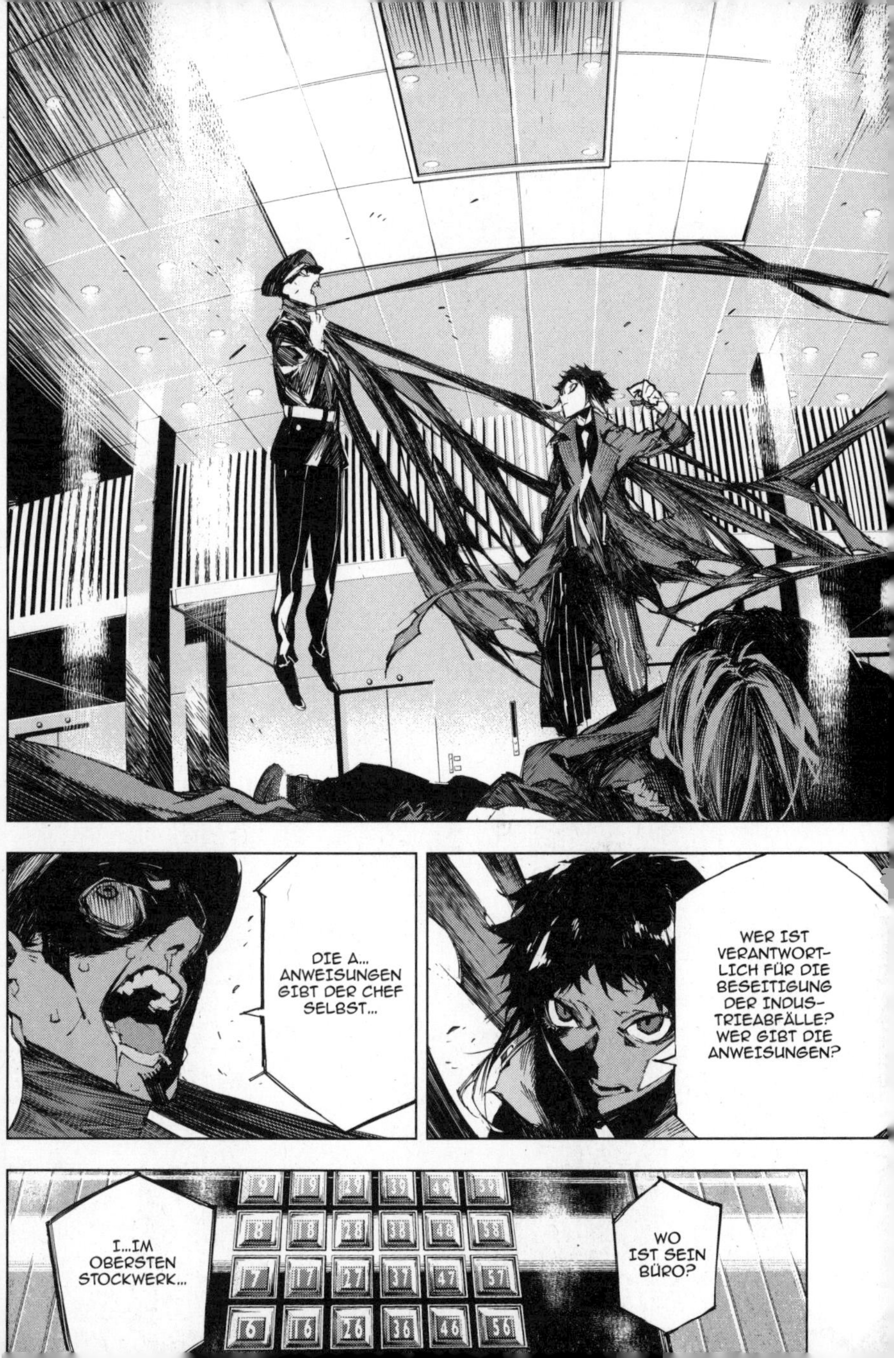
WER IST VERANTWORT-LICH FÜR DIE BESEITIGUNG DER INDUS-TRIEABFÄLLE? WER GIBT DIE ANWEISUNGEN?
DIE A... ANWEISUNGEN GIBT DER CHEF SELBST...
WO IST SEIN BÜRO?
I...IM OBERSTEN STOCKWERK...

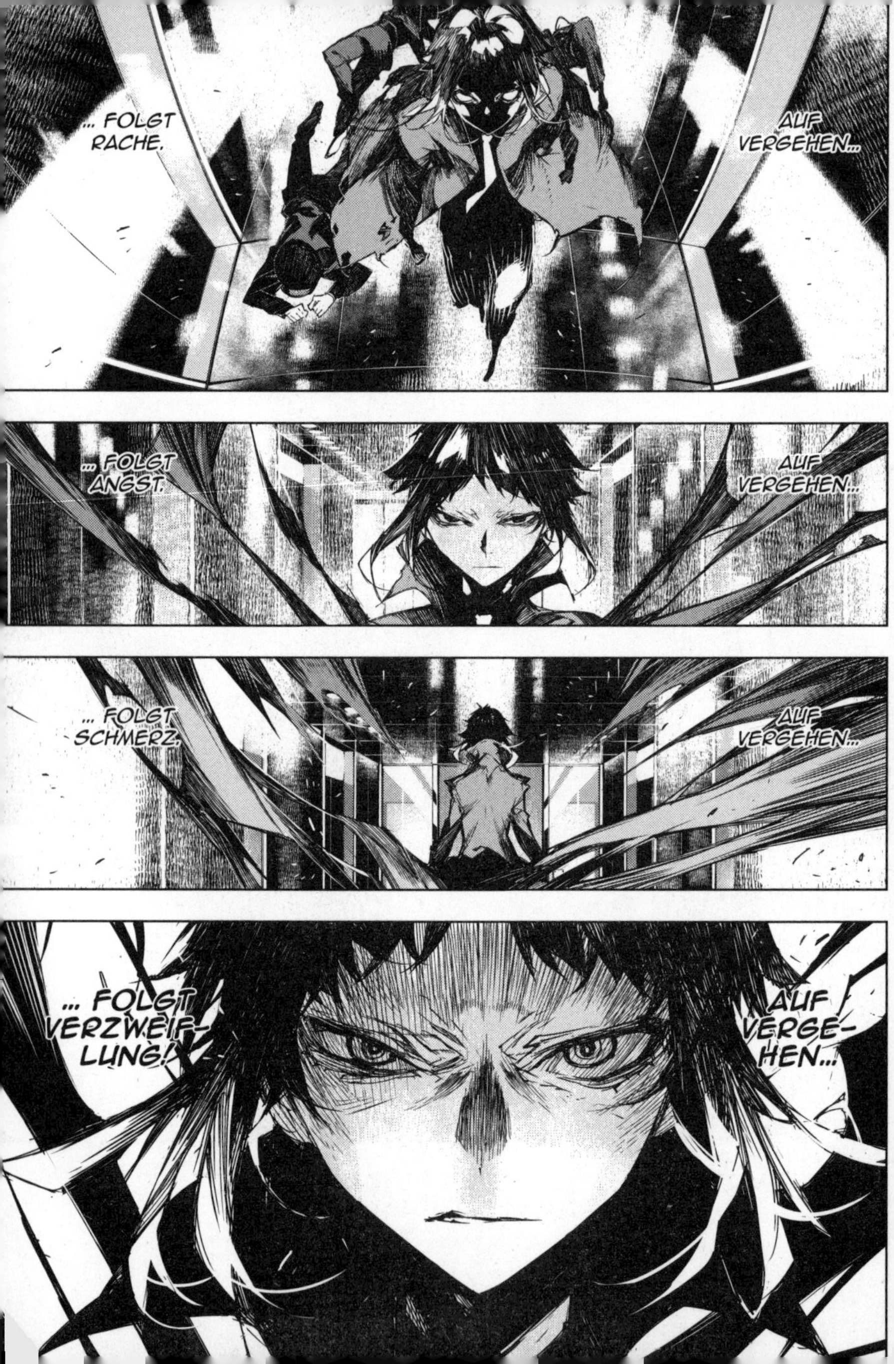
AUF VERGEHEN...
... FOLGT RACHE.
AUF VERGEHEN...
... FOLGT ANGST.
AUF VERGEHEN...
... FOLGT SCHMERZ.
AUF VERGE-HEN...
... FOLGT VERZWEIF-LUNG!

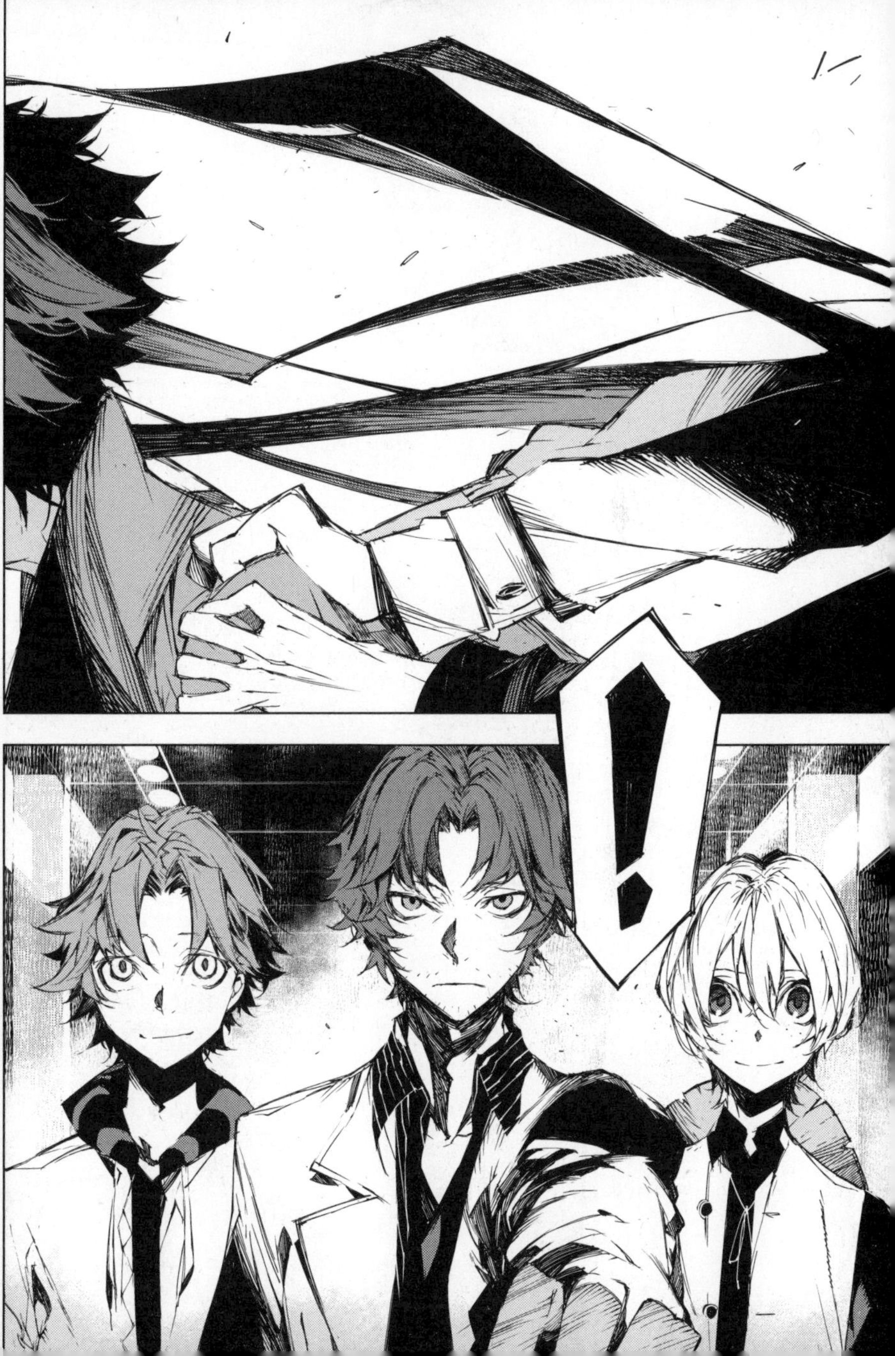

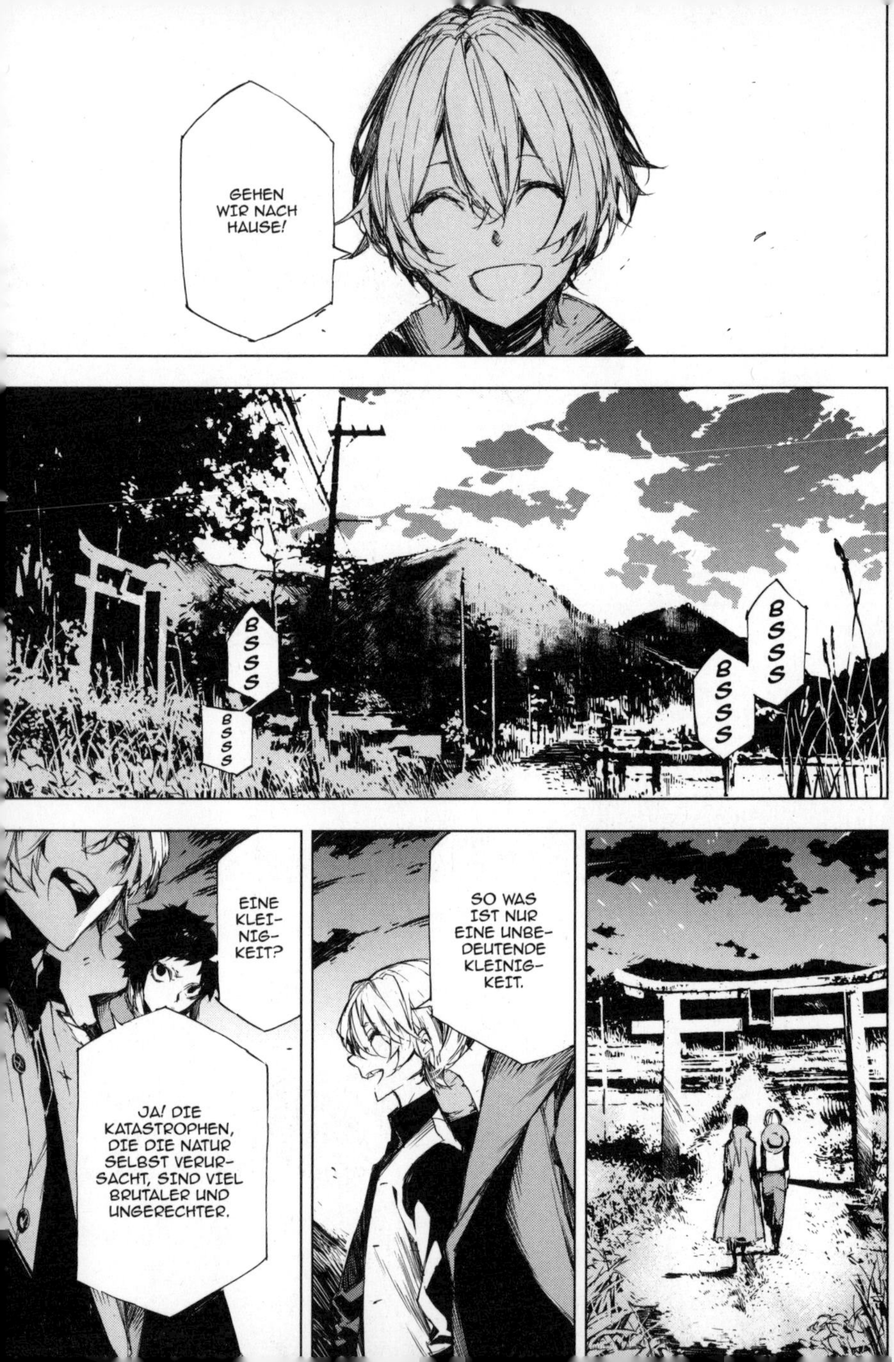

GEHEN WIR NACH HAUSE!
BSSS
BSSS
BSSS
BSSS
SO WAS IST NUR EINE UNBE-DEUTENDE KLEINIG-KEIT.
EINE KLEI-NIG-KEIT?
JA! DIE KATASTROPHEN, DIE DIE NATUR SELBST VERUR-SACHT, SIND VIEL BRUTALER UND UNGERECHTER.

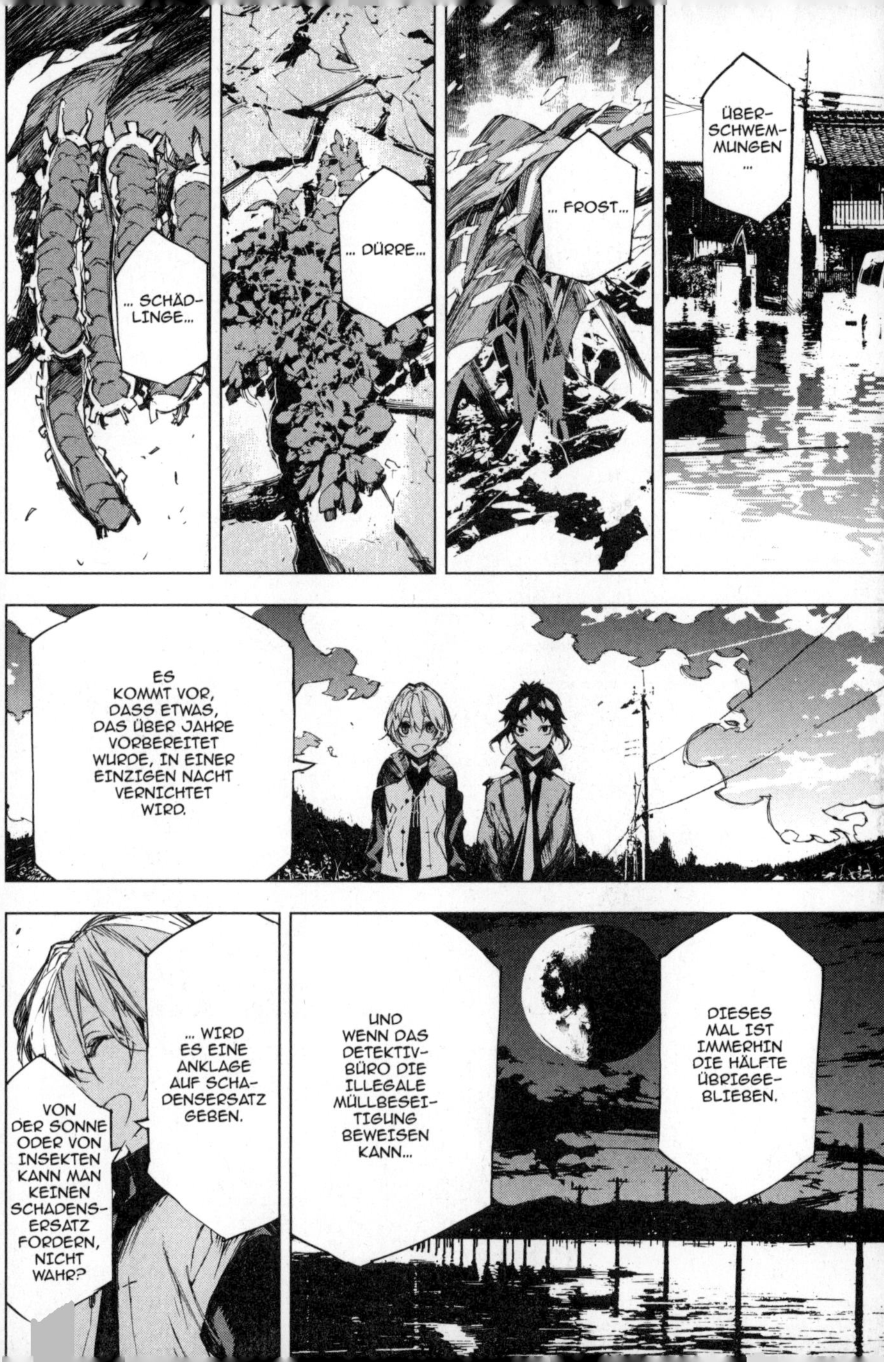
ÜBER-SCHWEM-MUNGEN ...
... FROST...
... DÜRRE...
... SCHÄDLINGE...
ES KOMMT VOR, DASS ETWAS, DAS ÜBER JAHRE VORBEREITET WURDE, IN EINER EINZIGEN NACHT VERNICHTET WIRD.
DIESES MAL IST IMMERHIN DIE HÄLFTE ÜBRIGGE-BLIEBEN.
UND WENN DAS DETEKTIV-BÜRO DIE ILLEGALE MÜLLBESEI-TIGUNG BEWEISEN KANN...
... WIRD ES EINE ANKLAGE AUF SCHA-DENSERSATZ GEBEN.
VON DER SONNE ODER VON INSEKTEN KANN MAN KEINEN SCHADENS-ERSATZ FORDERN, NICHT WAHR?

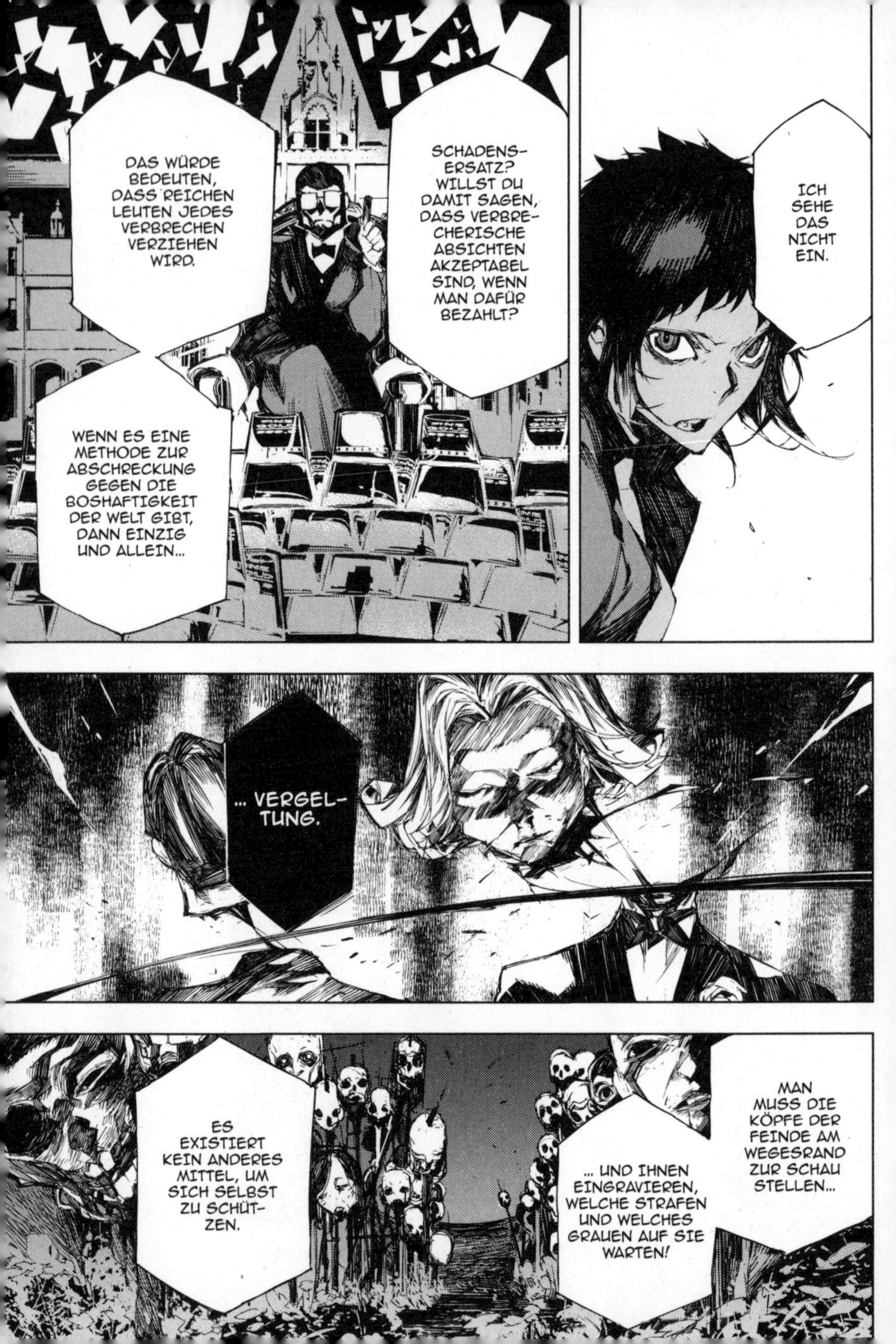
ICH SEHE DAS NICHT EIN.
SCHADENS-ERSATZ? WILLST DU DAMIT SAGEN, DASS VERBRE-CHERISCHE ABSICHTEN AKZEPTABEL SIND, WENN MAN DAFÜR BEZAHLT?
DAS WÜRDE BEDEUTEN, DASS REICHEN LEUTEN JEDES VERBRECHEN VERZIEHEN WIRD.
WENN ES EINE METHODE ZUR ABSCHRECKUNG GEGEN DIE BOSHAFTIGKEIT DER WELT GIBT, DANN EINZIG UND ALLEIN...
... VERGEL-TUNG.
MAN MUSS DIE KÖPFE DER FEINDE AM WEGESRAND ZUR SCHAU STELLEN...
... UND IHNEN EINGRAVIEREN, WELCHE STRAFEN UND WELCHES GRAUEN AUF SIE WARTEN!
ES EXISTIERT KEIN ANDERES MITTEL, UM SICH SELBST ZU SCHÜT-ZEN.

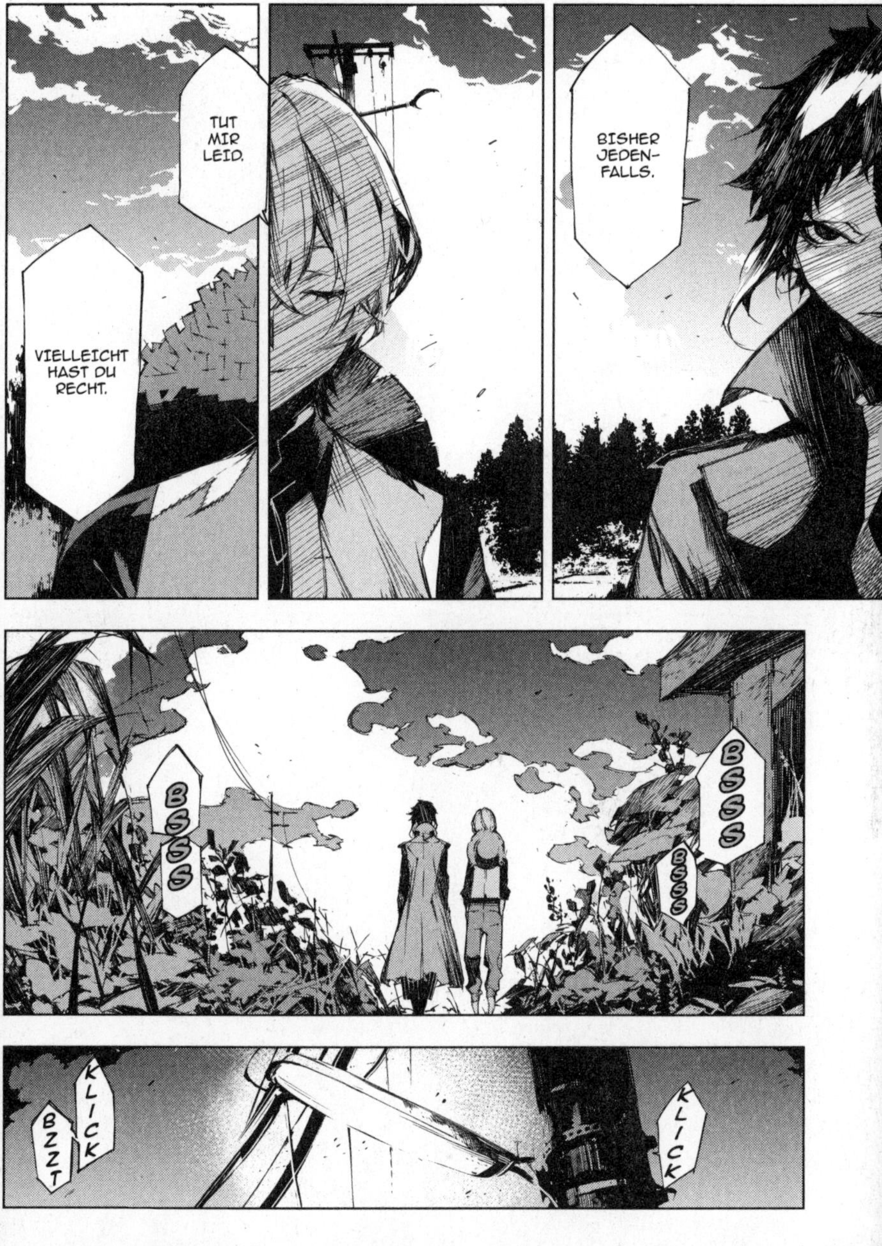
BISHER JEDEN-FALLS.
TUT MIR LEID.
VIELLEICHT HAST DU RECHT.
BSSS
BSSS
BSSS
KLICK
KLICK
BZZT

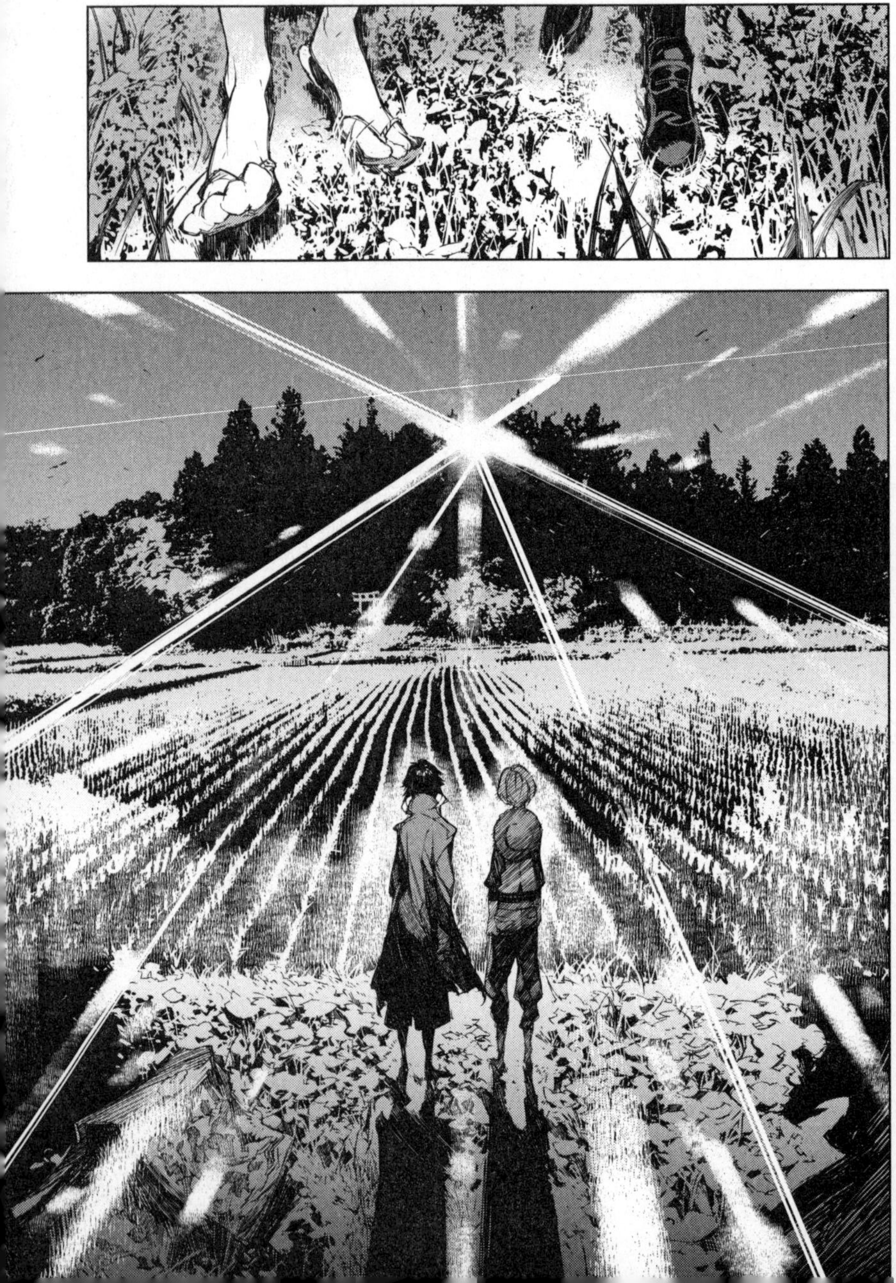

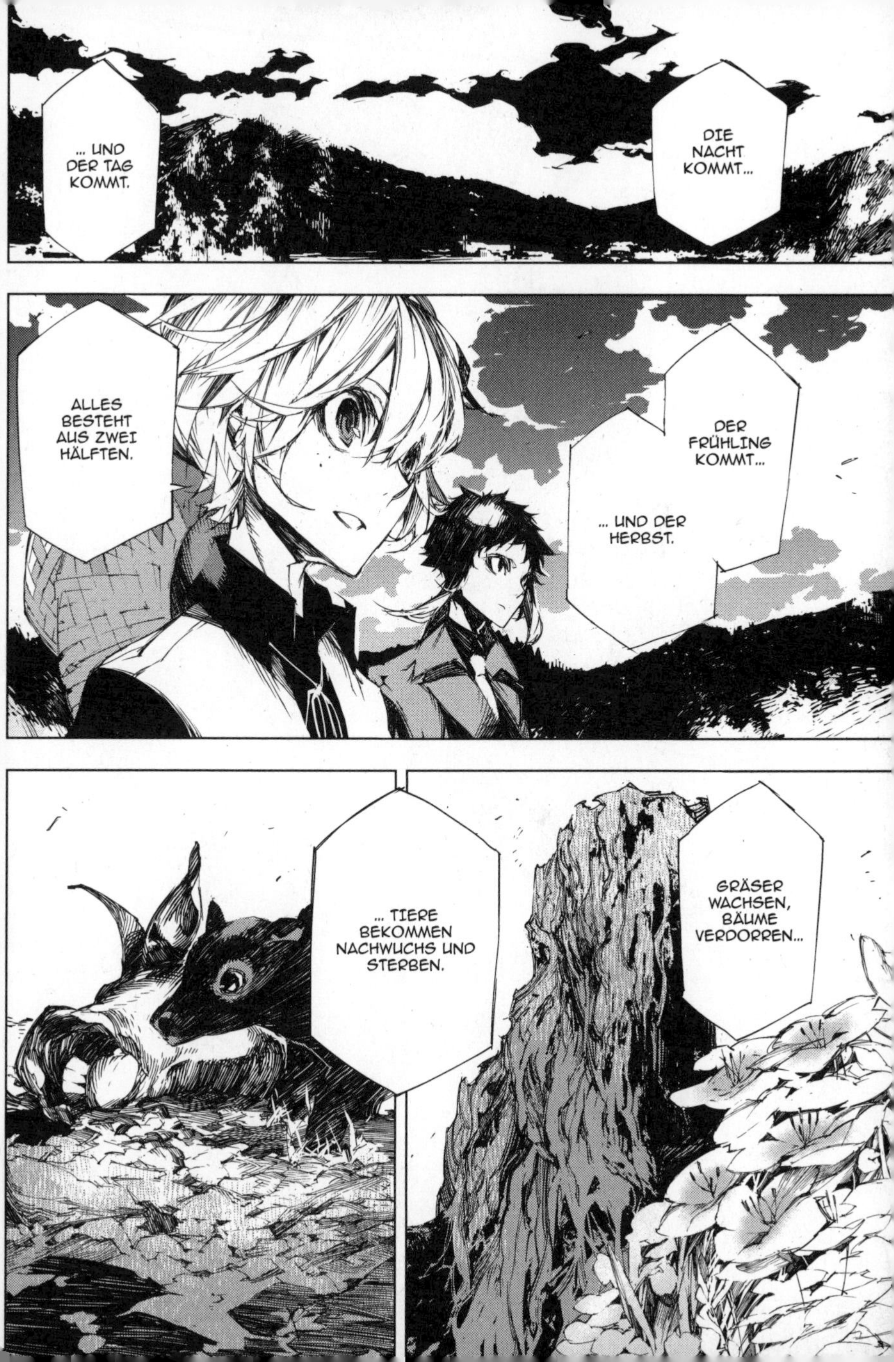
DIE NACHT KOMMT...
... UND DER TAG KOMMT.
DER FRÜHLING KOMMT...
... UND DER HERBST.
ALLES BESTEHT AUS ZWEI HÄLFTEN.
GRÄSER WACHSEN, BÄUME VERDORREN...
... TIERE BEKOMMEN NACHWUCHS UND STERBEN.

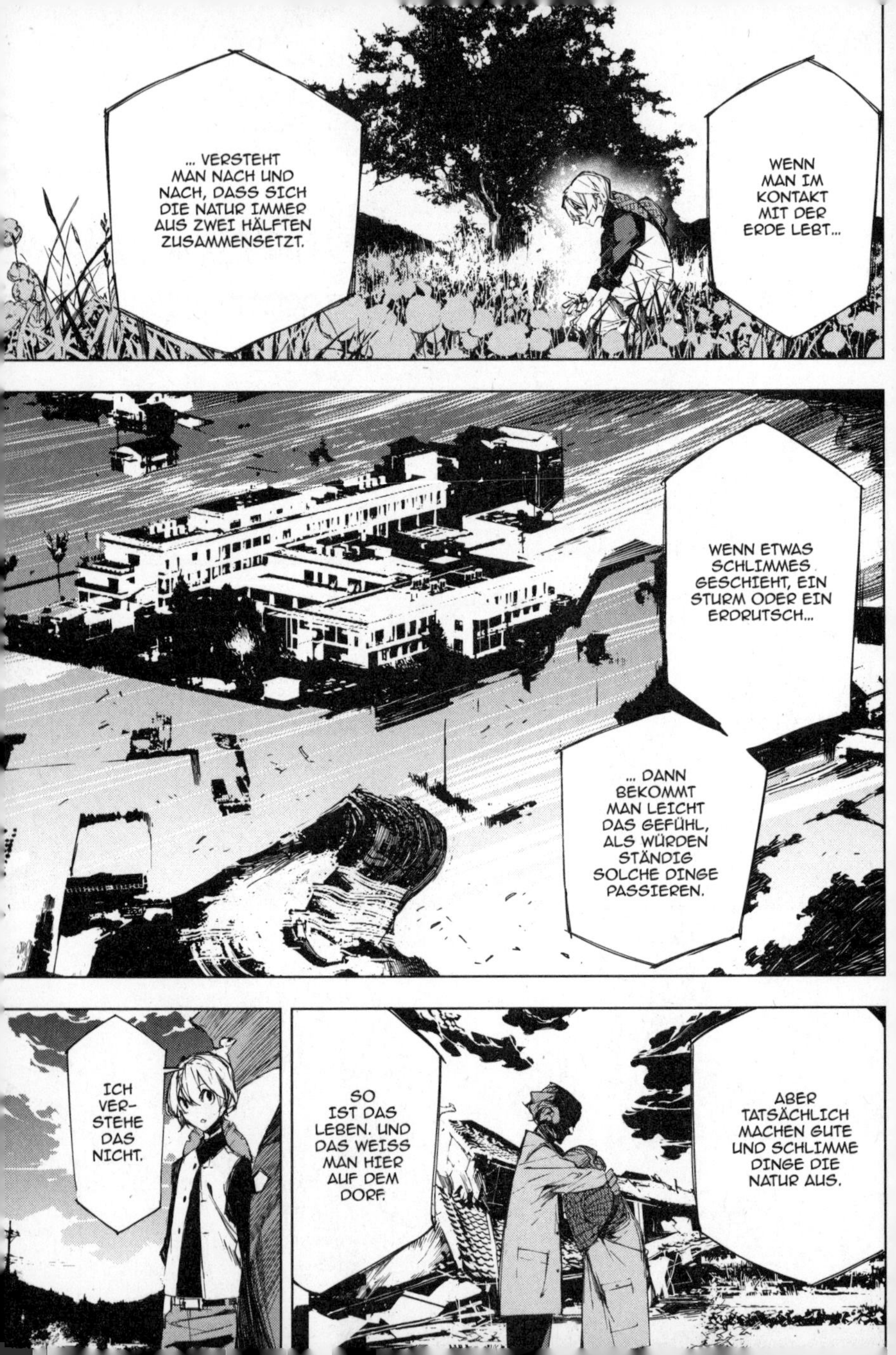
WENN MAN IM KONTAKT MIT DER ERDE LEBT...
... VERSTEHT MAN NACH UND NACH, DASS SICH DIE NATUR IMMER AUS ZWEI HÄLFTEN ZUSAMMENSETZT.
WENN ETWAS SCHLIMMES GESCHIEHT, EIN STURM ODER EIN ERDRUTSCH...
... DANN BEKOMMT MAN LEICHT DAS GEFÜHL, ALS WÜRDEN STÄNDIG SOLCHE DINGE PASSIEREN.
ABER TATSÄCHLICH MACHEN GUTE UND SCHLIMME DINGE DIE NATUR AUS.
SO IST DAS LEBEN. UND DAS WEISS MAN HIER AUF DEM DORF.
ICH VER-STEHE DAS NICHT.

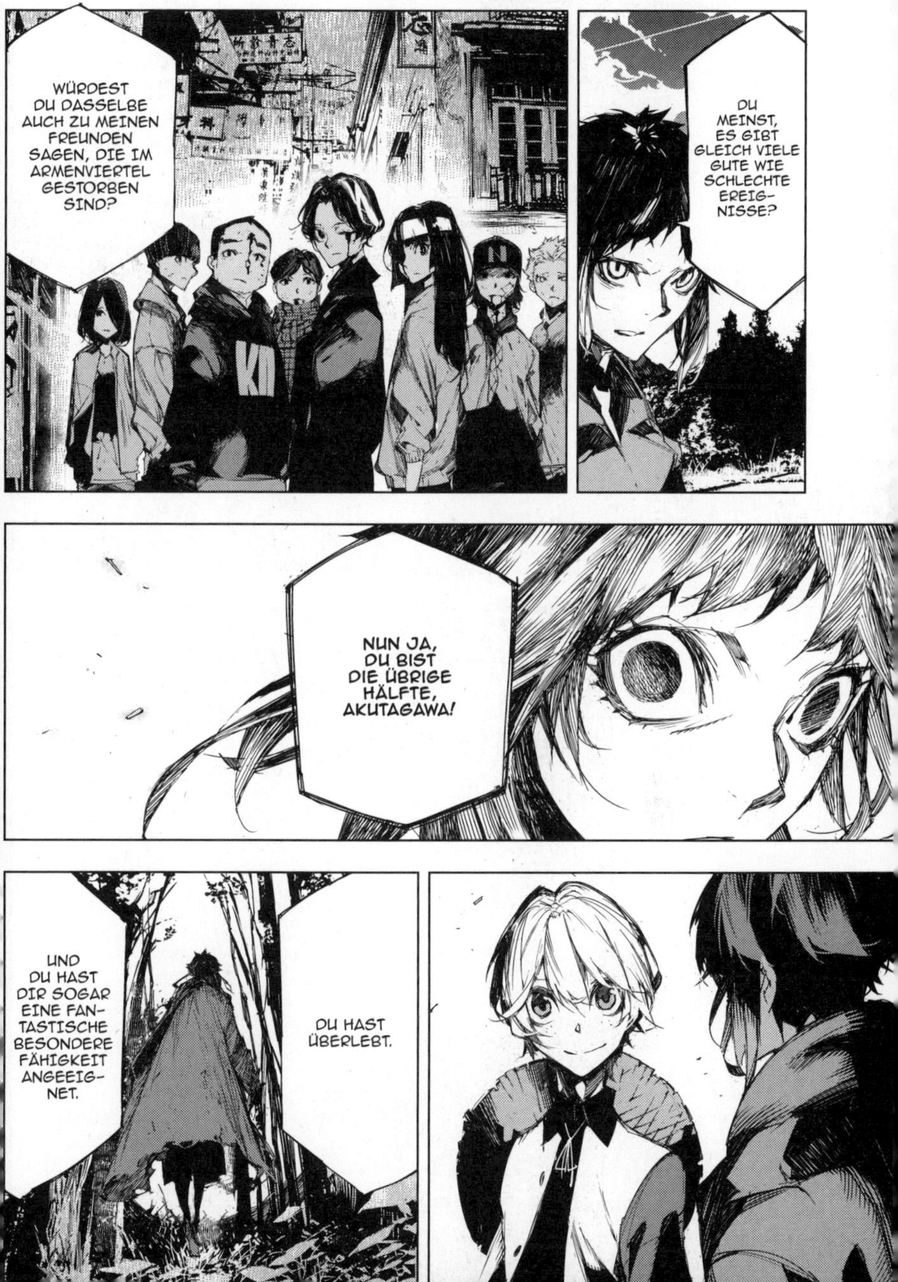
DU MEINST, ES GIBT GLEICH VIELE GUTE WIE SCHLECHTE EREIG-NISSE?
WÜRDEST DU DASSELBE AUCH ZU MEINEN FREUNDEN SAGEN, DIE IM ARMENVIERTEL GESTORBEN SIND?
NUN JA, DU BIST DIE ÜBRIGE HÄLFTE, AKUTAGAWA!
DU HAST ÜBERLEBT.
UND DU HAST DIR SOGAR EINE FAN-TASTISCHE BESONDERE FÄHIGKEIT ANGEEIG-NET.

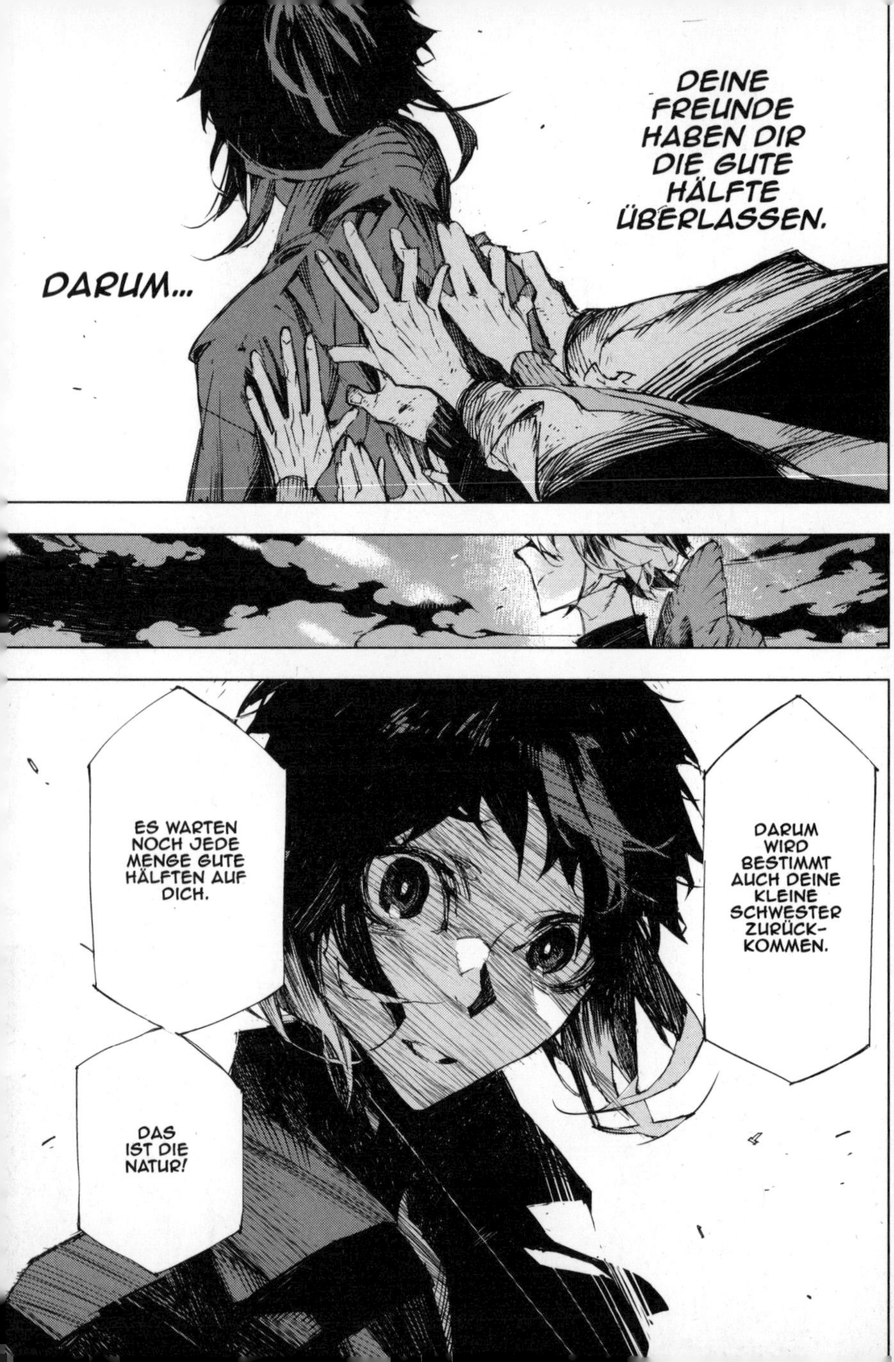
DEINE FREUNDE HABEN DIR DIE GUTE HÄLFTE ÜBERLASSEN.
DARUM...
DARUM WIRD BESTIMMT AUCH DEINE KLEINE SCHWESTER ZURÜCK-KOMMEN.
ES WARTEN NOCH JEDE MENGE GUTE HÄLFTEN AUF DICH.
DAS IST DIE NATUR!

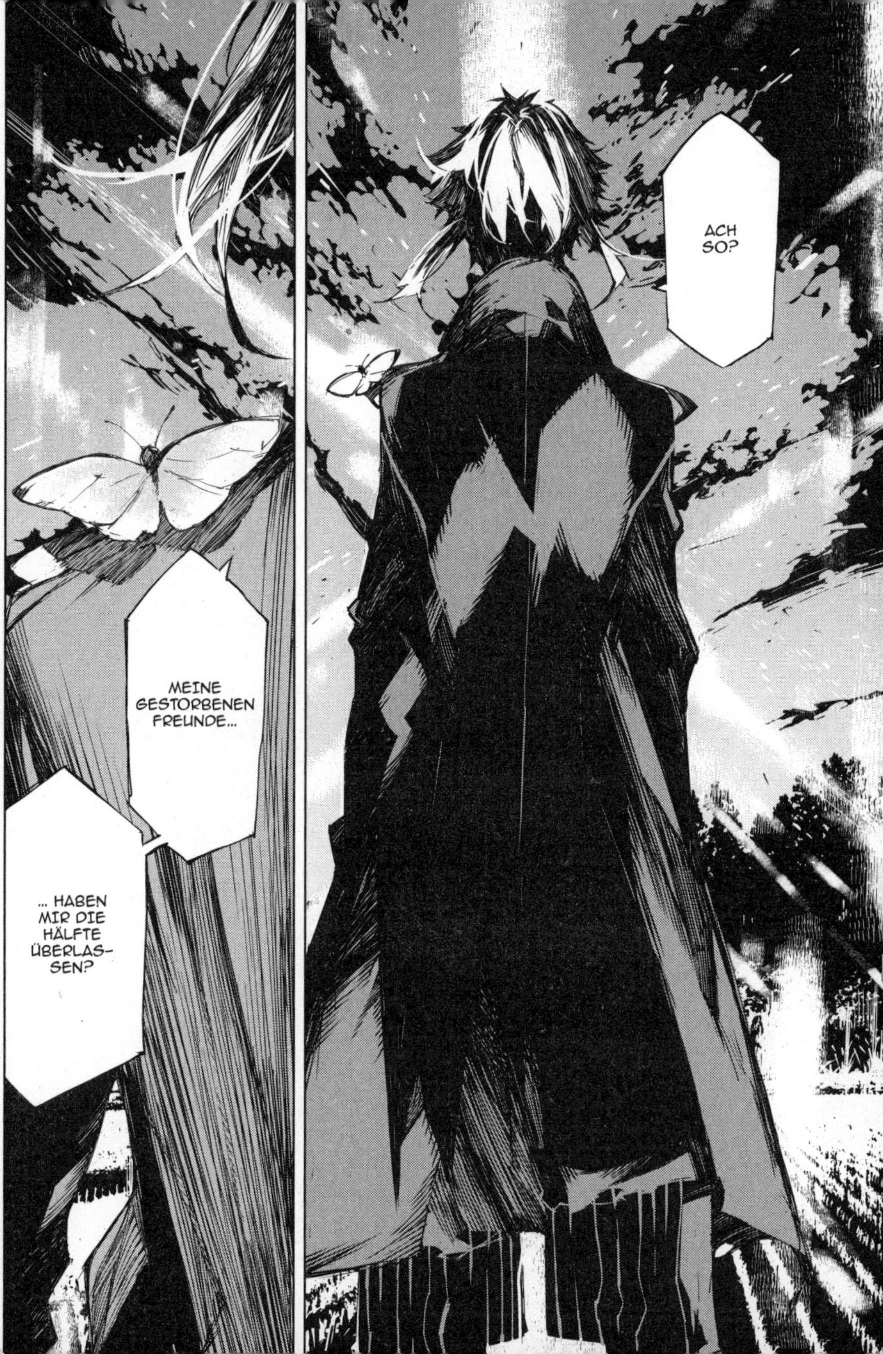
ACH SO?
MEINE GESTORBENEN FREUNDE...
... HABEN MIR DIE HÄLFTE ÜBERLAS-SEN?

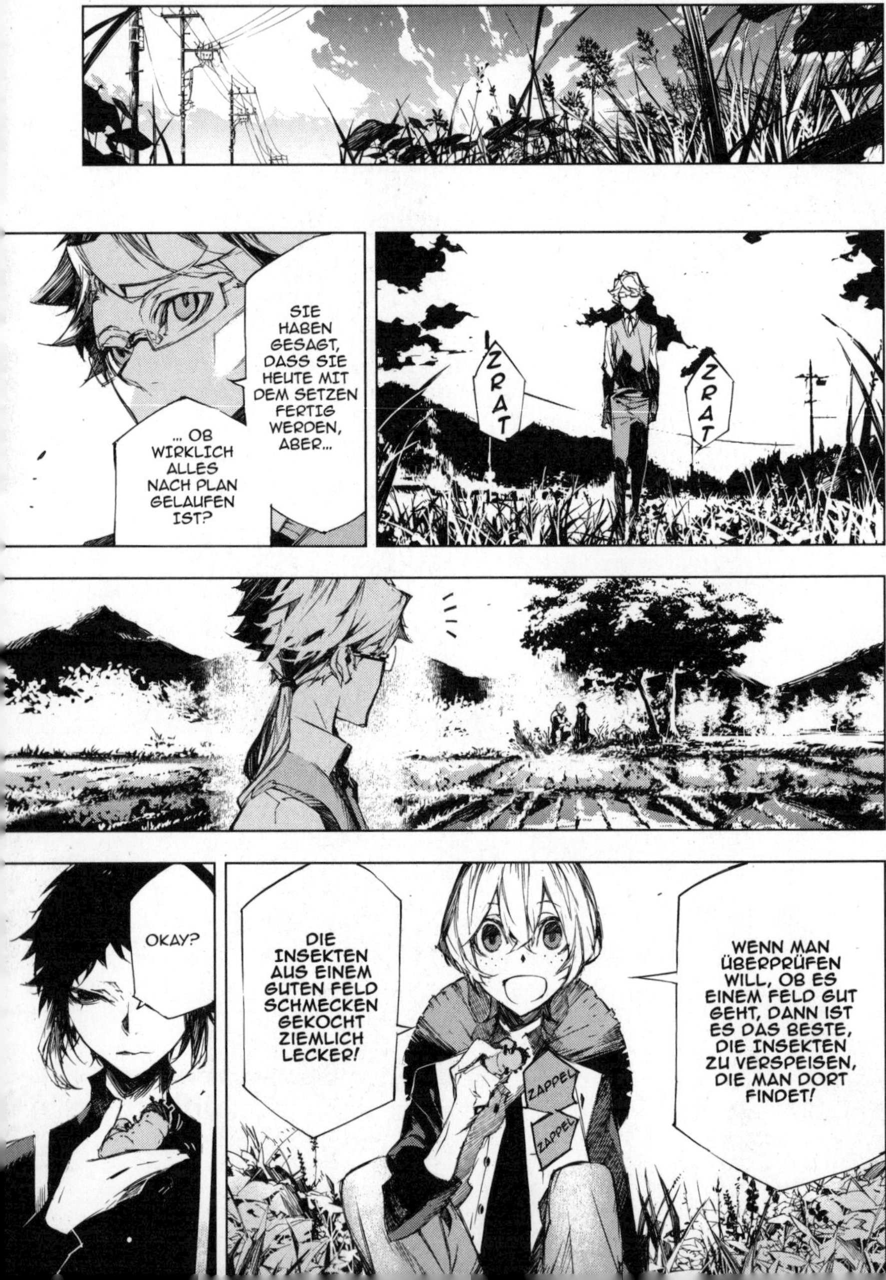
ZRAT
ZRAT
SIE HABEN GESAGT, DASS SIE HEUTE MIT DEM SETZEN FERTIG WERDEN, ABER...
... OB WIRKLICH ALLES NACH PLAN GELAUFEN IST?
WENN MAN ÜBERPRÜFEN WILL, OB ES EINEM FELD GUT GEHT, DANN IST ES DAS BESTE, DIE INSEKTEN ZU VERSPEISEN, DIE MAN DORT FINDET!
ZAPPEL
ZAPPEL
DIE INSEKTEN AUS EINEM GUTEN FELD SCHMECKEN GEKOCHT ZIEMLICH LECKER!
OKAY?

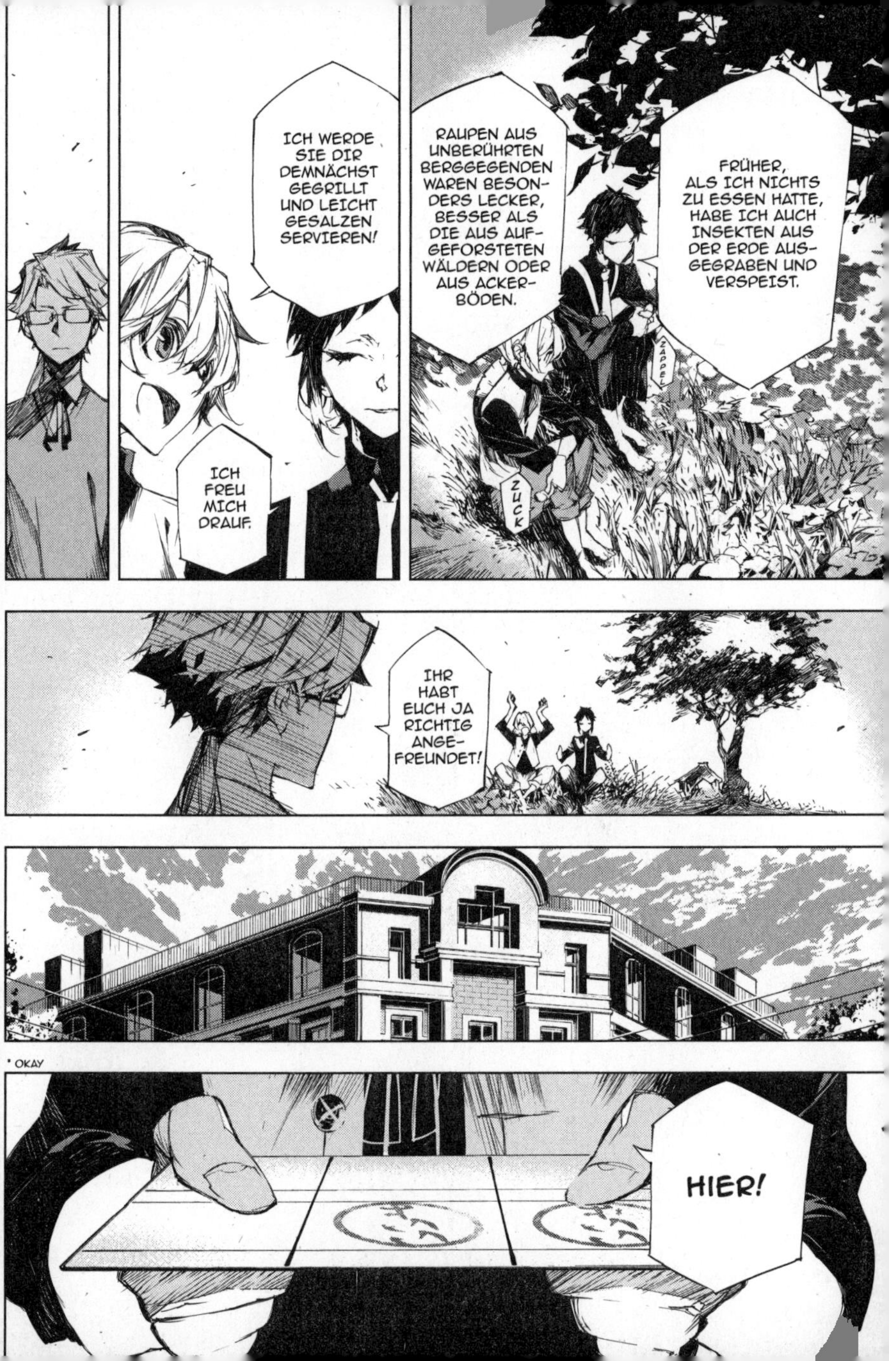
FRÜHER, ALS ICH NICHTS ZU ESSEN HATTE, HABE ICH AUCH INSEKTEN AUS DER ERDE AUSGEGRABEN UND VERSPEIST.
RAUPEN AUS UNBERÜHRTEN BERGGEGENDEN WAREN BESONDERS LECKER, BESSER ALS DIE AUS AUFGEFORSTETEN WÄLDERN ODER AUS ACKERBÖDEN.
ZAPPEL
ZUCK
ICH WERDE SIE DIR DEMNÄCHST GEGRILLT UND LEICHT GESALZEN SERVIEREN!
ICH FREU MICH DRAUF.
IHR HABT EUCH JA RICHTIG ANGEFREUNDET!
* OKAY
HIER!

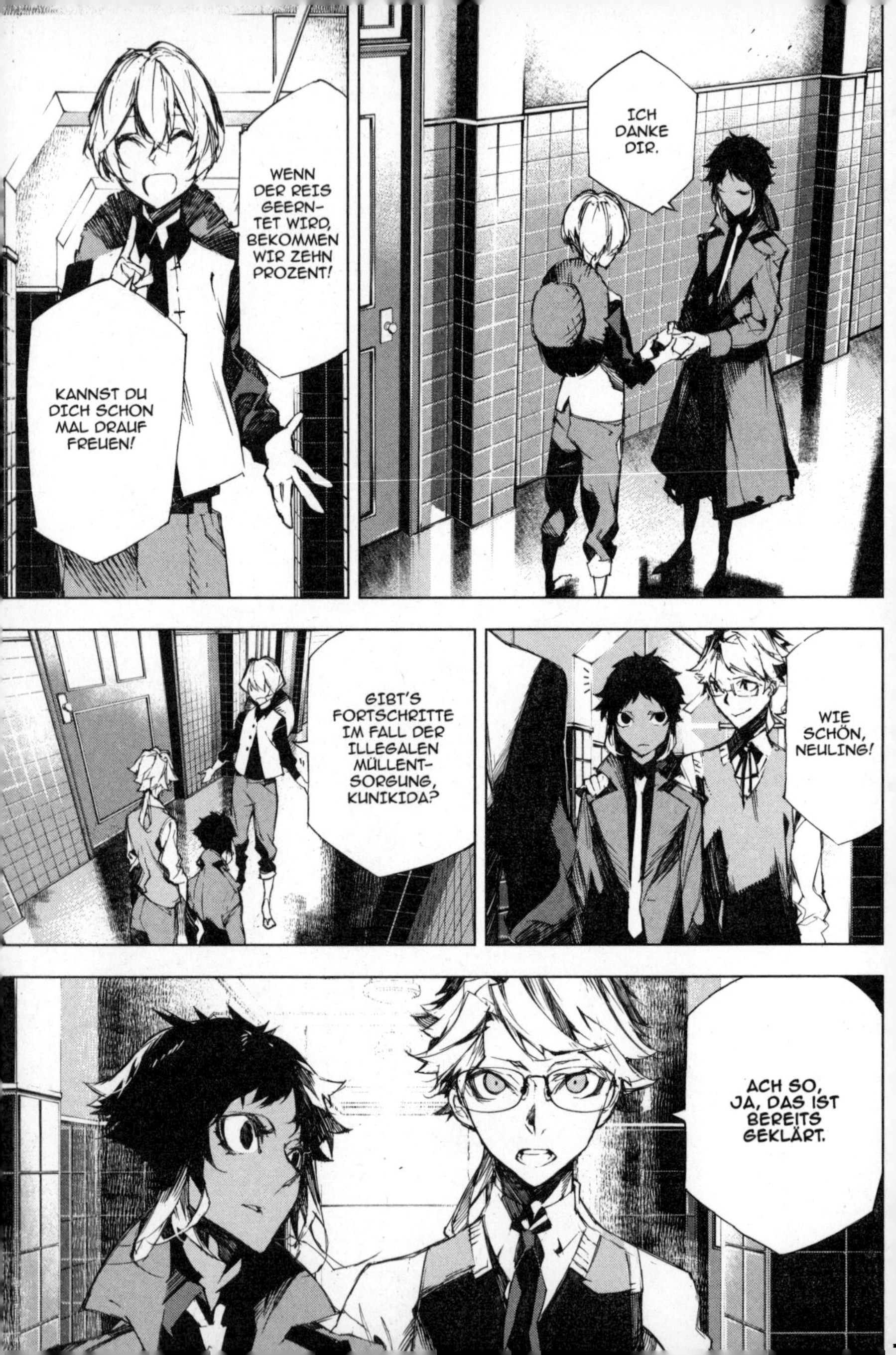
ICH DANKE DIR.
WENN DER REIS GEERNTET WIRD, BEKOMMEN WIR ZEHN PROZENT!
KANNST DU DICH SCHON MAL DRAUF FREUEN!
WIE SCHÖN, NEULING!
GIBT'S FORTSCHRITTE IM FALL DER ILLEGALEN MÜLLENTSORGUNG, KUNIKIDA?
ACH SO, JA, DAS IST BEREITS GEKLÄRT.

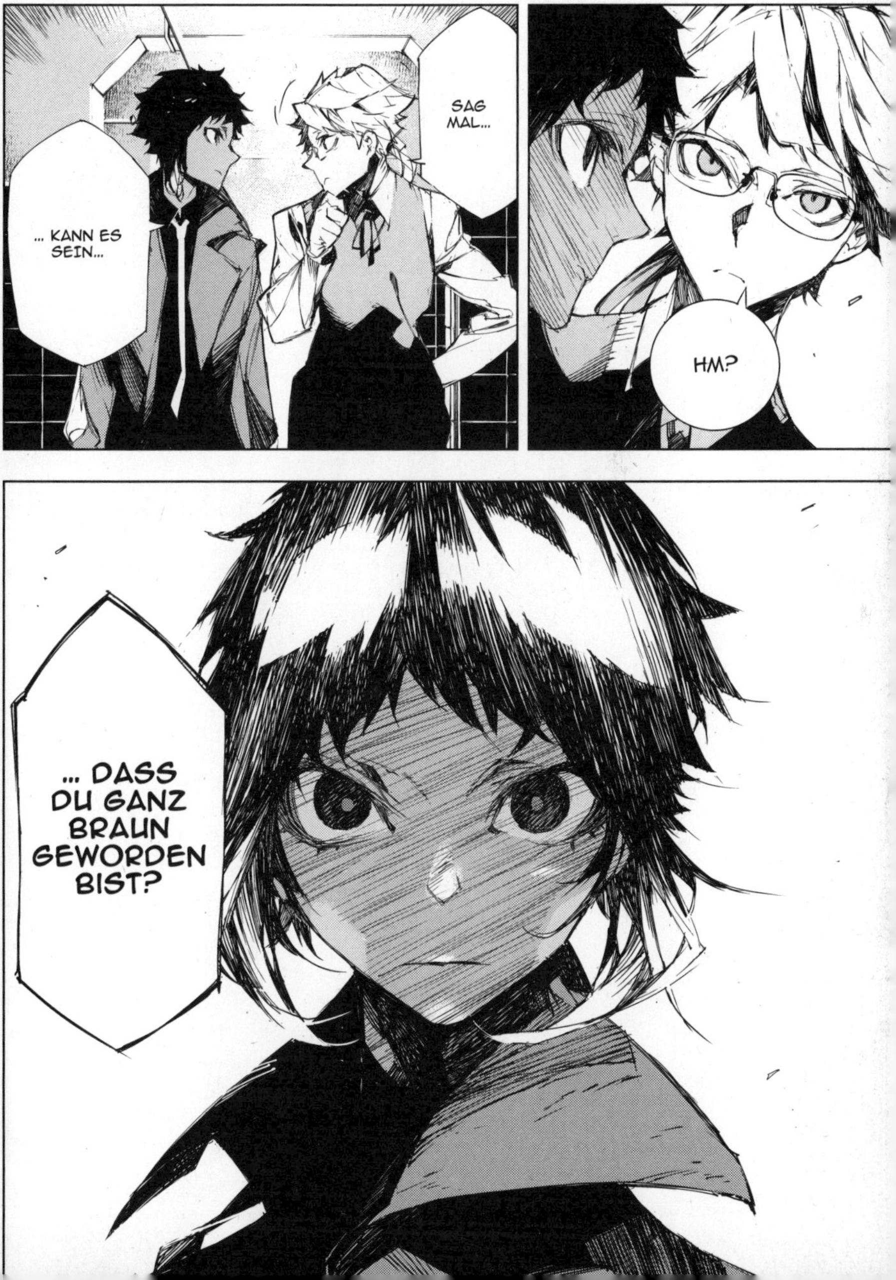
SAG MAL…
… KANN ES SEIN…
HM?
… DASS DU GANZ BRAUN GEWORDEN BIST?

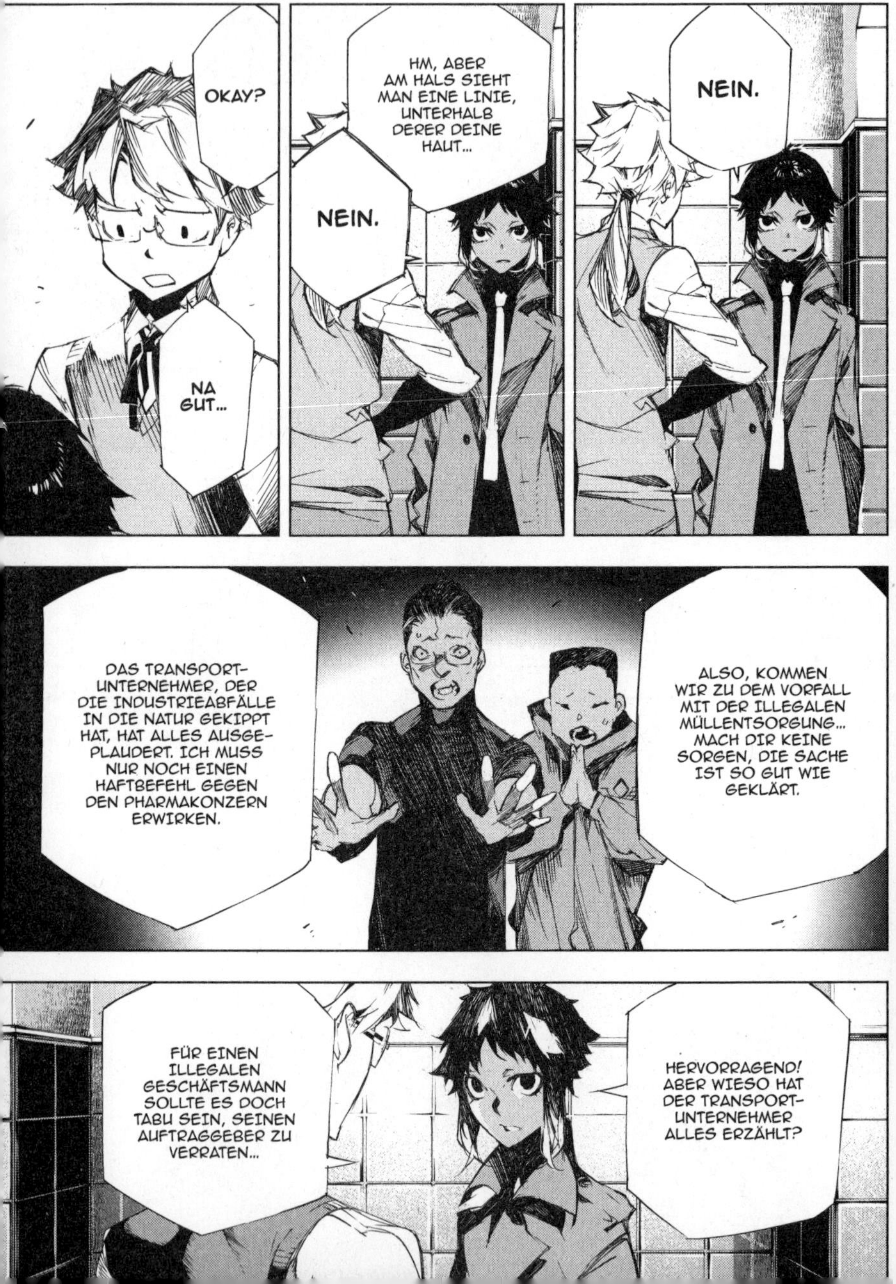
NEIN.
HM, ABER AM HALS SIEHT MAN EINE LINIE, UNTERHALB DERER DEINE HAUT…
NEIN.
OKAY?
NA GUT…
ALSO, KOMMEN WIR ZU DEM VORFALL MIT DER ILLEGALEN MÜLLENTSORGUNG… MACH DIR KEINE SORGEN, DIE SACHE IST SO GUT WIE GEKLÄRT.
DAS TRANSPORT-UNTERNEHMER, DER DIE INDUSTRIEABFÄLLE IN DIE NATUR GEKIPPT HAT, HAT ALLES AUSGE-PLAUDERT. ICH MUSS NUR NOCH EINEN HAFTBEFEHL GEGEN DEN PHARMAKONZERN ERWIRKEN.
HERVORRAGEND! ABER WIESO HAT DER TRANSPORT-UNTERNEHMER ALLES ERZÄHLT?
FÜR EINEN ILLEGALEN GESCHÄFTSMANN SOLLTE ES DOCH TABU SEIN, SEINEN AUFTRAGGEBER ZU VERRATEN…

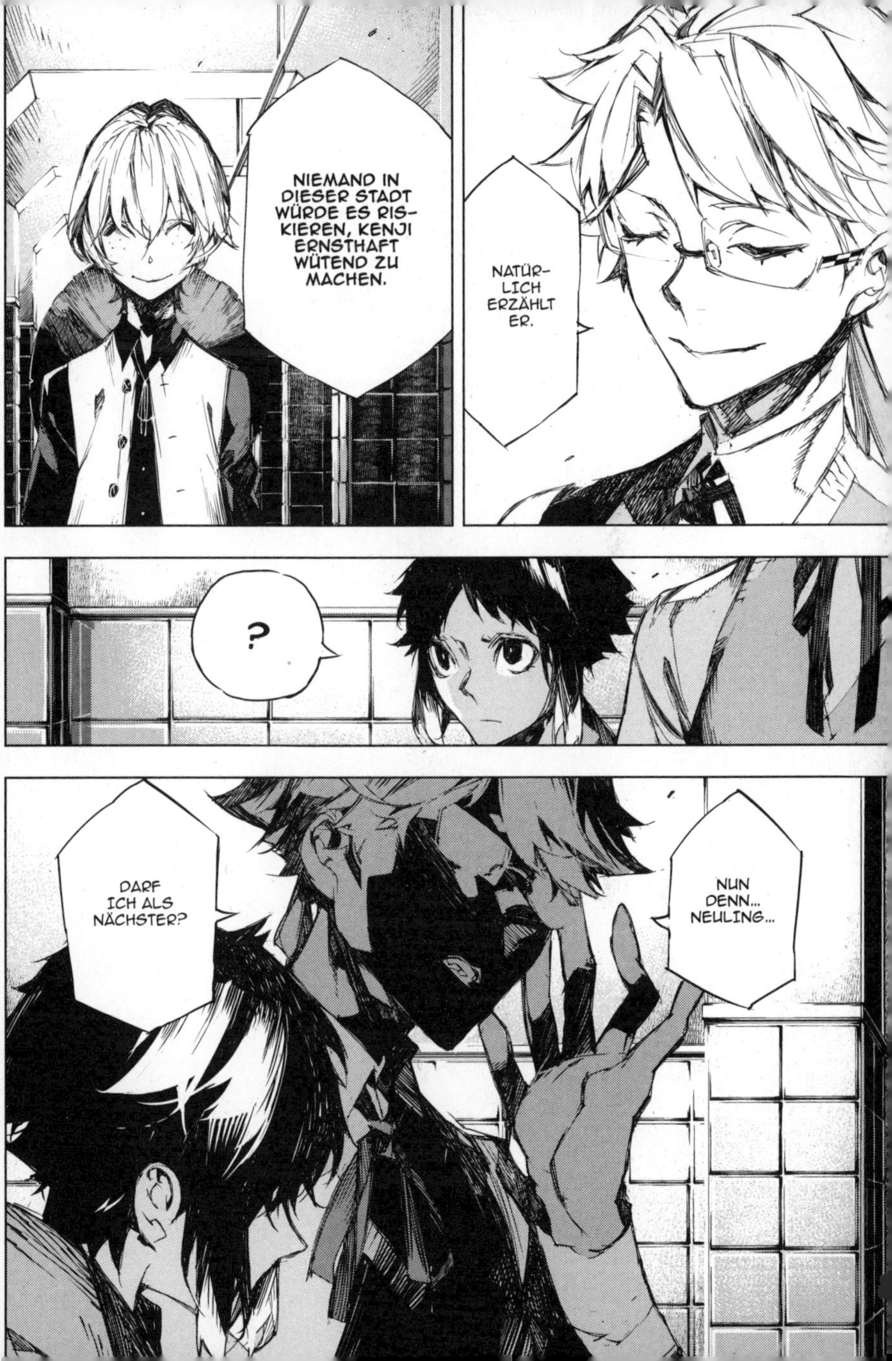
NATÜRLICH ERZÄHLT ER.
NIEMAND IN DIESER STADT WÜRDE ES RISKIEREN, KENJI ERNSTHAFT WÜTEND ZU MACHEN.
?
NUN DENN... NEULING...
DARF ICH ALS NÄCHSTER?

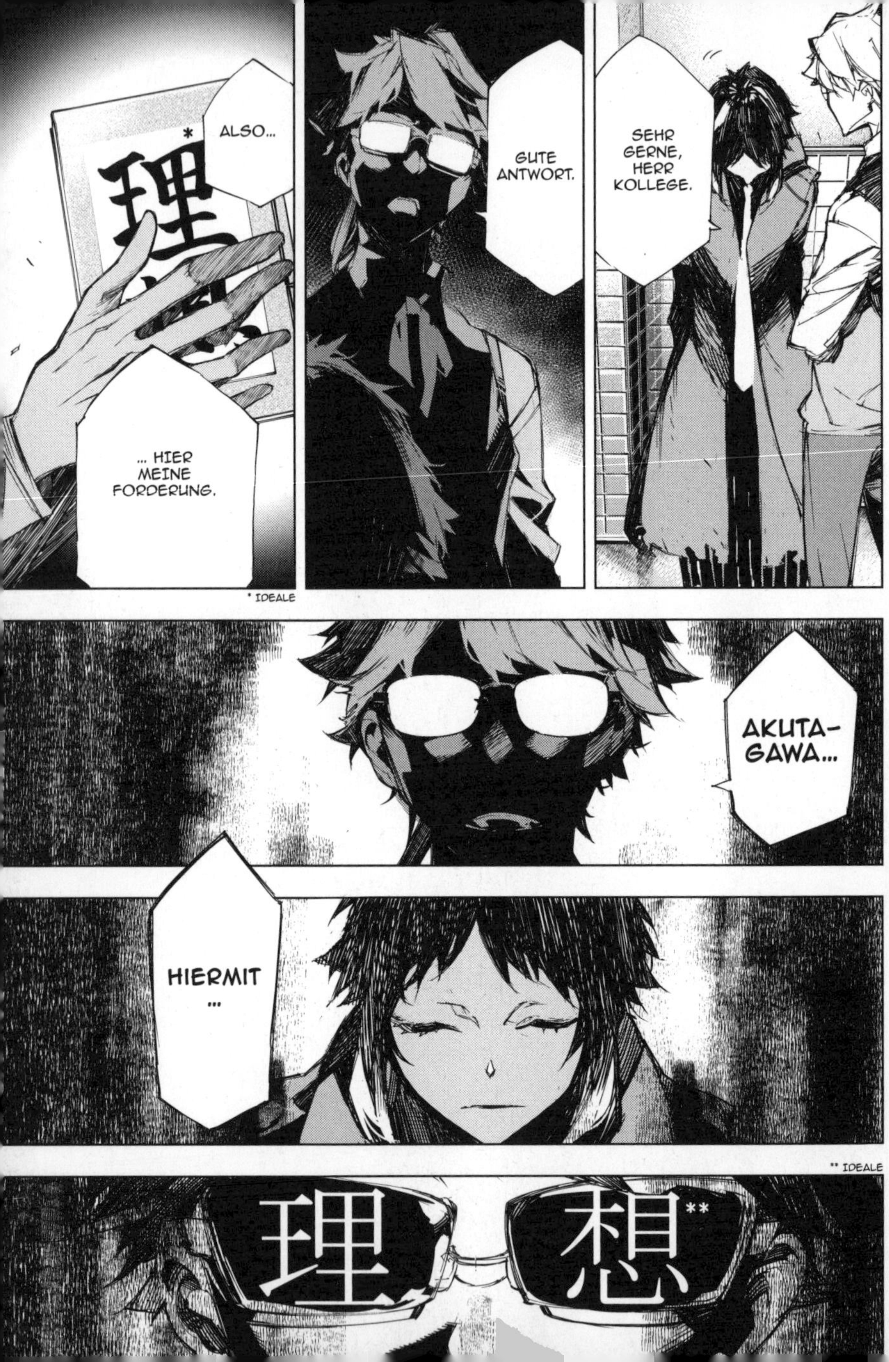
SEHR GERNE, HERR KOLLEGE.
GUTE ANTWORT.
ALSO...
理 *
... HIER MEINE FORDERUNG.
* IDEALE
AKUTAGAWA...
HIERMIT ...
理想**
** IDEALE

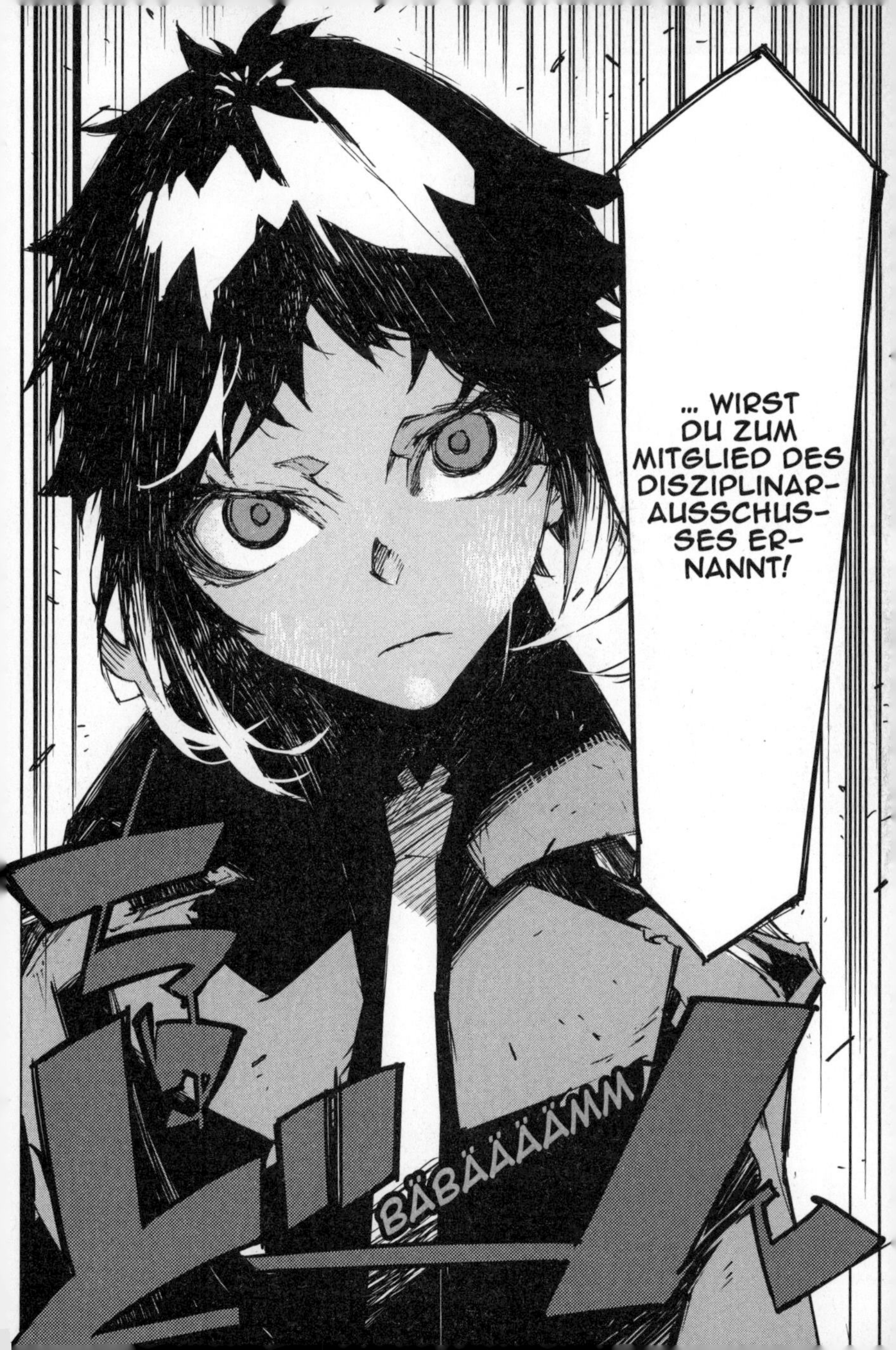
... WIRST DU ZUM MITGLIED DES DISZIPLINAR-AUSSCHUS-SES ER-NANNT!
BÄBÄÄÄÄMM

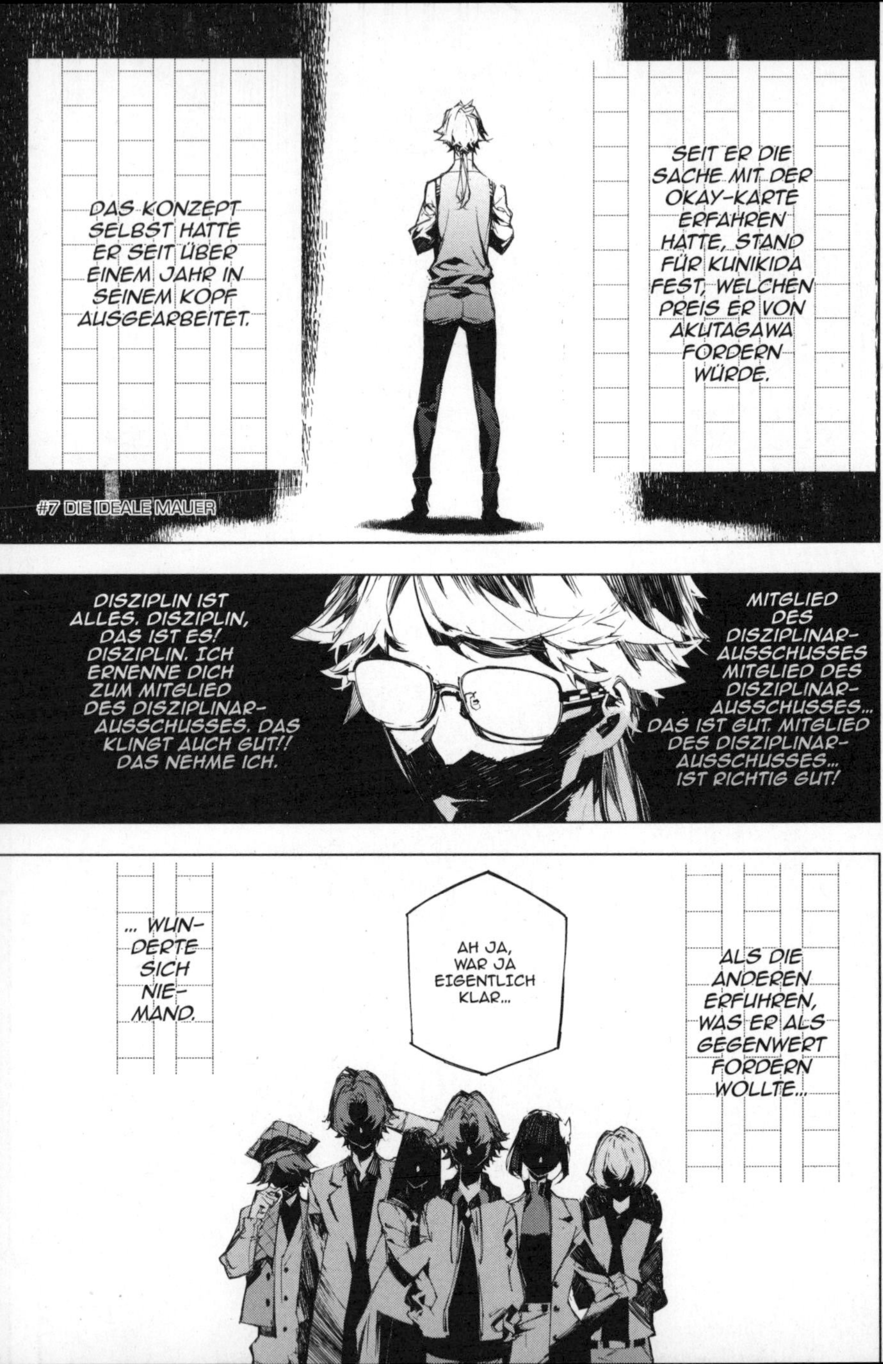
SEIT ER DIE SACHE MIT DER OKAY-KARTE ERFAHREN HATTE, STAND FÜR KUNIKIDA FEST, WELCHEN PREIS ER VON AKUTAGAWA FORDERN WÜRDE.
DAS KONZEPT SELBST HATTE ER SEIT ÜBER EINEM JAHR IN SEINEM KOPF AUSGEARBEITET.
#7 DIE IDEALE MAUER
MITGLIED DES DISZIPLINAR-AUSSCHUSSES MITGLIED DES DISZIPLINAR-AUSSCHUSSES... DAS IST GUT. MITGLIED DES DISZIPLINAR-AUSSCHUSSES... IST RICHTIG GUT!
DISZIPLIN IST ALLES. DISZIPLIN, DAS IST ES! DISZIPLIN. ICH ERNENNE DICH ZUM MITGLIED DES DISZIPLINAR-AUSSCHUSSES. DAS KLINGT AUCH GUT!! DAS NEHME ICH.
ALS DIE ANDEREN ERFUHREN, WAS ER ALS GEGENWERT FORDERN WOLLTE...
AH JA, WAR JA EIGENTLICH KLAR...
... WUN-DERTE SICH NIE-MAND.

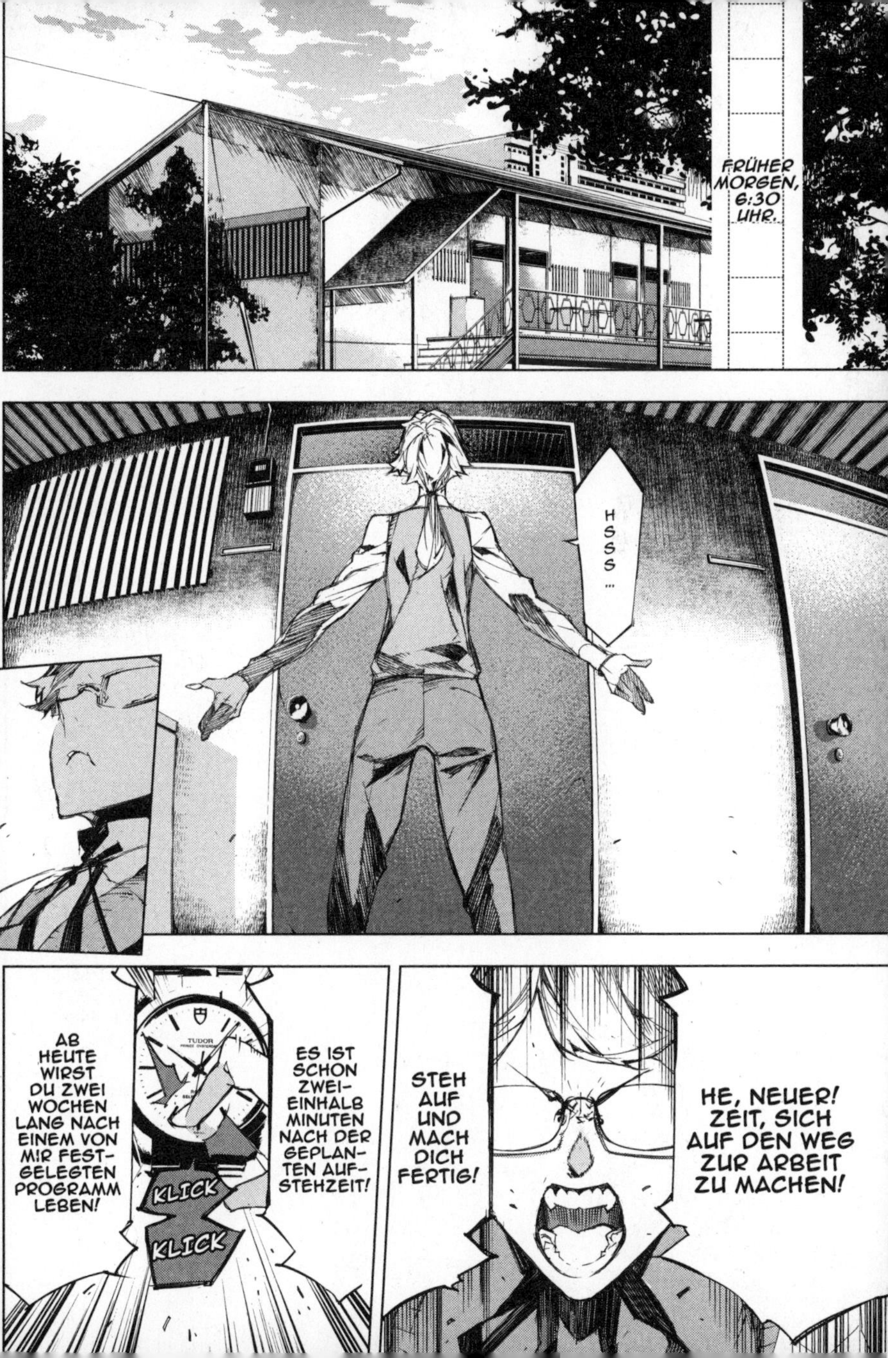

FRÜHER MORGEN, 6:30 UHR.
HSSS ...
HE, NEUER! ZEIT, SICH AUF DEN WEG ZUR ARBEIT ZU MACHEN!
STEH AUF UND MACH DICH FERTIG!
ES IST SCHON ZWEIEINHALB MINUTEN NACH DER GEPLANTEN AUFSTEHZEIT!
AB HEUTE WIRST DU ZWEI WOCHEN LANG NACH EINEM VON MIR FESTGELEGTEN PROGRAMM LEBEN!
KLICK
KLICK

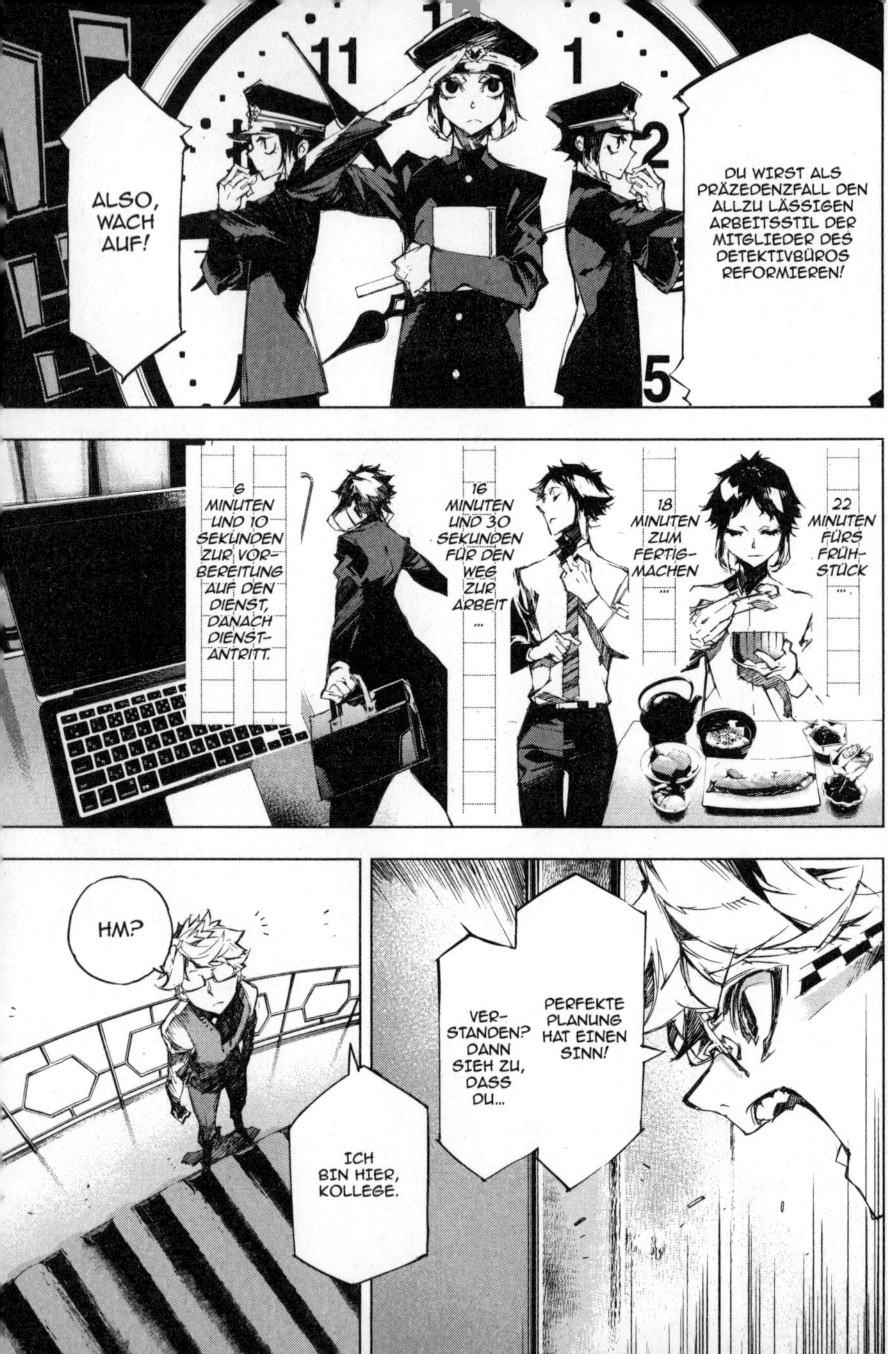
DU WIRST ALS PRÄZEDENZFALL DEN ALLZU LÄSSIGEN ARBEITSSTIL DER MITGLIEDER DES DETEKTIVBÜROS REFORMIEREN!
ALSO, WACH AUF!
22 MINUTEN FÜRS FRÜH-STÜCK ...
18 MINUTEN ZUM FERTIG-MACHEN ...
16 MINUTEN UND 30 SEKUNDEN FÜR DEN WEG ZUR ARBEIT ...
6 MINUTEN UND 10 SEKUNDEN ZUR VOR-BEREITUNG AUF DEN DIENST, DANACH DIENST-ANTRITT.
PERFEKTE PLANUNG HAT EINEN SINN!
VER-STANDEN? DANN SIEH ZU, DASS DU...
ICH BIN HIER, KOLLEGE.
HM?

#7 DIE PERFEKTE MAUER

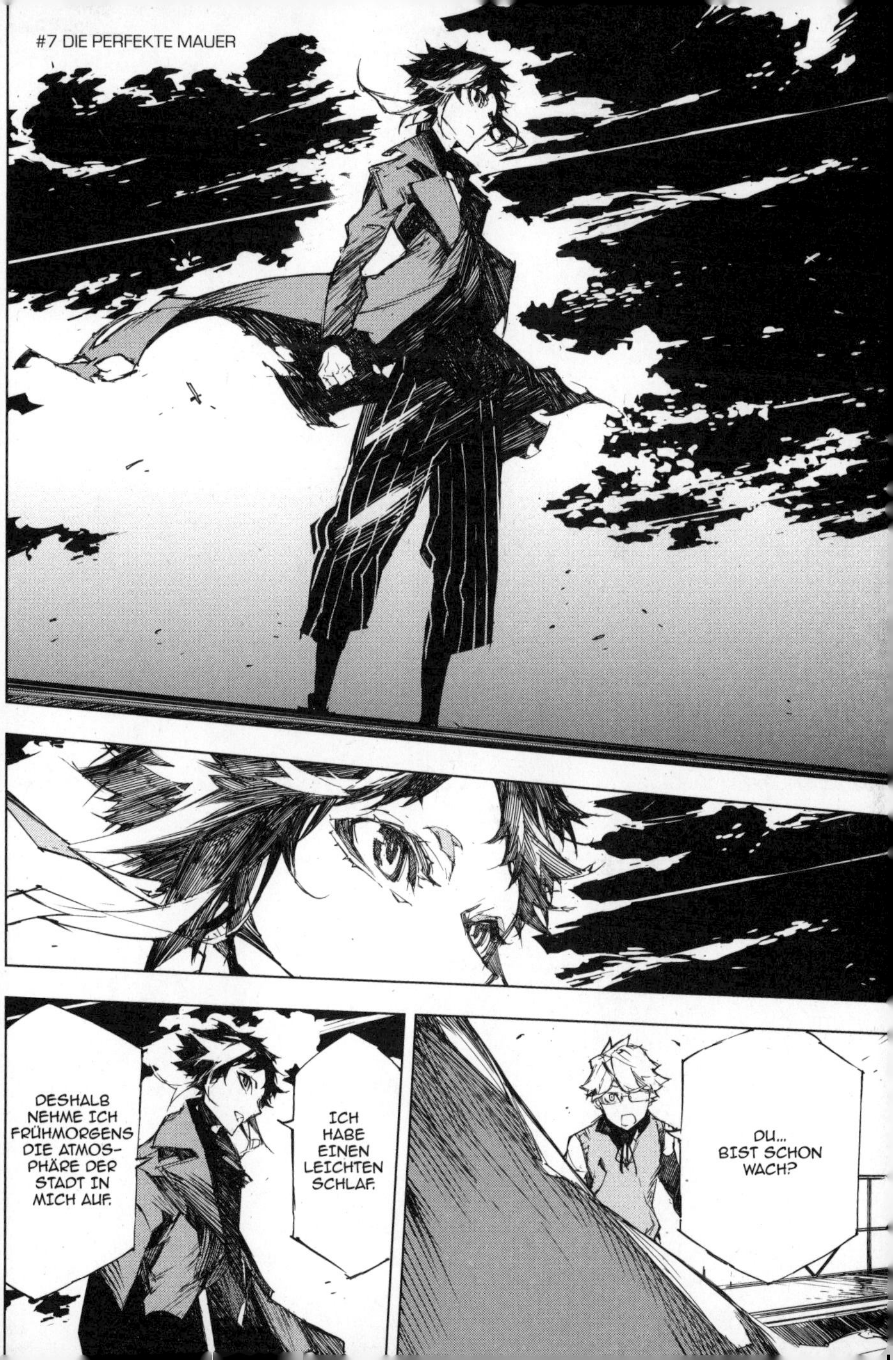

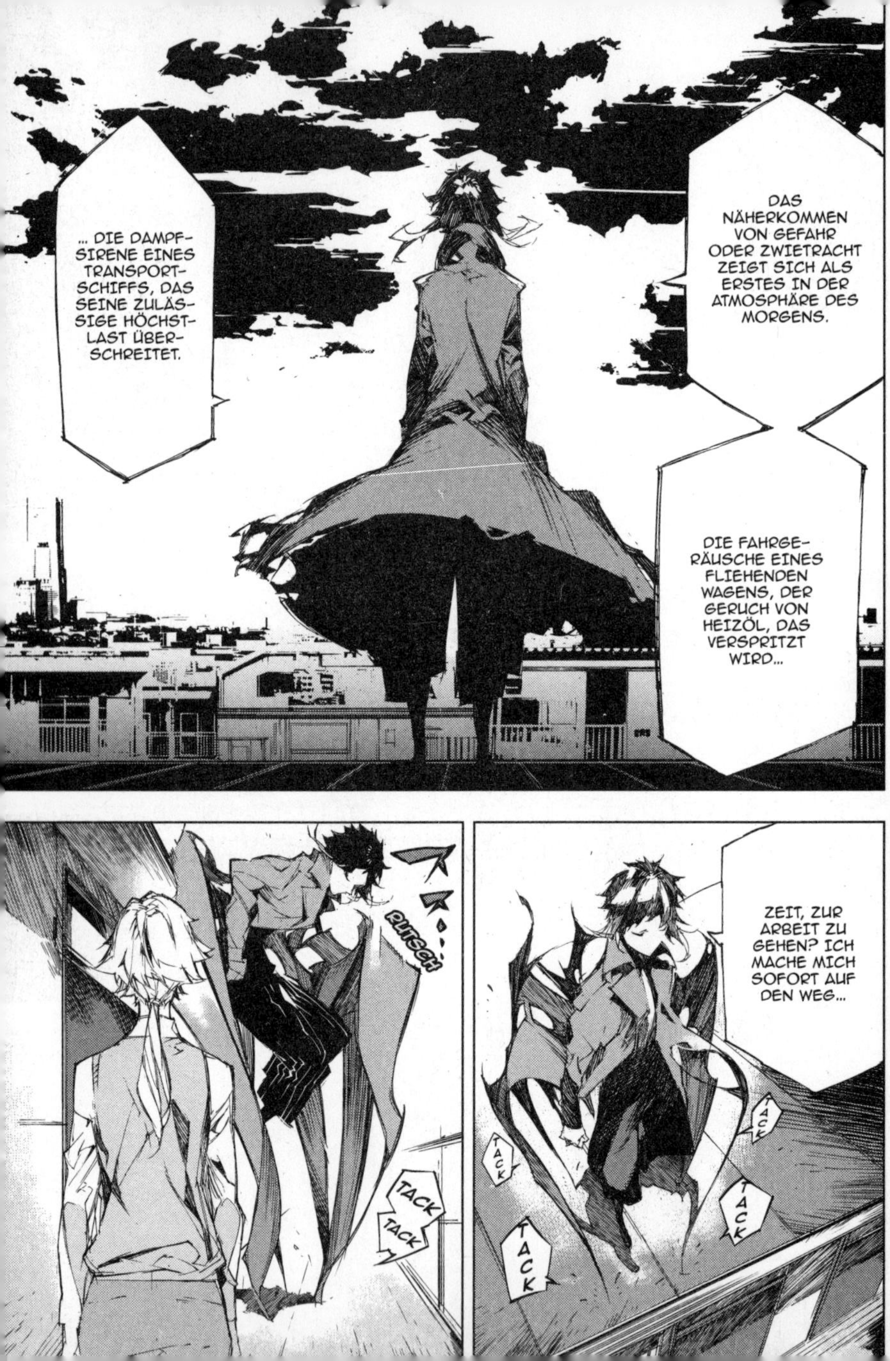
DAS NÄHERKOMMEN VON GEFAHR ODER ZWIETRACHT ZEIGT SICH ALS ERSTES IN DER ATMOSPHÄRE DES MORGENS.
... DIE DAMPFSIRENE EINES TRANSPORTSCHIFFS, DAS SEINE ZULÄSSIGE HÖCHSTLAST ÜBERSCHREITET.
DIE FAHRGERÄUSCHE EINES FLIEHENDEN WAGENS, DER GERUCH VON HEIZÖL, DAS VERSPRITZT WIRD...
ZEIT, ZUR ARBEIT ZU GEHEN? ICH MACHE MICH SOFORT AUF DEN WEG...
TACK
TACK
TACK
TACK
RUTSCH
TACK
TACK

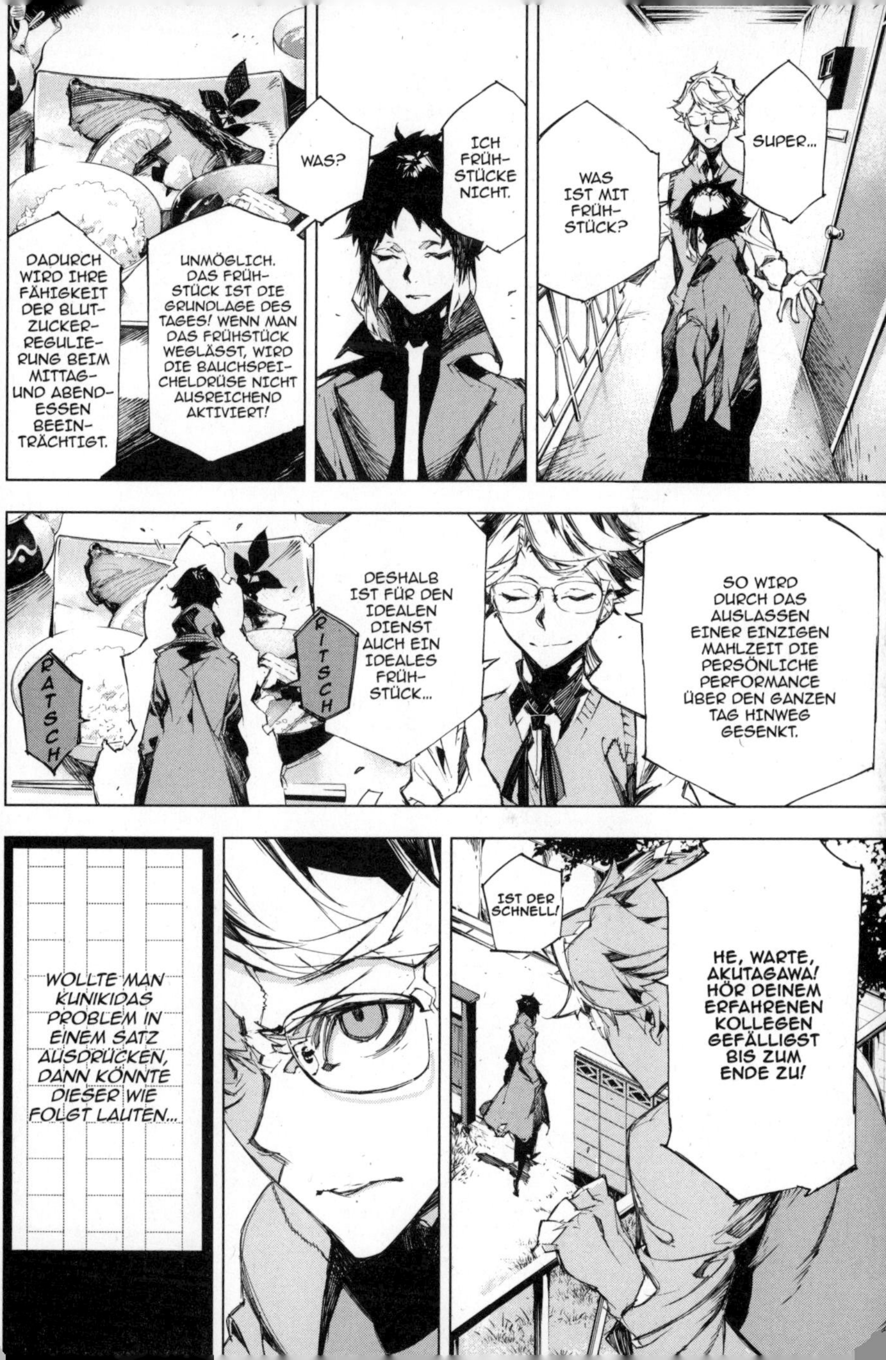
SUPER...
WAS IST MIT FRÜH-STÜCK?
ICH FRÜH-STÜCKE NICHT.
WAS?
UNMÖGLICH. DAS FRÜH-STÜCK IST DIE GRUNDLAGE DES TAGES! WENN MAN DAS FRÜHSTÜCK WEGLÄSST, WIRD DIE BAUCHSPEI-CHELDRÜSE NICHT AUSREICHEND AKTIVIERT!
DADURCH WIRD IHRE FÄHIGKEIT DER BLUT-ZUCKER-REGULIE-RUNG BEIM MITTAG- UND ABEND-ESSEN BEEIN-TRÄCHTIGT.
SO WIRD DURCH DAS AUSLASSEN EINER EINZIGEN MAHLZEIT DIE PERSÖNLICHE PERFORMANCE ÜBER DEN GANZEN TAG HINWEG GESENKT.
DESHALB IST FÜR DEN IDEALEN DIENST AUCH EIN IDEALES FRÜH-STÜCK...
RITSCH
RATSCH
HE, WARTE, AKUTAGAWA! HÖR DEINEM ERFAHRENEN KOLLEGEN GEFÄLLIGST BIS ZUM ENDE ZU!
IST DER SCHNELL!
WOLLTE MAN KUNIKIDAS PROBLEM IN EINEM SATZ AUSDRÜCKEN, DANN KÖNNTE DIESER WIE FOLGT LAUTEN...

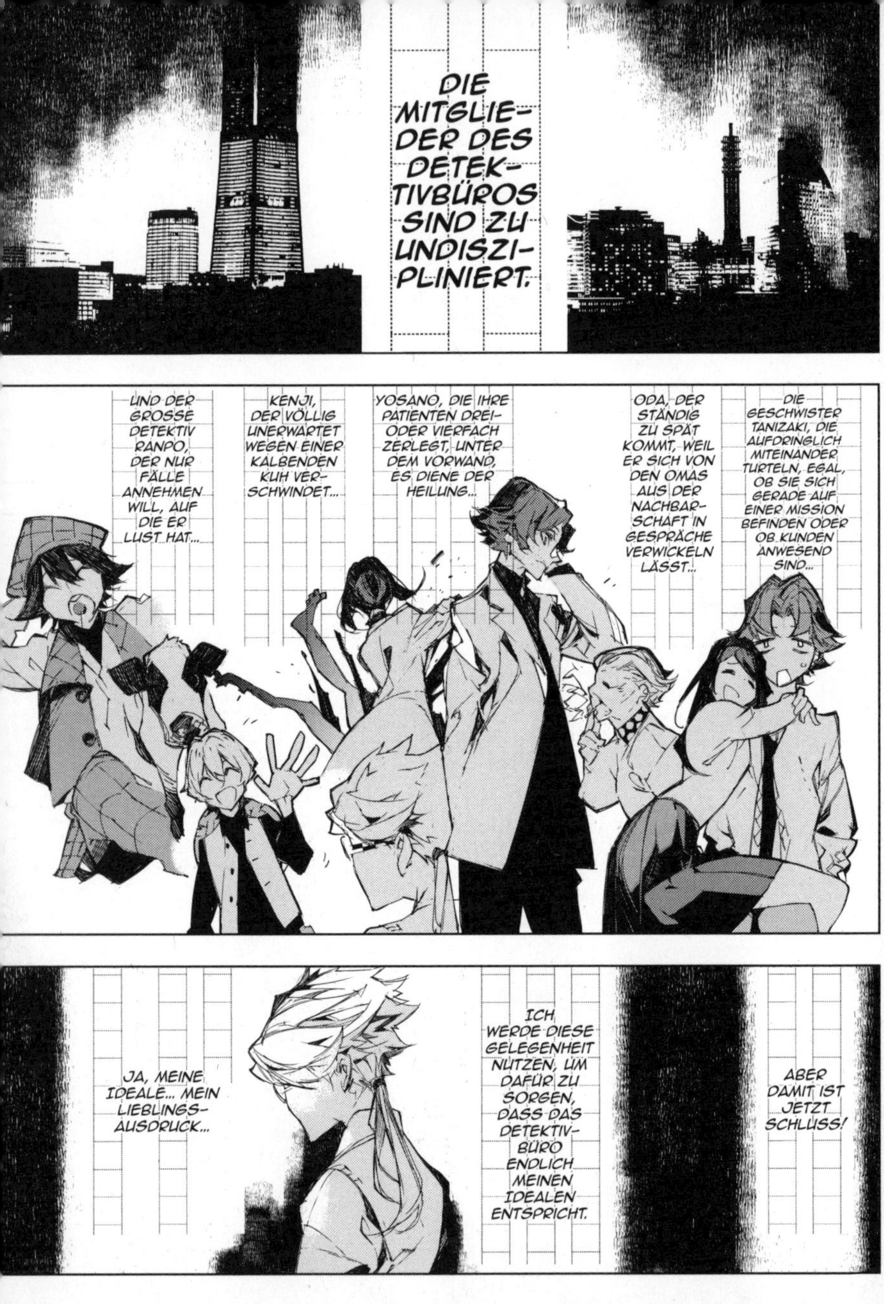
DIE MITGLIEDER DES DETEKTIVBÜROS SIND ZU UNDISZIPLINIERT.
DIE GESCHWISTER TANIZAKI, DIE AUFDRINGLICH MITEINANDER TURTELN, EGAL, OB SIE SICH GERADE AUF EINER MISSION BEFINDEN ODER OB KUNDEN ANWESEND SIND...
ODA, DER STÄNDIG ZU SPÄT KOMMT, WEIL ER SICH VON DEN OMAS AUS DER NACHBARSCHAFT IN GESPRÄCHE VERWICKELN LÄSST...
YOSANO, DIE IHRE PATIENTEN DREI- ODER VIERFACH ZERLEGT, UNTER DEM VORWAND, ES DIENE DER HEILUNG...
KENJI, DER VÖLLIG UNERWARTET WEGEN EINER KALBENDEN KUH VERSCHWINDET...
UND DER GROSSE DETEKTIV RANPO, DER NUR FÄLLE ANNEHMEN WILL, AUF DIE ER LUST HAT...
ABER DAMIT IST JETZT SCHLUSS!
ICH WERDE DIESE GELEGENHEIT NUTZEN, UM DAFÜR ZU SORGEN, DASS DAS DETEKTIVBÜRO ENDLICH MEINEN IDEALEN ENTSPRICHT.
JA, MEINE IDEALE... MEIN LIEBLINGSAUSDRUCK...

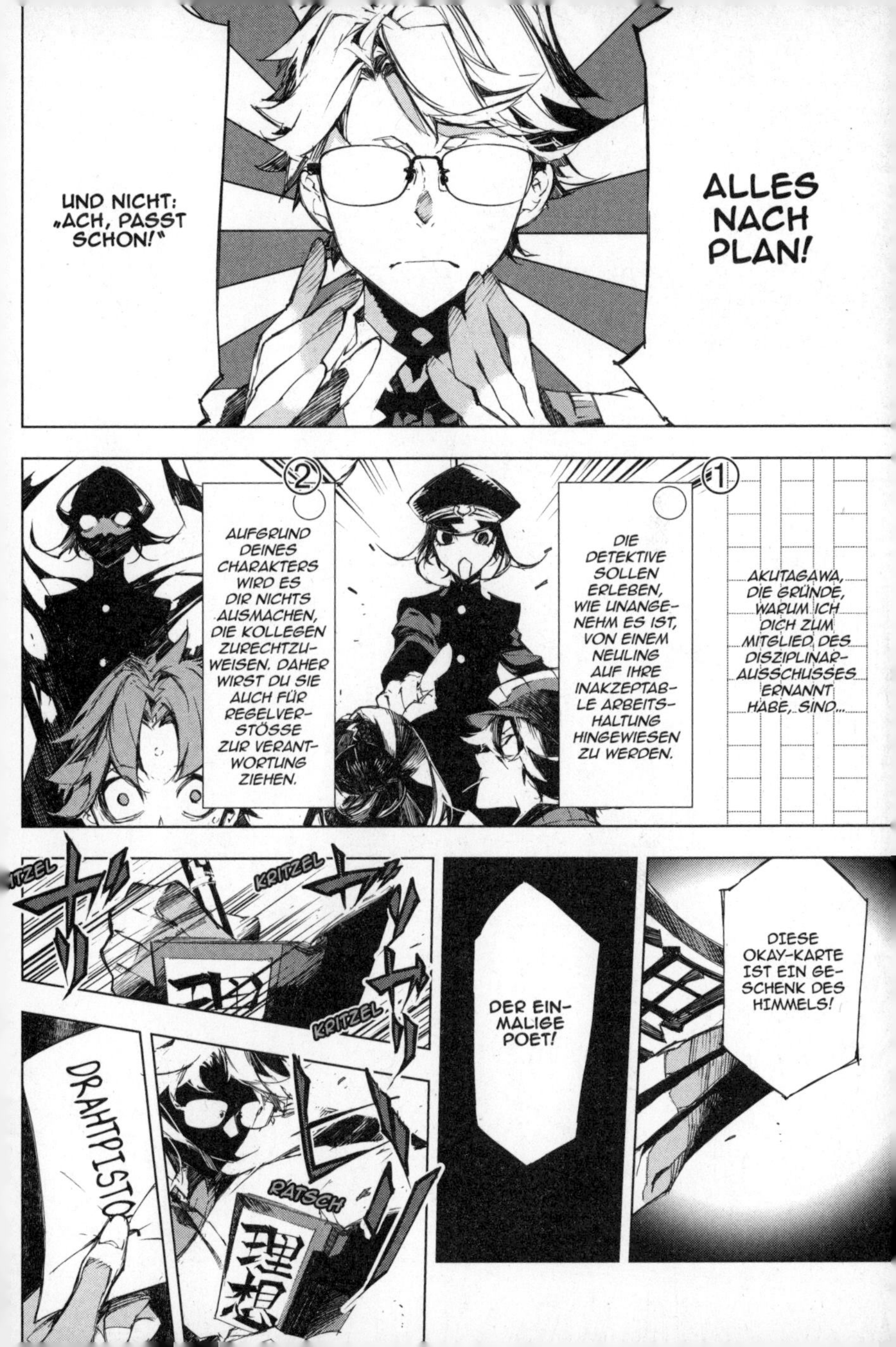
ALLES NACH PLAN!
UND NICHT: „ACH, PASST SCHON!“
AKUTAGAWA, DIE GRÜNDE, WARUM ICH DICH ZUM MITGLIED DES DISZIPLINARAUSSCHUSSES ERNANNT HABE, SIND...
1
DIE DETEKTIVE SOLLEN ERLEBEN, WIE UNANGENEHM ES IST, VON EINEM NEULING AUF IHRE INAKZEPTABLE ARBEITSHALTUNG HINGEWIESEN ZU WERDEN.
2
AUFGRUND DEINES CHARAKTERS WIRD ES DIR NICHTS AUSMACHEN, DIE KOLLEGEN ZURECHTZUWEISEN. DAHER WIRST DU SIE AUCH FÜR REGELVERSTÖSSE ZUR VERANTWORTUNG ZIEHEN.
DIESE OKAY-KARTE IST EIN GESCHENK DES HIMMELS!
DER EINMALIGE POET!
KRITZEL
KRITZEL
KRITZEL
RATSCH
DRAHTPISTO

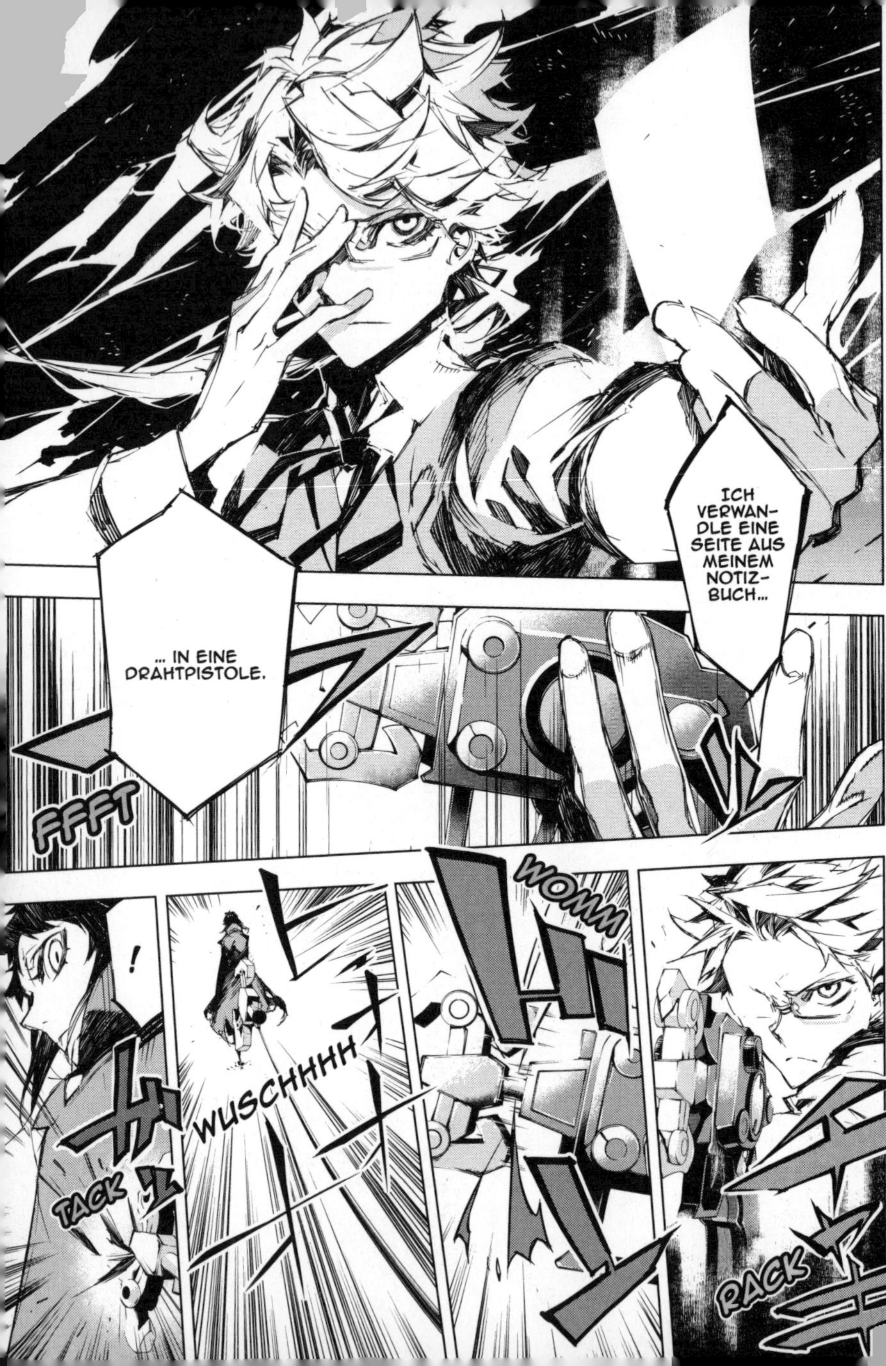
ICH VERWANDLE EINE SEITE AUS MEINEM NOTIZBUCH...
... IN EINE DRAHTPISTOLE.
FFFFT
WOMM
RACK
WUSCHHHH
!
TACK

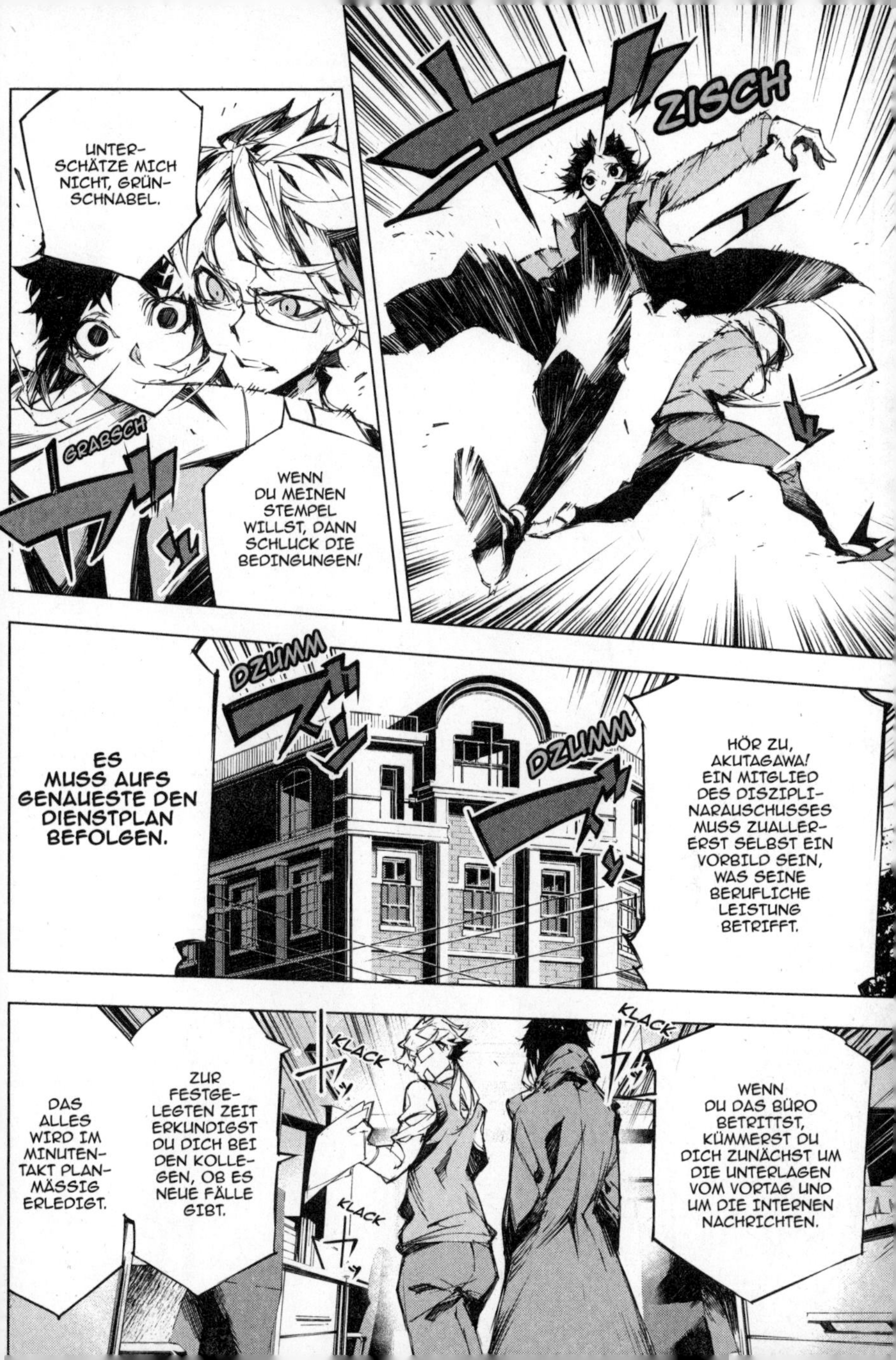
ZISCH
UNTER-SCHÄTZE MICH NICHT, GRÜN-SCHNABEL.
GRABSCH
WENN DU MEINEN STEMPEL WILLST, DANN SCHLUCK DIE BEDINGUNGEN!
DZUMM
DZUMM
HÖR ZU, AKUTAGAWA! EIN MITGLIED DES DISZIPLI-NARAUSCHUSSES MUSS ZUALLER-ERST SELBST EIN VORBILD SEIN, WAS SEINE BERUFLICHE LEISTUNG BETRIFFT.
ES MUSS AUFS GENAUESTE DEN DIENSTPLAN BEFOLGEN.
KLACK
WENN DU DAS BÜRO BETRITTST, KÜMMERST DU DICH ZUNÄCHST UM DIE UNTERLAGEN VOM VORTAG UND UM DIE INTERNEN NACHRICHTEN.
KLACK
ZUR FESTGE-LEGTEN ZEIT ERKUNDIGST DU DICH BEI DEN KOLLE-GEN, OB ES NEUE FÄLLE GIBT.
KLACK
DAS ALLES WIRD IM MINUTEN-TAKT PLAN-MÄSSIG ERLEDIGT.

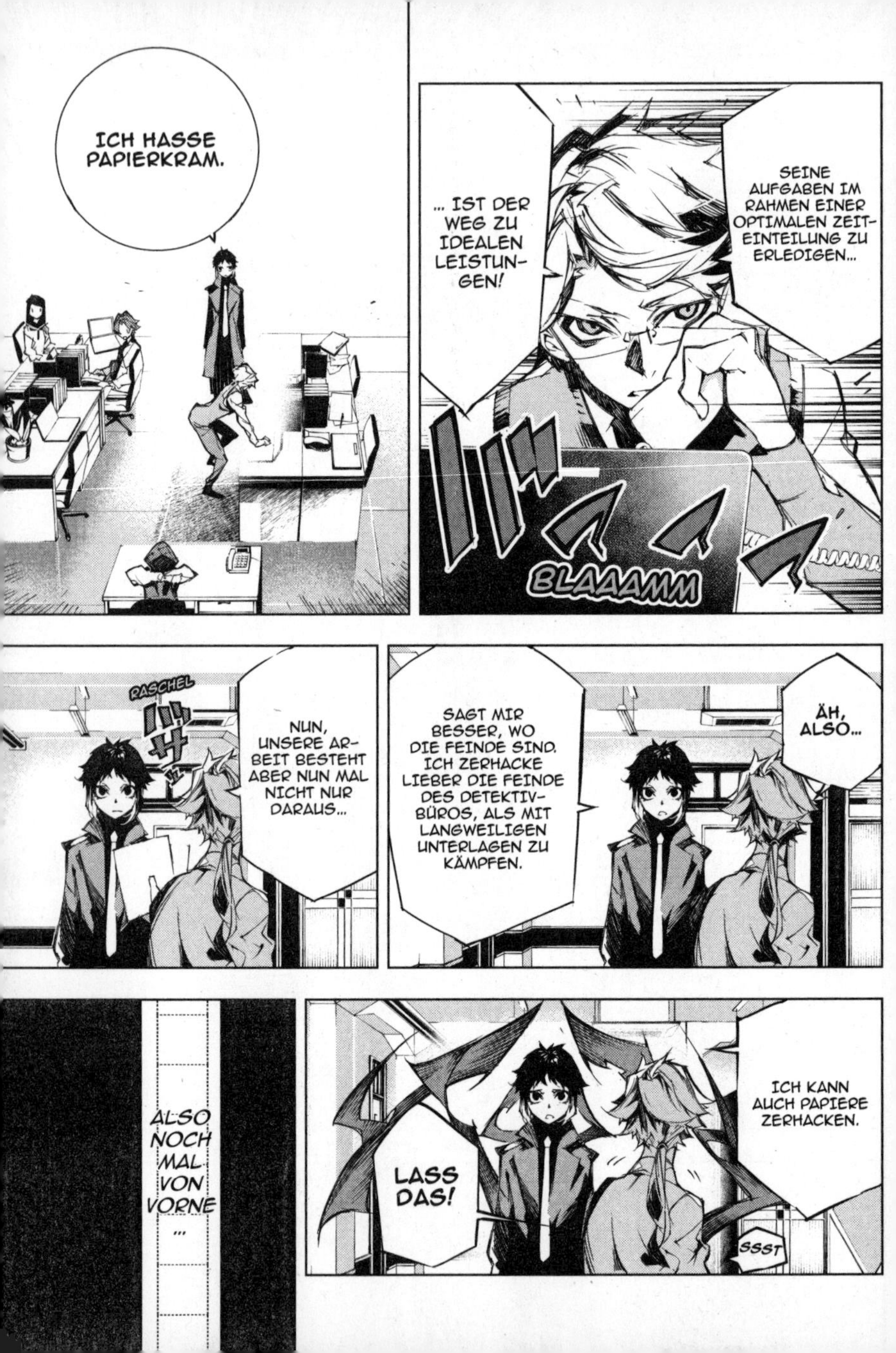

SEINE AUFGABEN IM RAHMEN EINER OPTIMALEN ZEIT-EINTEILUNG ZU ERLEDIGEN...
... IST DER WEG ZU IDEALEN LEISTUN-GEN!
BLAAAMM
ICH HASSE PAPIERKRAM.
ÄH, ALSO...
SAGT MIR BESSER, WO DIE FEINDE SIND. ICH ZERHACKE LIEBER DIE FEINDE DES DETEKTIV-BÜROS, ALS MIT LANGWEILIGEN UNTERLAGEN ZU KÄMPFEN.
NUN, UNSERE AR-BEIT BESTEHT ABER NUN MAL NICHT NUR DARAUS...
RASCHEL
ICH KANN AUCH PAPIERE ZERHACKEN.
LASS DAS!
SSST
ALSO NOCH MAL VON VORNE ...

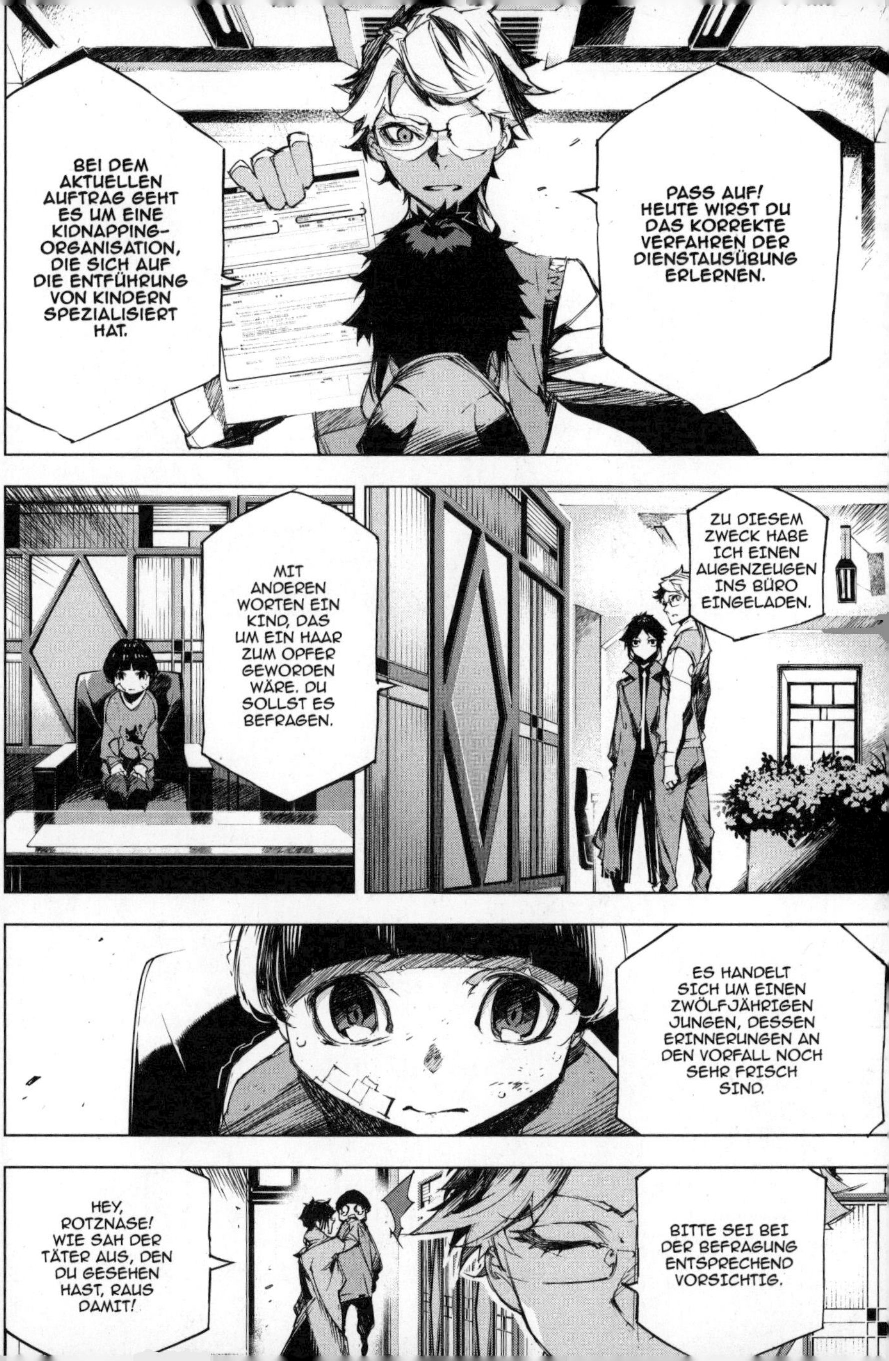
PASS AUF! HEUTE WIRST DU DAS KORREKTE VERFAHREN DER DIENSTAUSÜBUNG ERLERNEN.
BEI DEM AKTUELLEN AUFTRAG GEHT ES UM EINE KIDNAPPING-ORGANISATION, DIE SICH AUF DIE ENTFÜHRUNG VON KINDERN SPEZIALISIERT HAT.
ZU DIESEM ZWECK HABE ICH EINEN AUGENZEUGEN INS BÜRO EINGELADEN.
MIT ANDEREN WORTEN EIN KIND, DAS UM EIN HAAR ZUM OPFER GEWORDEN WÄRE. DU SOLLST ES BEFRAGEN.
ES HANDELT SICH UM EINEN ZWÖLFJÄHRIGEN JUNGEN, DESSEN ERINNERUNGEN AN DEN VORFALL NOCH SEHR FRISCH SIND.
BITTE SEI BEI DER BEFRAGUNG ENTSPRECHEND VORSICHTIG.
HEY, ROTZNASE! WIE SAH DER TÄTER AUS, DEN DU GESEHEN HAST, RAUS DAMIT!

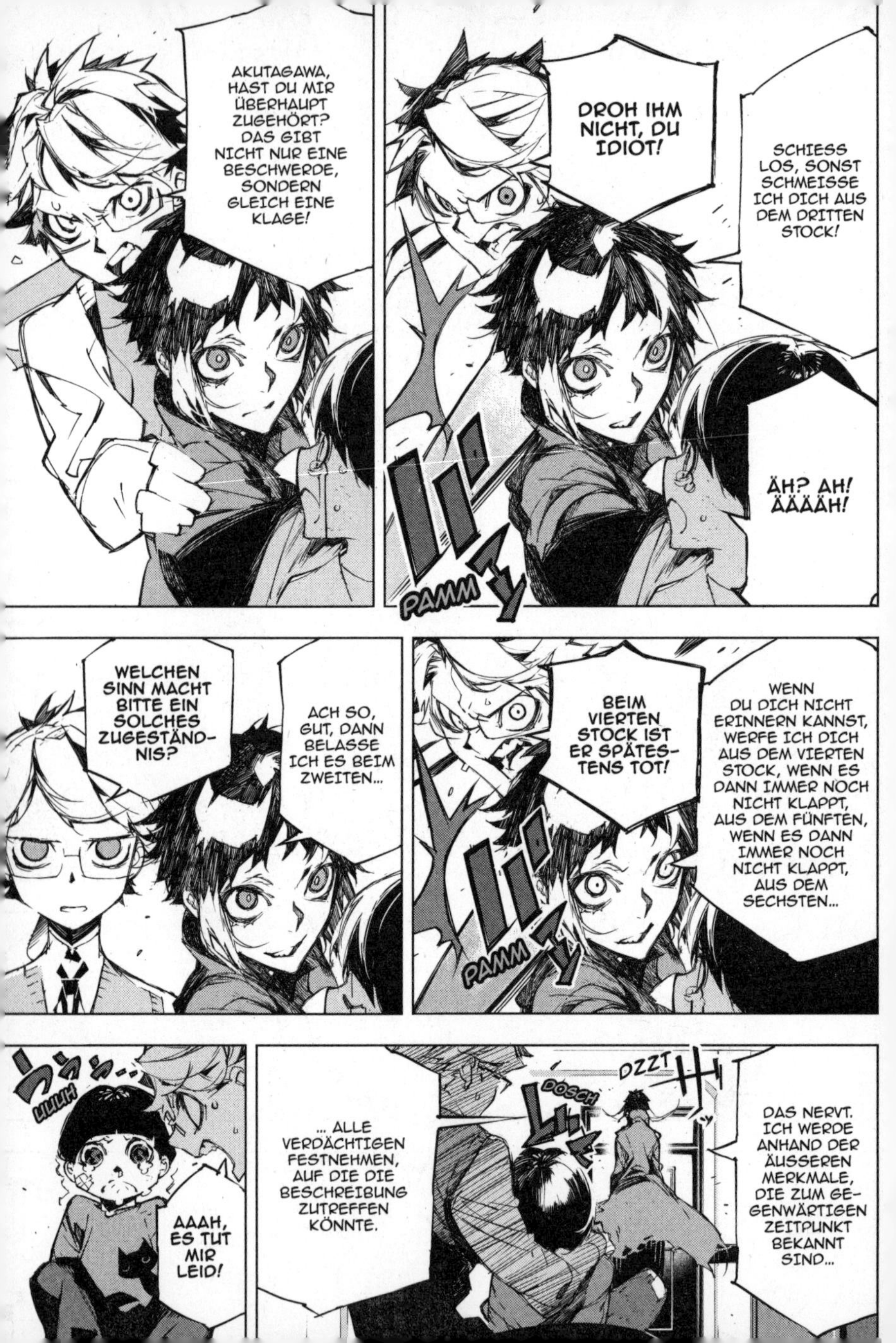
SCHIESS LOS, SONST SCHMEISSE ICH DICH AUS DEM DRITTEN STOCK!
ÄH? AH! ÄÄÄÄH!
PAMM
DROH IHM NICHT, DU IDIOT!
AKUTAGAWA, HAST DU MIR ÜBERHAUPT ZUGEHÖRT? DAS GIBT NICHT NUR EINE BESCHWERDE, SONDERN GLEICH EINE KLAGE!
WENN DU DICH NICHT ERINNERN KANNST, WERFE ICH DICH AUS DEM VIERTEN STOCK, WENN ES DANN IMMER NOCH NICHT KLAPPT, AUS DEM FÜNFTEN, WENN ES DANN IMMER NOCH NICHT KLAPPT, AUS DEM SECHSTEN...
PAMM
BEIM VIERTEN STOCK IST ER SPÄTESTENS TOT!
ACH SO, GUT, DANN BELASSE ICH ES BEIM ZWEITEN...
WELCHEN SINN MACHT BITTE EIN SOLCHES ZUGESTÄNDNIS?
DZZT
DOSCH
DAS NERVT. ICH WERDE ANHAND DER ÄUSSEREN MERKMALE, DIE ZUM GEGENWÄRTIGEN ZEITPUNKT BEKANNT SIND...
... ALLE VERDÄCHTIGEN FESTNEHMEN, AUF DIE DIE BESCHREIBUNG ZUTREFFEN KÖNNTE.
UUUH
AAAH, ES TUT MIR LEID!

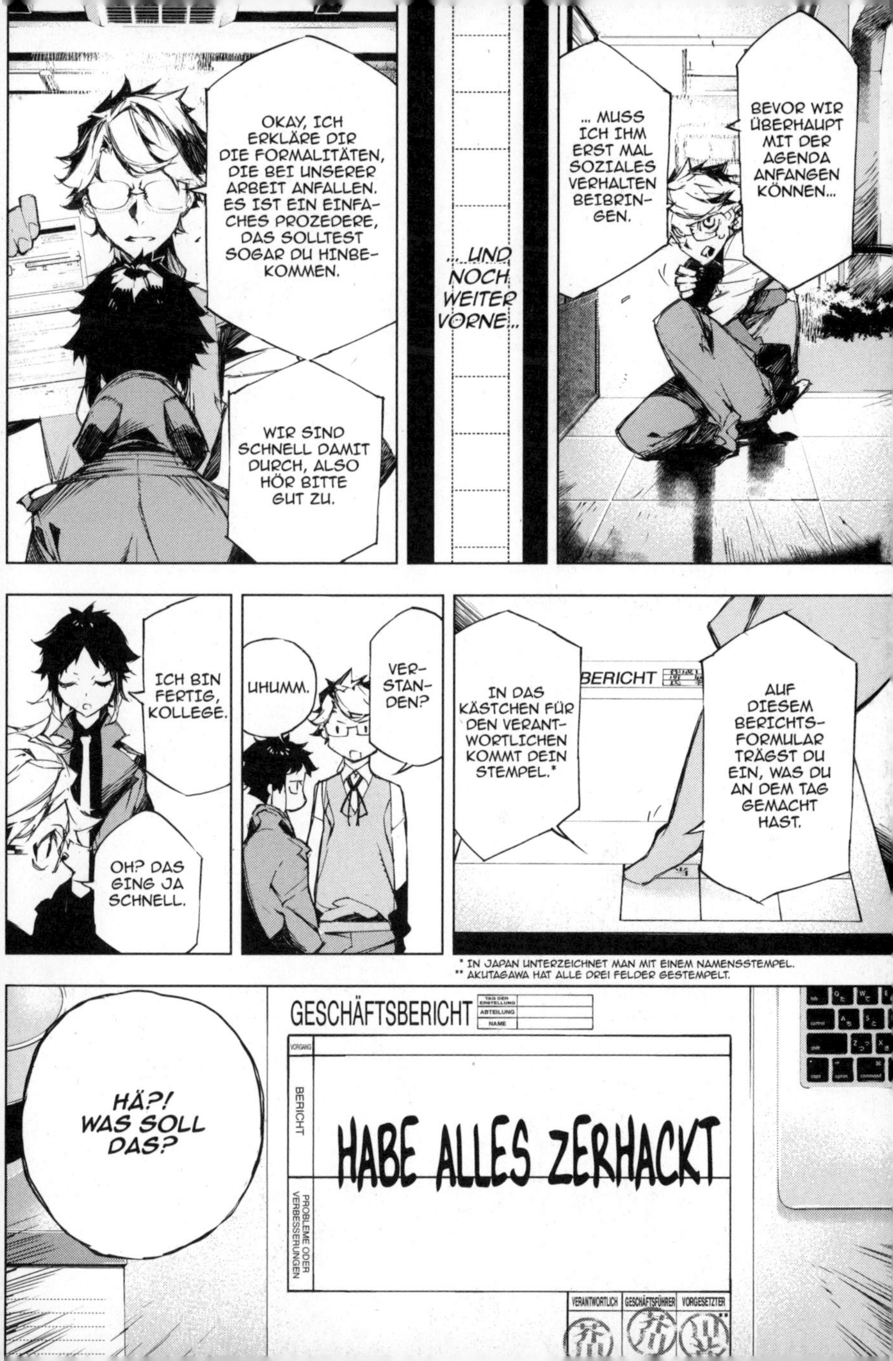

* IN JAPAN UNTERZEICHNET MAN MIT EINEM NAMENSSTEMPEL.
** AKUTAGAWA HAT ALLE DREI FELDER GESTEMPELT.

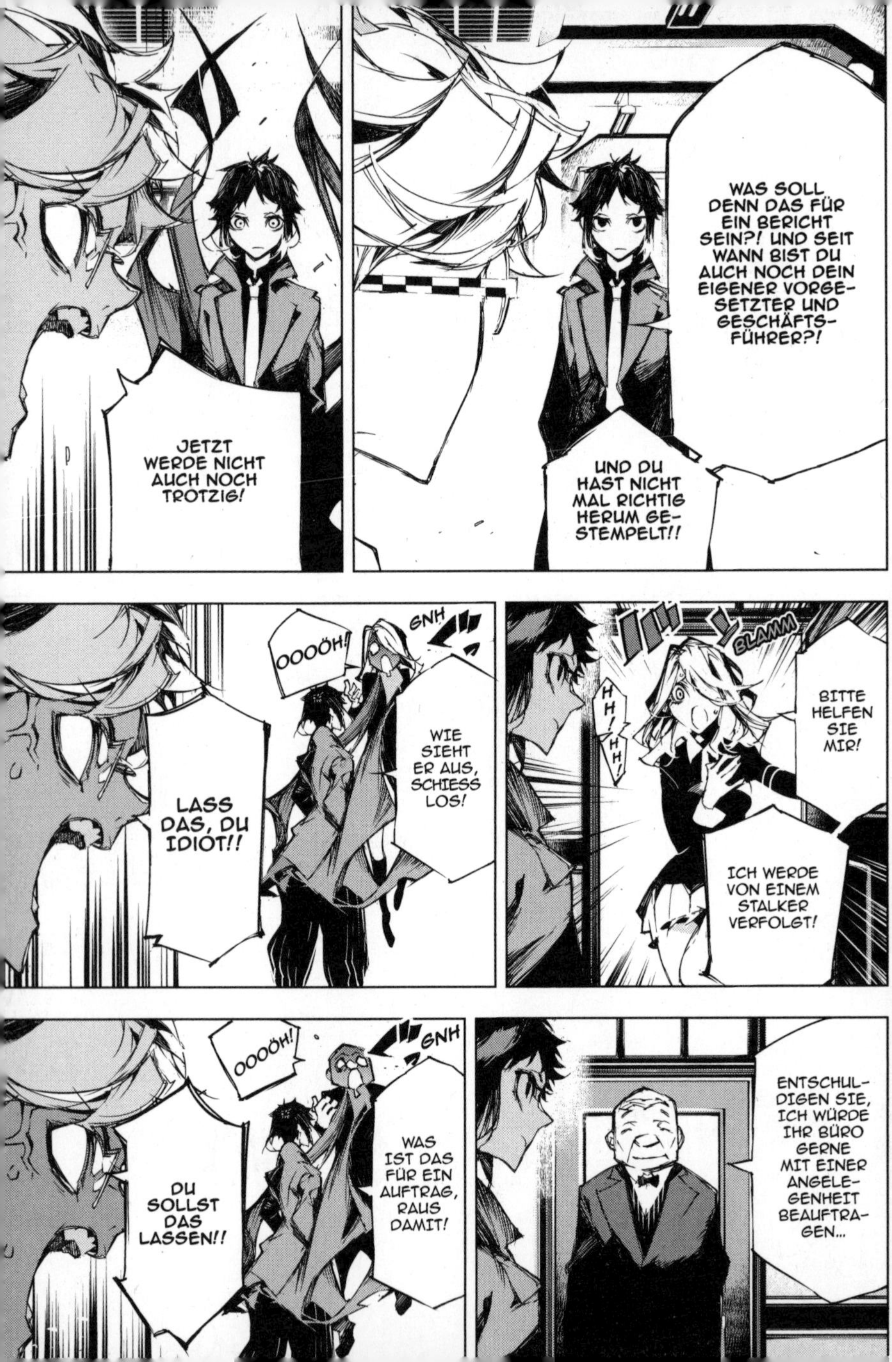
WAS SOLL DENN DAS FÜR EIN BERICHT SEIN?! UND SEIT WANN BIST DU AUCH NOCH DEIN EIGENER VORGE-SETZTER UND GESCHÄFTS-FÜHRER?!
UND DU HAST NICHT MAL RICHTIG HERUM GE-STEMPELT!!
JETZT WERDE NICHT AUCH NOCH TROTZIG!
BLAMM
HH! HH!
BITTE HELFEN SIE MIR!
ICH WERDE VON EINEM STALKER VERFOLGT!
GNH
OOOÖH!
WIE SIEHT ER AUS, SCHIESS LOS!
LASS DAS, DU IDIOT!!
ENTSCHULDIGEN SIE, ICH WÜRDE IHR BÜRO GERNE MIT EINER ANGELE-GENHEIT BEAUFTRA-GEN...
GNH
OOOÖH!
WAS IST DAS FÜR EIN AUFTRAG, RAUS DAMIT!
DU SOLLST DAS LASSEN!!

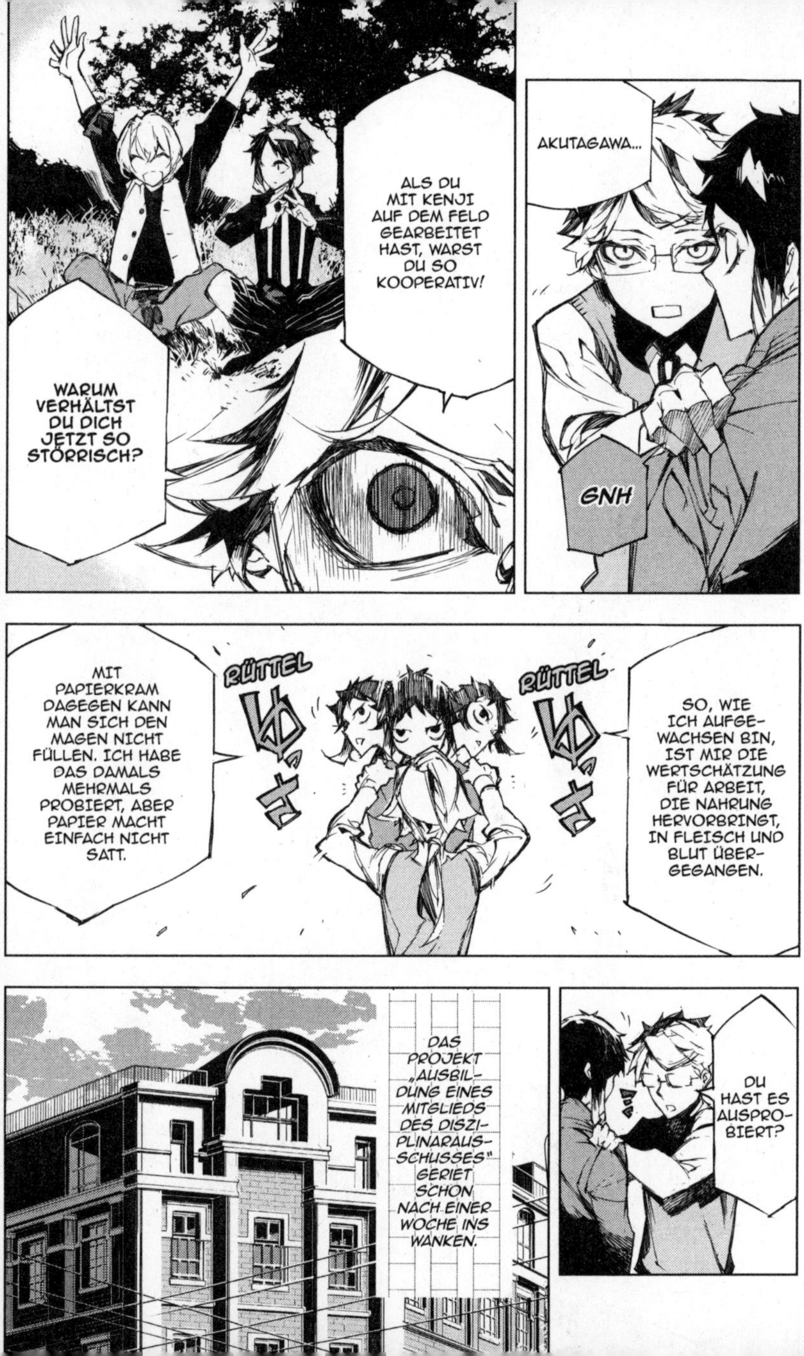
AKUTAGAWA...
GNH
ALS DU MIT KENJI AUF DEM FELD GEARBEITET HAST, WARST DU SO KOOPERATIV!
WARUM VERHÄLTST DU DICH JETZT SO STÖRRISCH?
SO, WIE ICH AUFGEWACHSEN BIN, IST MIR DIE WERTSCHÄTZUNG FÜR ARBEIT, DIE NAHRUNG HERVORBRINGT, IN FLEISCH UND BLUT ÜBERGEGANGEN.
RÜTTEL
RÜTTEL
MIT PAPIERKRAM DAGEGEN KANN MAN SICH DEN MAGEN NICHT FÜLLEN. ICH HABE DAS DAMALS MEHRMALS PROBIERT, ABER PAPIER MACHT EINFACH NICHT SATT.
DU HAST ES AUSPROBIERT?
DAS PROJEKT „AUSBILDUNG EINES MITGLIEDS DES DISZIPLINARAUSSCHUSSES“ GERIET SCHON NACH EINER WOCHE INS WANKEN.

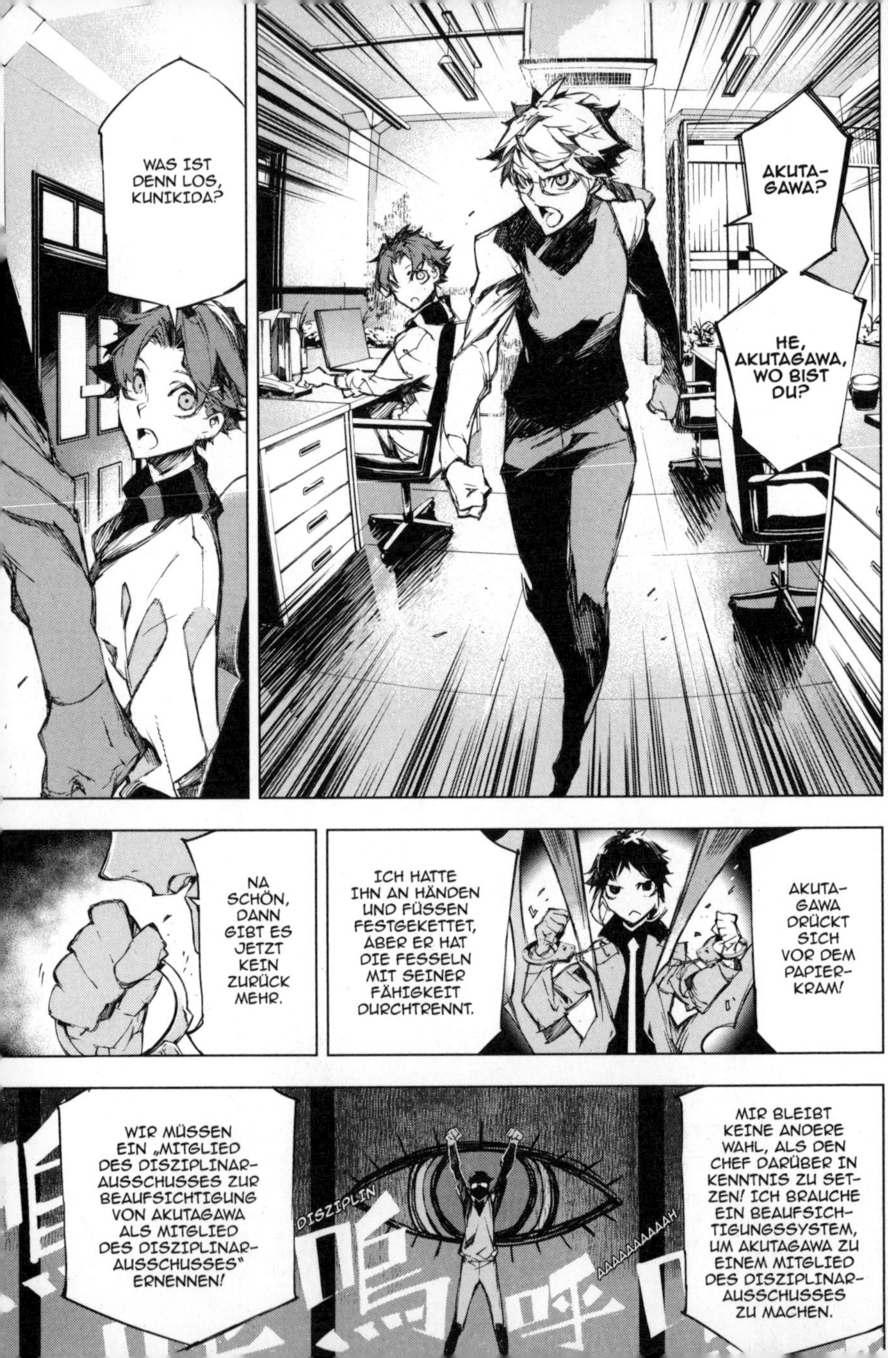
AKUTAGAWA?
HE, AKUTAGAWA, WO BIST DU?
WAS IST DENN LOS, KUNIKIDA?
AKUTAGAWA DRÜCKT SICH VOR DEM PAPIERKRAM!
ICH HATTE IHN AN HÄNDEN UND FÜSSEN FESTGEKETTET, ABER ER HAT DIE FESSELN MIT SEINER FÄHIGKEIT DURCHTRENNT.
NA SCHÖN, DANN GIBT ES JETZT KEIN ZURÜCK MEHR.
MIR BLEIBT KEINE ANDERE WAHL, ALS DEN CHEF DARÜBER IN KENNTNIS ZU SETZEN! ICH BRAUCHE EIN BEAUFSICHTIGUNGSSYSTEM, UM AKUTAGAWA ZU EINEM MITGLIED DES DISZIPLINARAUSSCHUSSES ZU MACHEN.
AAAAAAAAAAH
DISZIPLIN
WIR MÜSSEN EIN „MITGLIED DES DISZIPLINARAUSSCHUSSES ZUR BEAUFSICHTIGUNG VON AKUTAGAWA ALS MITGLIED DES DISZIPLINARAUSSCHUSSES" ERNENNEN!

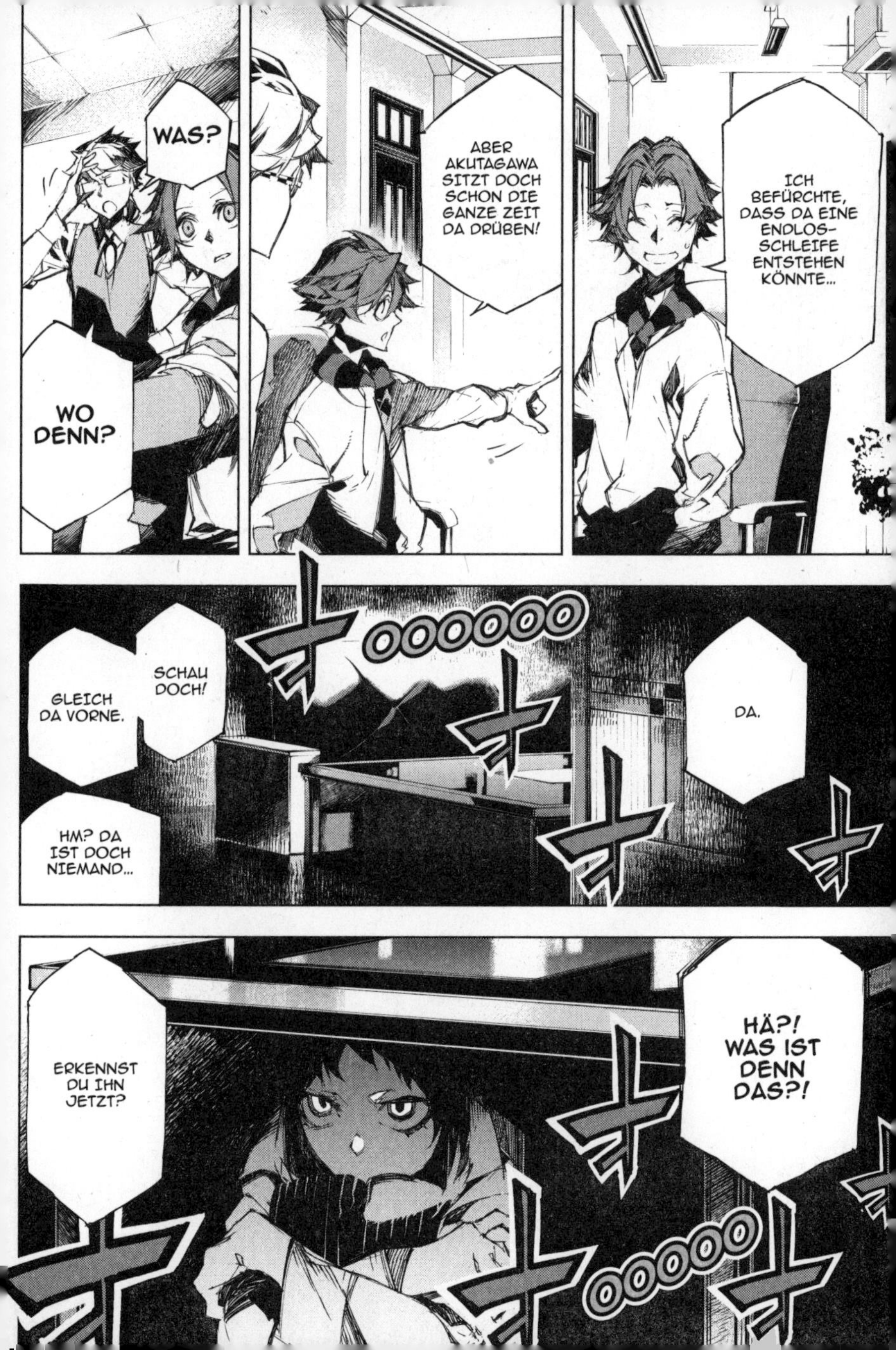
ICH BEFÜRCHTE, DASS DA EINE ENDLOS-SCHLEIFE ENTSTEHEN KÖNNTE...
ABER AKUTAGAWA SITZT DOCH SCHON DIE GANZE ZEIT DA DRÜBEN!
WAS?
WO DENN?
DA.
SCHAU DOCH!
GLEICH DA VORNE.
HM? DA IST DOCH NIEMAND...
HÄ?! WAS IST DENN DAS?!
ERKENNST DU IHN JETZT?

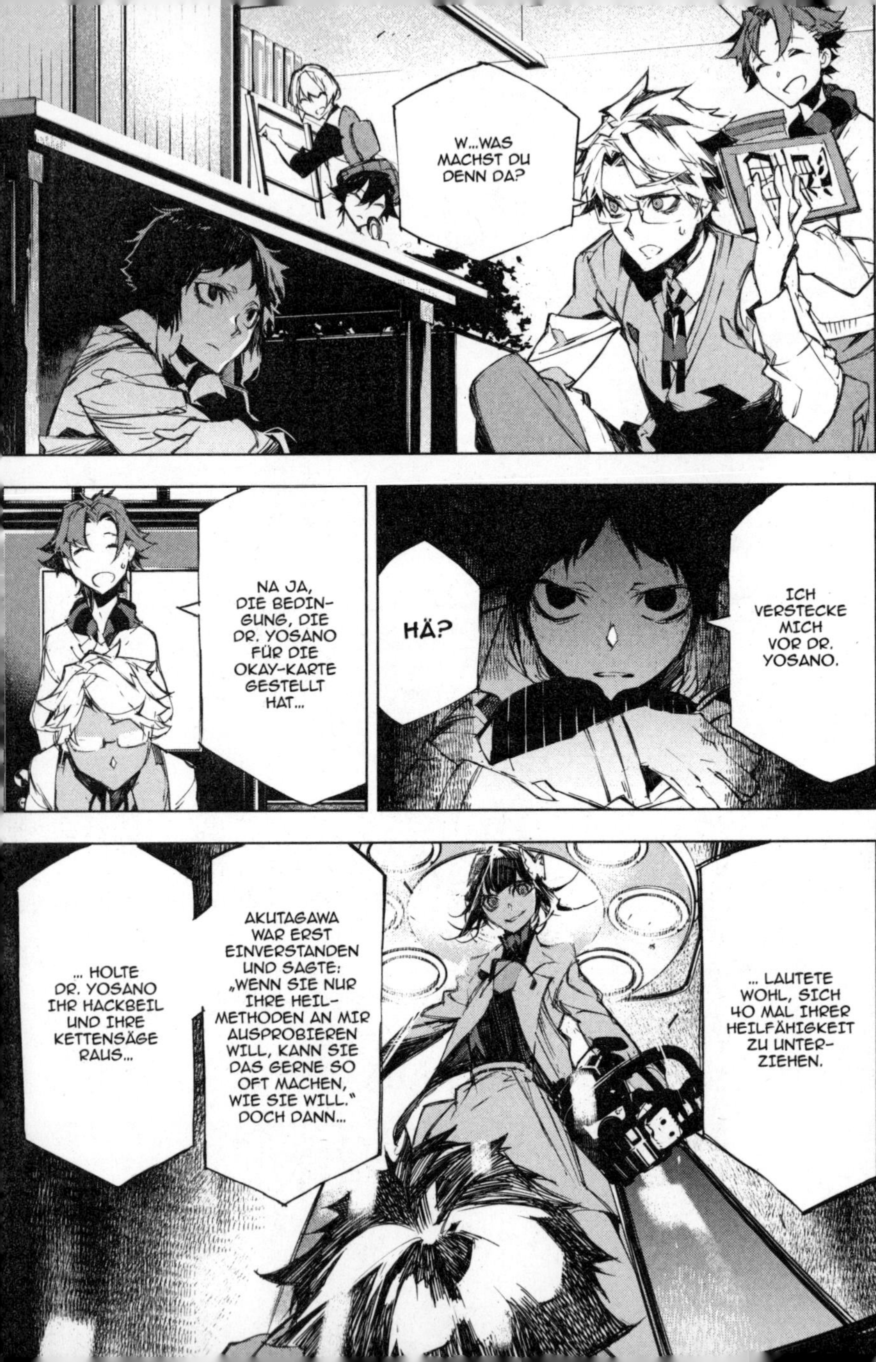
W...WAS MACHST DU DENN DA?
ICH VERSTECKE MICH VOR DR. YOSANO.
HÄ?
NA JA, DIE BEDINGUNG, DIE DR. YOSANO FÜR DIE OKAY-KARTE GESTELLT HAT...
... LAUTETE WOHL, SICH 40 MAL IHRER HEILFÄHIGKEIT ZU UNTERZIEHEN.
AKUTAGAWA WAR ERST EINVERSTANDEN UND SAGTE: „WENN SIE NUR IHRE HEILMETHODEN AN MIR AUSPROBIEREN WILL, KANN SIE DAS GERNE SO OFT MACHEN, WIE SIE WILL." DOCH DANN...
... HOLTE DR. YOSANO IHR HACKBEIL UND IHRE KETTENSÄGE RAUS...

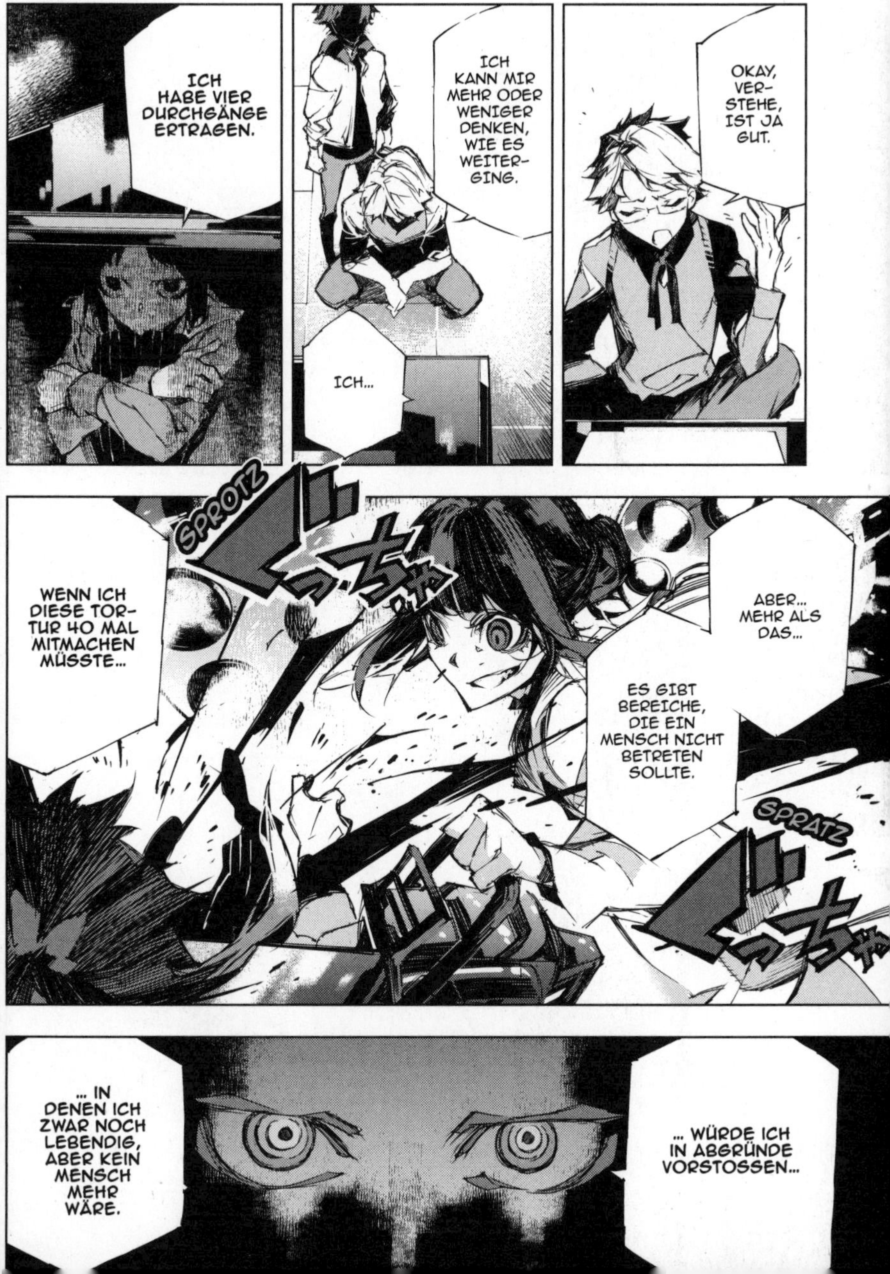

OKAY, VER-STEHE, IST JA GUT.
ICH KANN MIR MEHR ODER WENIGER DENKEN, WIE ES WEITER-GING.
ICH...
ICH HABE VIER DURCHGÄNGE ERTRAGEN.
ABER... MEHR ALS DAS...
ES GIBT BEREICHE, DIE EIN MENSCH NICHT BETRETEN SOLLTE.
SPRATZ
SPROTZ
WENN ICH DIESE TOR-TUR 40 MAL MITMACHEN MÜSSTE...
... WÜRDE ICH IN ABGRÜNDE VORSTOSSEN...
... IN DENEN ICH ZWAR NOCH LEBENDIG, ABER KEIN MENSCH MEHR WÄRE.

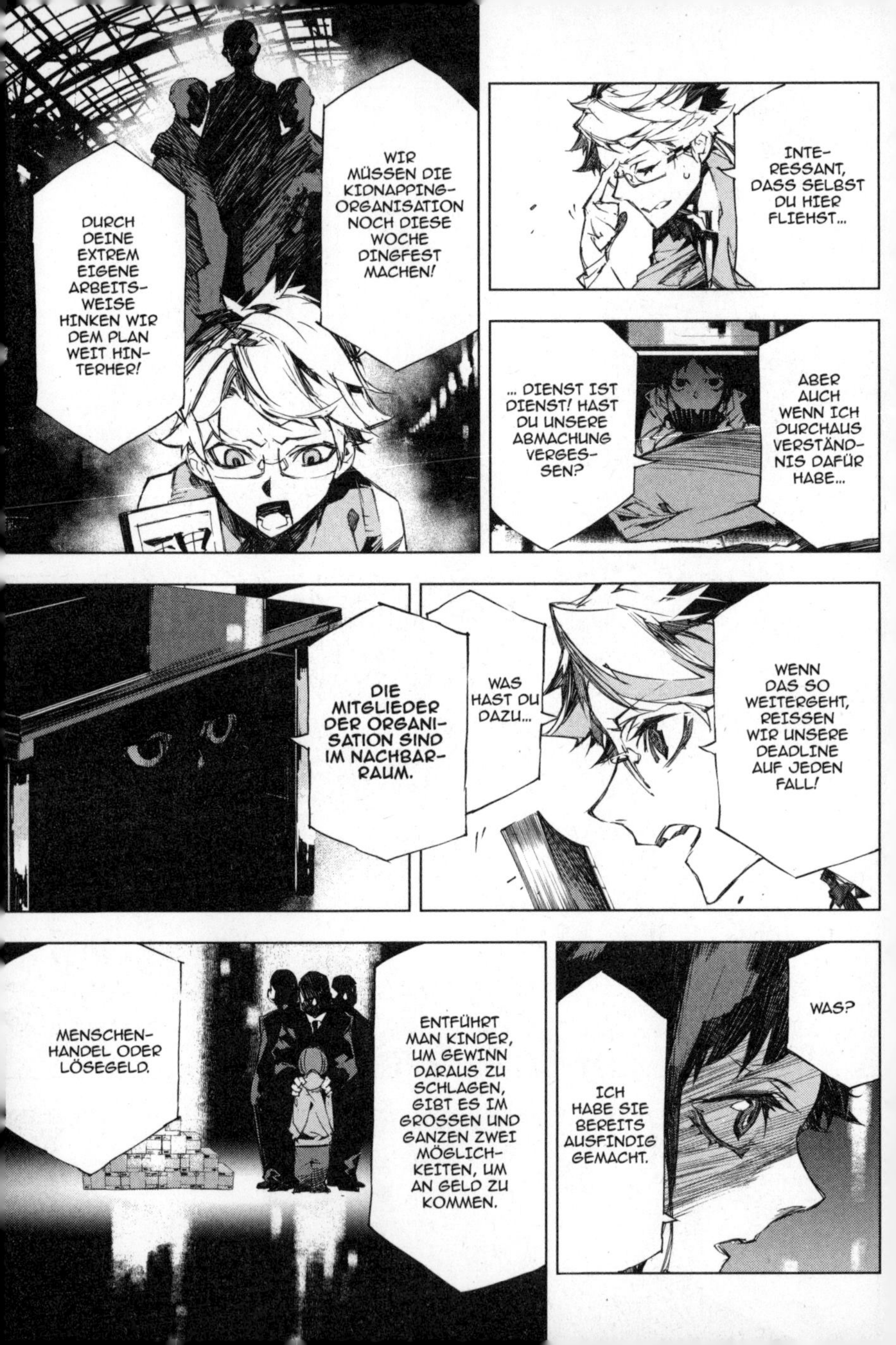
INTERESSANT, DASS SELBST DU HIER FLIEHST...
ABER AUCH WENN ICH DURCHAUS VERSTÄNDNIS DAFÜR HABE...
... DIENST IST DIENST! HAST DU UNSERE ABMACHUNG VERGESSEN?
WIR MÜSSEN DIE KIDNAPPING-ORGANISATION NOCH DIESE WOCHE DINGFEST MACHEN!
DURCH DEINE EXTREM EIGENE ARBEITSWEISE HINKEN WIR DEM PLAN WEIT HINTERHER!
WENN DAS SO WEITERGEHT, REISSEN WIR UNSERE DEADLINE AUF JEDEN FALL!
WAS HAST DU DAZU...
DIE MITGLIEDER DER ORGANISATION SIND IM NACHBARRAUM.
WAS?
ICH HABE SIE BEREITS AUSFINDIG GEMACHT.
ENTFÜHRT MAN KINDER, UM GEWINN DARAUS ZU SCHLAGEN, GIBT ES IM GROSSEN UND GANZEN ZWEI MÖGLICHKEITEN, UM AN GELD ZU KOMMEN.
MENSCHENHANDEL ODER LÖSEGELD.

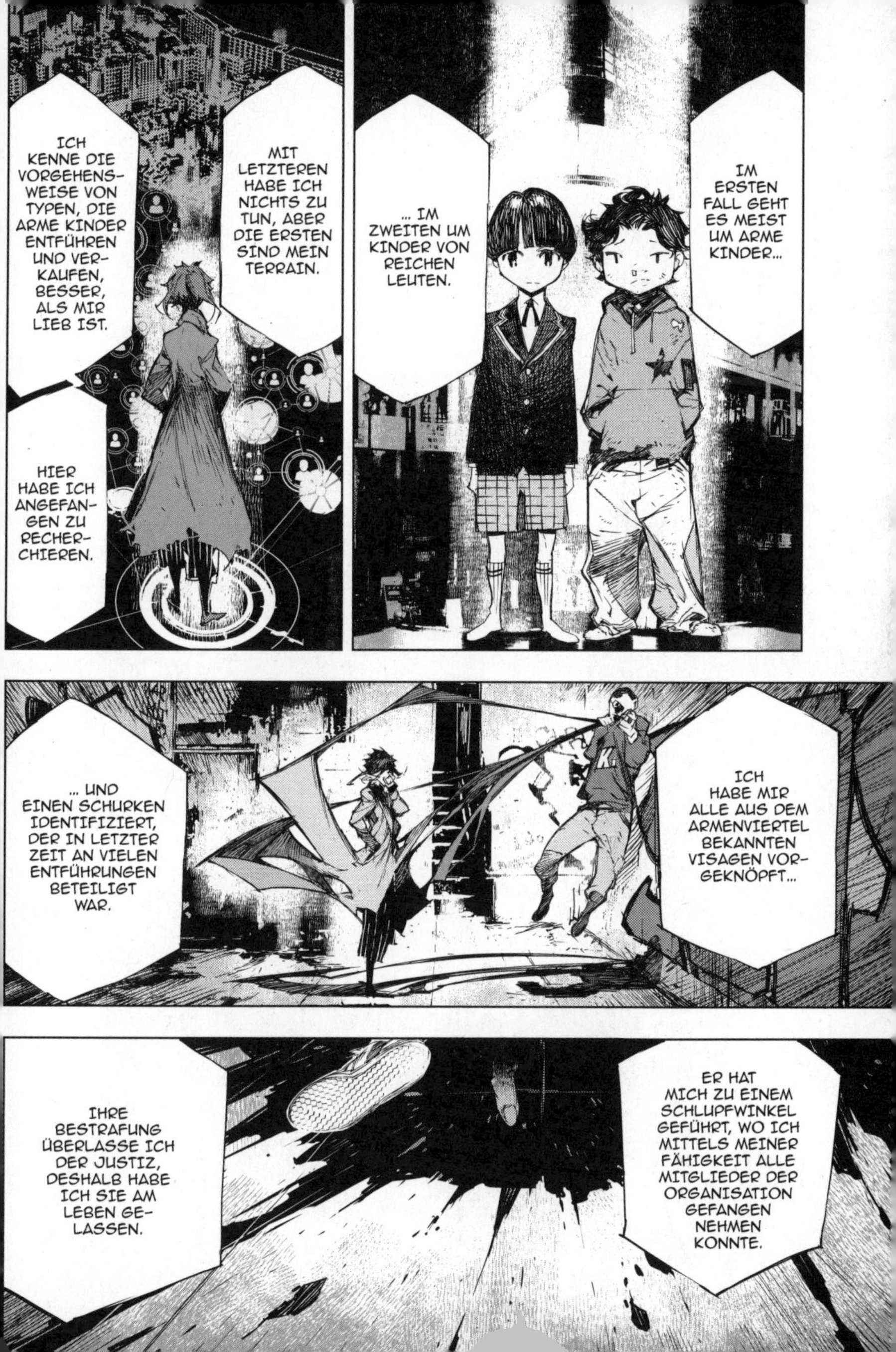
IM ERSTEN FALL GEHT ES MEIST UM ARME KINDER...
... IM ZWEITEN UM KINDER VON REICHEN LEUTEN.
MIT LETZTEREN HABE ICH NICHTS ZU TUN, ABER DIE ERSTEN SIND MEIN TERRAIN.
ICH KENNE DIE VORGEHENSWEISE VON TYPEN, DIE ARME KINDER ENTFÜHREN UND VERKAUFEN, BESSER, ALS MIR LIEB IST.
HIER HABE ICH ANGEFANGEN ZU RECHERCHIEREN.
ICH HABE MIR ALLE AUS DEM ARMENVIERTEL BEKANNTEN VISAGEN VORGEKNÖPFT...
... UND EINEN SCHURKEN IDENTIFIZIERT, DER IN LETZTER ZEIT AN VIELEN ENTFÜHRUNGEN BETEILIGT WAR.
ER HAT MICH ZU EINEM SCHLUPFWINKEL GEFÜHRT, WO ICH MITTELS MEINER FÄHIGKEIT ALLE MITGLIEDER DER ORGANISATION GEFANGEN NEHMEN KONNTE.
IHRE BESTRAFUNG ÜBERLASSE ICH DER JUSTIZ, DESHALB HABE ICH SIE AM LEBEN GELASSEN.

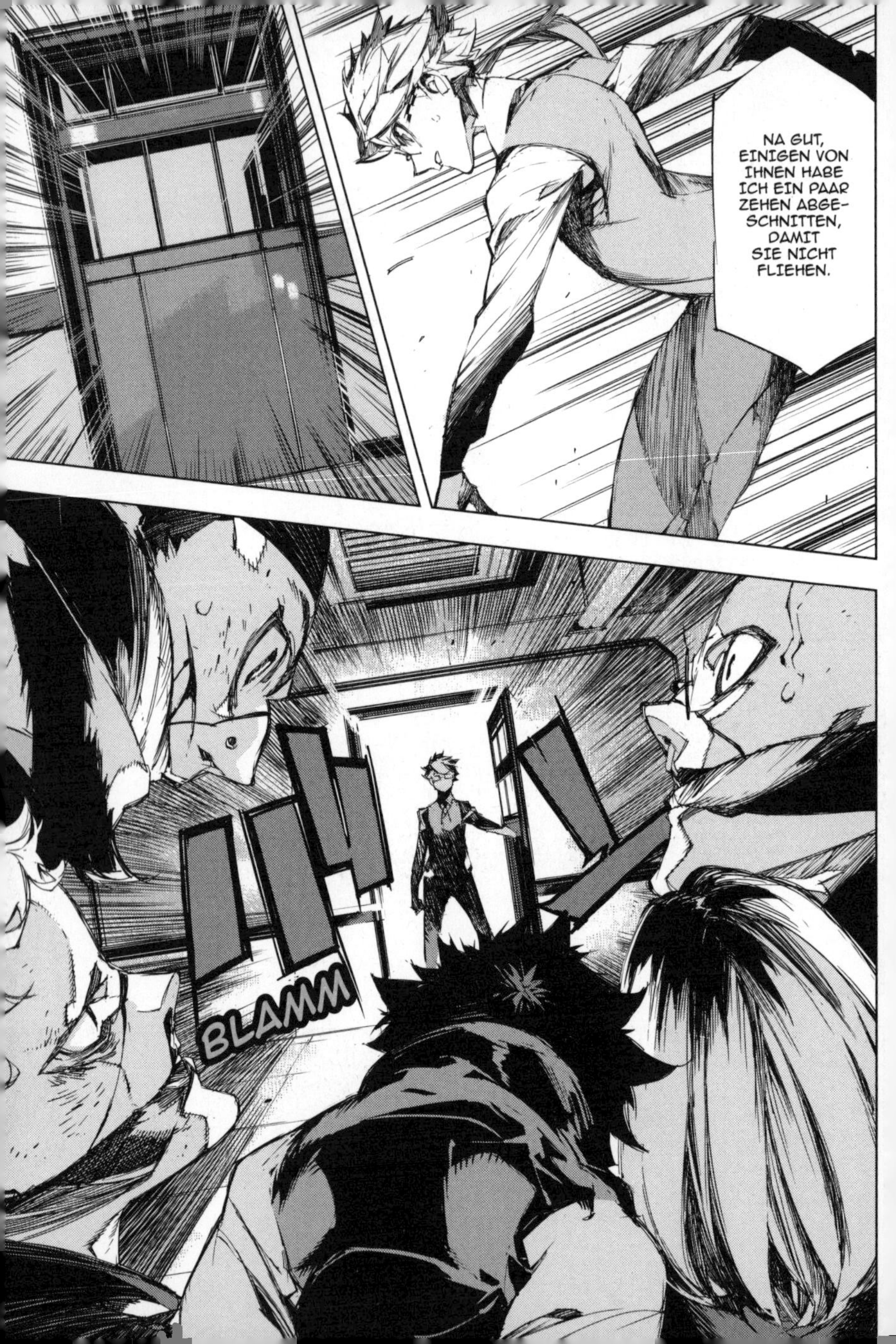
NA GUT, EINIGEN VON IHNEN HABE ICH EIN PAAR ZEHEN ABGE- SCHNITTEN, DAMIT SIE NICHT FLIEHEN.
BLAMM

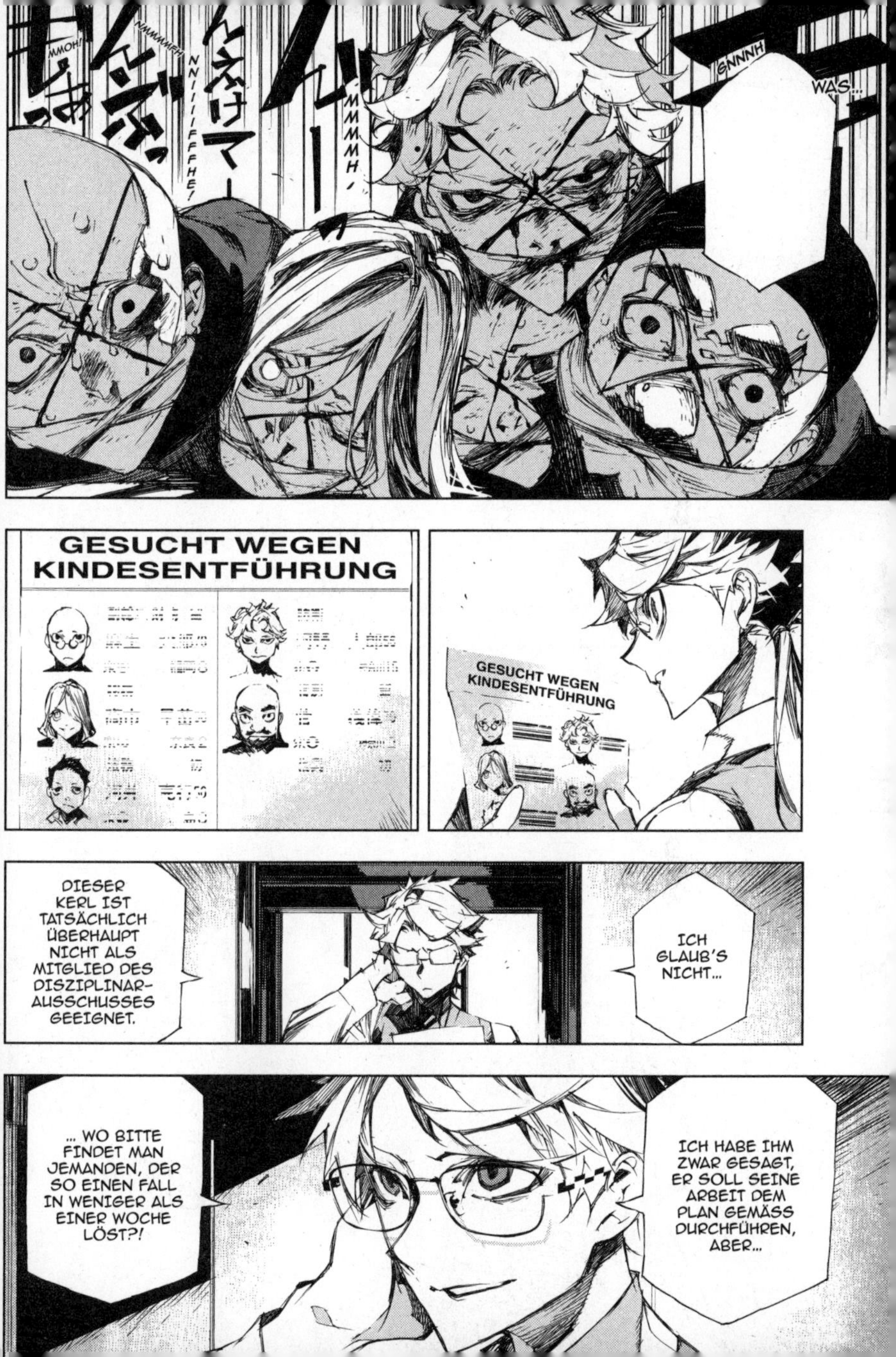
WAS...
GNNNH
MMMMMH
NNIIIIIFFFHE!
NMMMMMH
MMOH!
GESUCHT WEGEN KINDESENTFÜHRUNG
GESUCHT WEGEN KINDESENTFÜHRUNG
ICH GLAUB'S NICHT...
DIESER KERL IST TATSÄCHLICH ÜBERHAUPT NICHT ALS MITGLIED DES DISZIPLINAR-AUSSCHUSSES GEEIGNET.
ICH HABE IHM ZWAR GESAGT, ER SOLL SEINE ARBEIT DEM PLAN GEMÄSS DURCHFÜHREN, ABER...
... WO BITTE FINDET MAN JEMANDEN, DER SO EINEN FALL IN WENIGER ALS EINER WOCHE LÖST?!

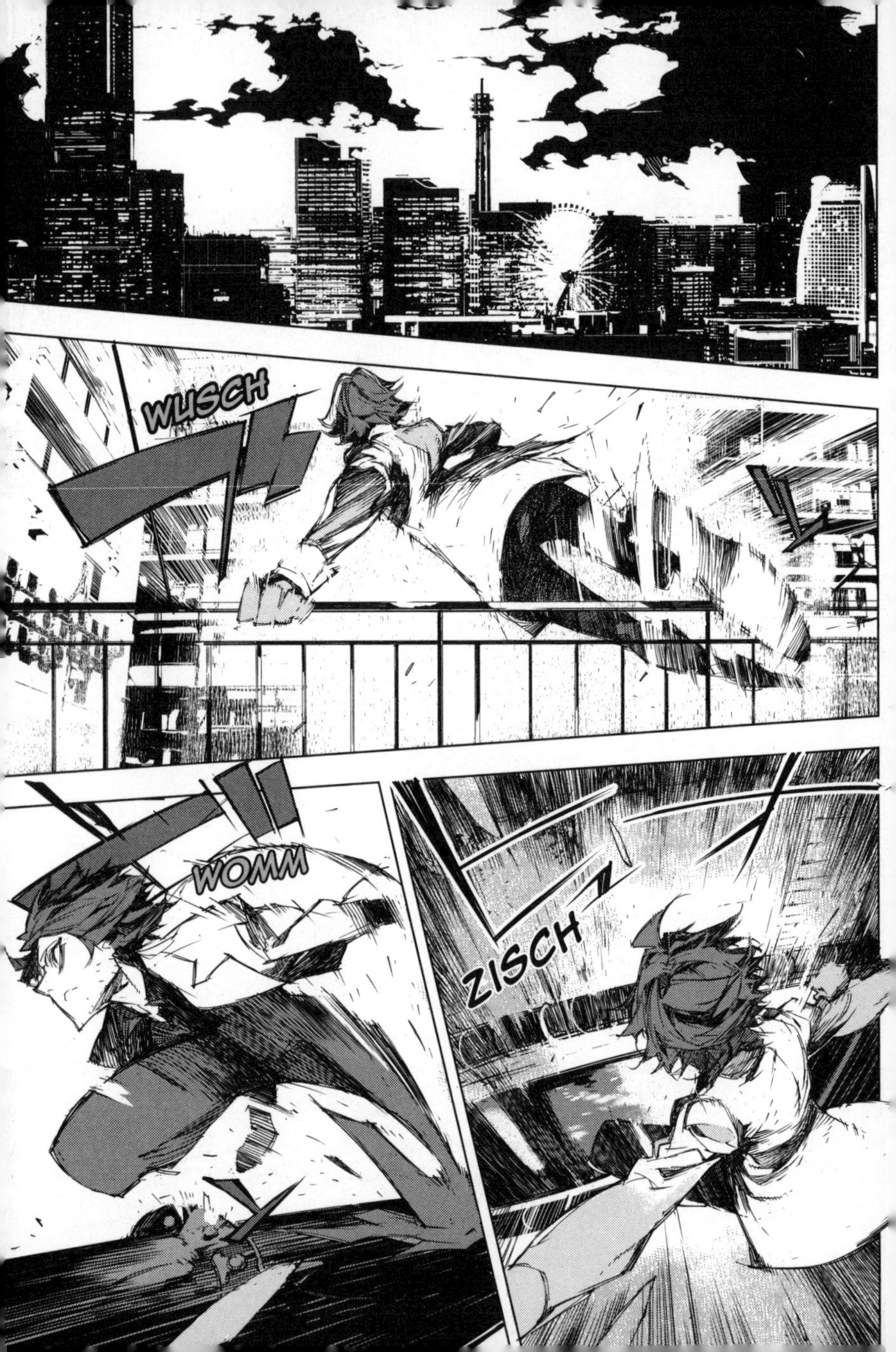
WUSCH
WOMM
ZISCH

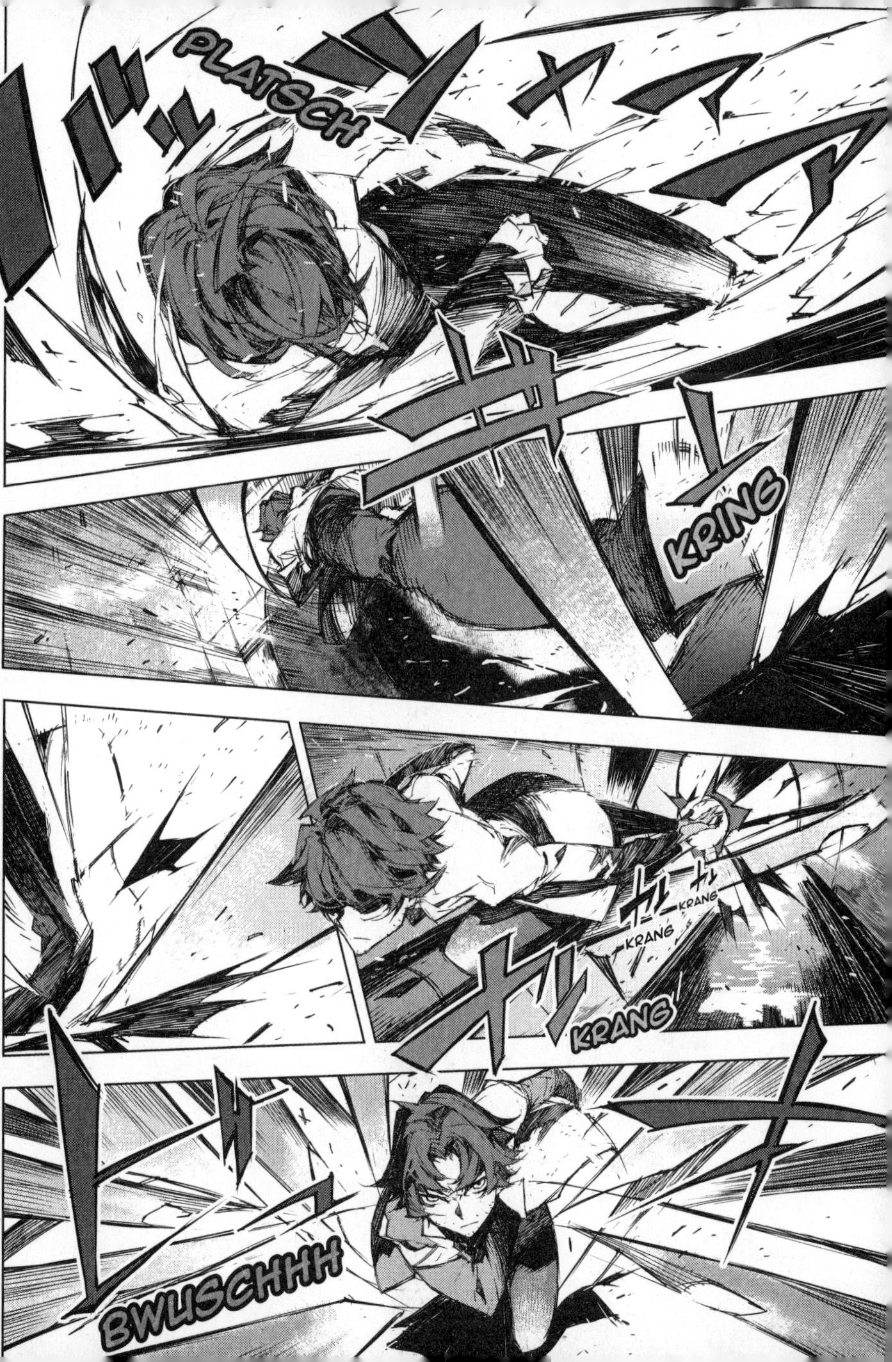
PLATSCH
KRING
KRANG
KRANG
KRANG
BWUSCHHH

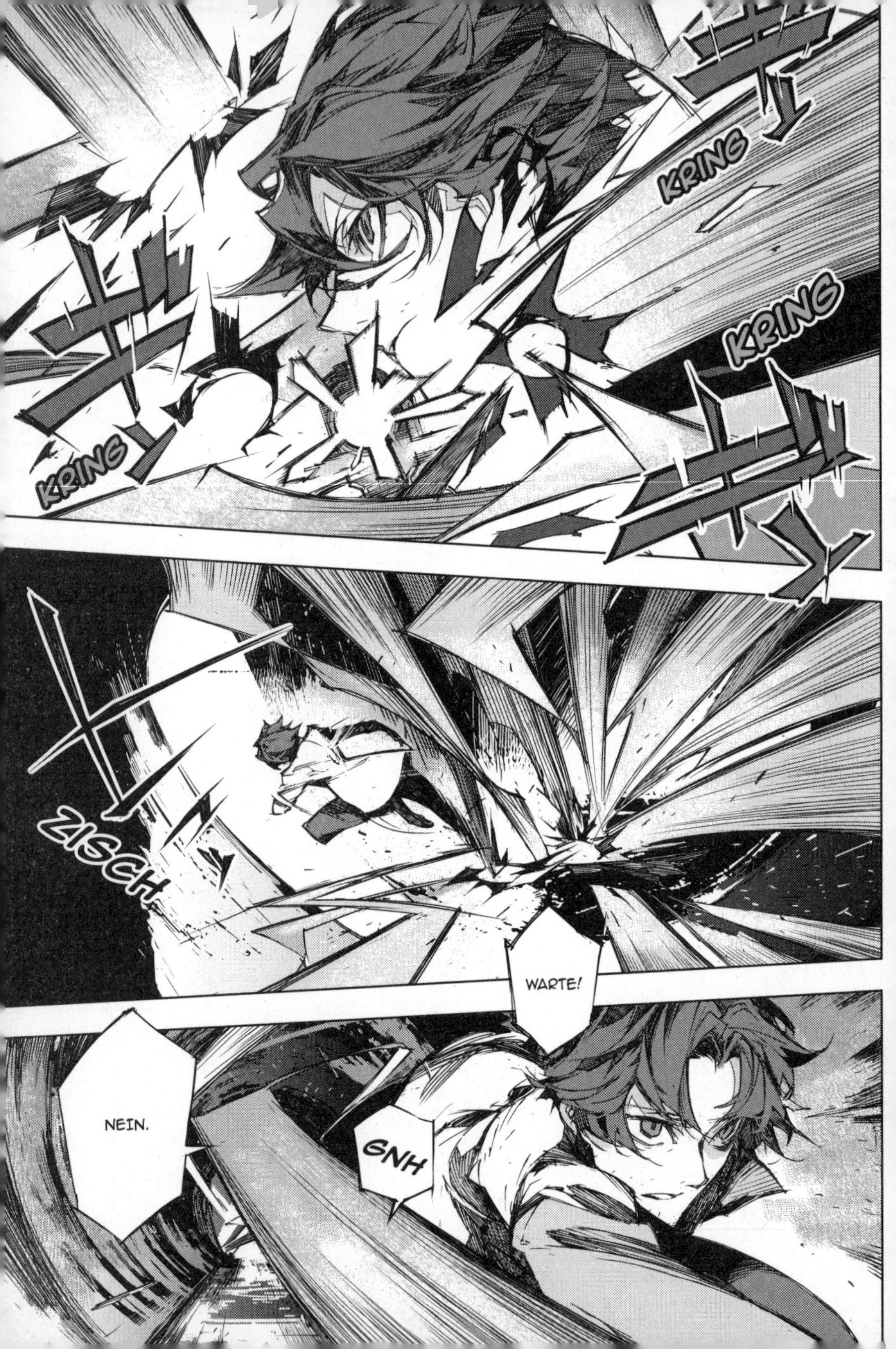
KRING
KRING
KRING
ZISCH
WARTE!
GNH
NEIN.

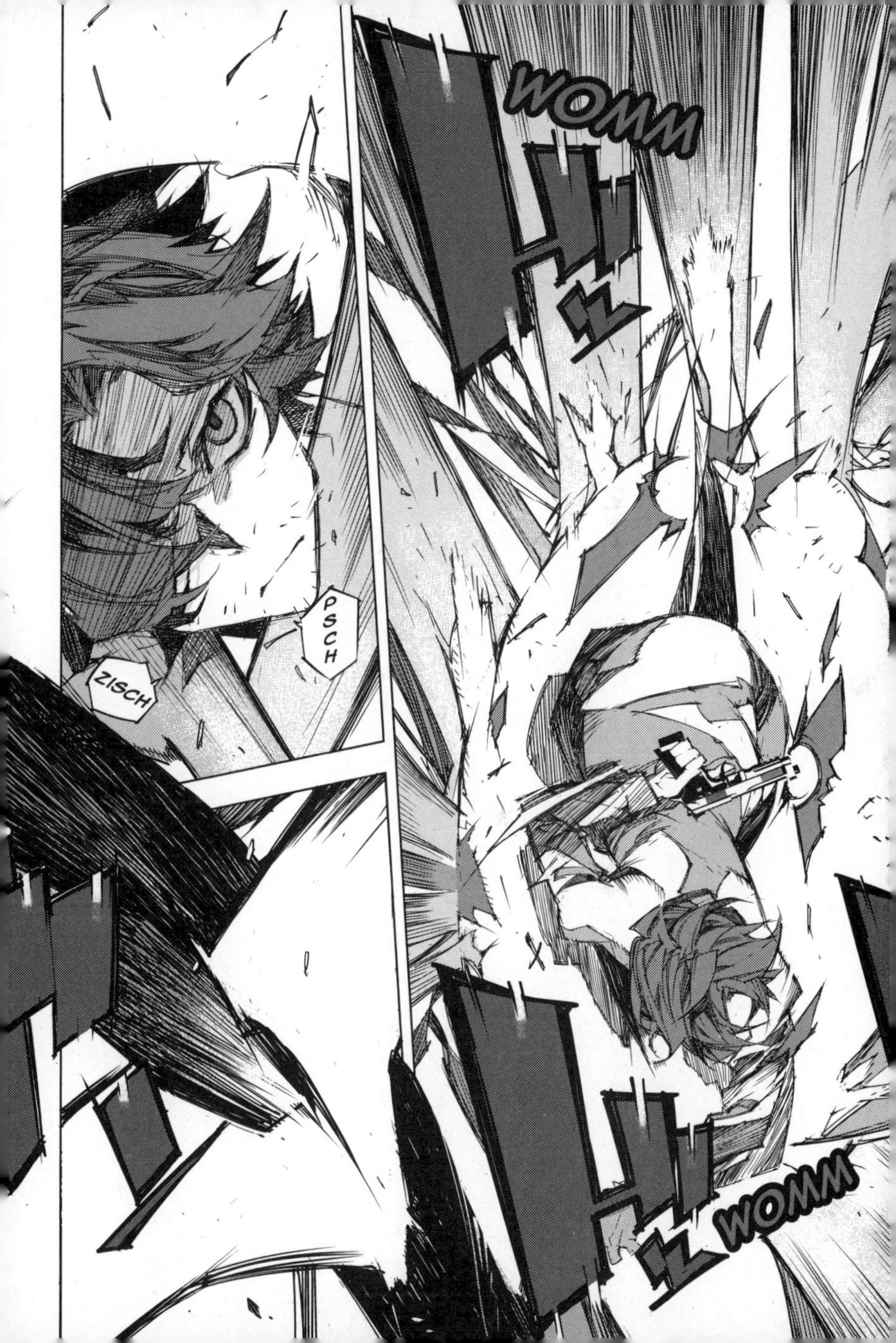
WOMM
PSCH
ZISCH
WOMM

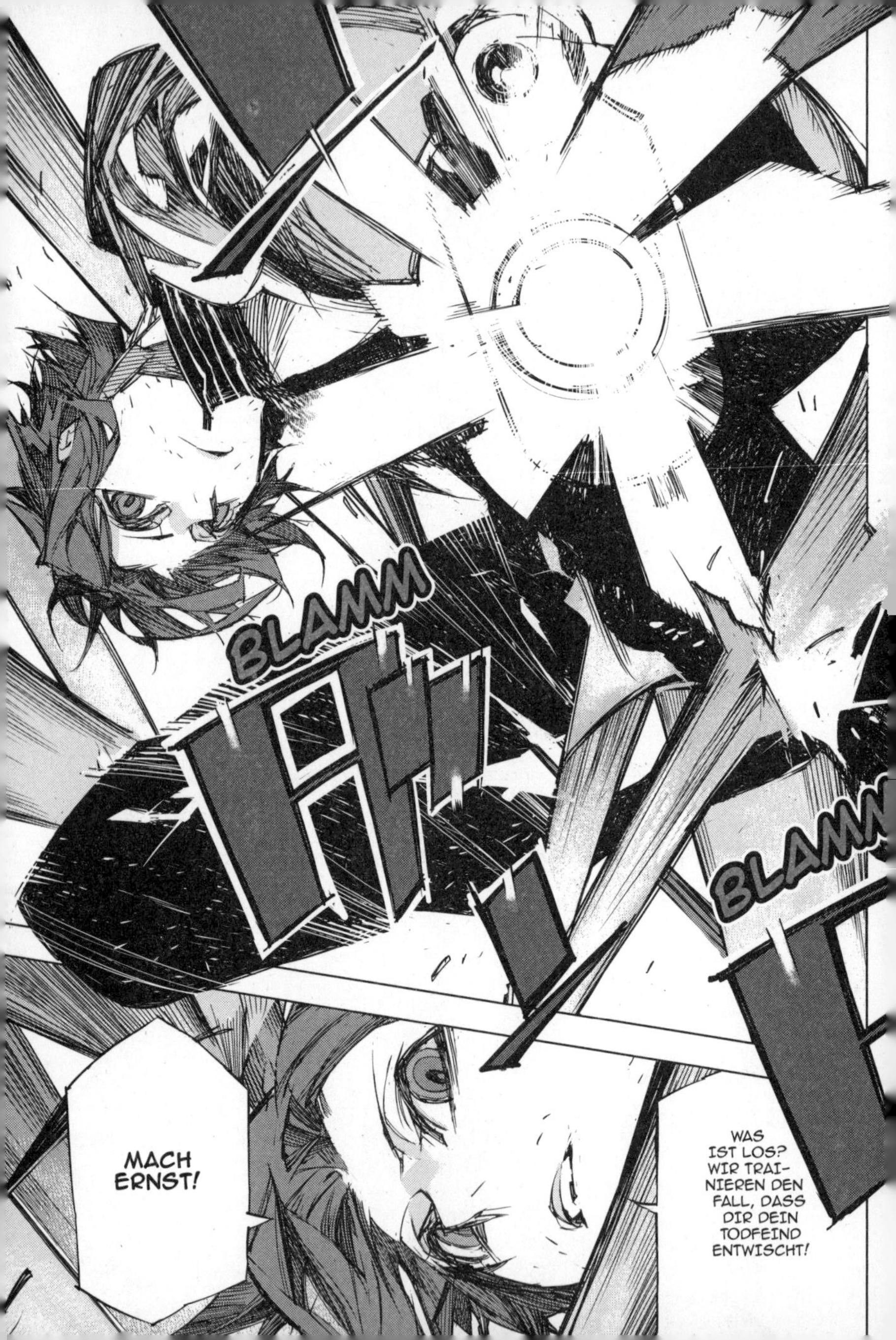
BLAMM
BLAMM
WAS IST LOS? WIR TRAINIEREN DEN FALL, DASS DIR DEIN TODFEIND ENTWISCHT!
MACH ERNST!

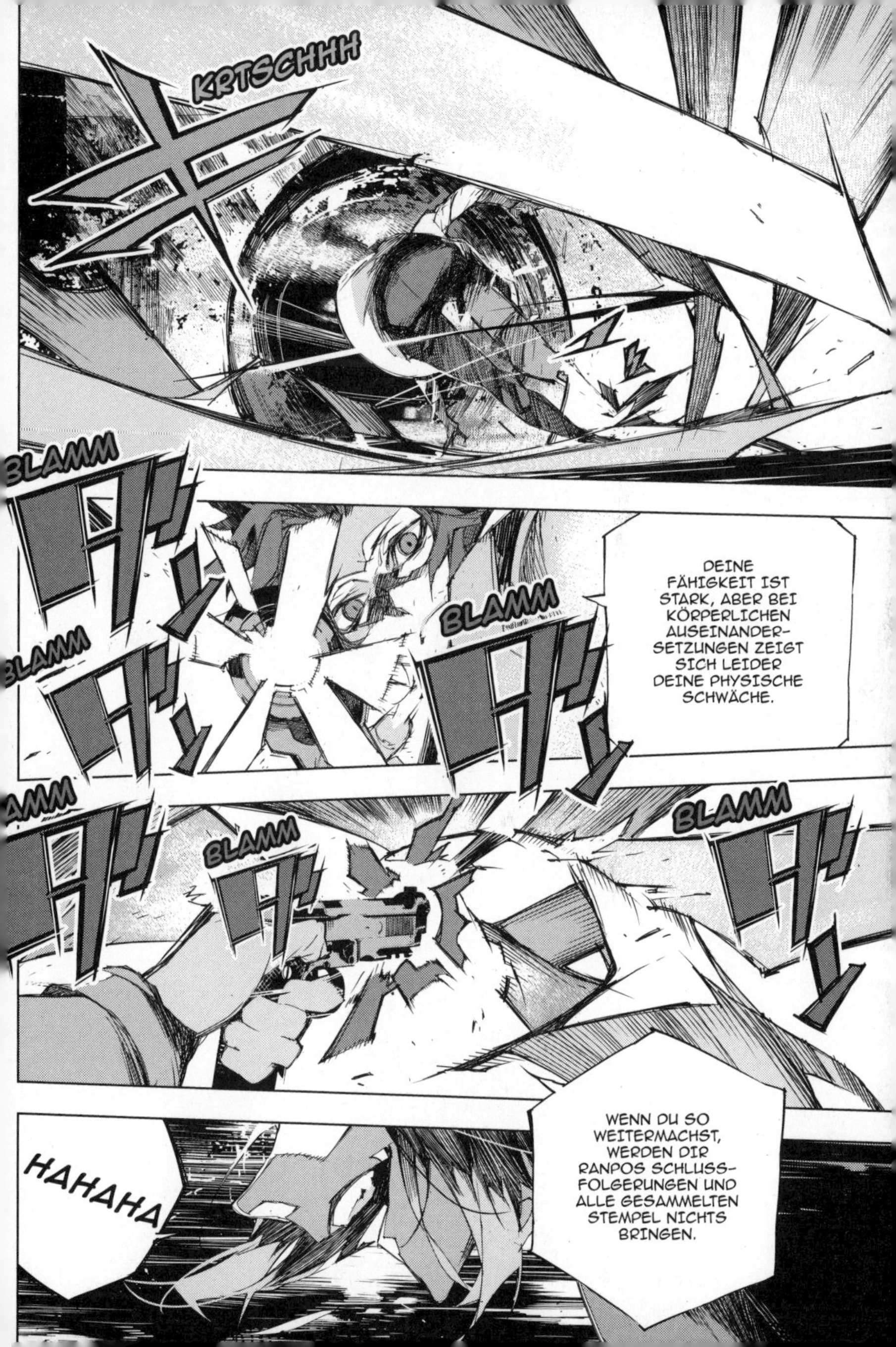
KRTSCHHH
BLAMM
BLAMM
BLAMM
DEINE FÄHIGKEIT IST STARK, ABER BEI KÖRPERLICHEN AUSEINANDER-SETZUNGEN ZEIGT SICH LEIDER DEINE PHYSISCHE SCHWÄCHE.
BLAMM
BLAMM
AMM
WENN DU SO WEITERMACHST, WERDEN DIR RANPOS SCHLUSS-FOLGERUNGEN UND ALLE GESAMMELTEN STEMPEL NICHTS BRINGEN.
HAHAHA

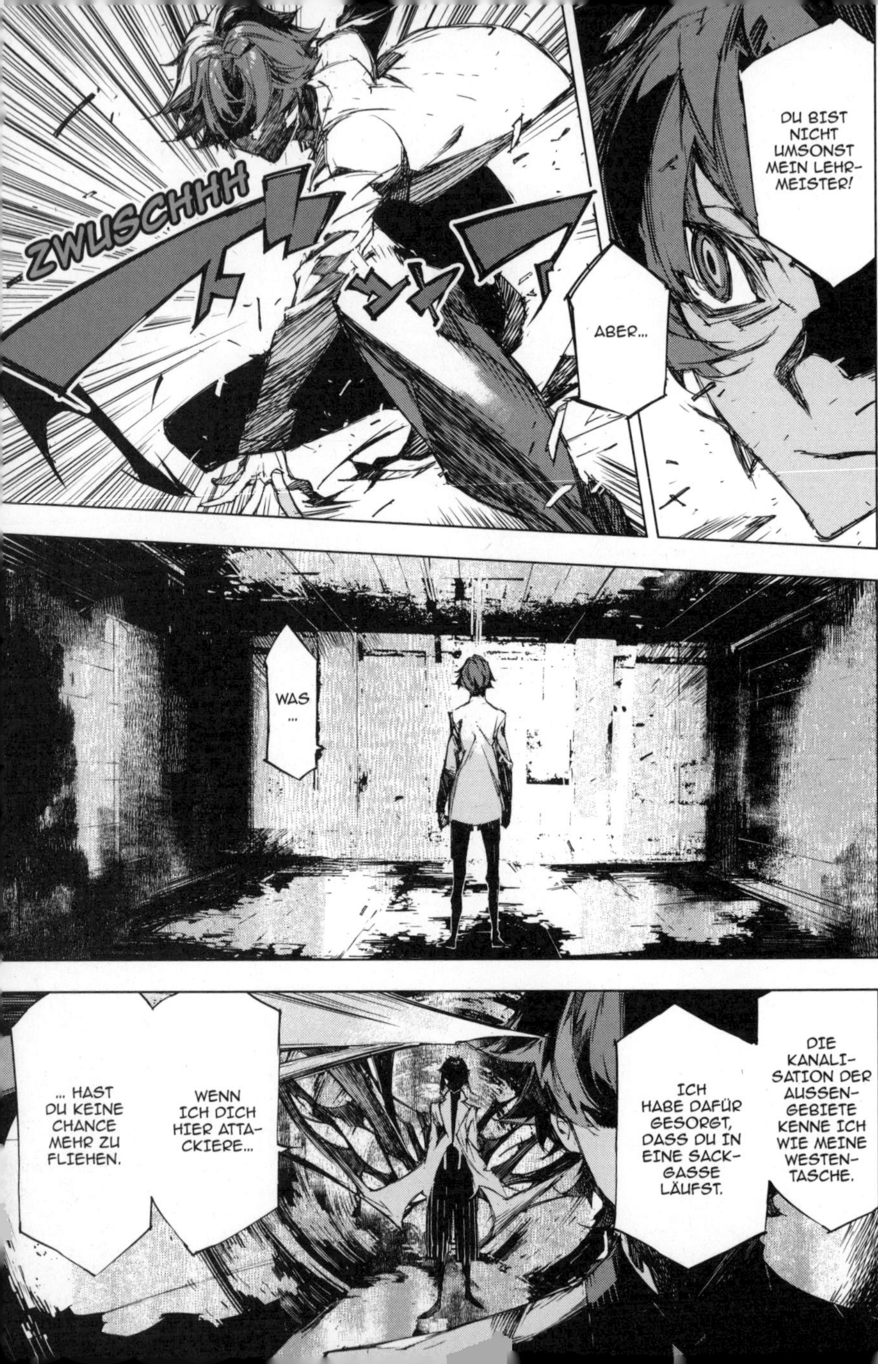
DU BIST NICHT UMSONST MEIN LEHR-MEISTER!
ABER...
ZWUSCHHH
WAS ...
DIE KANALI-SATION DER AUSSEN-GEBIETE KENNE ICH WIE MEINE WESTEN-TASCHE.
ICH HABE DAFÜR GESORGT, DASS DU IN EINE SACK-GASSE LÄUFST.
WENN ICH DICH HIER ATTA-CKIERE...
... HAST DU KEINE CHANCE MEHR ZU FLIEHEN.

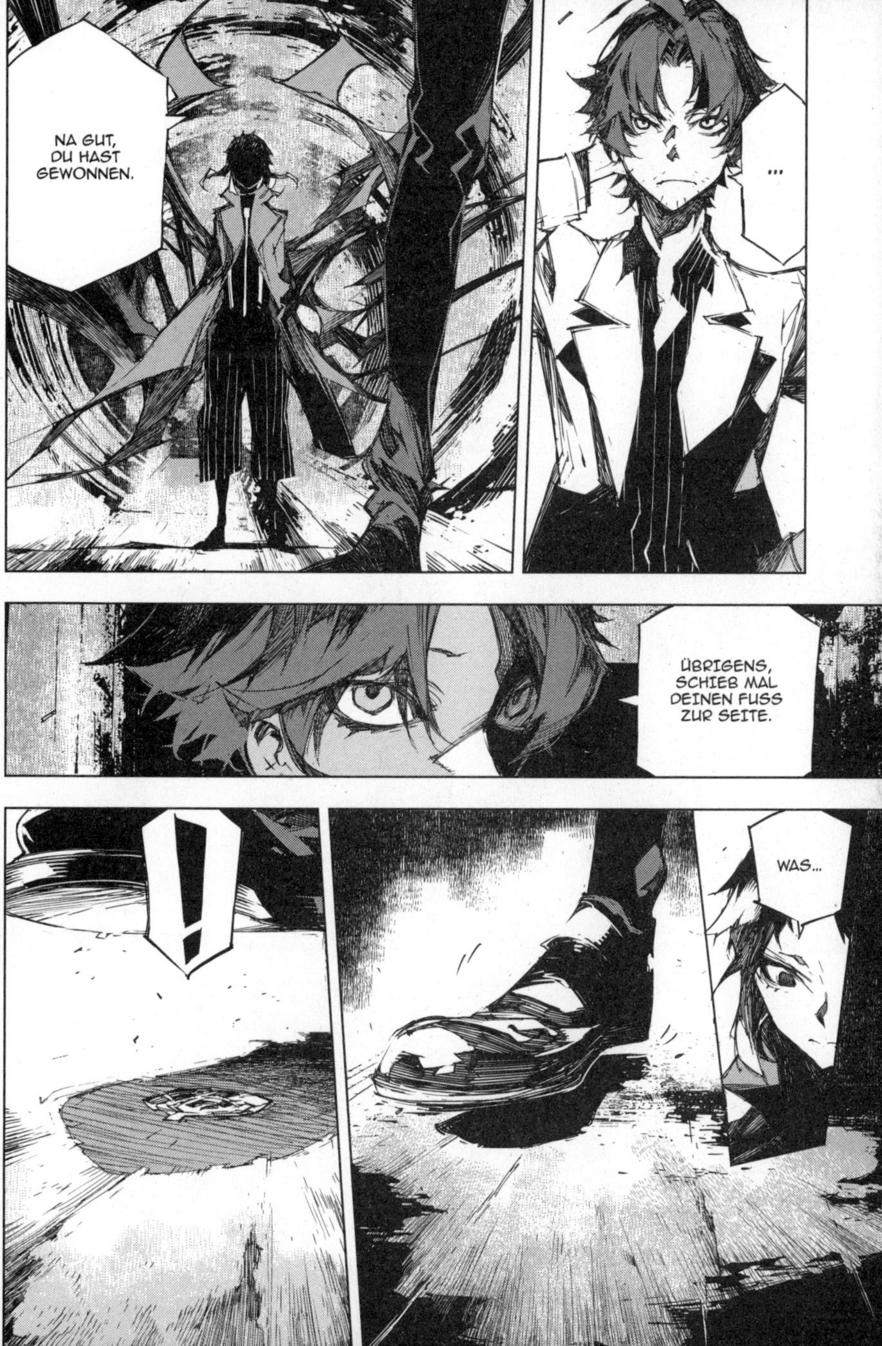
...
NA GUT, DU HAST GEWONNEN.
ÜBRIGENS, SCHIEB MAL DEINEN FUSS ZUR SEITE.
WAS...
!

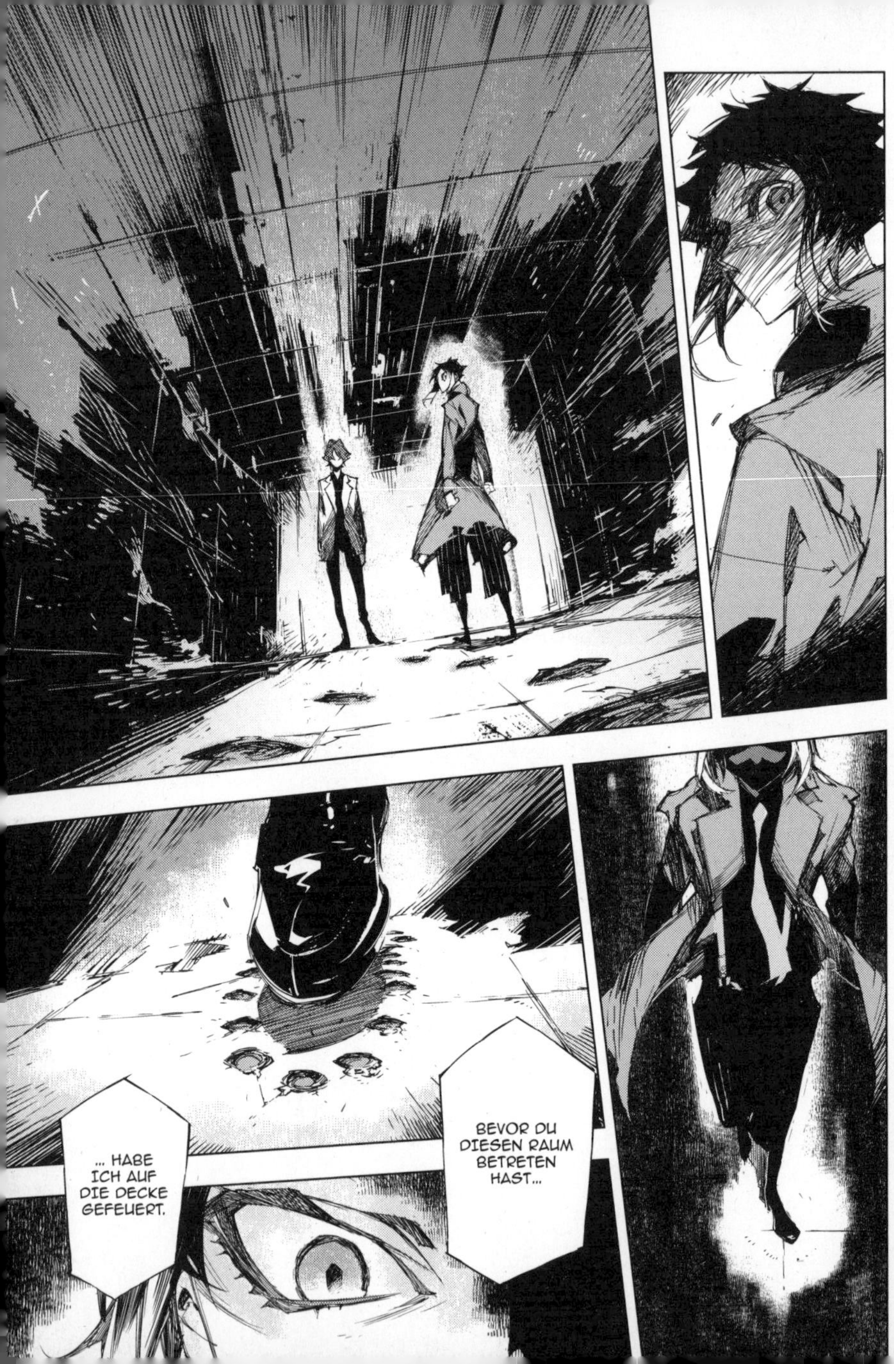
BEVOR DU DIESEN RAUM BETRETEN HAST...
... HABE ICH AUF DIE DECKE GEFEUERT.

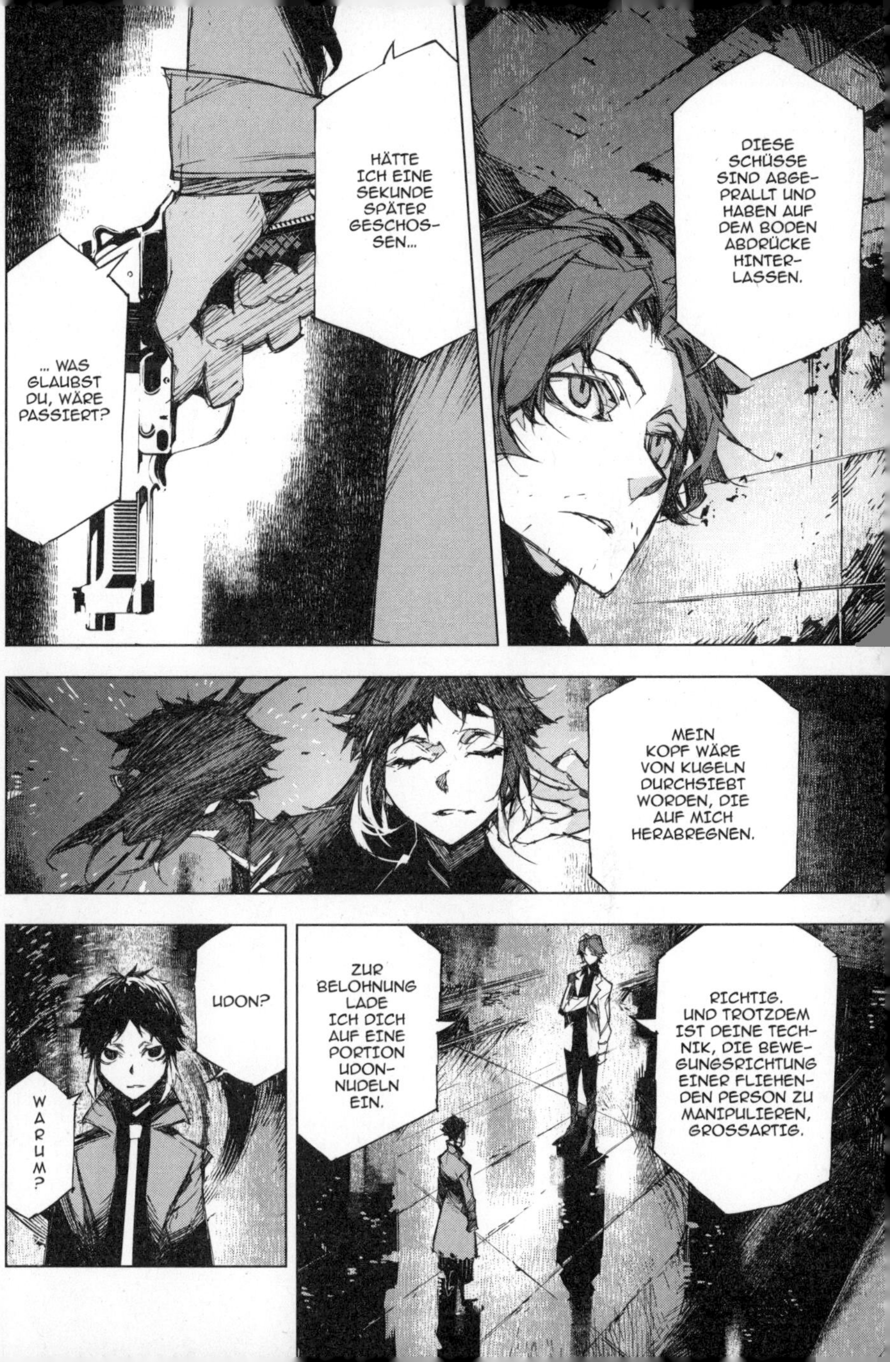
DIESE SCHÜSSE SIND ABGE-PRALLT UND HABEN AUF DEM BODEN ABDRÜCKE HINTER-LASSEN.
HÄTTE ICH EINE SEKUNDE SPÄTER GESCHOS-SEN...
... WAS GLAUBST DU, WÄRE PASSIERT?
MEIN KOPF WÄRE VON KUGELN DURCHSIEBT WORDEN, DIE AUF MICH HERABREGNEN.
RICHTIG. UND TROTZDEM IST DEINE TECH-NIK, DIE BEWE-GUNGSRICHTUNG EINER FLIEHEN-DEN PERSON ZU MANIPULIEREN, GROSSARTIG.
ZUR BELOHNUNG LADE ICH DICH AUF EINE PORTION UDON-NUDELN EIN.
UDON?
WARUM?

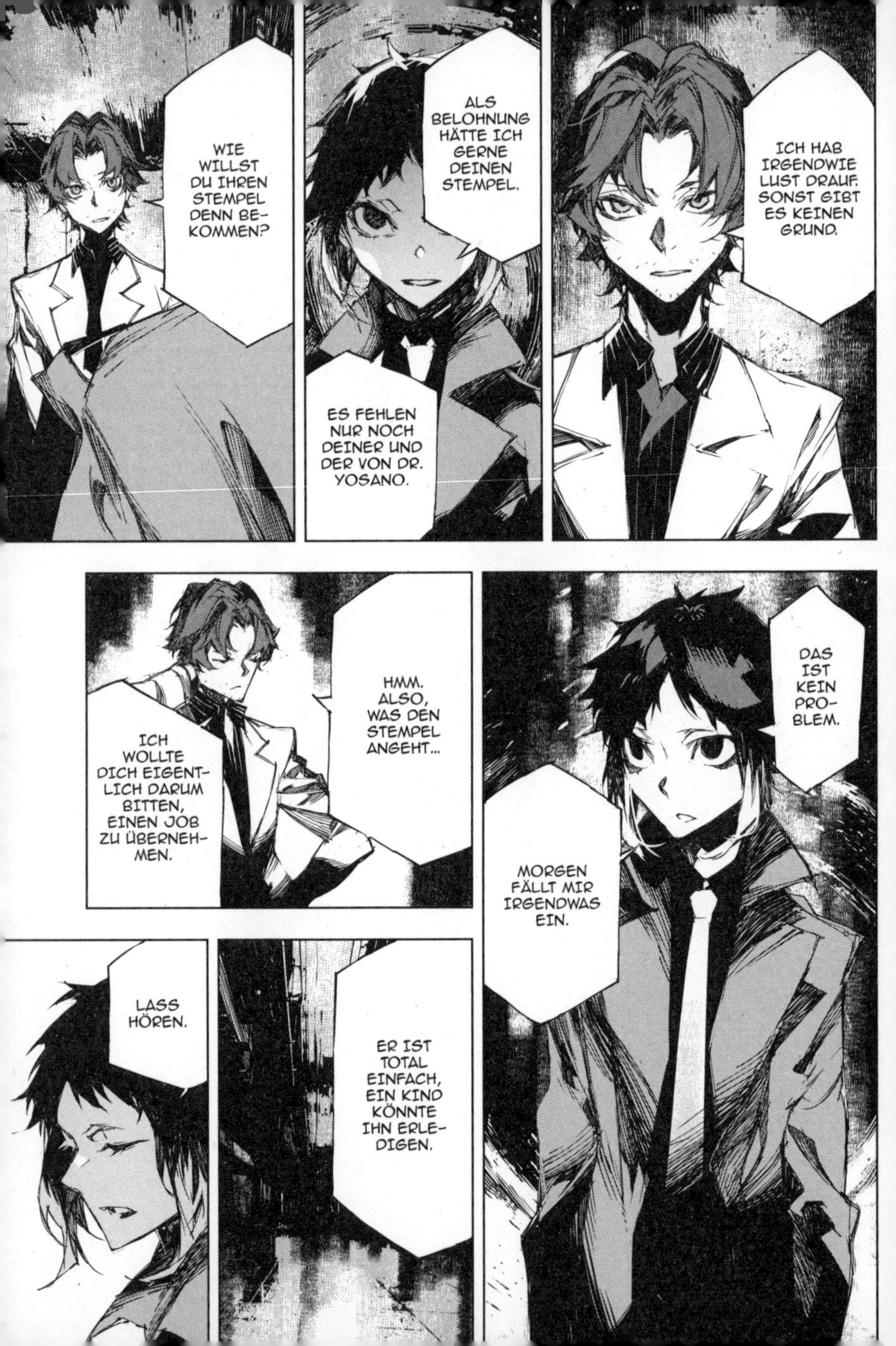
ICH HAB IRGENDWIE LUST DRAUF. SONST GIBT ES KEINEN GRUND.
ALS BELOHNUNG HÄTTE ICH GERNE DEINEN STEMPEL.
ES FEHLEN NUR NOCH DEINER UND DER VON DR. YOSANO.
WIE WILLST DU IHREN STEMPEL DENN BEKOMMEN?
DAS IST KEIN PROBLEM.
MORGEN FÄLLT MIR IRGENDWAS EIN.
HMM. ALSO, WAS DEN STEMPEL ANGEHT...
ICH WOLLTE DICH EIGENTLICH DARUM BITTEN, EINEN JOB ZU ÜBERNEHMEN.
ER IST TOTAL EINFACH, EIN KIND KÖNNTE IHN ERLEDIGEN.
LASS HÖREN.

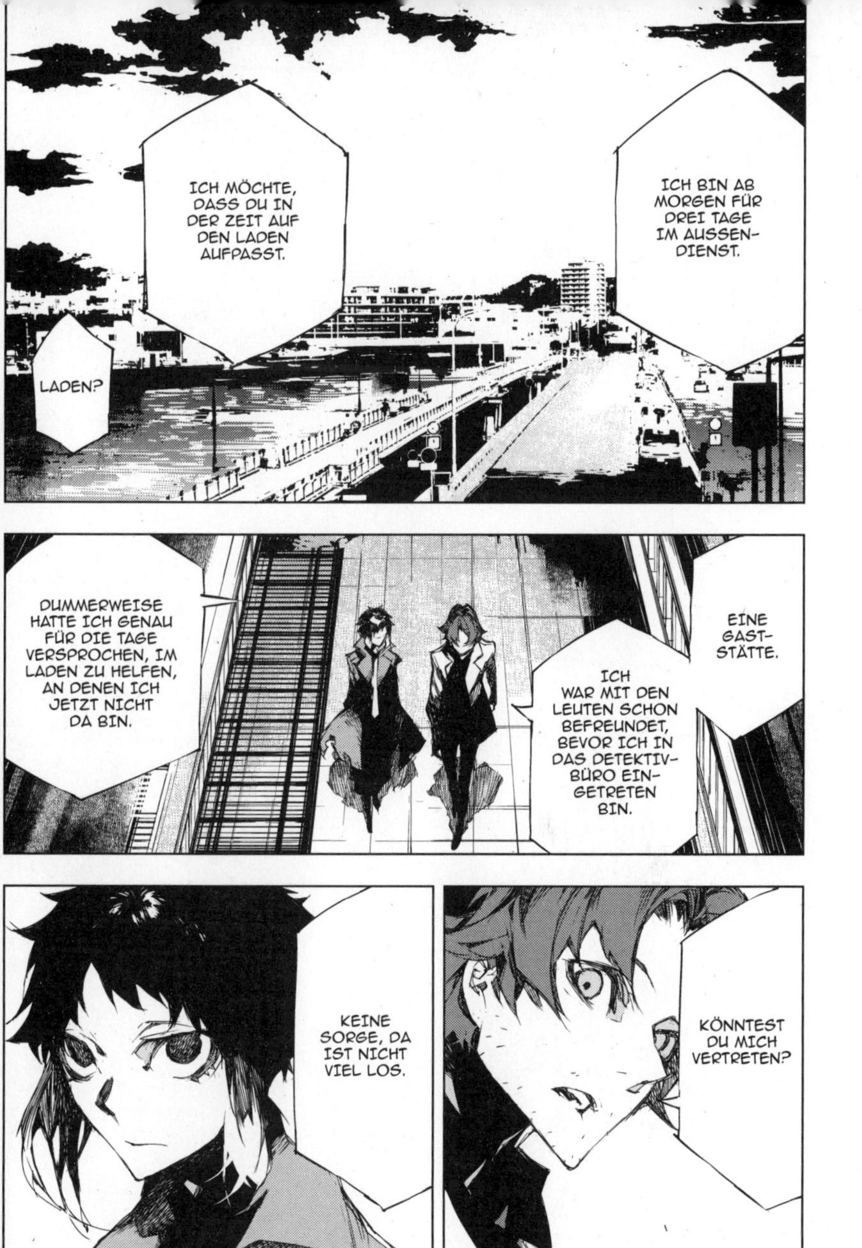
ICH BIN AB MORGEN FÜR DREI TAGE IM AUSSEN-DIENST.
ICH MÖCHTE, DASS DU IN DER ZEIT AUF DEN LADEN AUFPASST.
LADEN?
EINE GAST-STÄTTE.
ICH WAR MIT DEN LEUTEN SCHON BEFREUNDET, BEVOR ICH IN DAS DETEKTIV-BÜRO EIN-GETRETEN BIN.
DUMMERWEISE HATTE ICH GENAU FÜR DIE TAGE VERSPROCHEN, IM LADEN ZU HELFEN, AN DENEN ICH JETZT NICHT DA BIN.
KÖNNTEST DU MICH VERTRETEN?
KEINE SORGE, DA IST NICHT VIEL LOS.

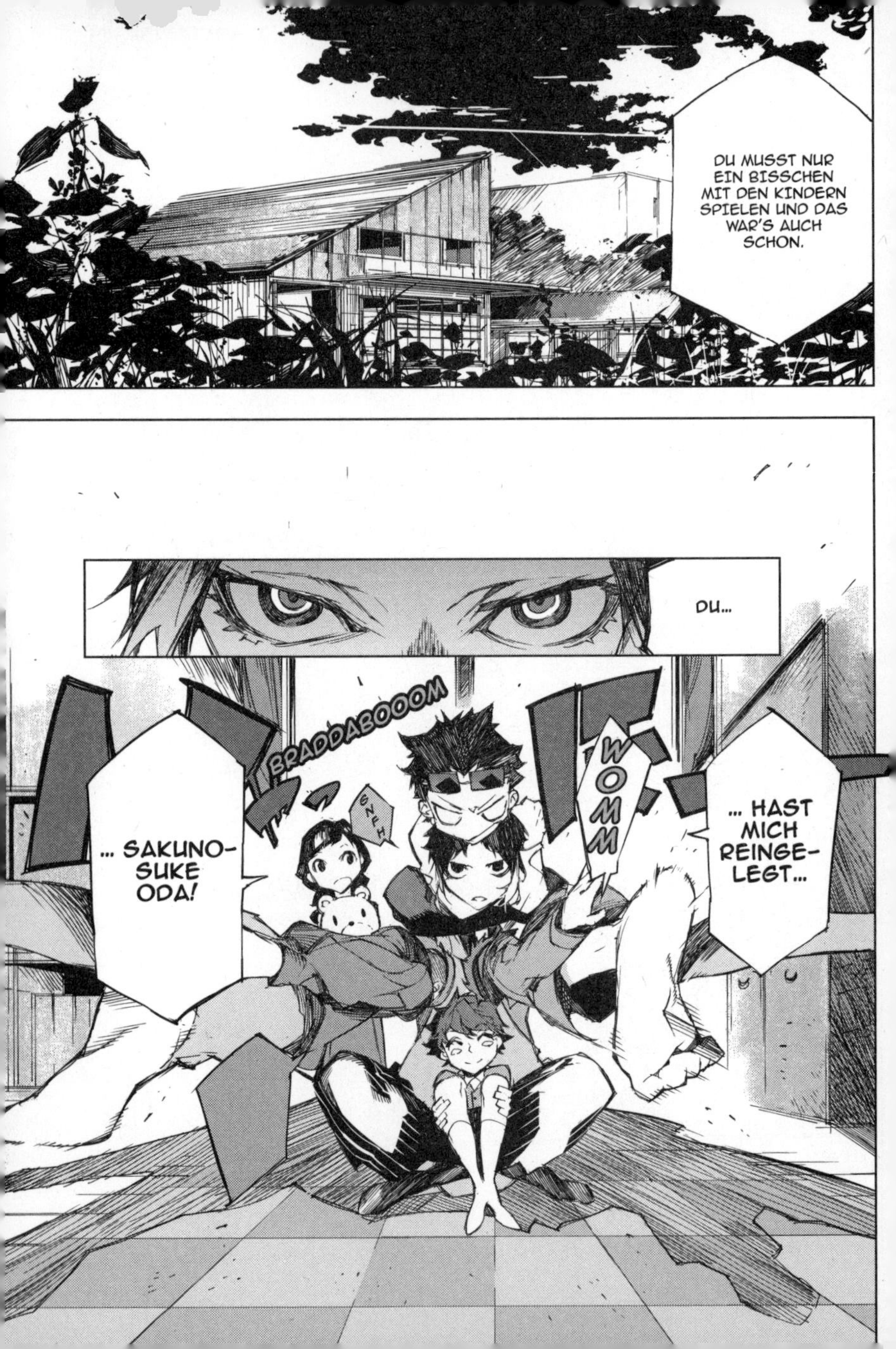
DU MUSST NUR EIN BISSCHEN MIT DEN KINDERN SPIELEN UND DAS WAR'S AUCH SCHON.
DU...
... HAST MICH REINGE-LEGT...
WOMM
BRADDABOOOM
... SAKUNO-SUKE ODA!

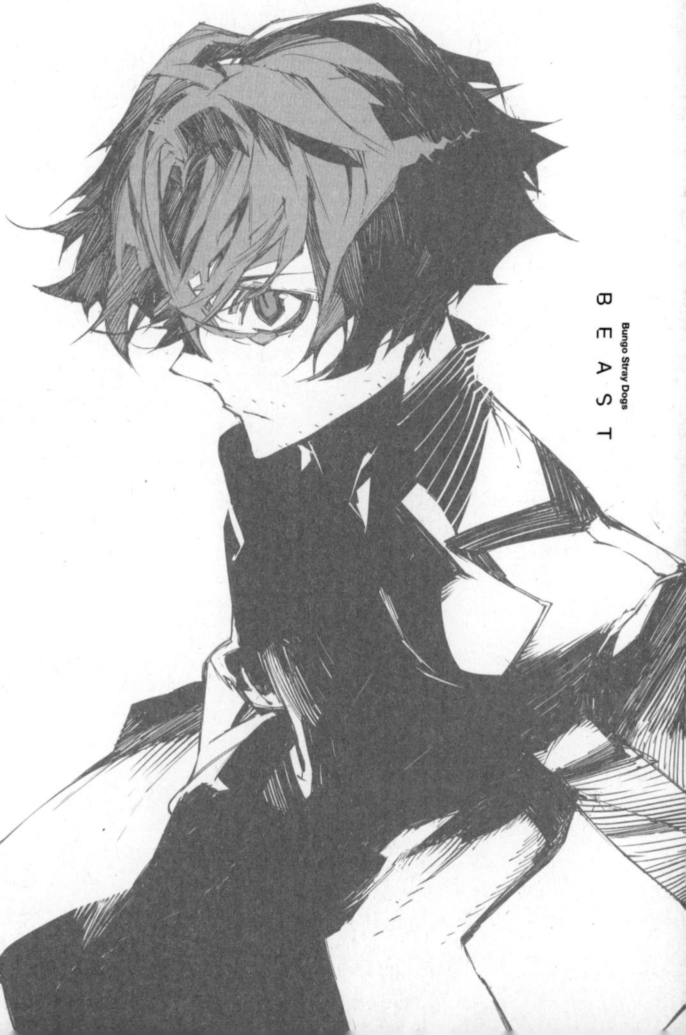

Bungo Stray Dogs

BEAST

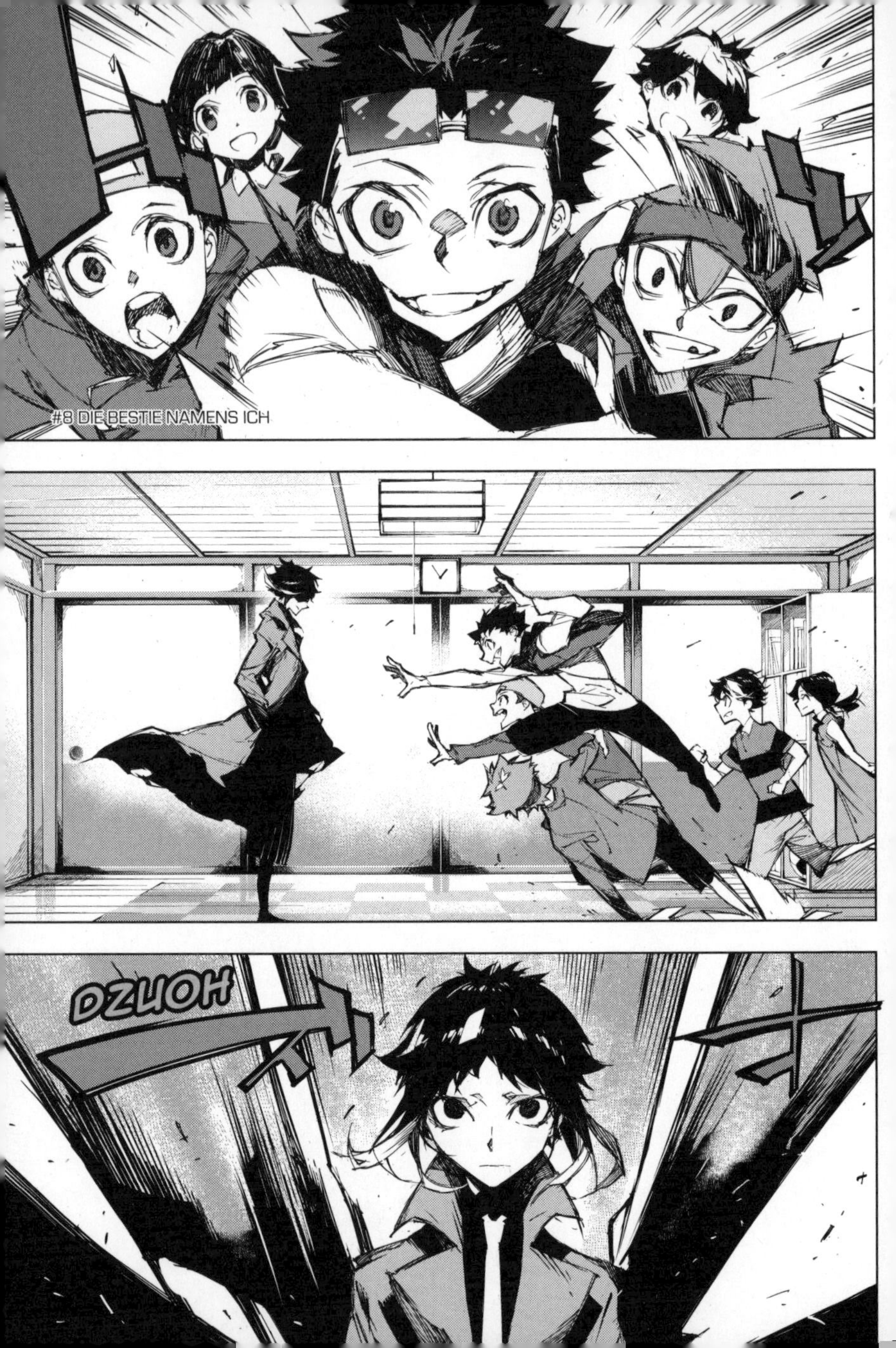
#8 DIE BESTIE NAMENS ICH
DZUOH

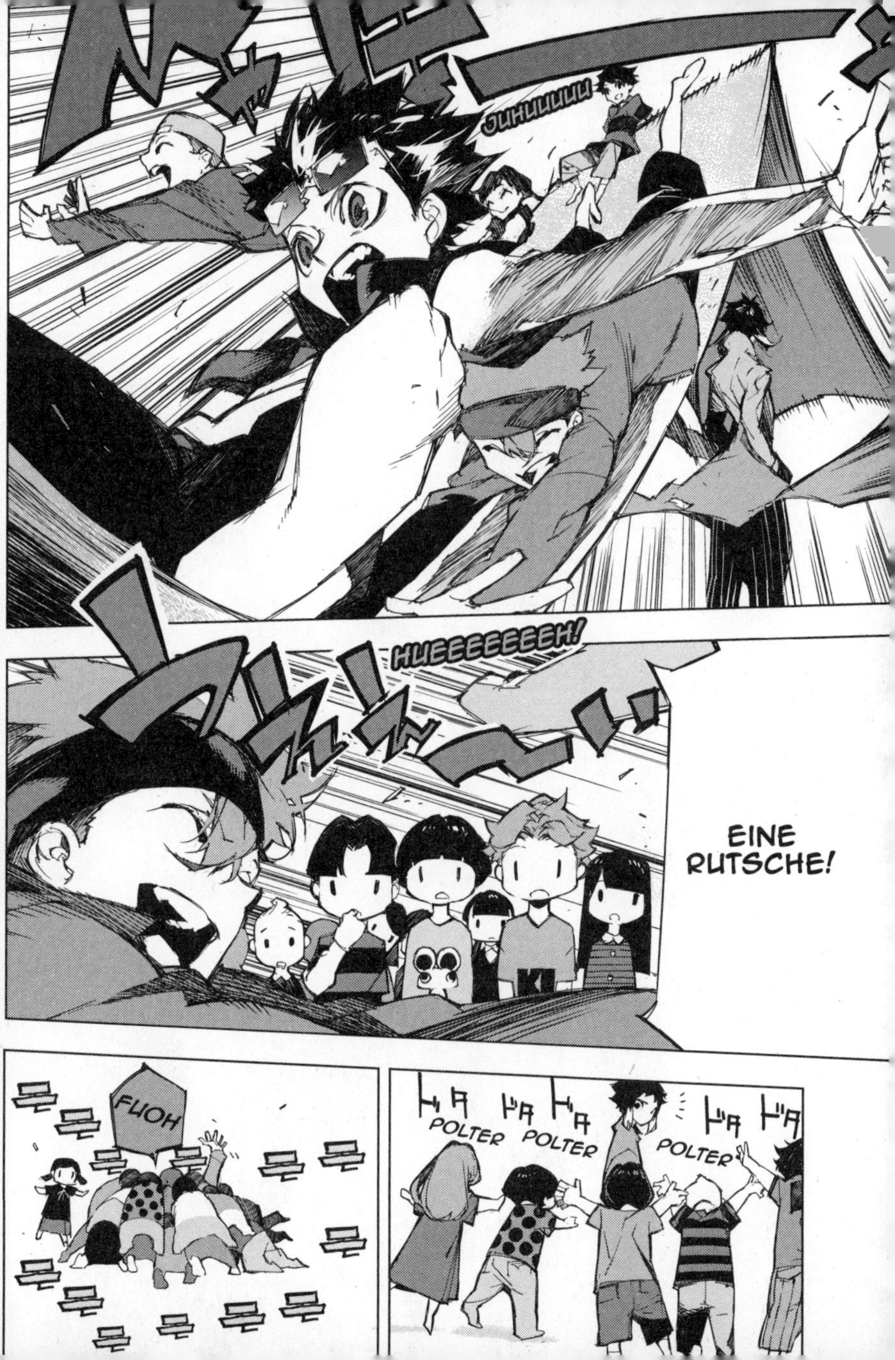
JUHUUUUUU
HUEEEEEEEH!
EINE RUTSCHE!
FUOH
POLTER POLTER
POLTER

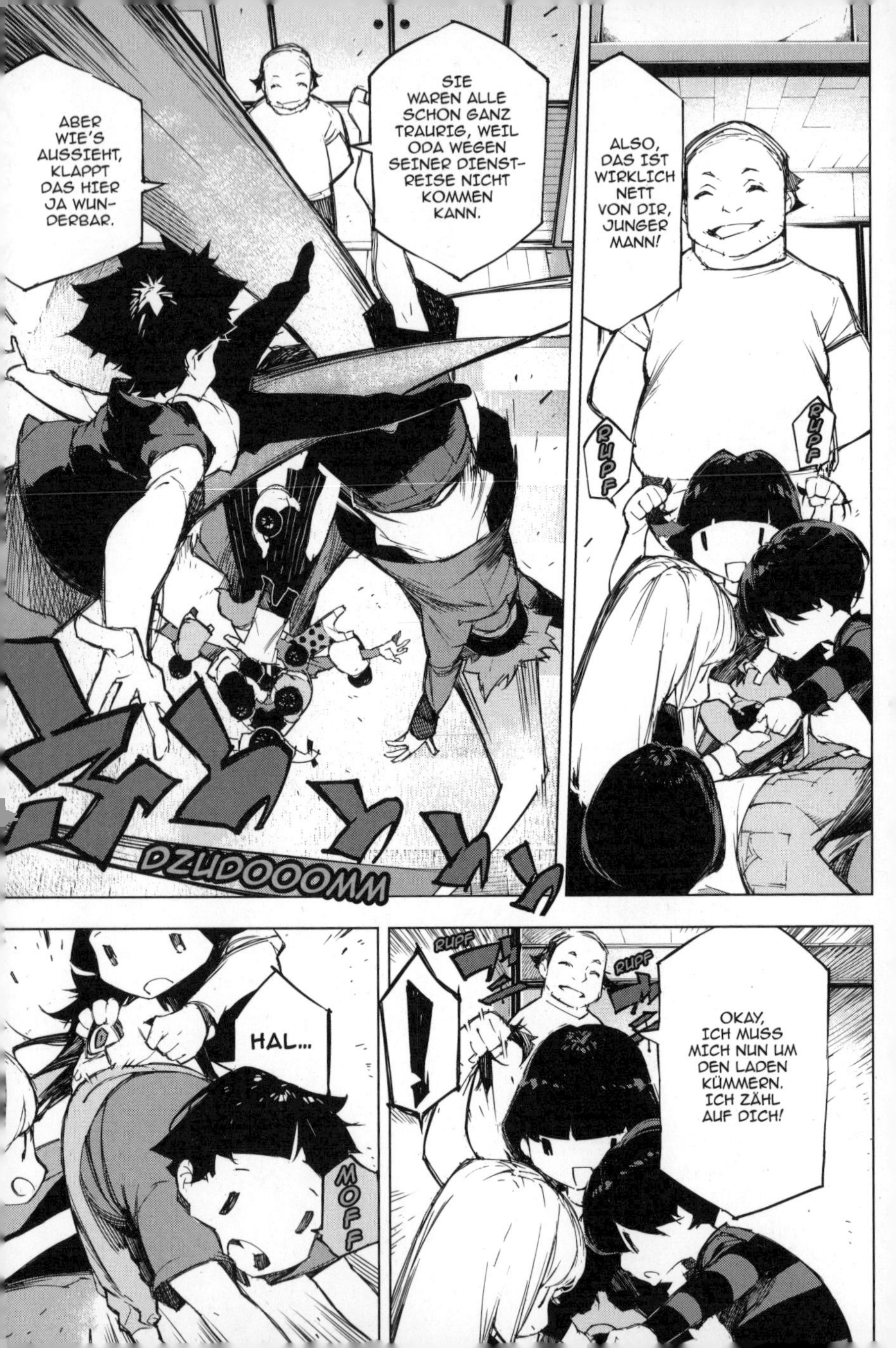
ALSO, DAS IST WIRKLICH NETT VON DIR, JUNGER MANN!
RUPF
RUPF
SIE WAREN ALLE SCHON GANZ TRAURIG, WEIL ODA WEGEN SEINER DIENST-REISE NICHT KOMMEN KANN.
ABER WIE'S AUSSIEHT, KLAPPT DAS HIER JA WUN-DERBAR.
DZUDOOOMM
OKAY, ICH MUSS MICH NUN UM DEN LADEN KÜMMERN. ICH ZÄHL AUF DICH!
RUPF
RUPF
!
HAL...
MOFF

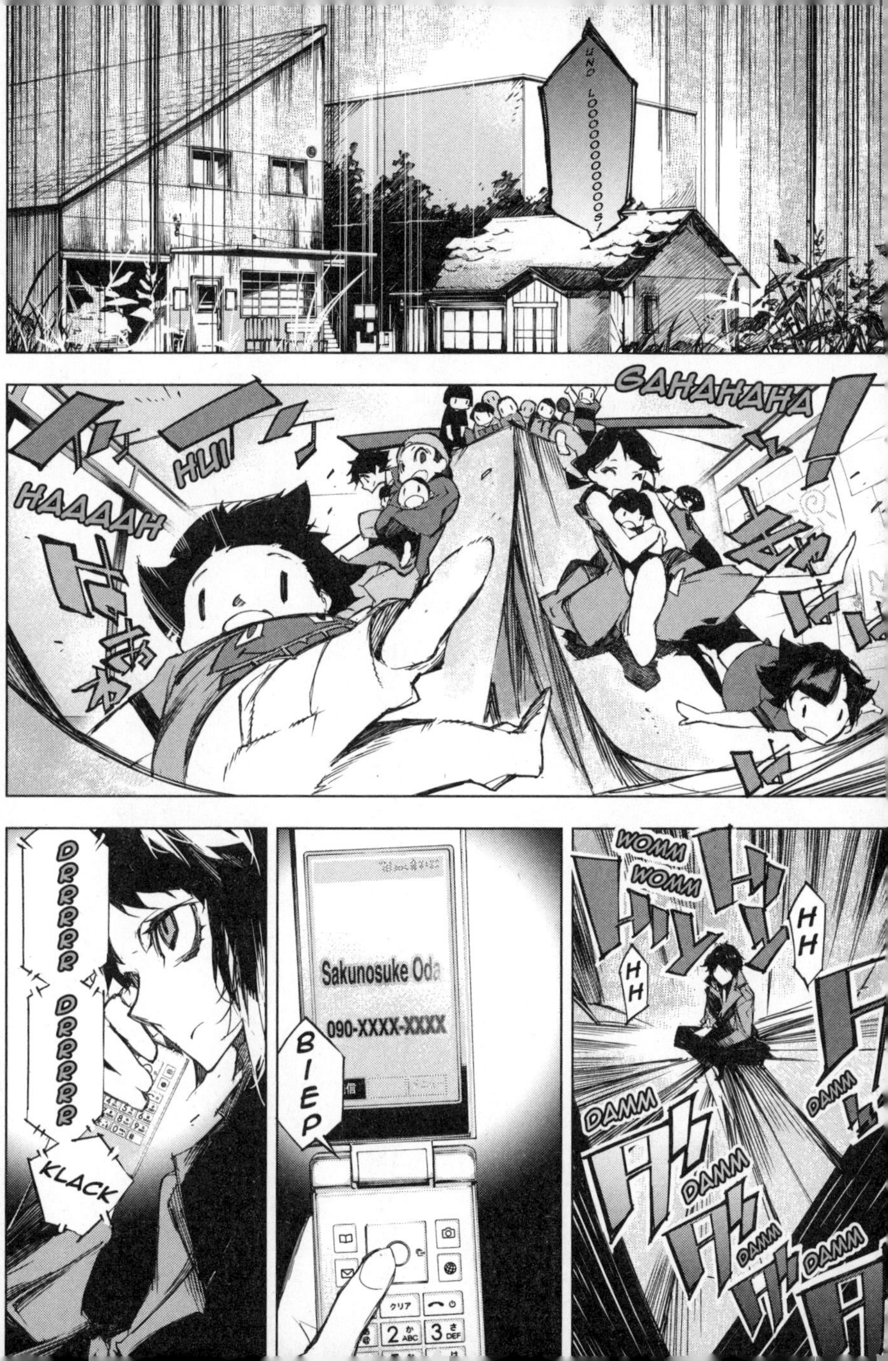
UND LOOOOOOOOOOOOS!
GAHAHAHA
HUI
HAAAAH
DRRRRRR DRRRRRR
KLACK
Sakunosuke Oda
090-XXXX-XXXX
BIEP
WOMM
WOMM
HH
HH
DAMM
DAMM
DAMM
DAMM
DAMM

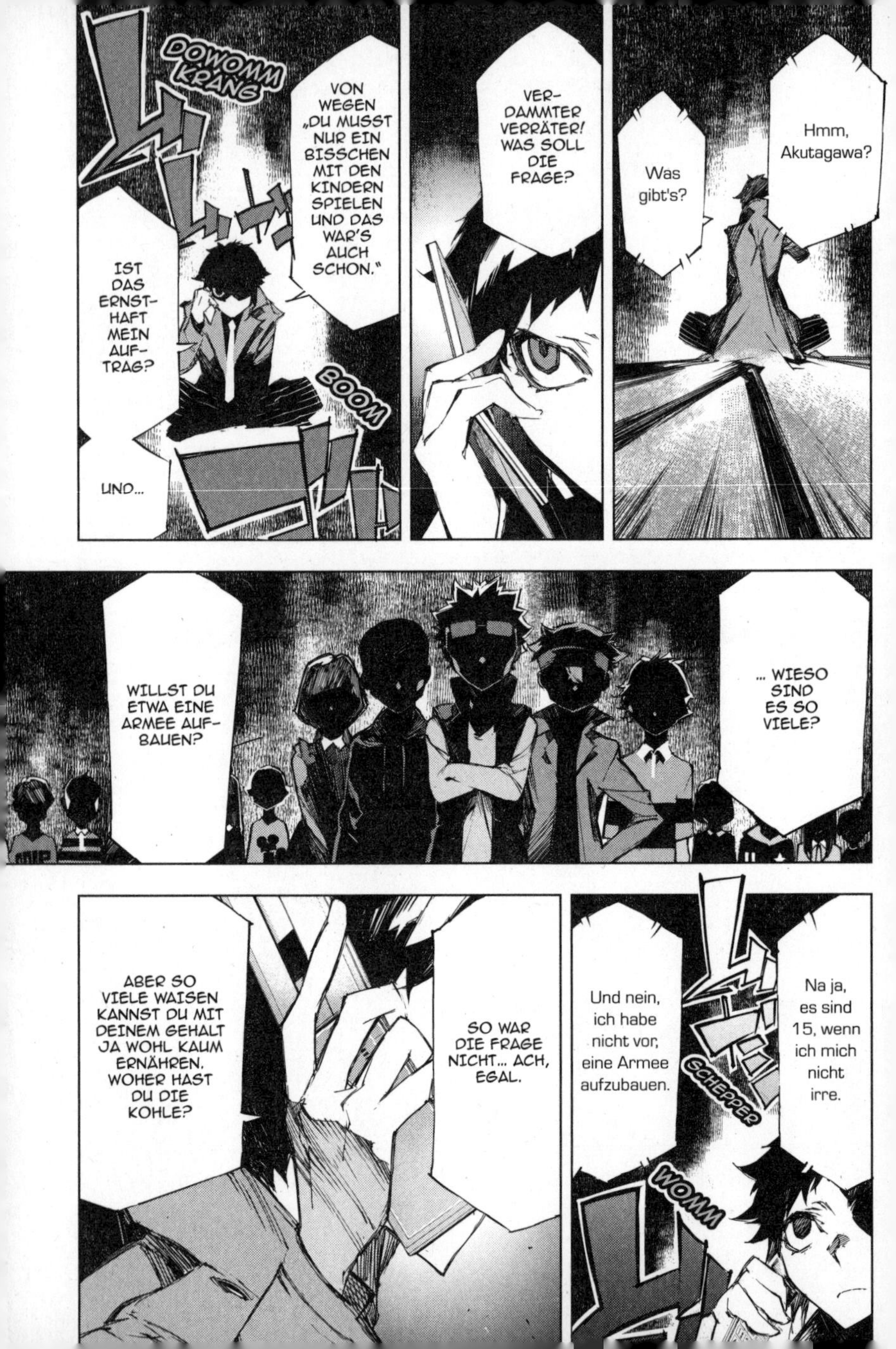

Hmm, Akutagawa?
Was gibt's?
VERDAMMTER VERRÄTER! WAS SOLL DIE FRAGE?
VON WEGEN „DU MUSST NUR EIN BISSCHEN MIT DEN KINDERN SPIELEN UND DAS WAR'S AUCH SCHON."
DOWOMM KRANG
IST DAS ERNSTHAFT MEIN AUFTRAG?
BOOM
UND...
... WIESO SIND ES SO VIELE?
WILLST DU ETWA EINE ARMEE AUFBAUEN?
Na ja, es sind 15, wenn ich mich nicht irre.
Und nein, ich habe nicht vor, eine Armee aufzubauen.
SCHEPPER
WOMM
SO WAR DIE FRAGE NICHT... ACH, EGAL.
ABER SO VIELE WAISEN KANNST DU MIT DEINEM GEHALT JA WOHL KAUM ERNÄHREN. WOHER HAST DU DIE KOHLE?

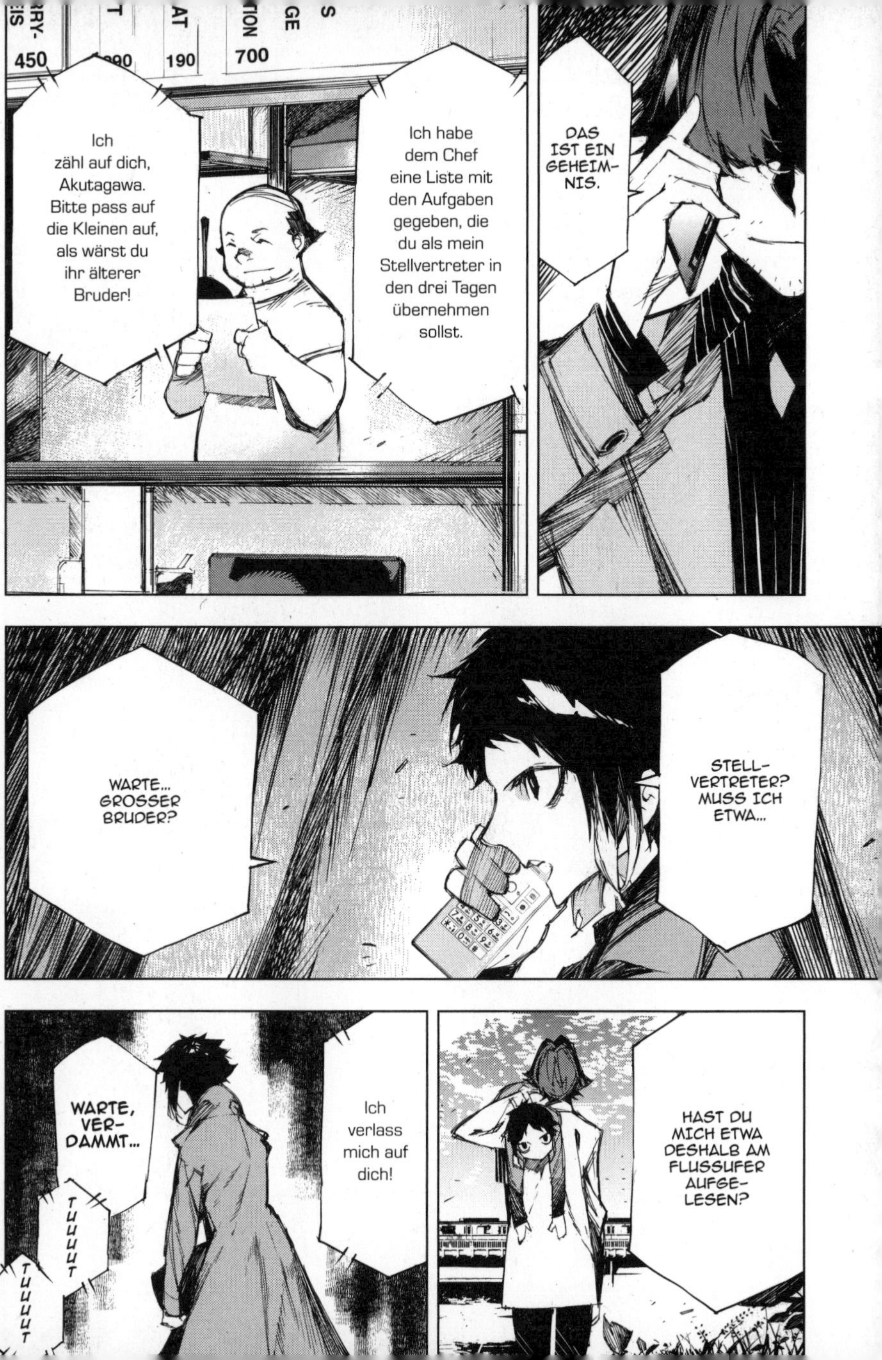
DAS IST EIN GEHEIMNIS.
Ich habe dem Chef eine Liste mit den Aufgaben gegeben, die du als mein Stellvertreter in den drei Tagen übernehmen sollst.
Ich zähl auf dich, Akutagawa. Bitte pass auf die Kleinen auf, als wärst du ihr älterer Bruder!
STELLVERTRETER? MUSS ICH ETWA...
WARTE... GROSSER BRUDER?
HAST DU MICH ETWA DESHALB AM FLUSSUFER AUFGELESEN?
Ich verlass mich auf dich!
WARTE, VERDAMMT...
TUUUUT
TUUUUT

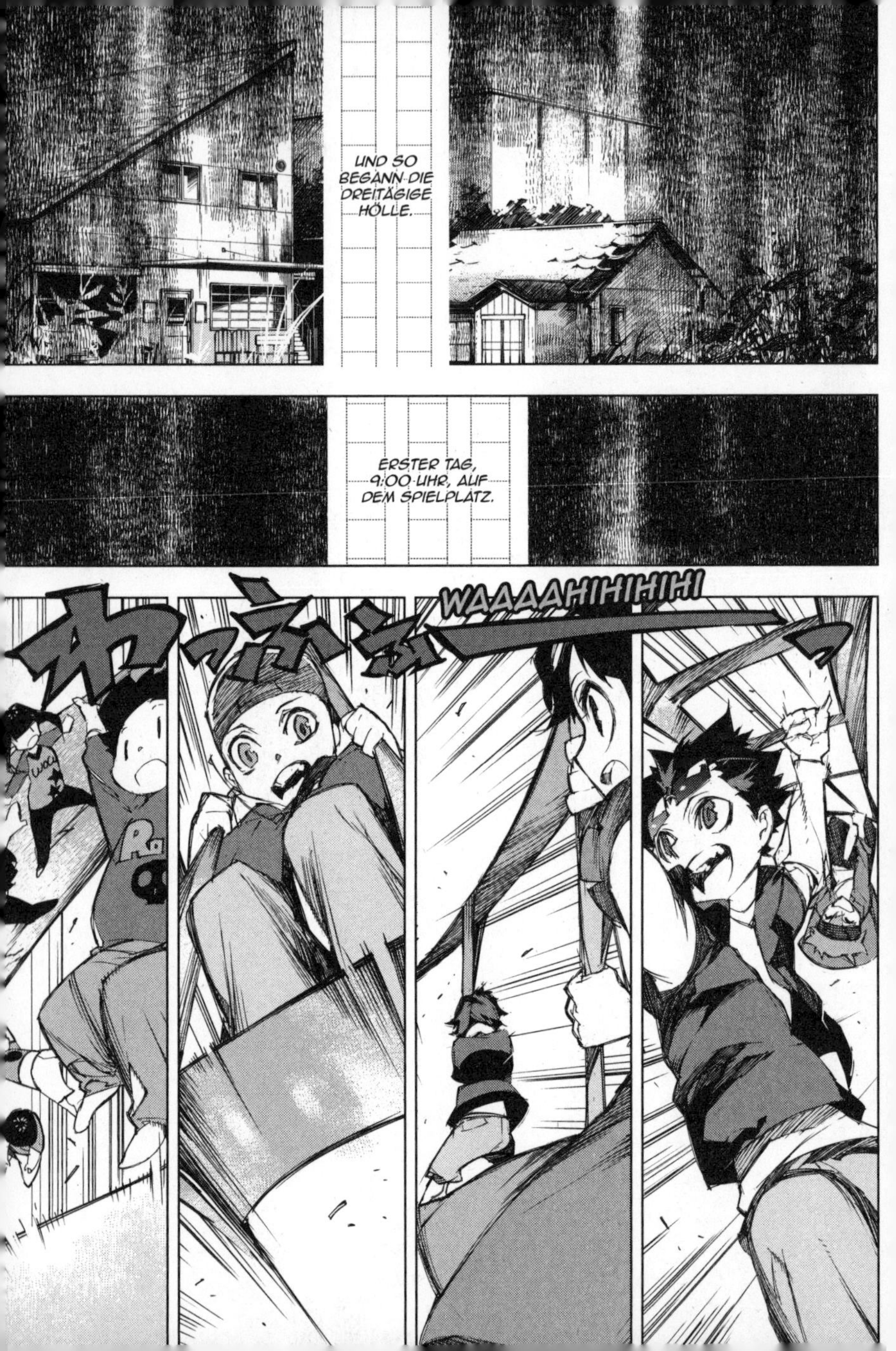
UND SO BEGANN DIE DREITÄGIGE HÖLLE.
ERSTER TAG, 9:00 UHR, AUF DEM SPIELPLATZ.
WAAAAAHIHIHIHI

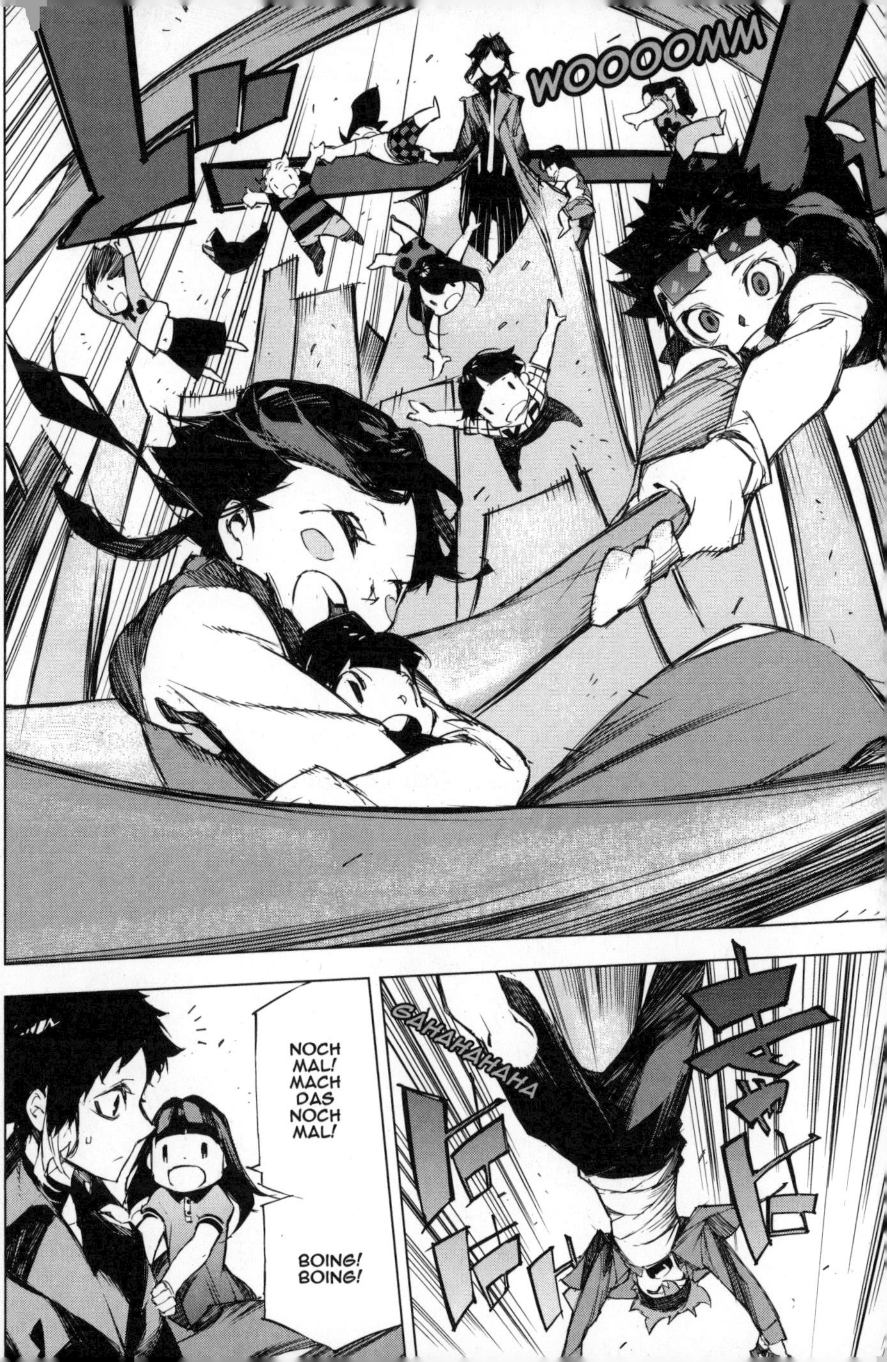
WOOOOMM
GAHAHAHAHA
NOCH MAL! MACH DAS NOCH MAL!
BOING! BOING!

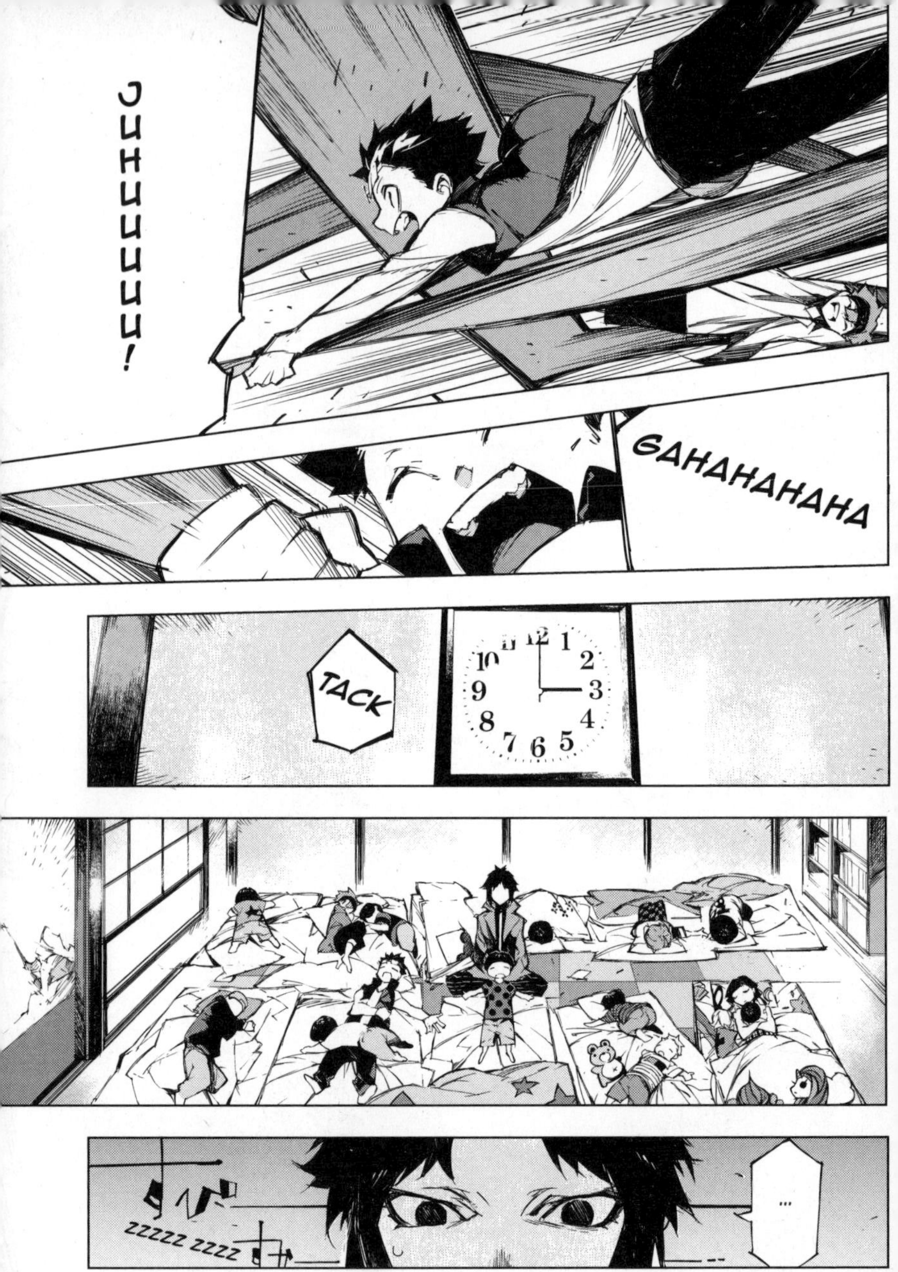
JUHUUUUUU!
GAHAHAHAHA
TACK
...
ZZZZZ ZZZZ

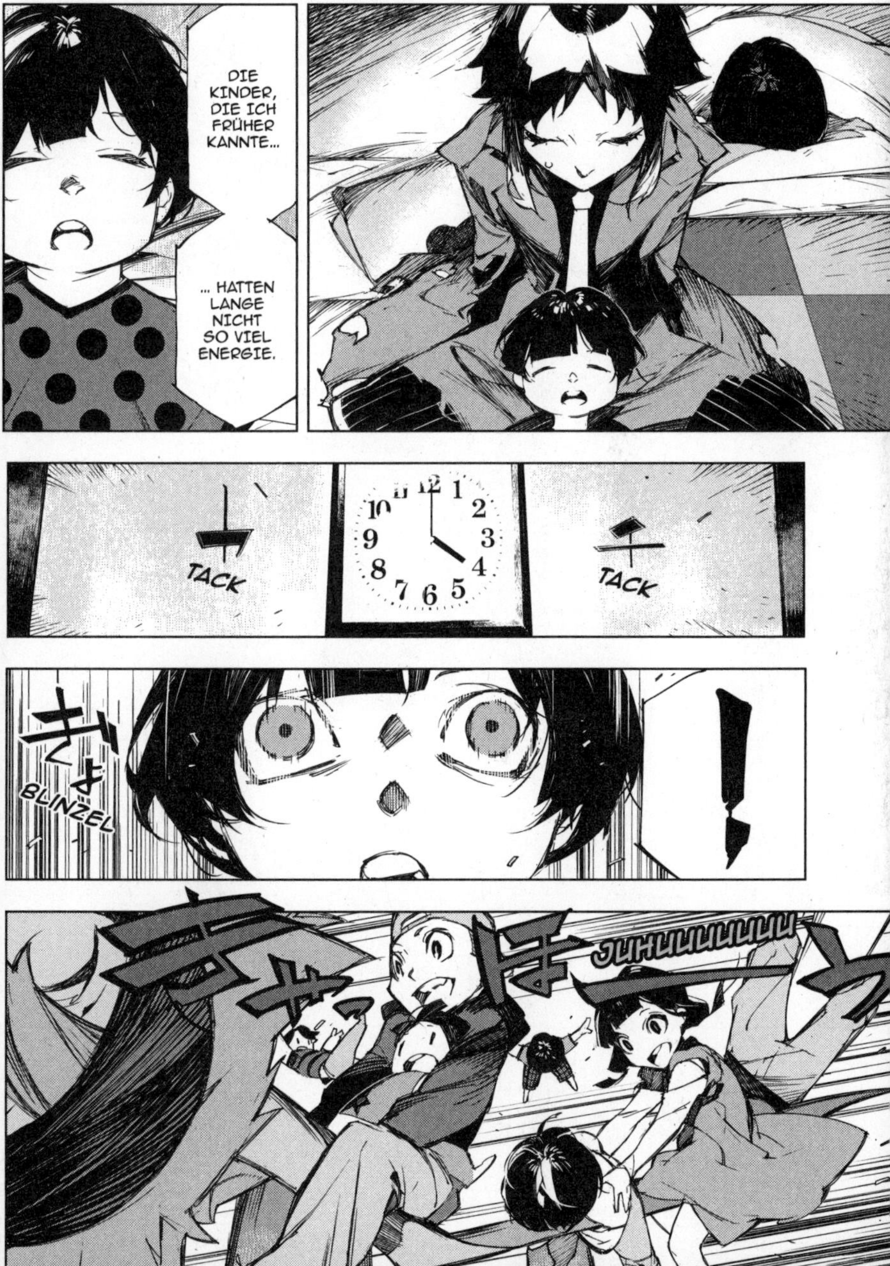
DIE KINDER, DIE ICH FRÜHER KANNTE...
... HATTEN LANGE NICHT SO VIEL ENERGIE.
TACK
TACK
BLINZEL
!
JUHUUUUUUUU

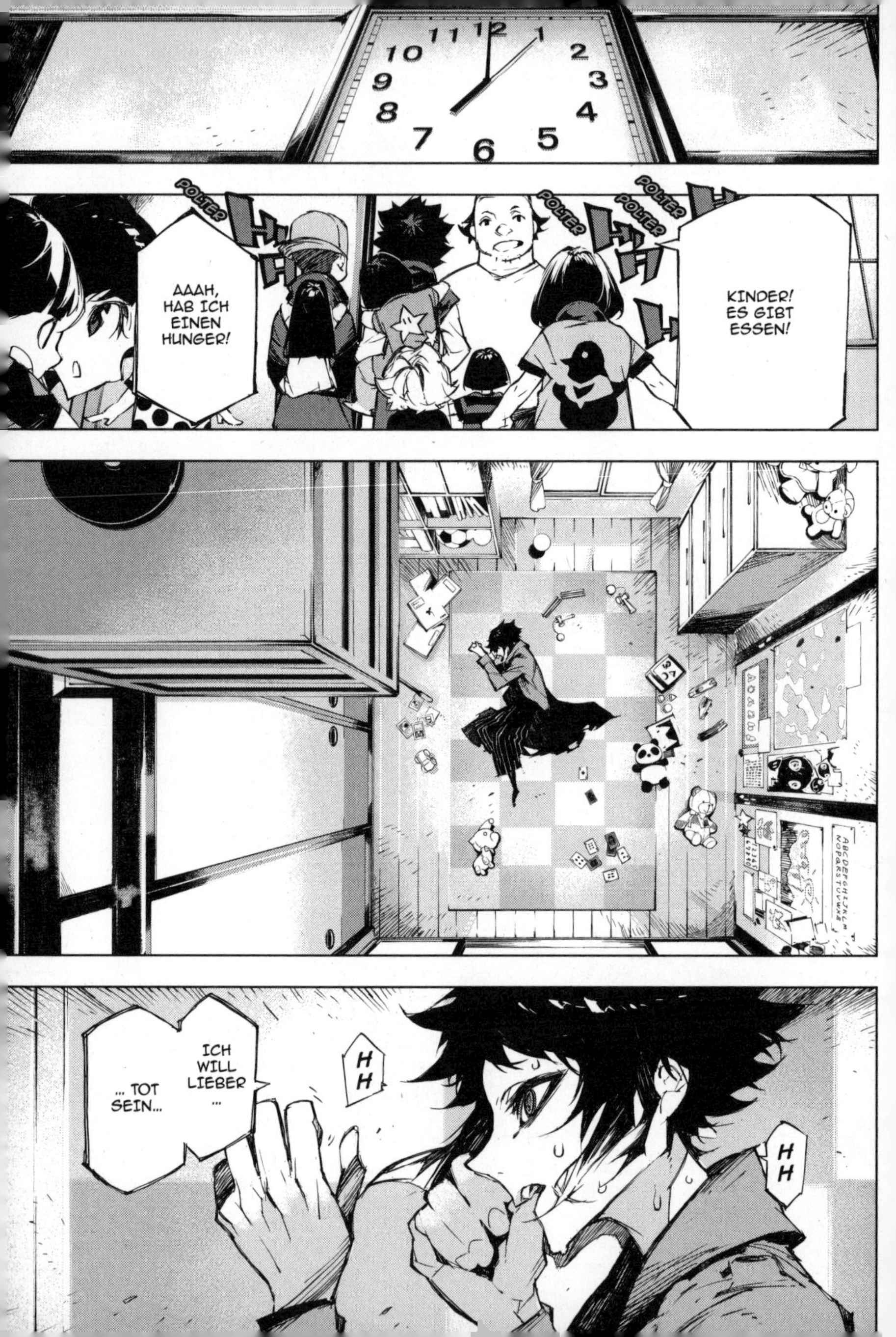
POLTER
POLTER
POLTER
POLTER
KINDER! ES GIBT ESSEN!
AAAH, HAB ICH EINEN HUNGER!
ICH WILL LIEBER ...
... TOT SEIN...
HH
HH

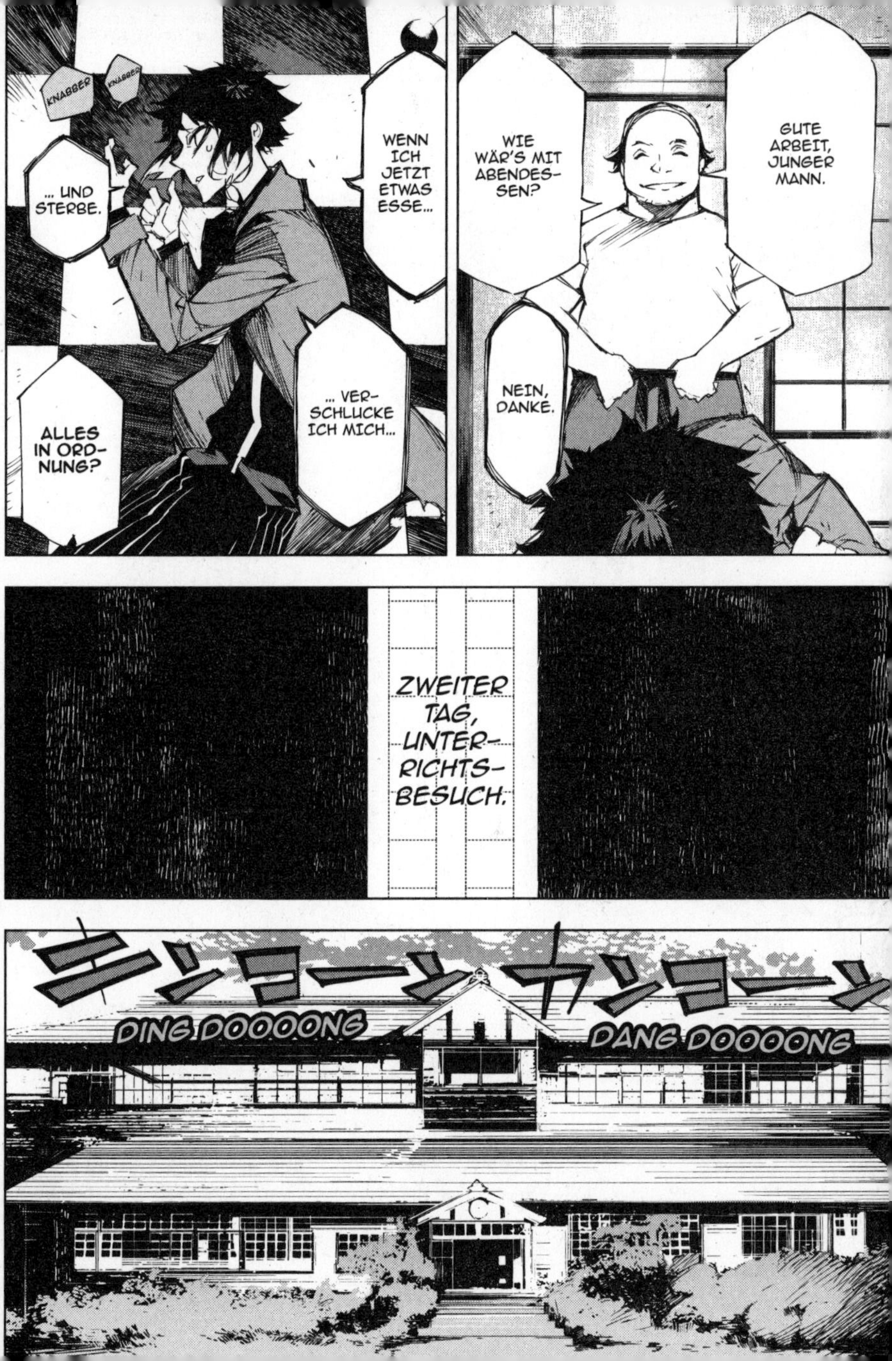
GUTE ARBEIT, JUNGER MANN.
WIE WÄR'S MIT ABENDES-SEN?
NEIN, DANKE.
WENN ICH JETZT ETWAS ESSE...
... VER-SCHLUCKE ICH MICH...
... UND STERBE.
KNABBER
KNABBER
ALLES IN ORD-NUNG?
ZWEITER TAG, UNTER-RICHTS-BESUCH.
キンコーン カンコーン
DING DOOOOONG
DANG DOOOOONG

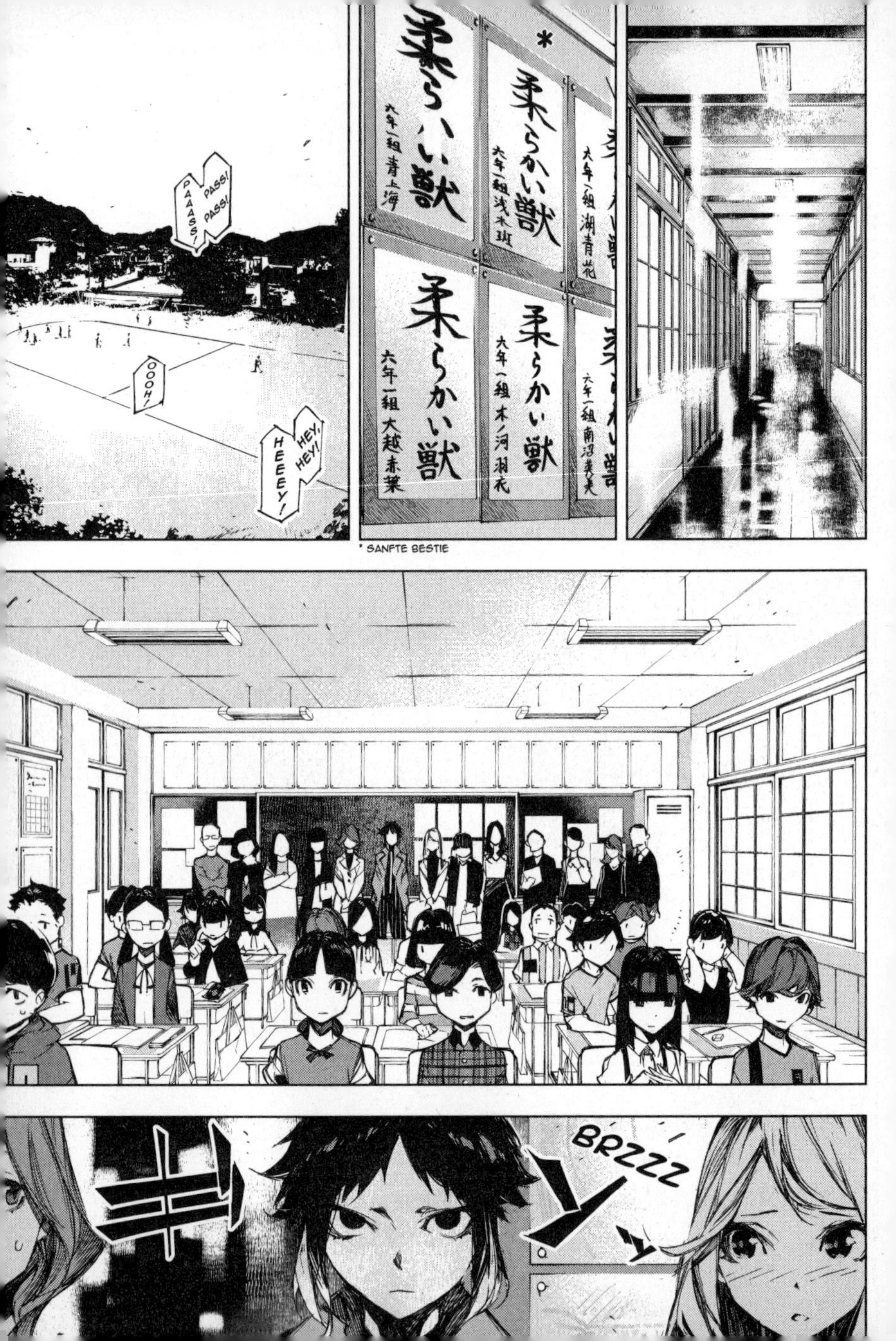

* SANFTE BESTIE

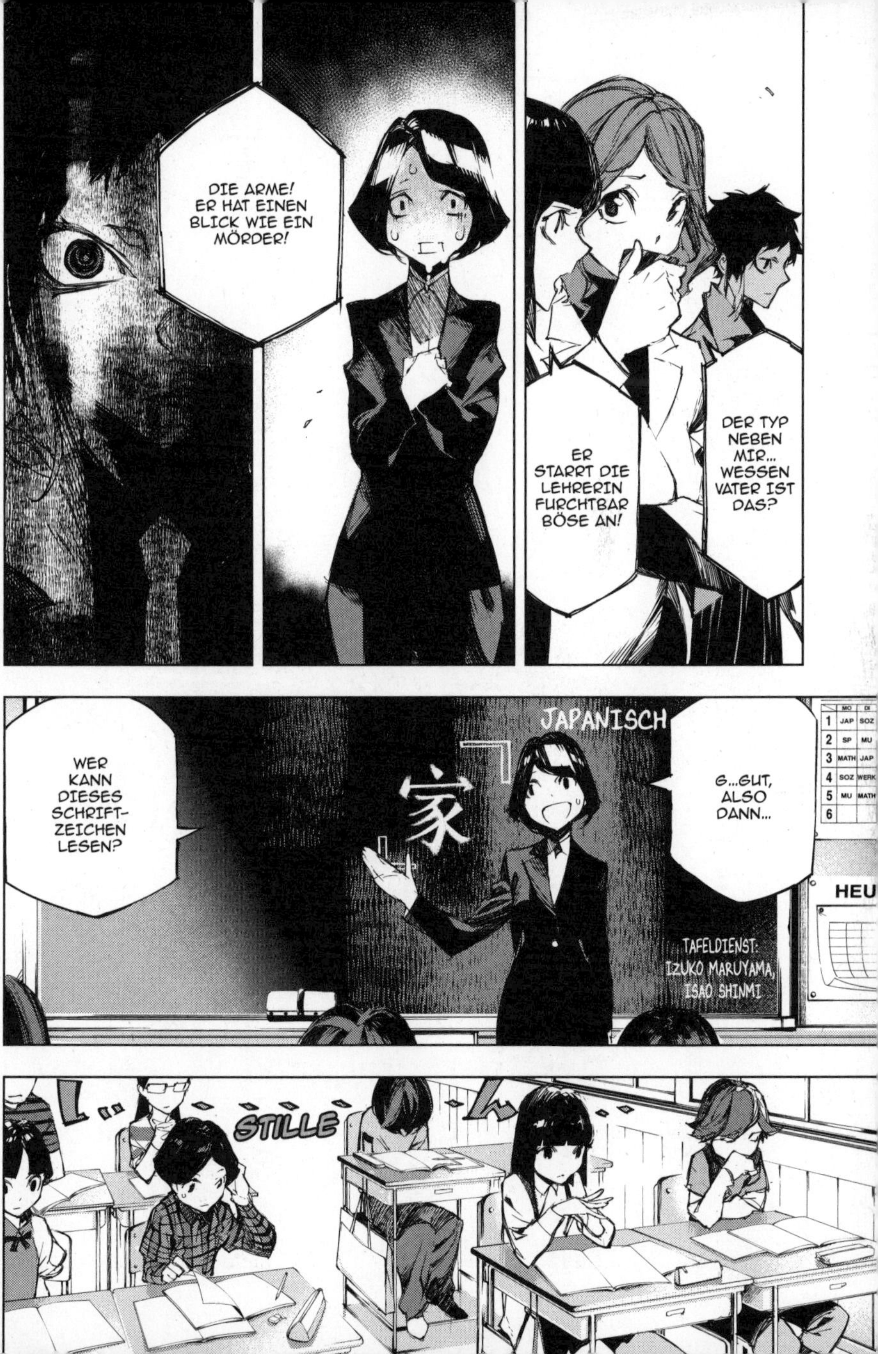

DER TYP NEBEN MIR... WESSEN VATER IST DAS?
ER STARRT DIE LEHRERIN FURCHTBAR BÖSE AN!
DIE ARME! ER HAT EINEN BLICK WIE EIN MÖRDER!
G...GUT, ALSO DANN...
JAPANISCH
家
WER KANN DIESES SCHRIFT-ZEICHEN LESEN?
TAFELDIENST: IZUKO MARUYAMA, ISAO SHINMI
MO DI
1 JAP SOZ
2 SP MU
3 MATH JAP
4 SOZ WERK
5 MU MATH
6
HEU
STILLE

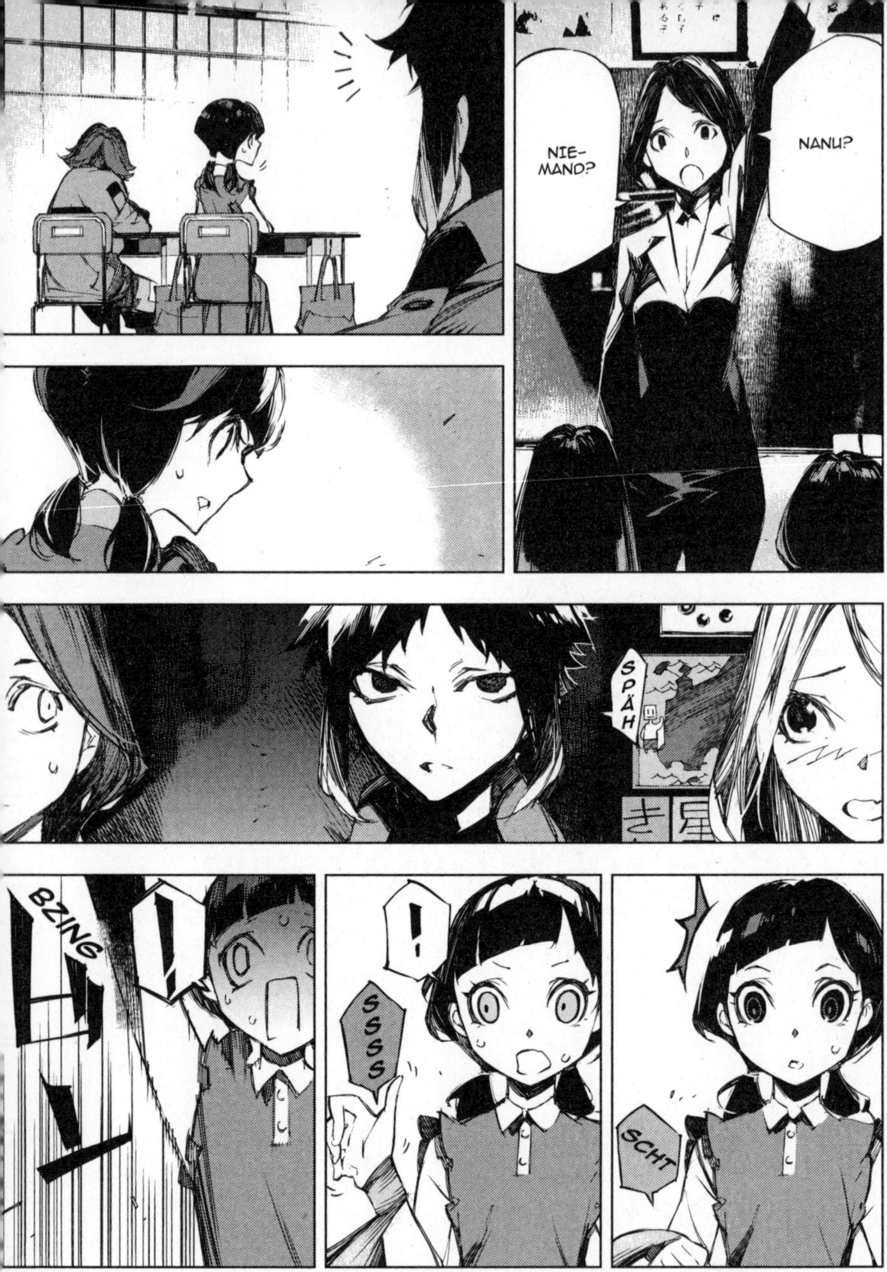
NANU?
NIE-
MAND?
SPÄH
SCHT
SSSS
BZING

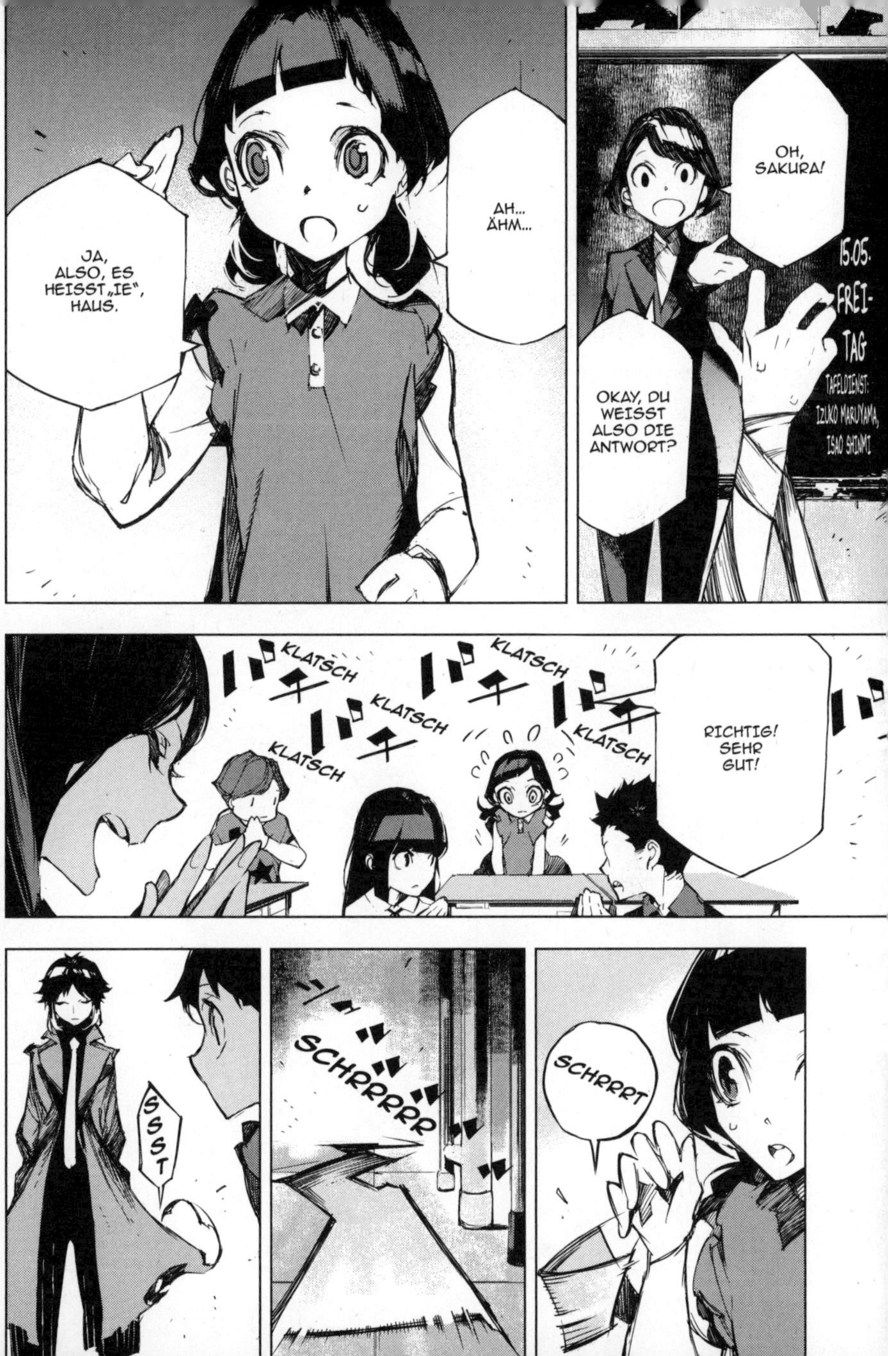
OH, SAKURA!
OKAY, DU WEISST ALSO DIE ANTWORT?
15.05. FREITAG
TAFELDIENST: IZUKO MARUYAMA, ISAO SHINMI
AH... ÄHM...
JA, ALSO, ES HEISST „IE“, HAUS.
RICHTIG! SEHR GUT!
KLATSCH
KLATSCH
KLATSCH
KLATSCH
KLATSCH
SCHRRRT
SCHRRRRRR
SSST

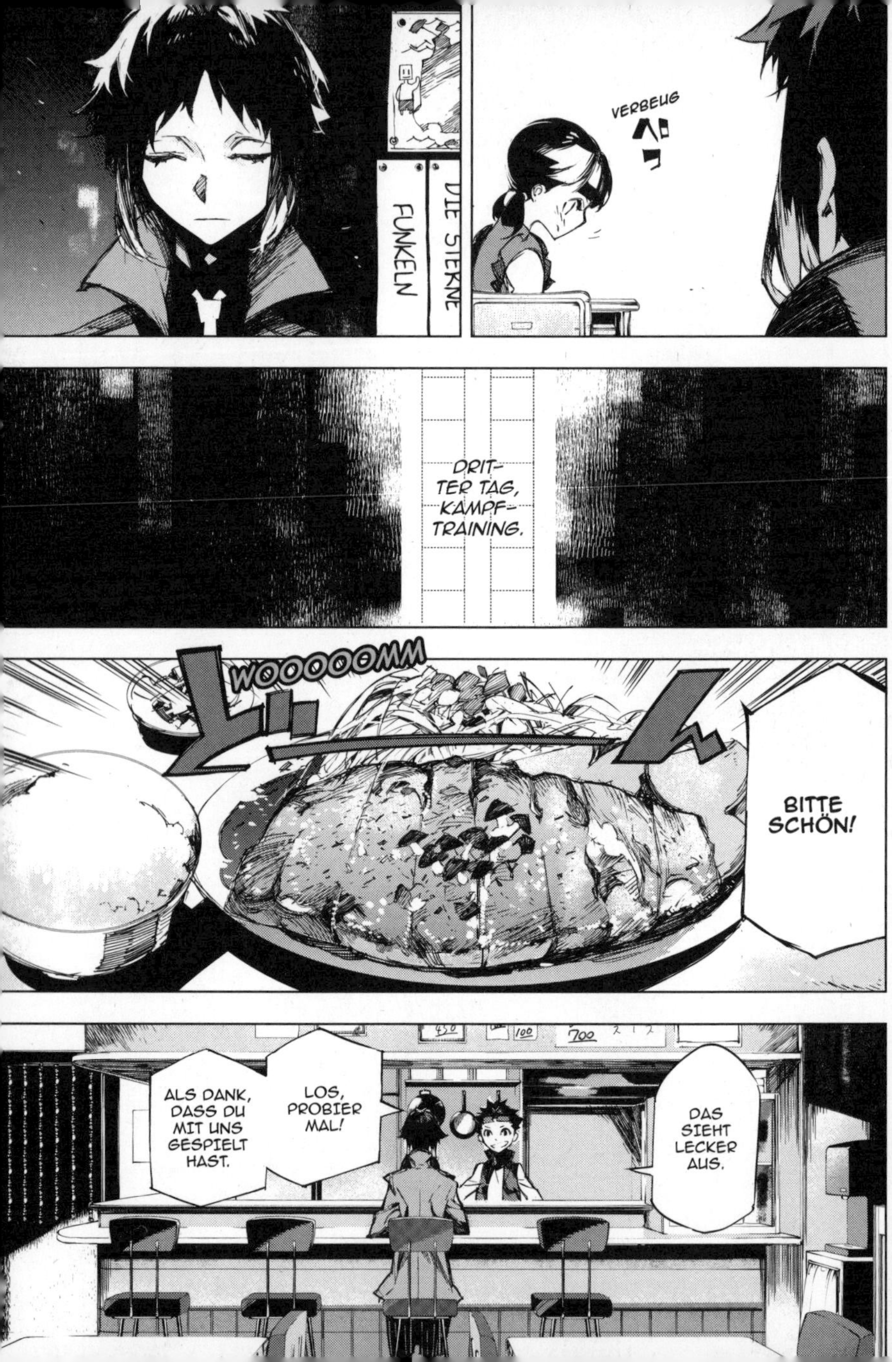
VERBEUG
DIE STERNE FUNKELN
DRITTER TAG, KAMPF-TRAINING.
WOOOOOOMM
BITTE SCHÖN!
700
DAS SIEHT LECKER AUS.
LOS, PROBIER MAL!
ALS DANK, DASS DU MIT UNS GESPIELT HAST.

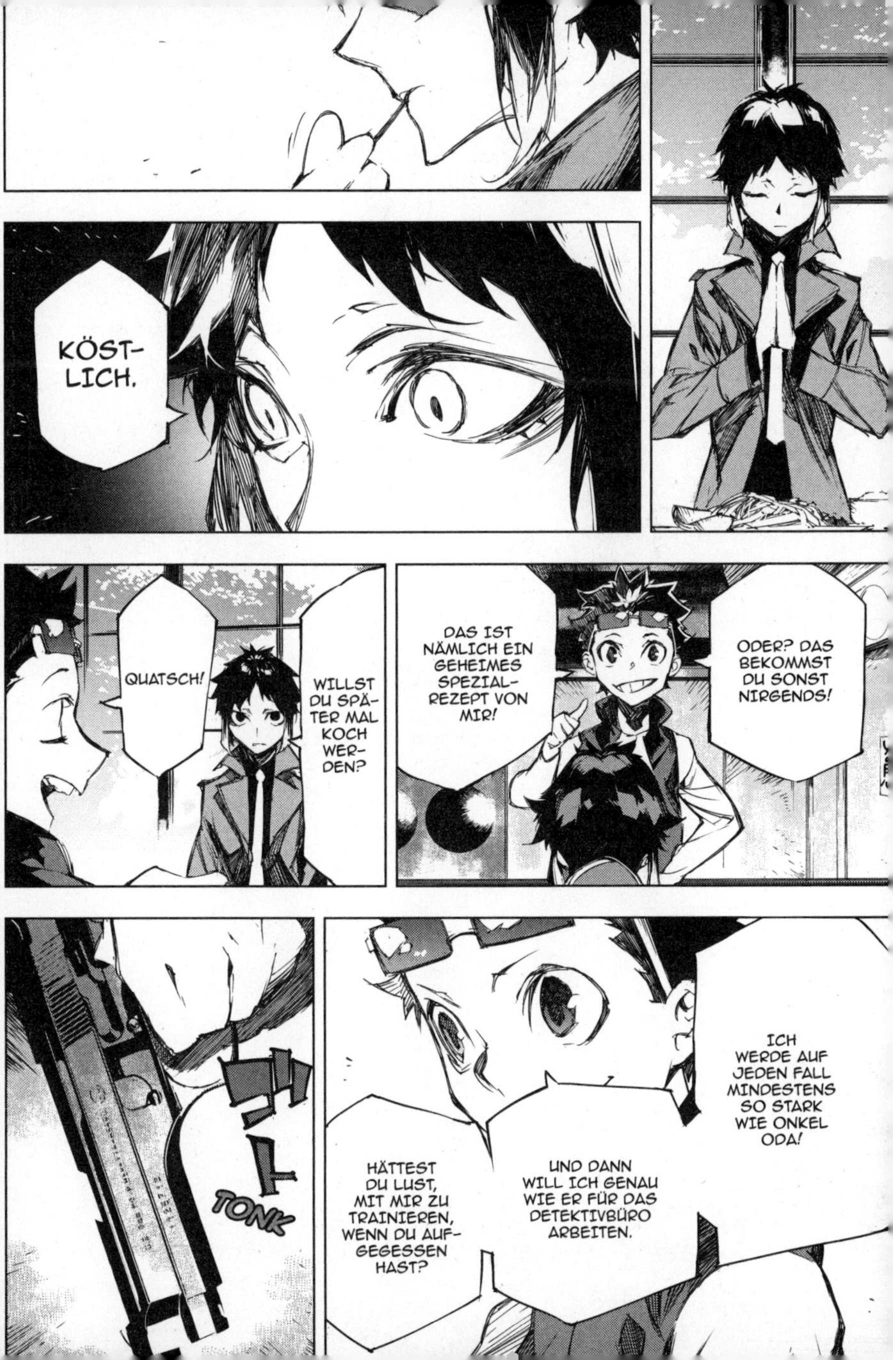
KÖST-
LICH.
ODER? DAS BEKOMMST DU SONST NIRGENDS!
DAS IST NÄMLICH EIN GEHEIMES SPEZIAL-REZEPT VON MIR!
WILLST DU SPÄTER MAL KOCH WER-DEN?
QUATSCH!
ICH WERDE AUF JEDEN FALL MINDESTENS SO STARK WIE ONKEL ODA!
UND DANN WILL ICH GENAU WIE ER FÜR DAS DETEKTIVBÜRO ARBEITEN.
HÄTTEST DU LUST, MIT MIR ZU TRAINIEREN, WENN DU AUF-GEGESSEN HAST?
TONK

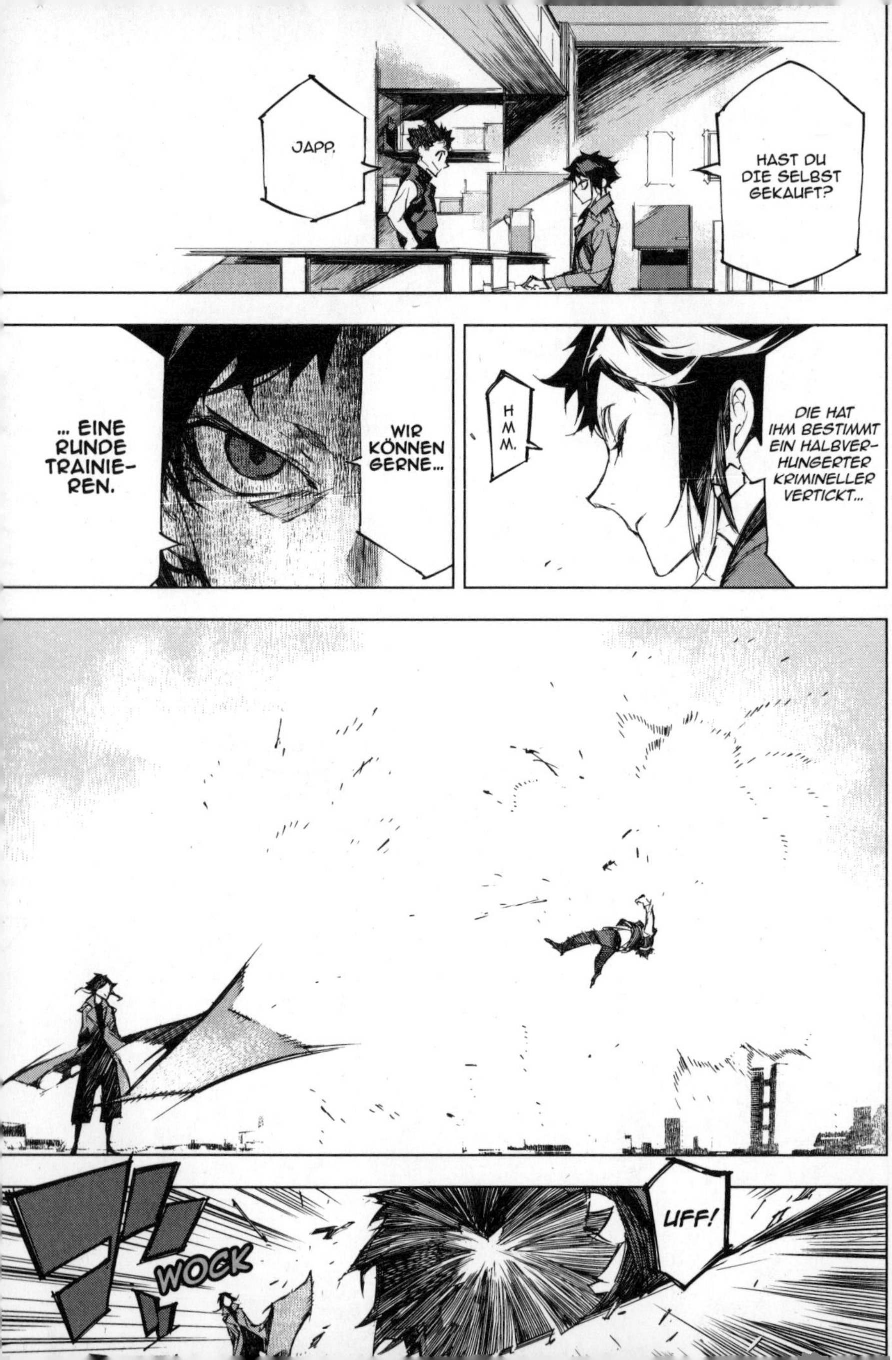
HAST DU DIE SELBST GEKAUFT?
JAPP.
DIE HAT IHM BESTIMMT EIN HALBVERHUNGERTER KRIMINELLER VERTICKT...
HMM.
WIR KÖNNEN GERNE...
... EINE RUNDE TRAINIEREN.
UFF!
WOCK

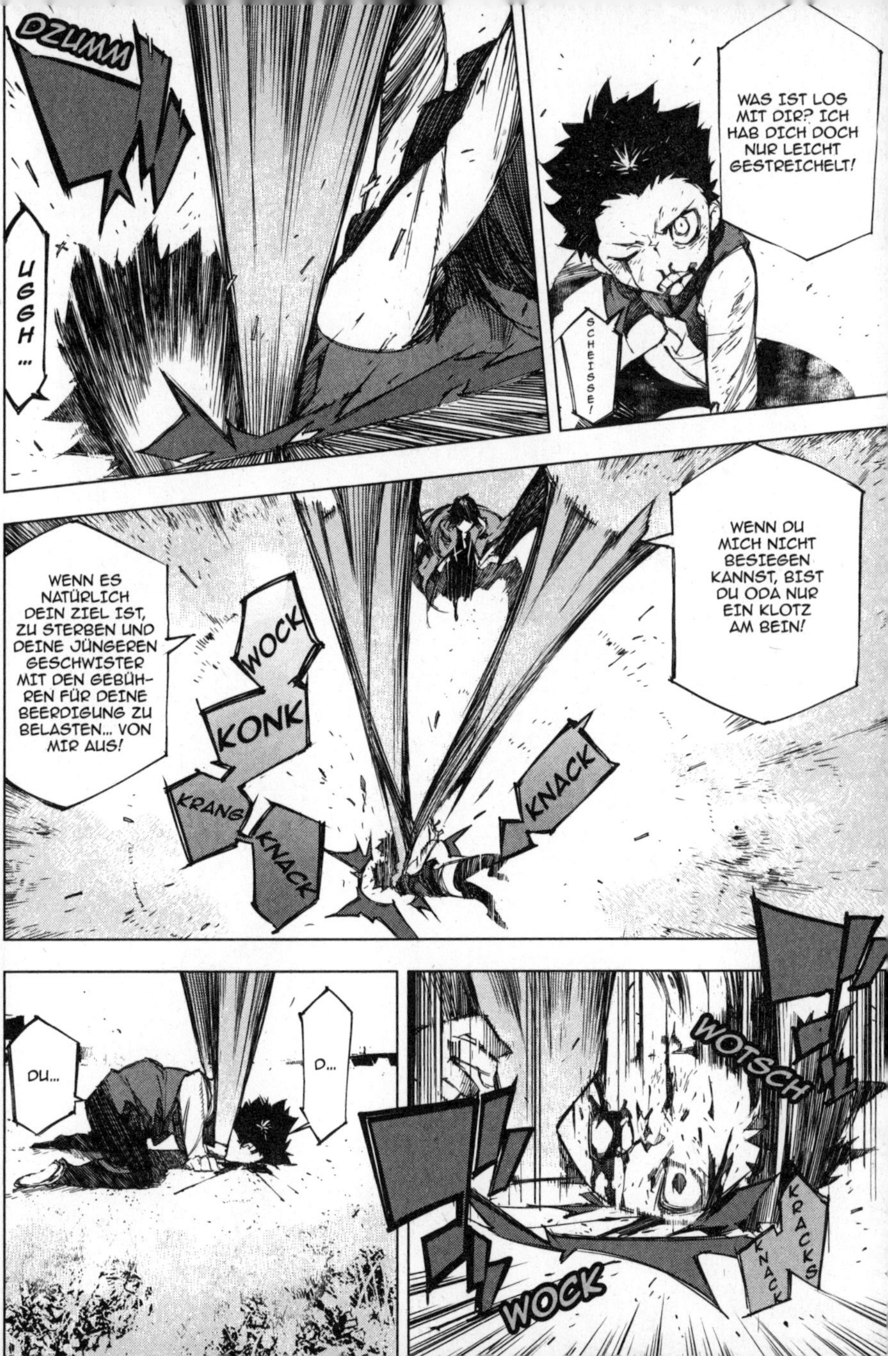
WAS IST LOS MIT DIR? ICH HAB DICH DOCH NUR LEICHT GESTREICHELT!
SCHEISSE!
DZUMM
UGGH ...
WENN DU MICH NICHT BESIEGEN KANNST, BIST DU ODA NUR EIN KLOTZ AM BEIN!
WENN ES NATÜRLICH DEIN ZIEL IST, ZU STERBEN UND DEINE JÜNGEREN GESCHWISTER MIT DEN GEBÜHREN FÜR DEINE BEERDIGUNG ZU BELASTEN... VON MIR AUS!
WOCK
KONK
KRANG
KNACK
KNACK
WOTSCH
KRACKS
KNACK
WOCK
D...
DU...

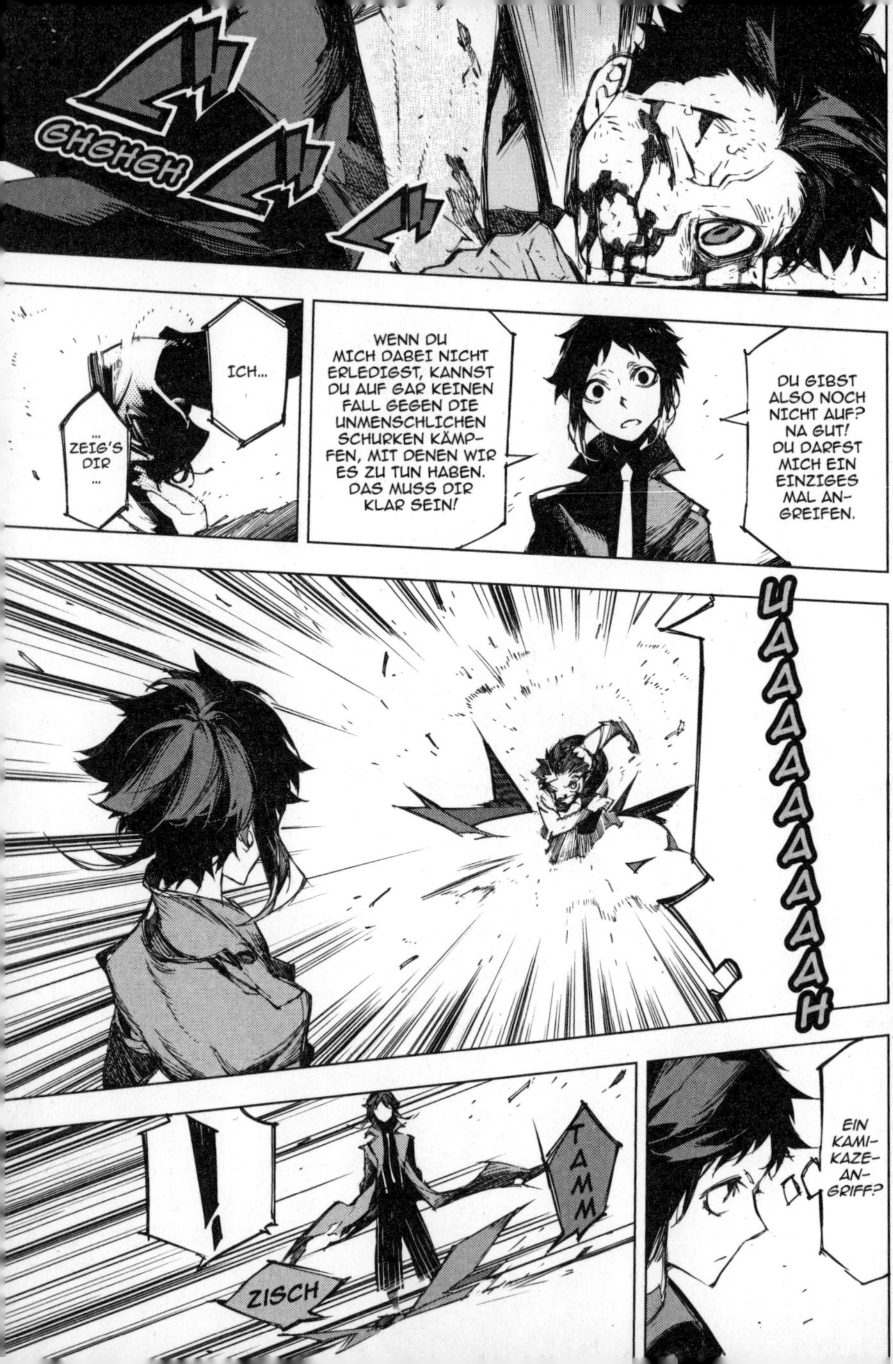
GHGHGH
DU GIBST ALSO NOCH NICHT AUF? NA GUT! DU DARFST MICH EIN EINZIGES MAL ANGREIFEN.
WENN DU MICH DABEI NICHT ERLEDIGST, KANNST DU AUF GAR KEINEN FALL GEGEN DIE UNMENSCHLICHEN SCHURKEN KÄMPFEN, MIT DENEN WIR ES ZU TUN HABEN. DAS MUSS DIR KLAR SEIN!
ICH...
... ZEIG'S DIR ...
UAAAAAAAAAAAAH
EIN KAMIKAZE-ANGRIFF?
TAMM
ZISCH

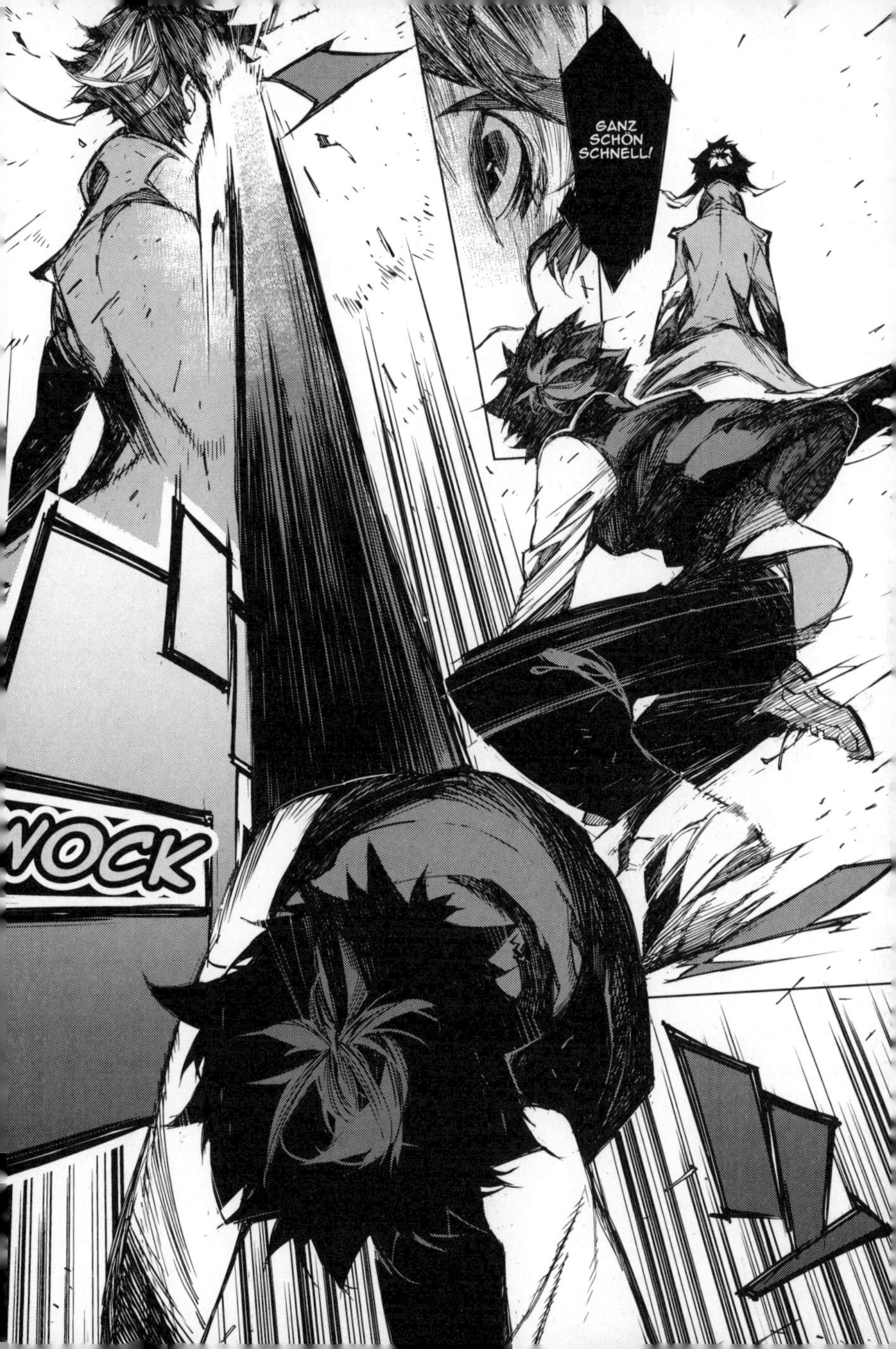
GANZ SCHÖN SCHNELL!
WOCK

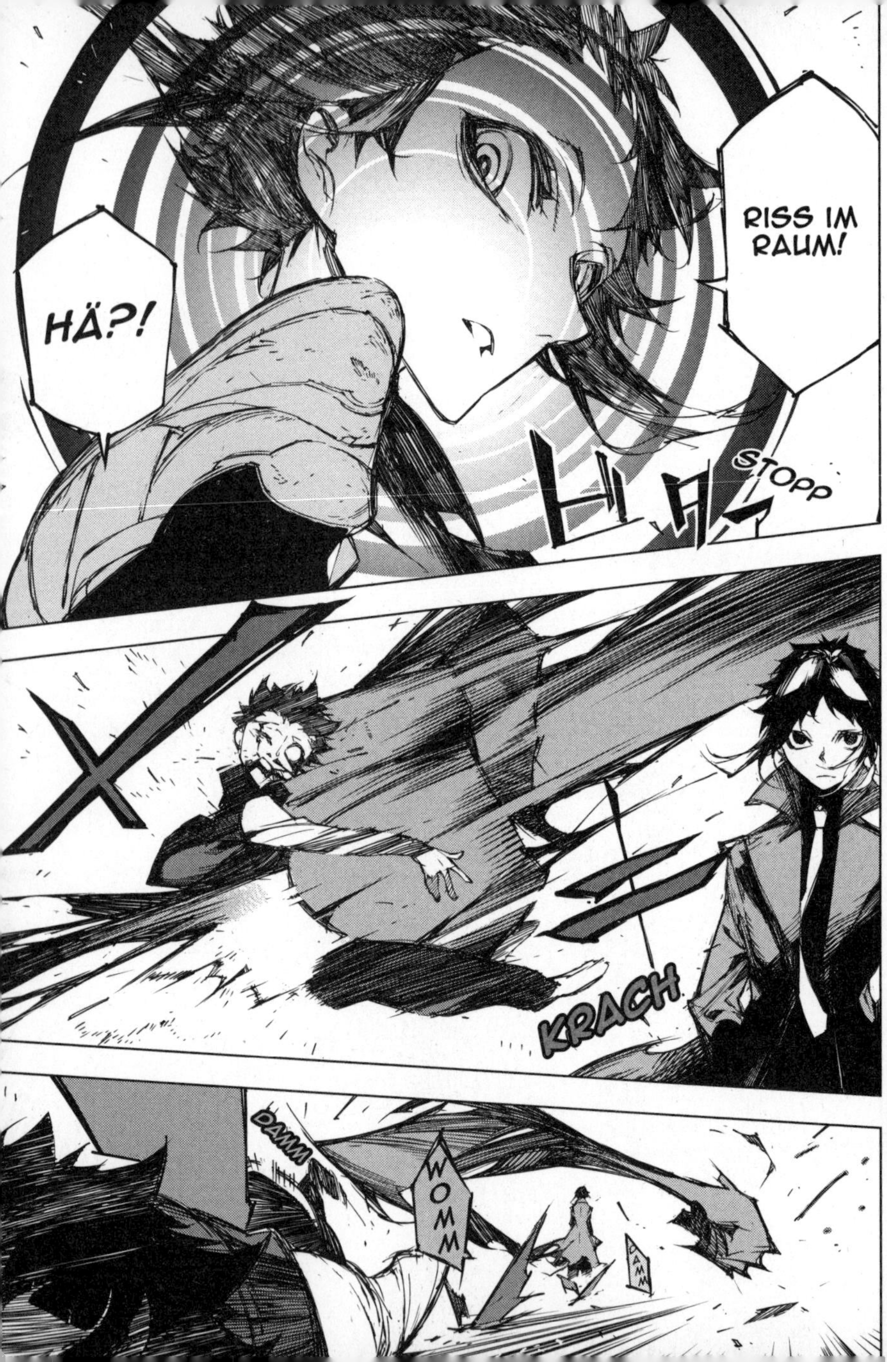
RISS IM RAUM!
HÄ?!
STOPP
KRACH
DAMM
WOMM
DAMM

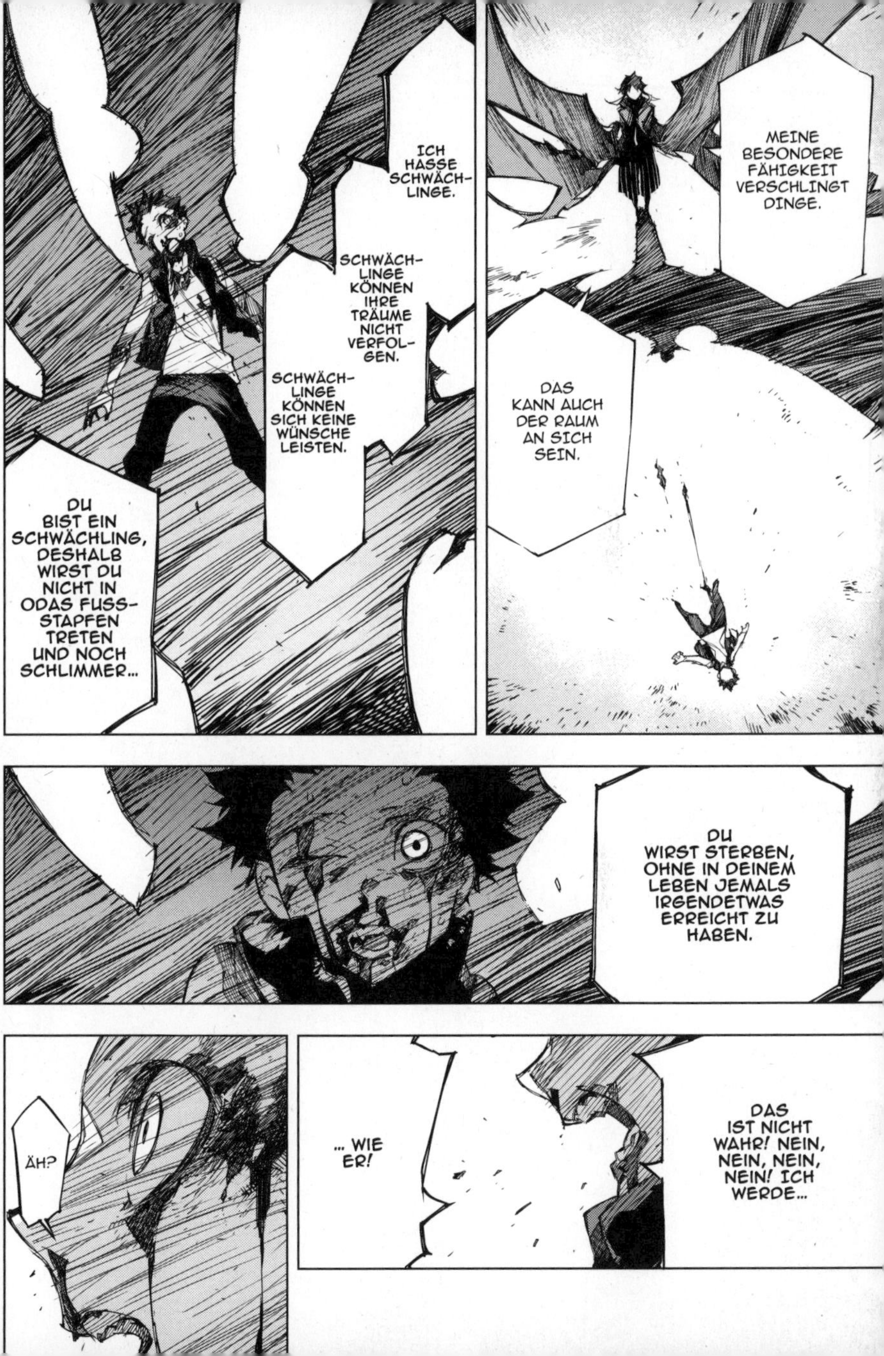
MEINE BESONDERE FÄHIGKEIT VERSCHLINGT DINGE.
DAS KANN AUCH DER RAUM AN SICH SEIN.
ICH HASSE SCHWÄCHLINGE.
SCHWÄCHLINGE KÖNNEN IHRE TRÄUME NICHT VERFOLGEN.
SCHWÄCHLINGE KÖNNEN SICH KEINE WÜNSCHE LEISTEN.
DU BIST EIN SCHWÄCHLING, DESHALB WIRST DU NICHT IN ODAS FUSSSTAPFEN TRETEN UND NOCH SCHLIMMER...
DU WIRST STERBEN, OHNE IN DEINEM LEBEN JEMALS IRGENDETWAS ERREICHT ZU HABEN.
DAS IST NICHT WAHR! NEIN, NEIN, NEIN, NEIN! ICH WERDE...
... WIE ER!
ÄH?

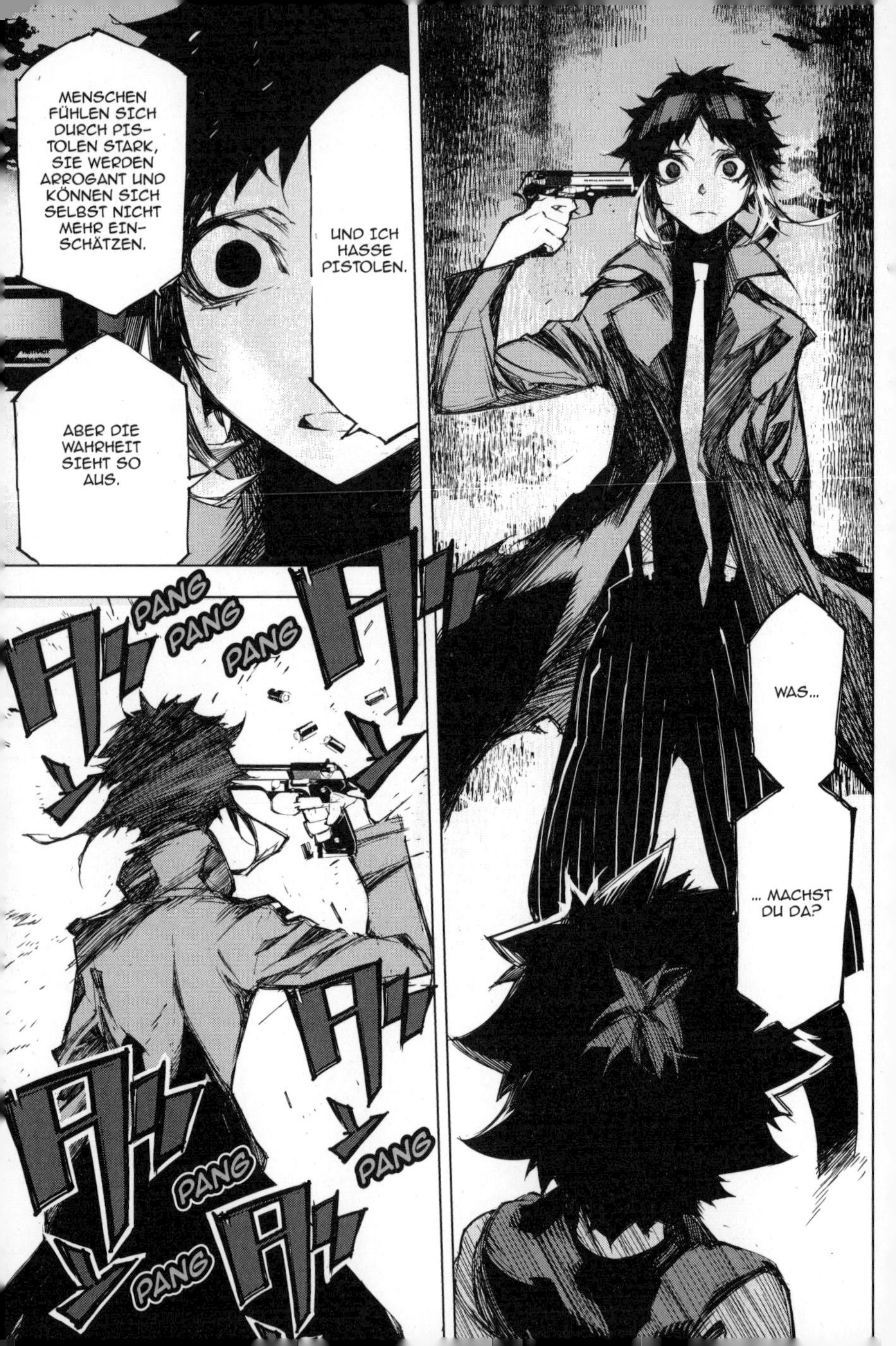
MENSCHEN FÜHLEN SICH DURCH PISTOLEN STARK, SIE WERDEN ARROGANT UND KÖNNEN SICH SELBST NICHT MEHR EINSCHÄTZEN.
UND ICH HASSE PISTOLEN.
ABER DIE WAHRHEIT SIEHT SO AUS.
PANG
PANG
PANG
PANG
PANG
PANG
PANG
WAS...
... MACHST DU DA?

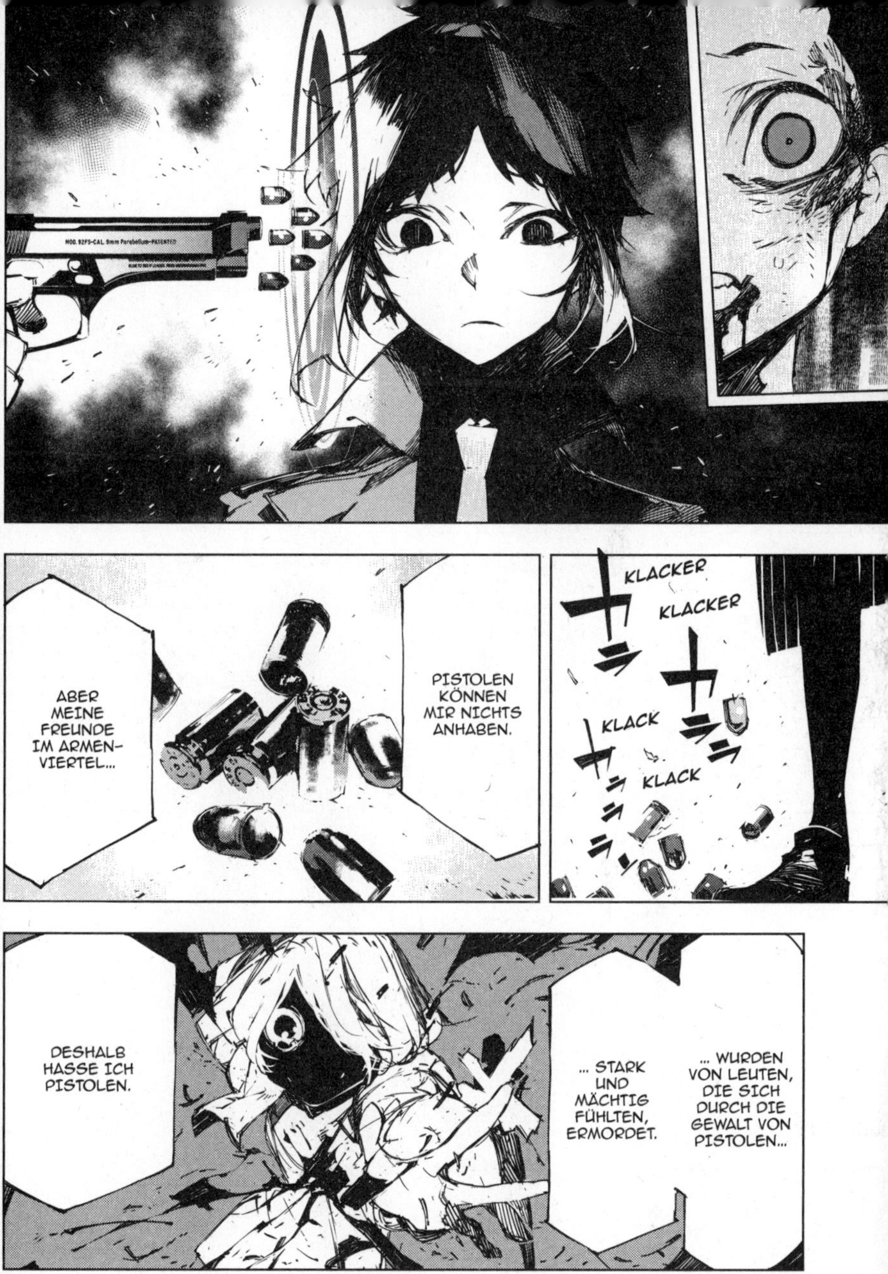
MOD. 92FS-CAL. 9mm Parabellum—PATENTED
KLACKER
KLACKER
KLACK
KLACK
PISTOLEN KÖNNEN MIR NICHTS ANHABEN.
ABER MEINE FREUNDE IM ARMEN-VIERTEL...
... WURDEN VON LEUTEN, DIE SICH DURCH DIE GEWALT VON PISTOLEN...
... STARK UND MÄCHTIG FÜHLTEN, ERMORDET.
DESHALB HASSE ICH PISTOLEN.

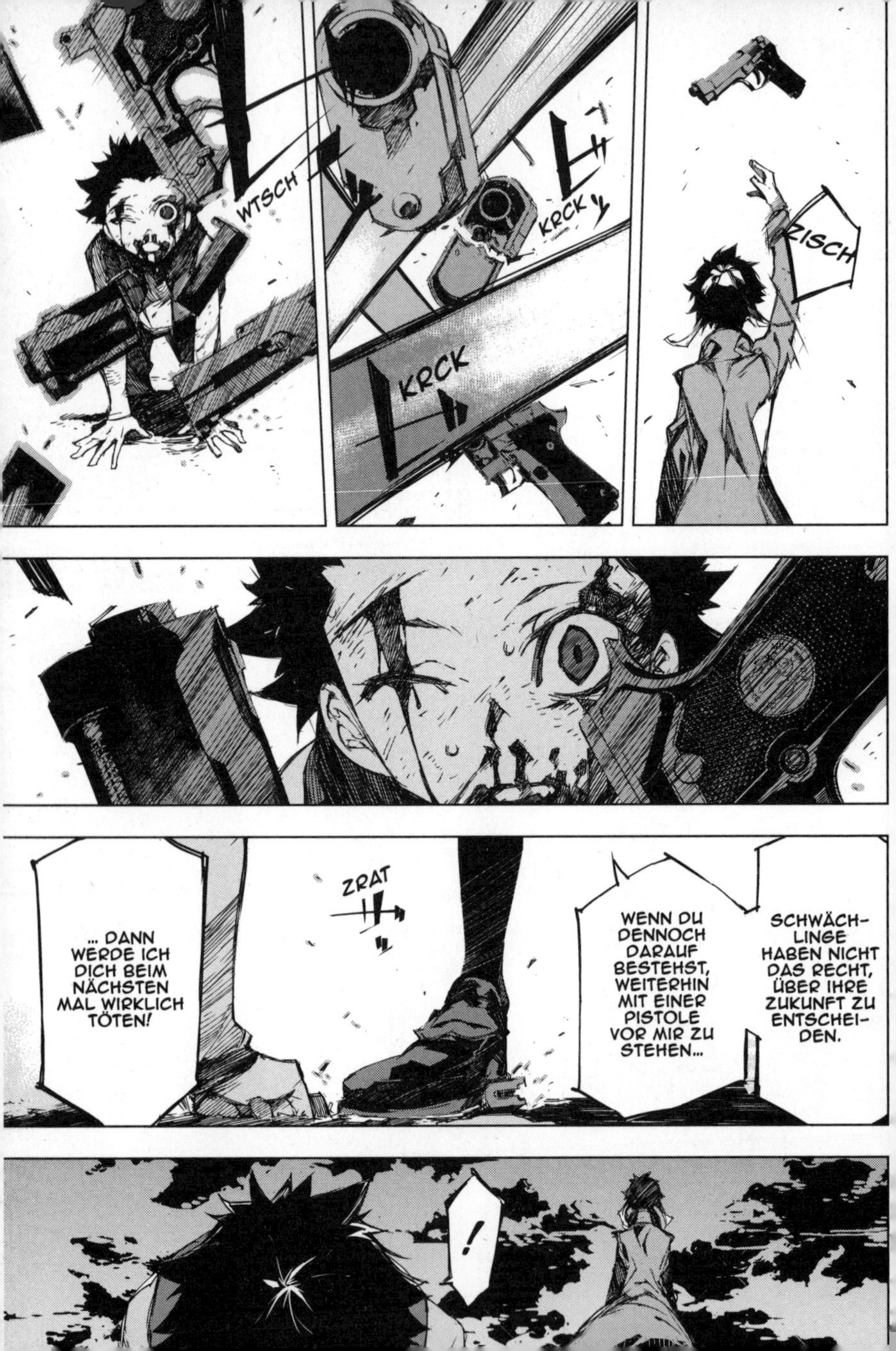
ZISCH
KRCK
KRCK
WTSCH
SCHWÄCHLINGE HABEN NICHT DAS RECHT, ÜBER IHRE ZUKUNFT ZU ENTSCHEIDEN.
WENN DU DENNOCH DARAUF BESTEHST, WEITERHIN MIT EINER PISTOLE VOR MIR ZU STEHEN...
ZRAT
... DANN WERDE ICH DICH BEIM NÄCHSTEN MAL WIRKLICH TÖTEN!
!

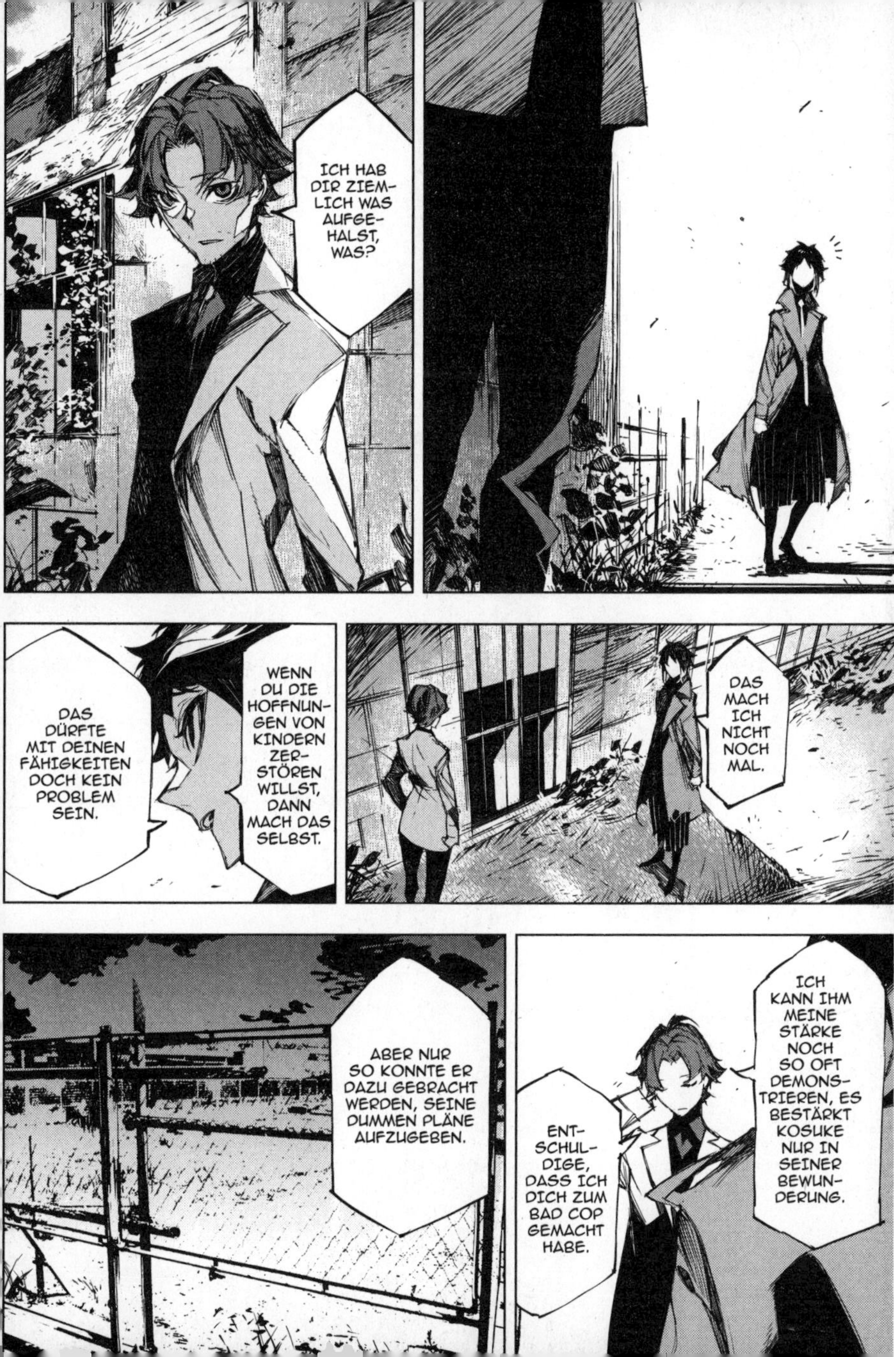

ICH HAB DIR ZIEMLICH WAS AUFGEHALST, WAS?
DAS MACH ICH NICHT NOCHMAL.
WENN DU DIE HOFFNUNGEN VON KINDERN ZERSTÖREN WILLST, DANN MACH DAS SELBST.
DAS DÜRFTE MIT DEINEN FÄHIGKEITEN DOCH KEIN PROBLEM SEIN.
ICH KANN IHM MEINE STÄRKE NOCH SO OFT DEMONSTRIEREN, ES BESTÄRKT KOSUKE NUR IN SEINER BEWUNDERUNG.
ENTSCHULDIGE, DASS ICH DICH ZUM BAD COP GEMACHT HABE.
ABER NUR SO KONNTE ER DAZU GEBRACHT WERDEN, SEINE DUMMEN PLÄNE AUFZUGEBEN.

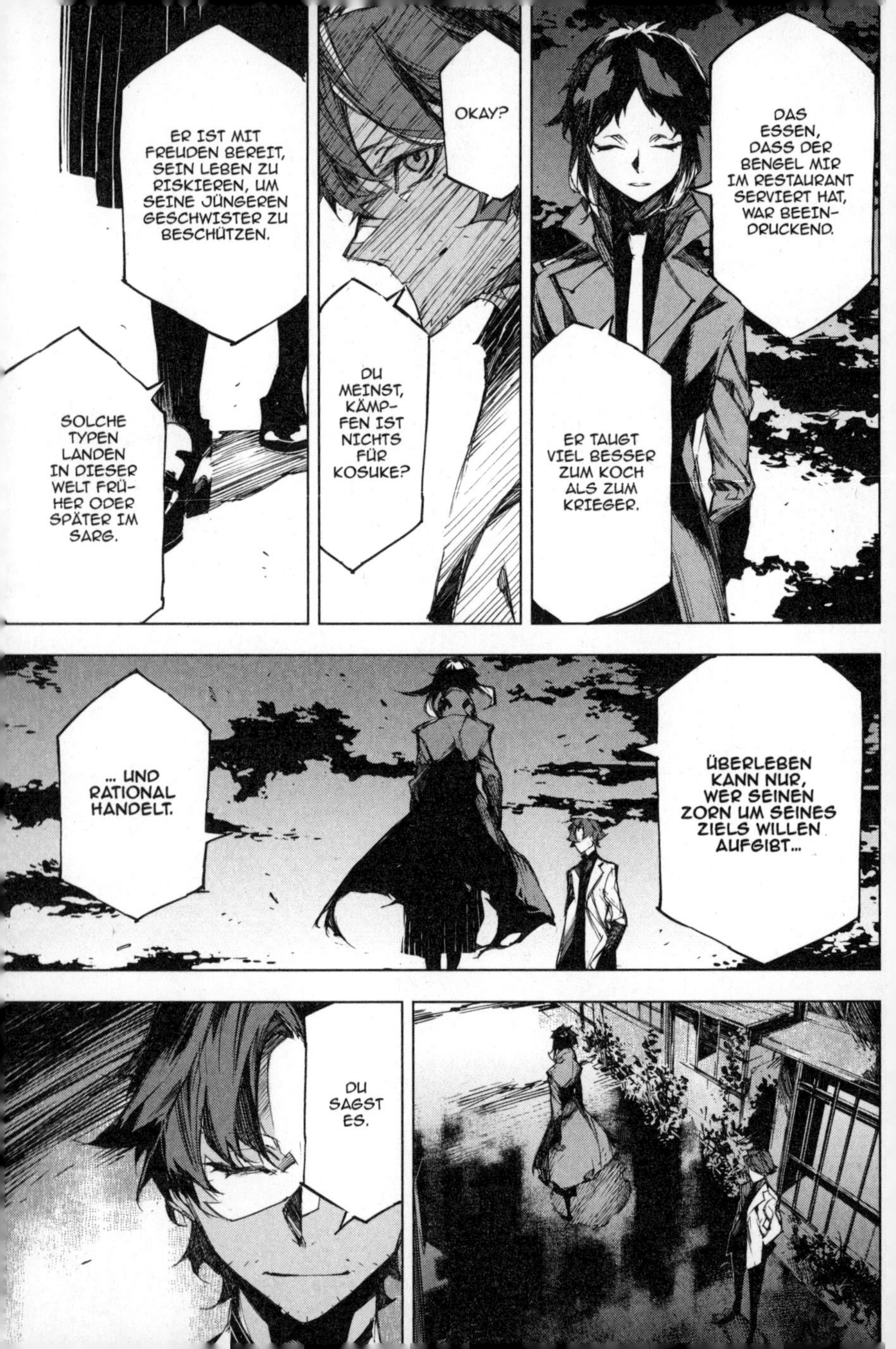
DAS ESSEN, DASS DER BENGEL MIR IM RESTAURANT SERVIERT HAT, WAR BEEIN-DRUCKEND.
ER TAUGT VIEL BESSER ZUM KOCH ALS ZUM KRIEGER.
OKAY?
DU MEINST, KÄMPFEN IST NICHTS FÜR KOSUKE?
ER IST MIT FREUDEN BEREIT, SEIN LEBEN ZU RISKIEREN, UM SEINE JÜNGEREN GESCHWISTER ZU BESCHÜTZEN.
SOLCHE TYPEN LANDEN IN DIESER WELT FRÜHER ODER SPÄTER IM SARG.
ÜBERLEBEN KANN NUR, WER SEINEN ZORN UM SEINES ZIELS WILLEN AUFGIBT...
... UND RATIONAL HANDELT.
DU SAGST ES.

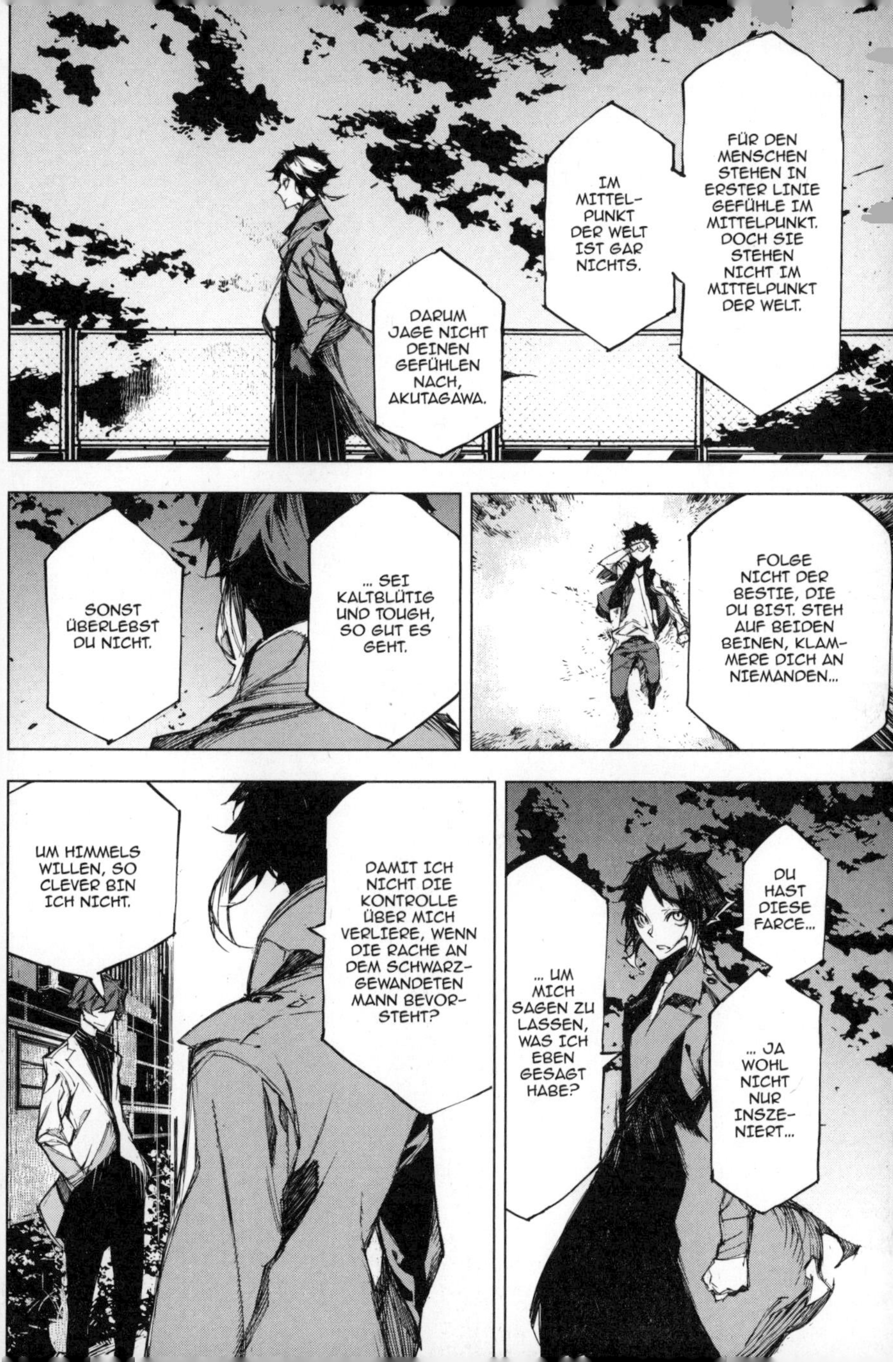
FÜR DEN MENSCHEN STEHEN IN ERSTER LINIE GEFÜHLE IM MITTELPUNKT. DOCH SIE STEHEN NICHT IM MITTELPUNKT DER WELT.
IM MITTEL-PUNKT DER WELT IST GAR NICHTS.
DARUM JAGE NICHT DEINEN GEFÜHLEN NACH, AKUTAGAWA.
FOLGE NICHT DER BESTIE, DIE DU BIST. STEH AUF BEIDEN BEINEN, KLAM-MERE DICH AN NIEMANDEN...
... SEI KALTBLÜTIG UND TOUGH, SO GUT ES GEHT.
SONST ÜBERLEBST DU NICHT.
DU HAST DIESE FARCE...
... JA WOHL NICHT NUR INSZE-NIERT...
... UM MICH SAGEN ZU LASSEN, WAS ICH EBEN GESAGT HABE?
DAMIT ICH NICHT DIE KONTROLLE ÜBER MICH VERLIERE, WENN DIE RACHE AN DEM SCHWARZ-GEWANDETEN MANN BEVOR-STEHT?
UM HIMMELS WILLEN, SO CLEVER BIN ICH NICHT.

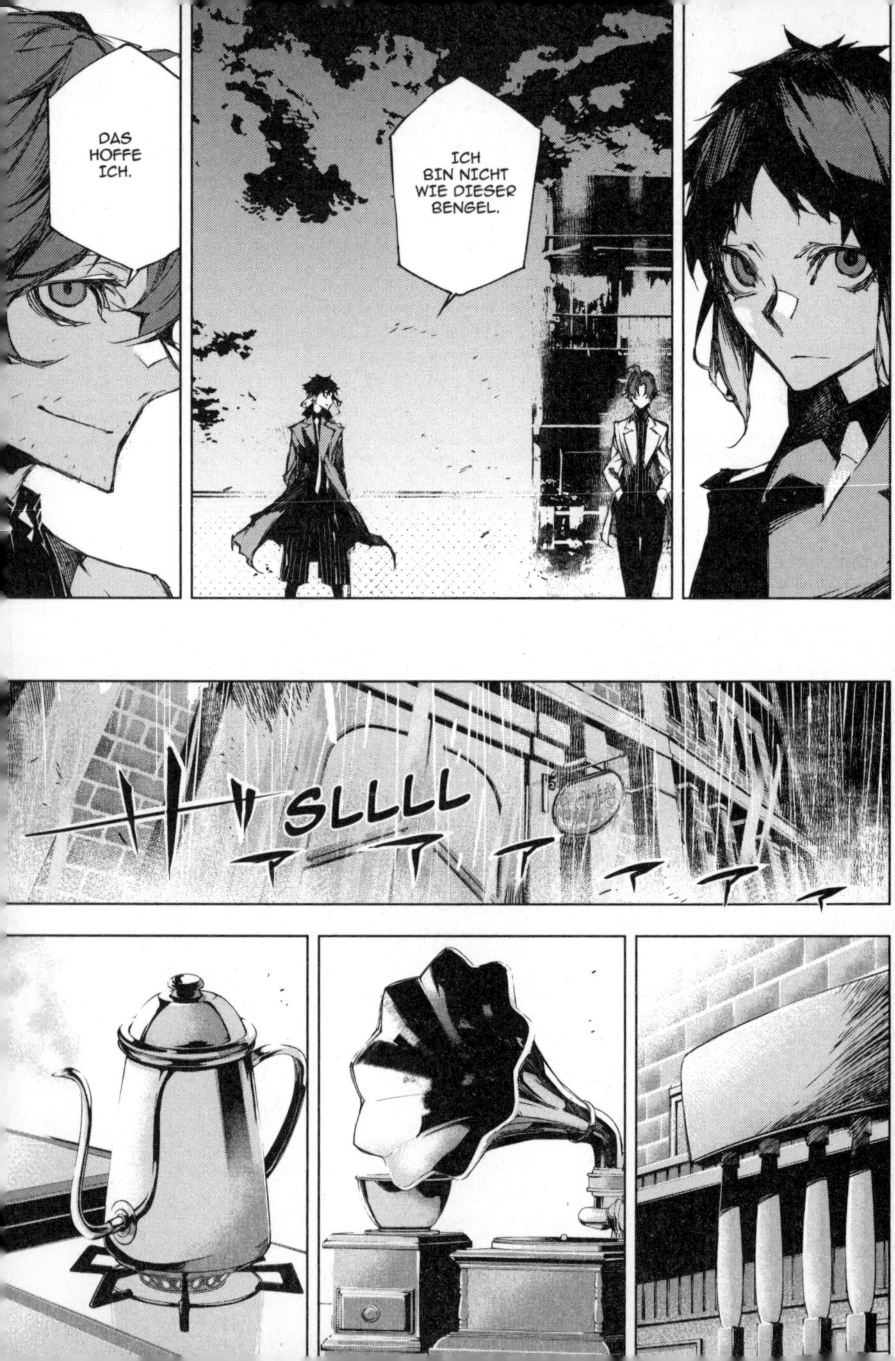

ICH BIN NICHT WIE DIESER BENGEL.
DAS HOFFE ICH.
SLLLL

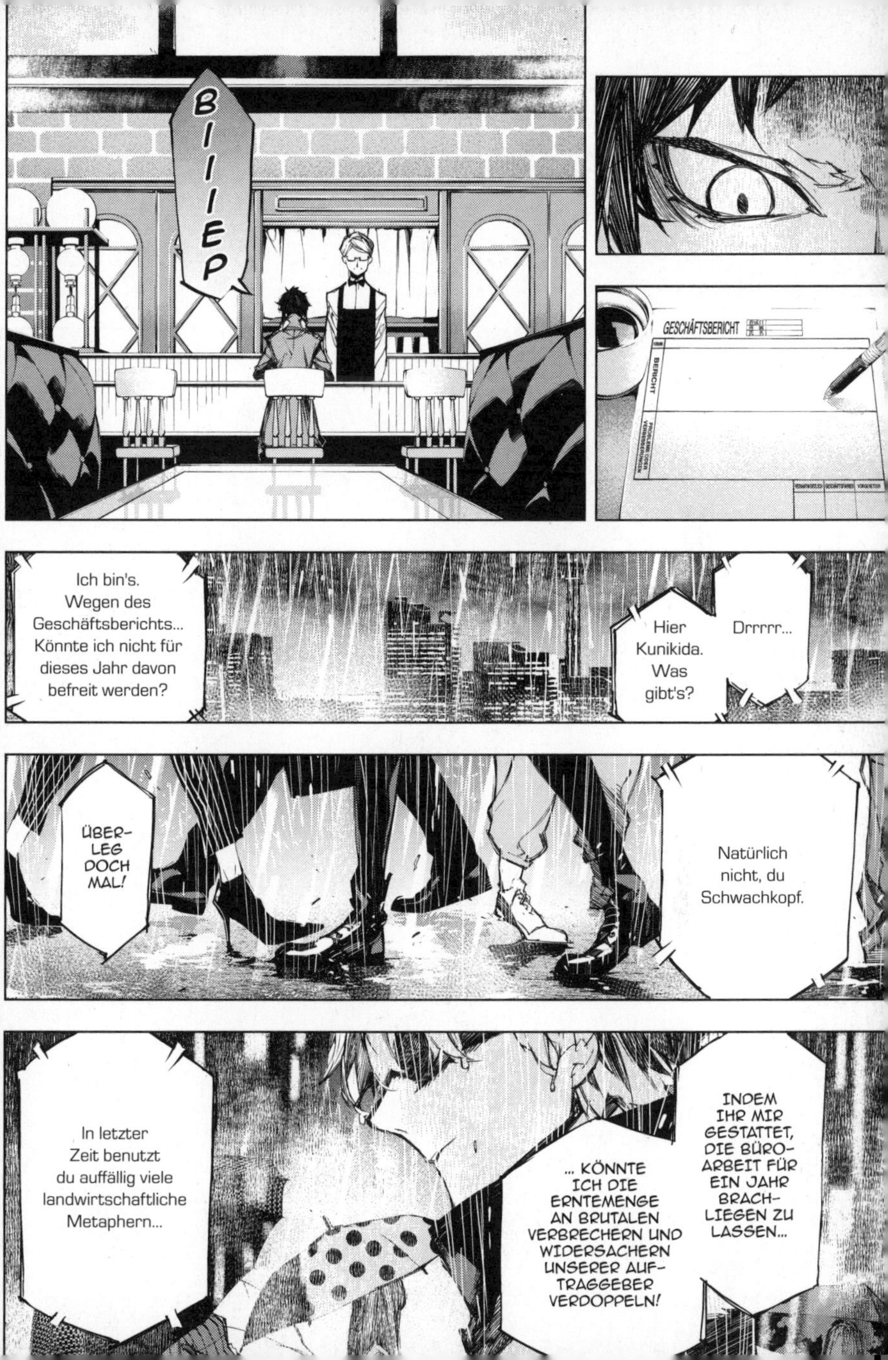
BIIIEP
GESCHÄFTSBERICHT
BERICHT
Drrrrr...
Hier Kunikida. Was gibt's?
Ich bin's. Wegen des Geschäftsberichts... Könnte ich nicht für dieses Jahr davon befreit werden?
Natürlich nicht, du Schwachkopf.
ÜBERLEG DOCH MAL!
INDEM IHR MIR GESTATTET, DIE BÜROARBEIT FÜR EIN JAHR BRACHLIEGEN ZU LASSEN...
... KÖNNTE ICH DIE ERNTEMENGE AN BRUTALEN VERBRECHERN UND WIDERSACHERN UNSERER AUFTRAGGEBER VERDOPPELN!
In letzter Zeit benutzt du auffällig viele landwirtschaftliche Metaphern...

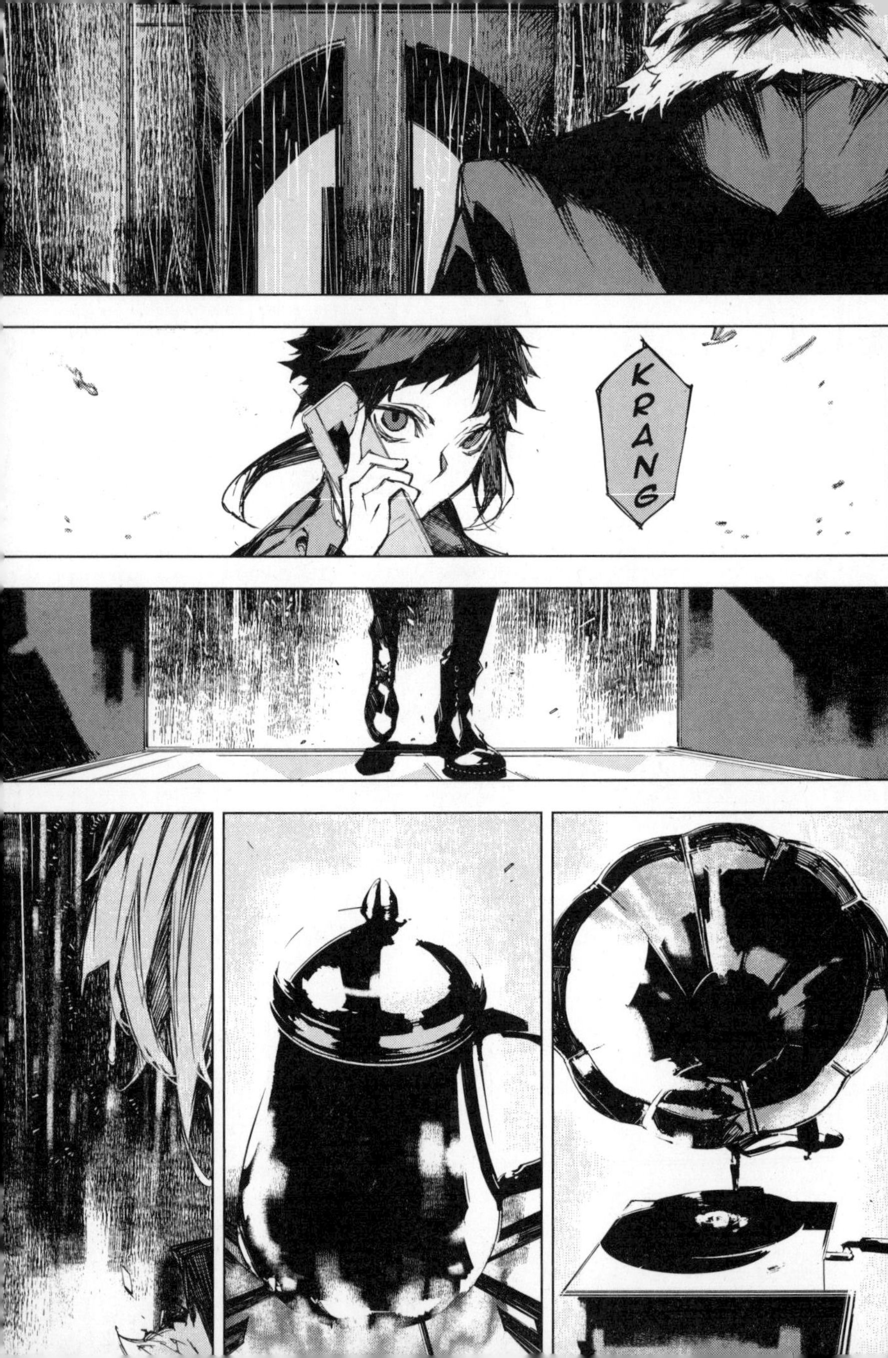
KRANG

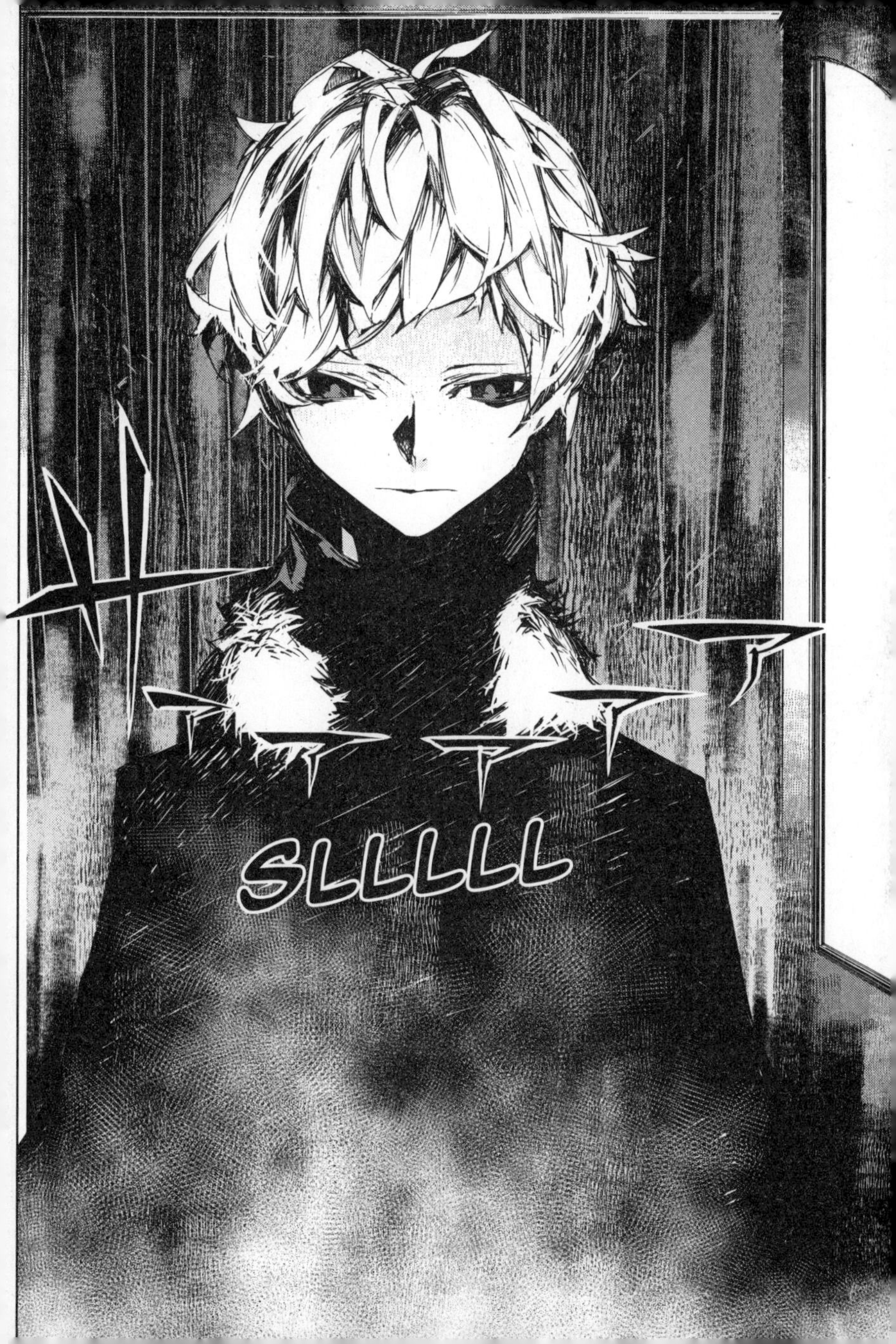
SLLLLL

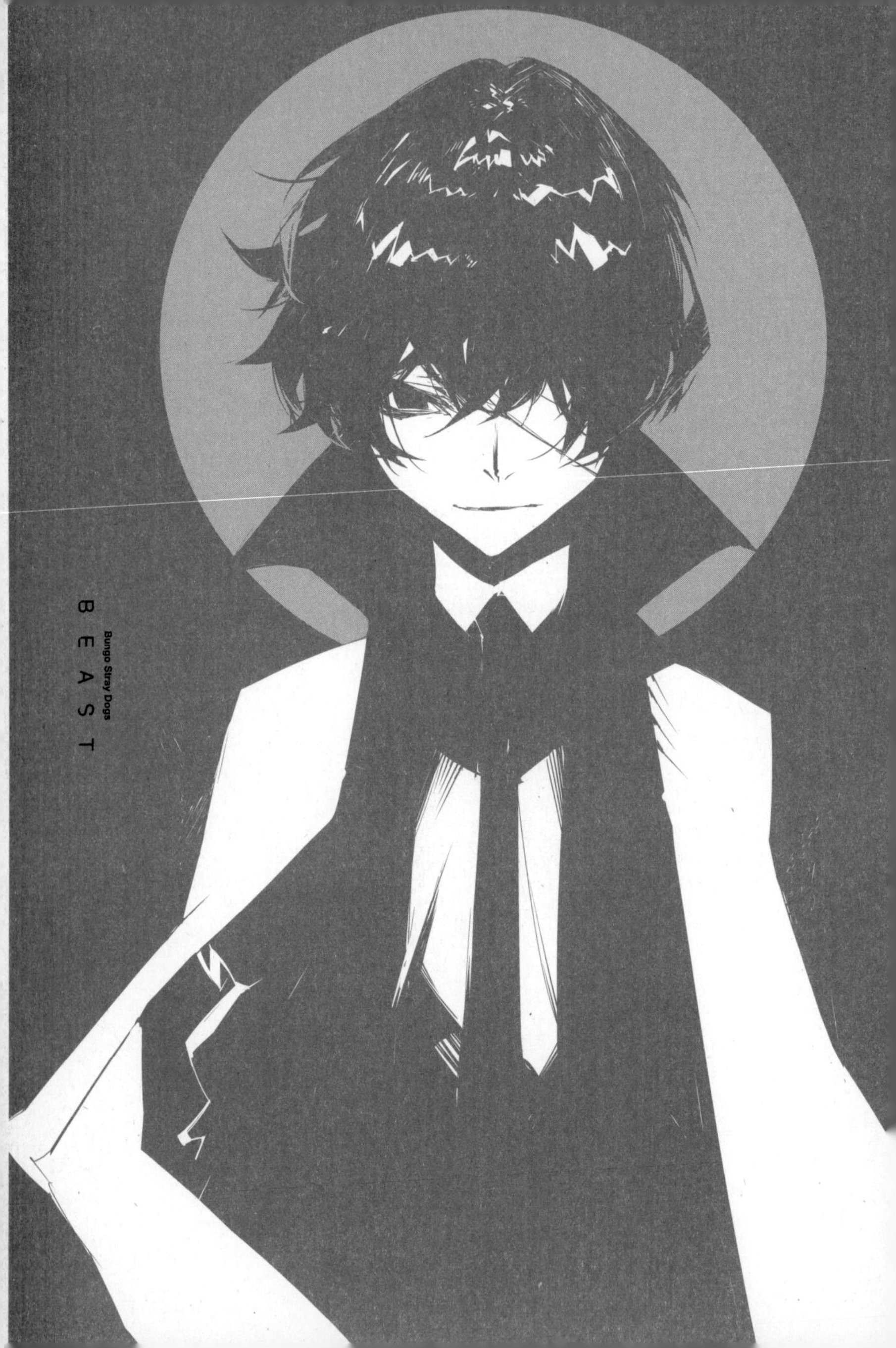
BEAST
Bungo Stray Dogs

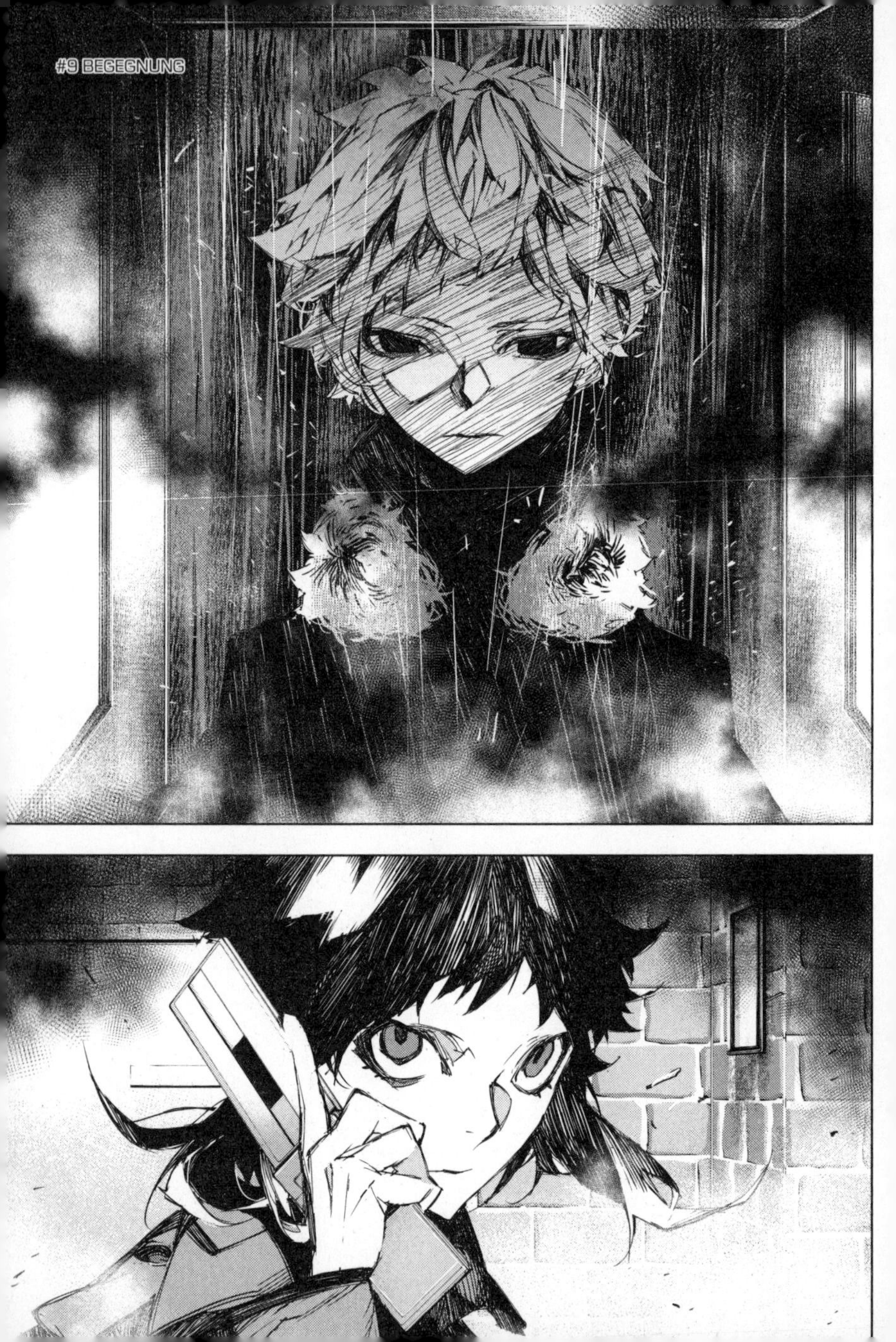
#9 BEGEGNUNG

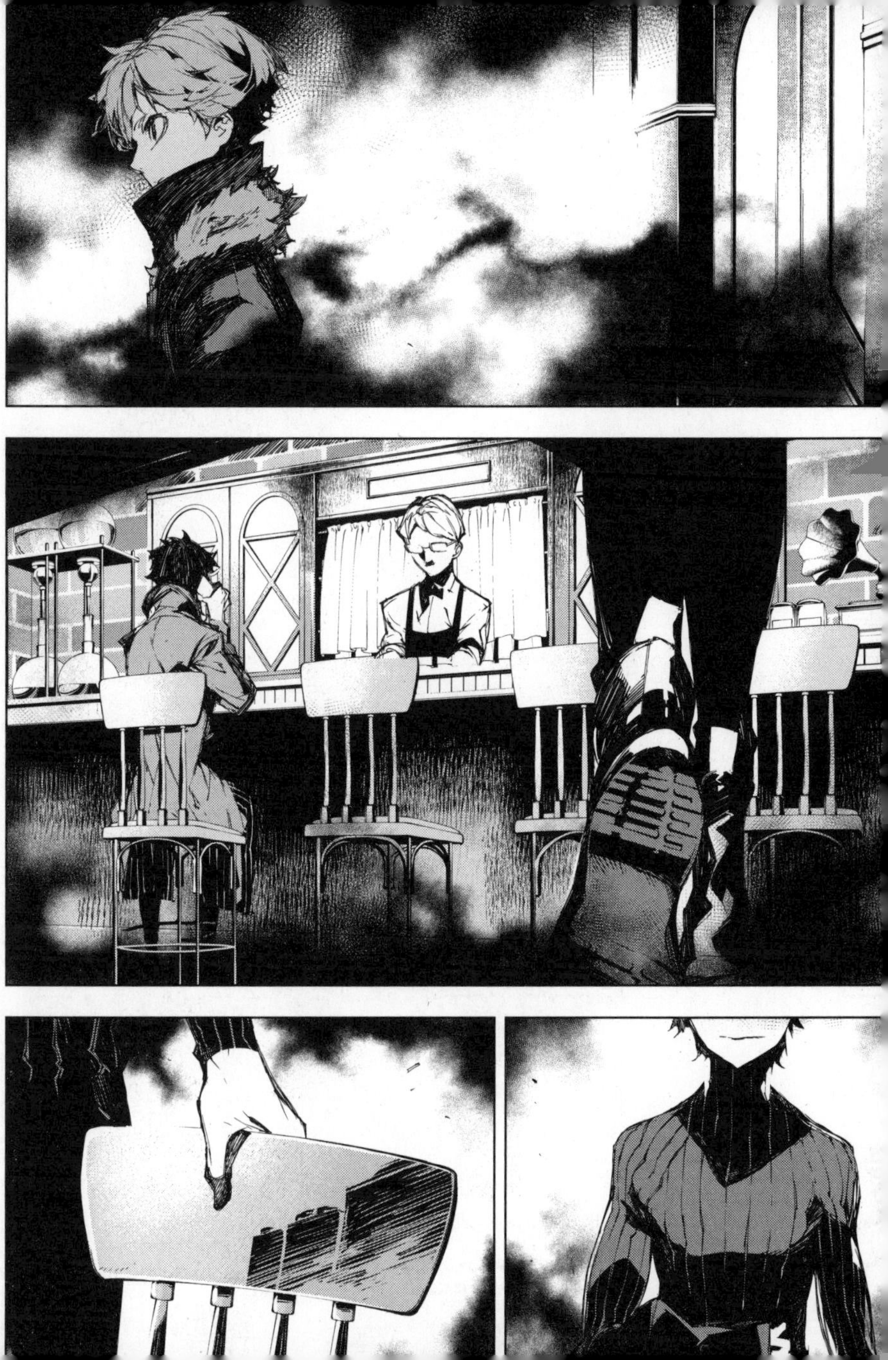

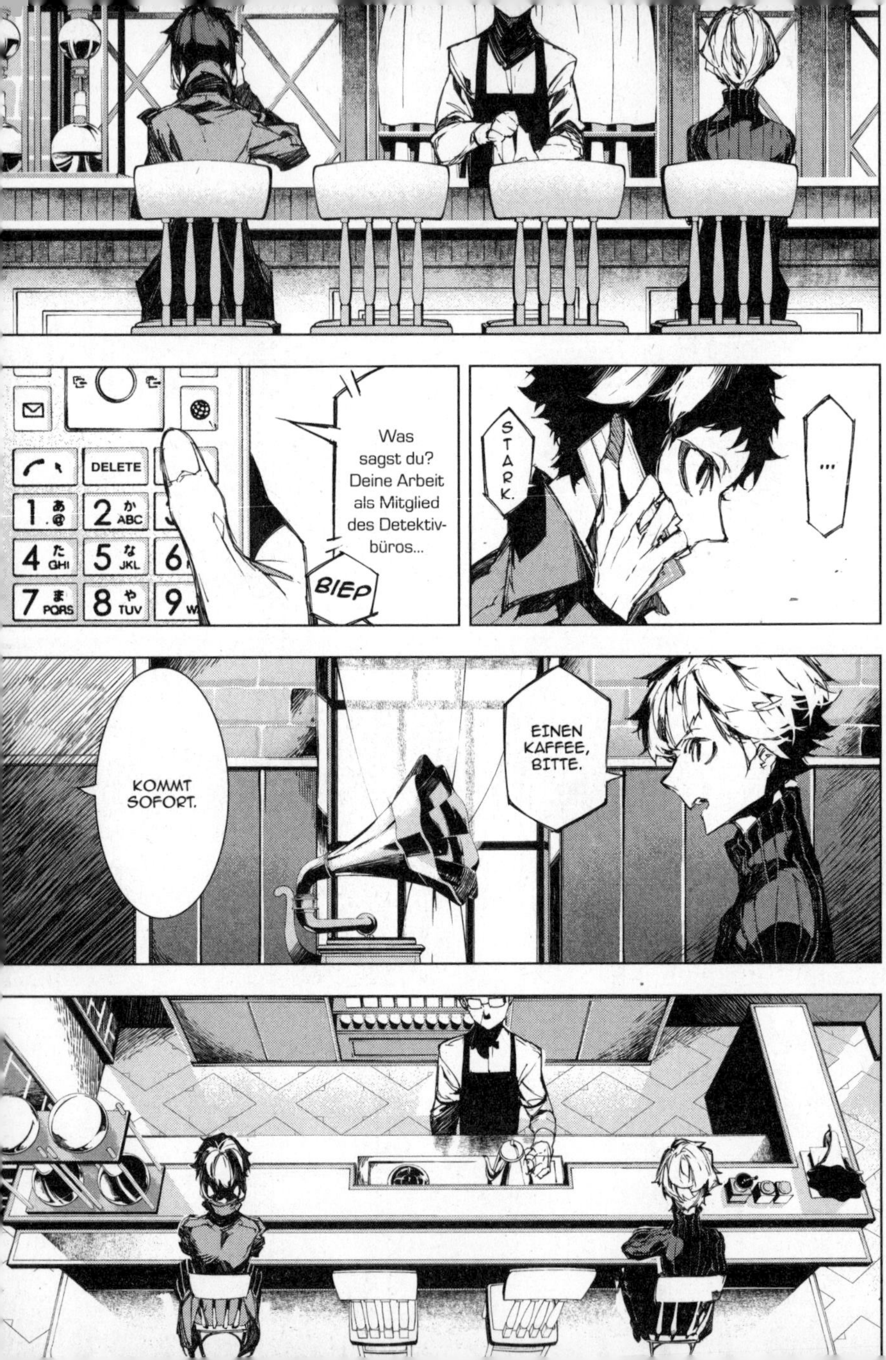

...
STARK.
Was sagst du? Deine Arbeit als Mitglied des Detektivbüros...
BIEP
EINEN KAFFEE, BITTE.
KOMMT SOFORT.

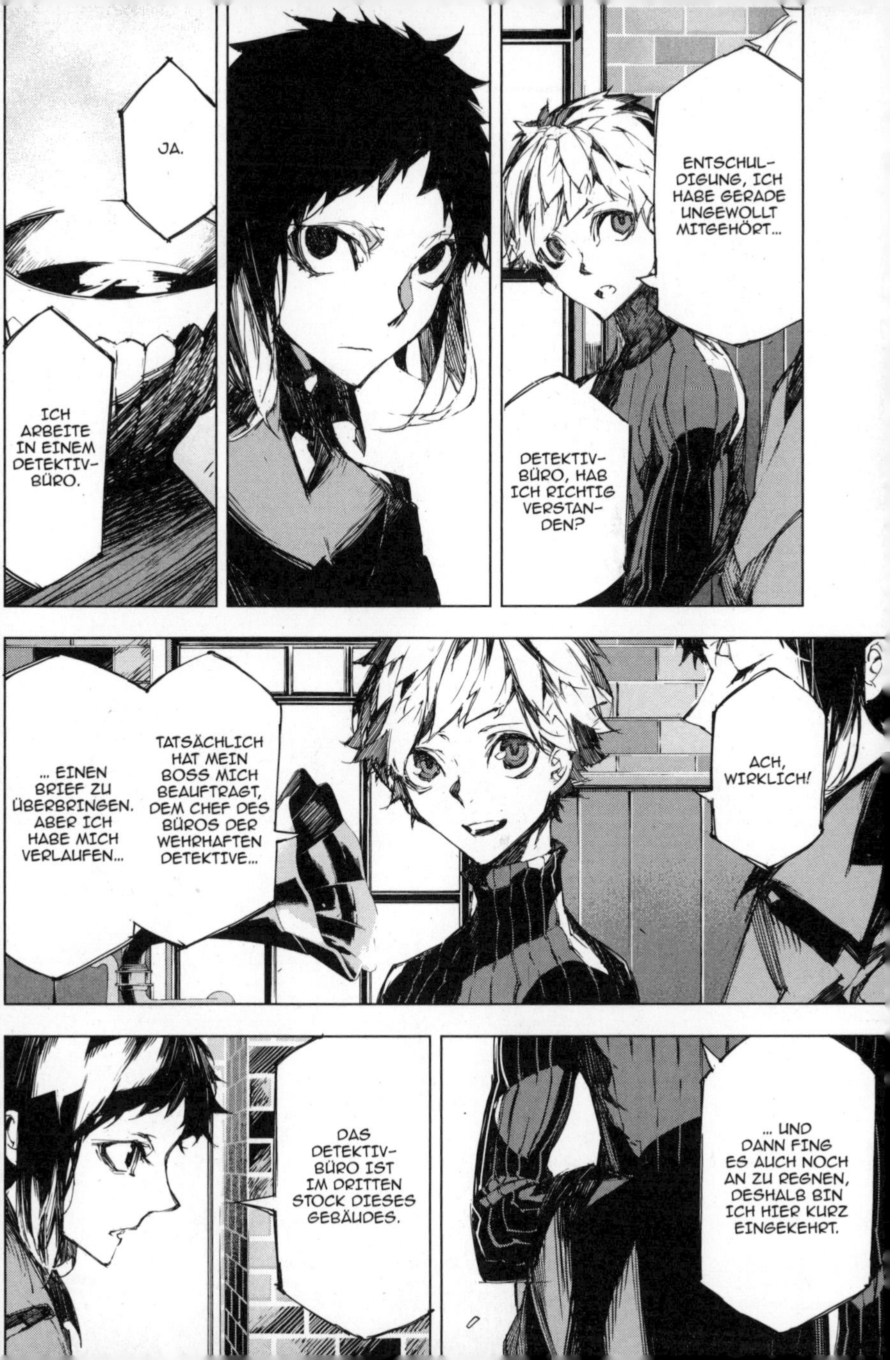
ENTSCHULDIGUNG, ICH HABE GERADE UNGEWOLLT MITGEHÖRT...
DETEKTIVBÜRO, HAB ICH RICHTIG VERSTANDEN?
JA.
ICH ARBEITE IN EINEM DETEKTIVBÜRO.
ACH, WIRKLICH!
TATSÄCHLICH HAT MEIN BOSS MICH BEAUFTRAGT, DEM CHEF DES BÜROS DER WEHRHAFTEN DETEKTIVE...
... EINEN BRIEF ZU ÜBERBRINGEN. ABER ICH HABE MICH VERLAUFEN...
... UND DANN FING ES AUCH NOCH AN ZU REGNEN, DESHALB BIN ICH HIER KURZ EINGEKEHRT.
DAS DETEKTIVBÜRO IST IM DRITTEN STOCK DIESES GEBÄUDES.

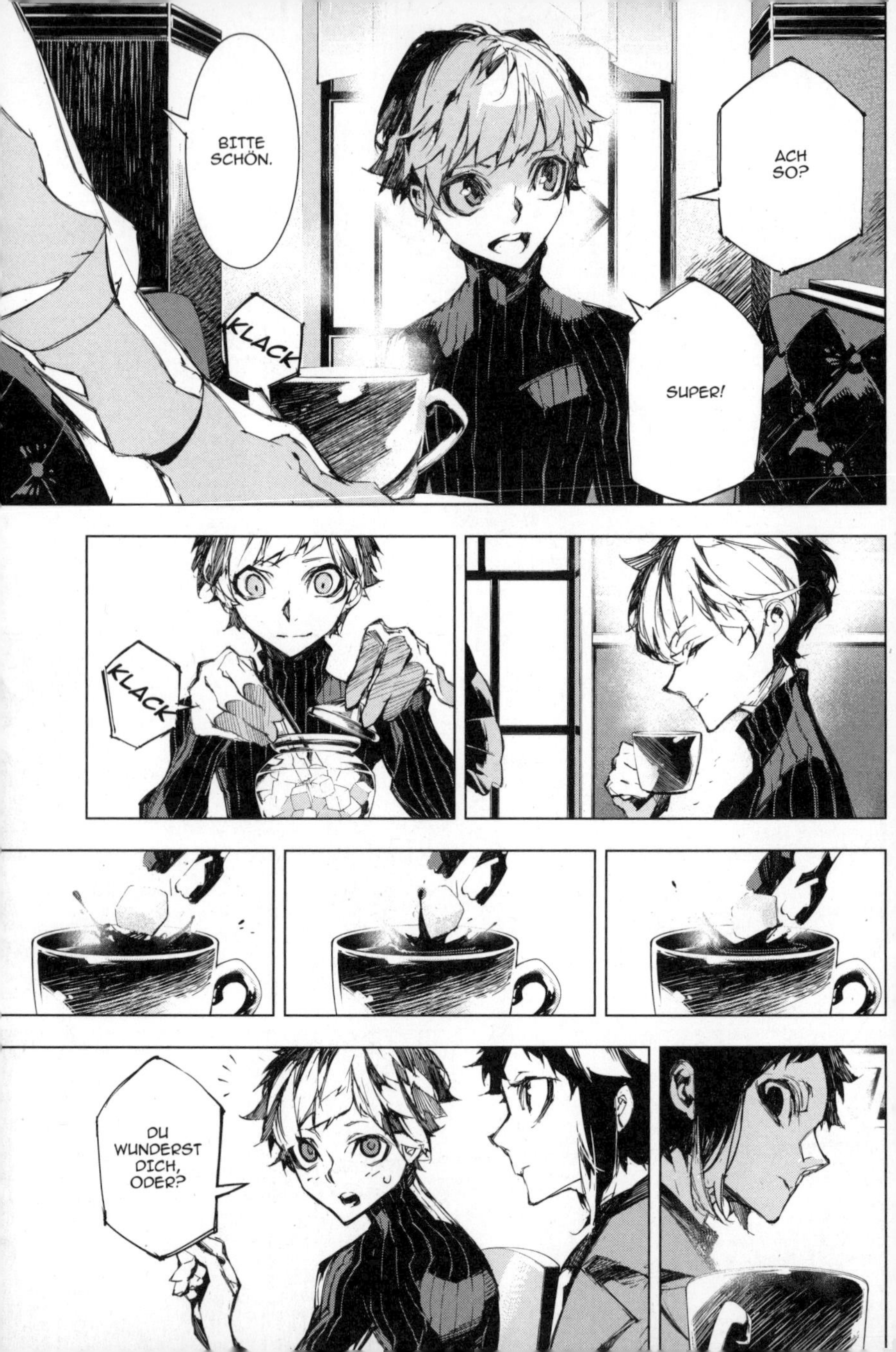
ACH SO?
SUPER!
BITTE SCHÖN.
KLACK
KLACK
DU WUNDERST DICH, ODER?

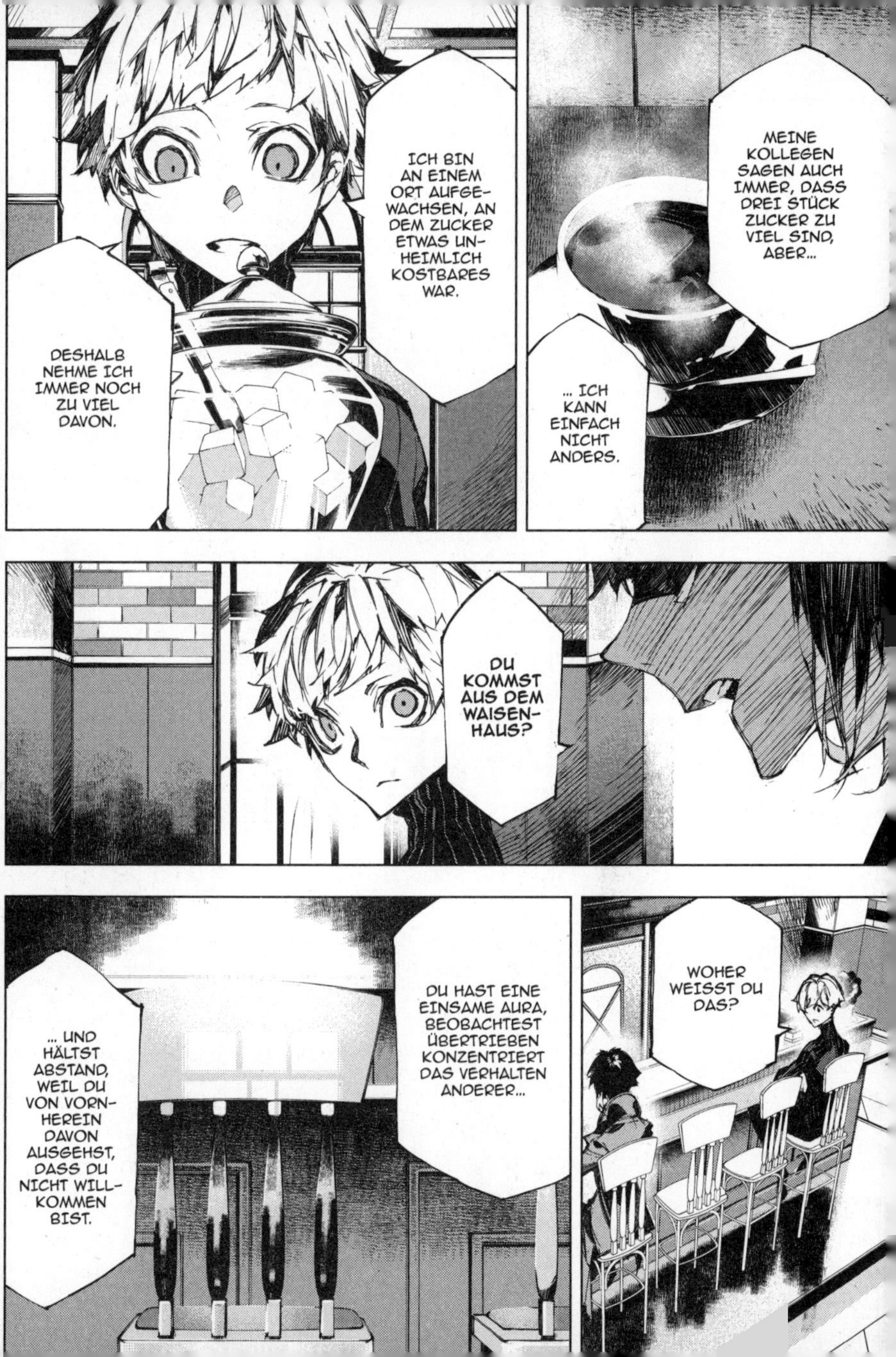
MEINE KOLLEGEN SAGEN AUCH IMMER, DASS DREI STÜCK ZUCKER ZU VIEL SIND, ABER...
... ICH KANN EINFACH NICHT ANDERS.
ICH BIN AN EINEM ORT AUFGE-WACHSEN, AN DEM ZUCKER ETWAS UN-HEIMLICH KOSTBARES WAR.
DESHALB NEHME ICH IMMER NOCH ZU VIEL DAVON.
DU KOMMST AUS DEM WAISEN-HAUS?
WOHER WEISST DU DAS?
DU HAST EINE EINSAME AURA, BEOBACHTEST ÜBERTRIEBEN KONZENTRIERT DAS VERHALTEN ANDERER...
... UND HÄLTST ABSTAND, WEIL DU VON VORN-HEREIN DAVON AUSGEHST, DASS DU NICHT WILL-KOMMEN BIST.

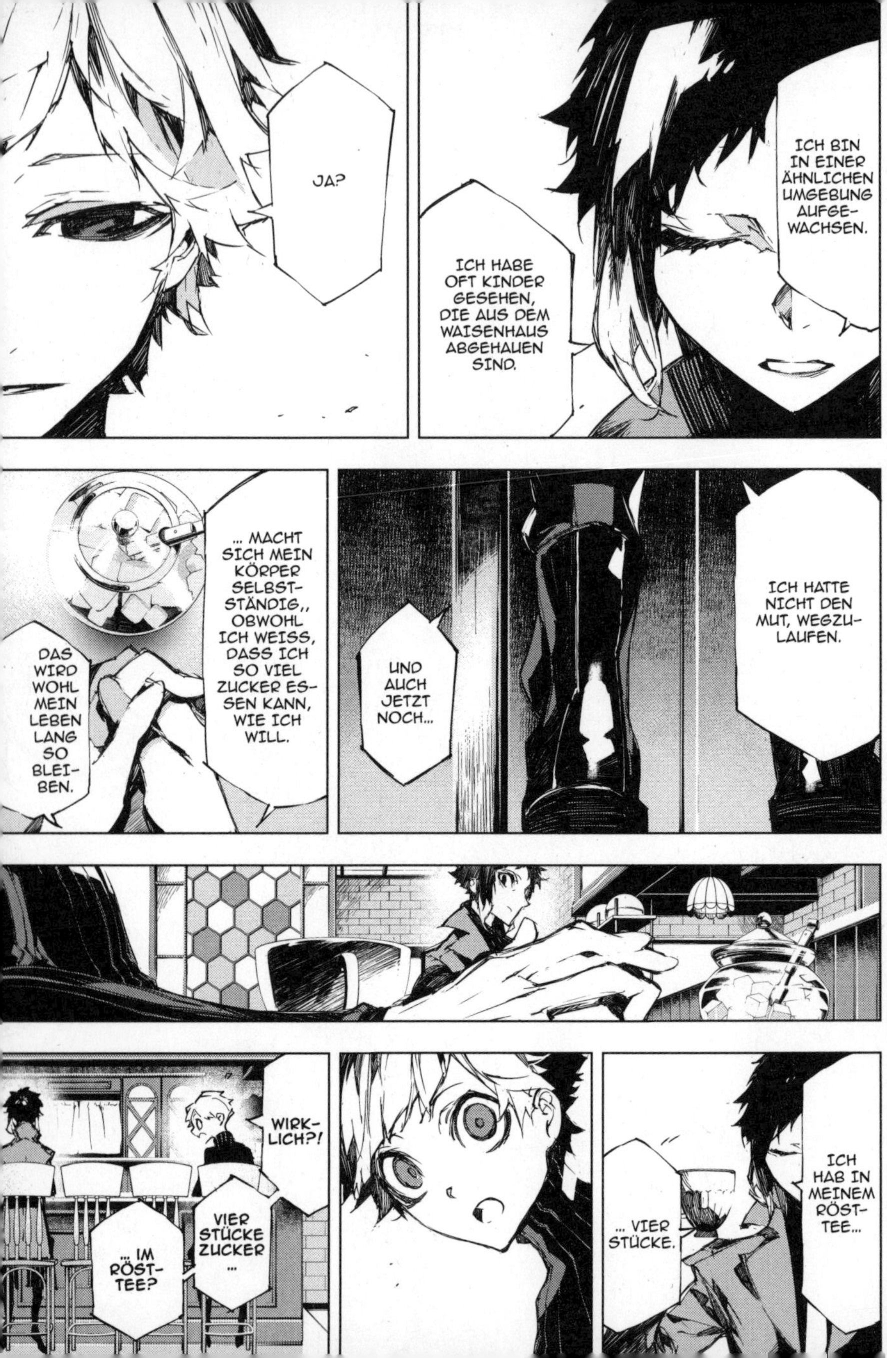
ICH BIN IN EINER ÄHNLICHEN UMGEBUNG AUFGEWACHSEN.
ICH HABE OFT KINDER GESEHEN, DIE AUS DEM WAISENHAUS ABGEHAUEN SIND.
JA?
ICH HATTE NICHT DEN MUT, WEGZULAUFEN.
UND AUCH JETZT NOCH...
... MACHT SICH MEIN KÖRPER SELBSTSTÄNDIG,, OBWOHL ICH WEISS, DASS ICH SO VIEL ZUCKER ESSEN KANN, WIE ICH WILL.
DAS WIRD WOHL MEIN LEBEN LANG SO BLEIBEN.
ICH HAB IN MEINEM RÖSTTEE...
... VIER STÜCKE.
WIRKLICH?!
VIER STÜCKE ZUCKER ...
... IM RÖSTTEE?

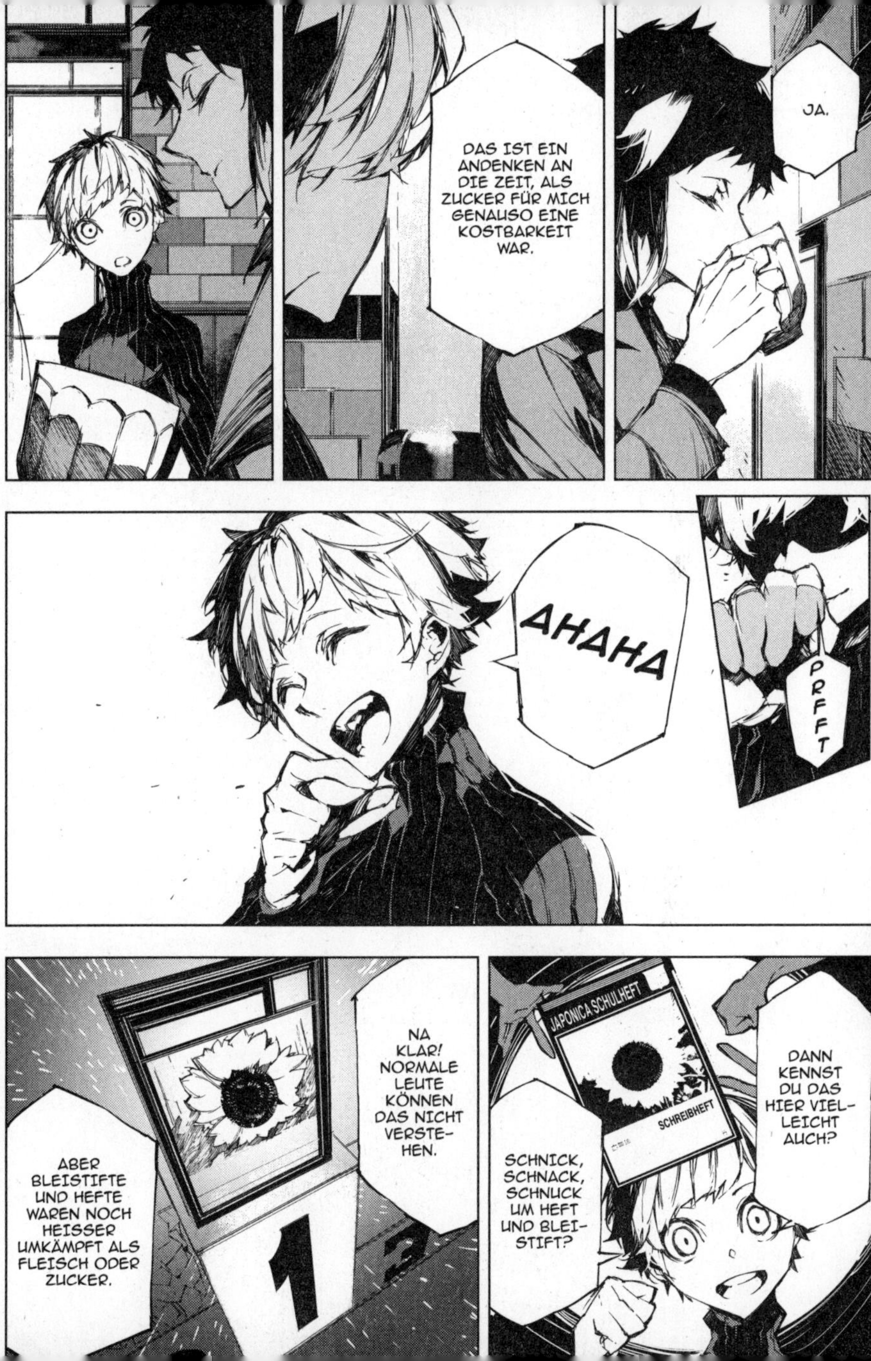
JA.
DAS IST EIN ANDENKEN AN DIE ZEIT, ALS ZUCKER FÜR MICH GENAUSO EINE KOSTBARKEIT WAR.
PRFFT
AHAHA
DANN KENNST DU DAS HIER VIELLEICHT AUCH?
JAPONICA SCHULHEFT
SCHREIBHEFT
SCHNICK, SCHNACK, SCHNUCK UM HEFT UND BLEISTIFT?
NA KLAR! NORMALE LEUTE KÖNNEN DAS NICHT VERSTEHEN.
ABER BLEISTIFTE UND HEFTE WAREN NOCH HEISSER UMKÄMPFT ALS FLEISCH ODER ZUCKER.

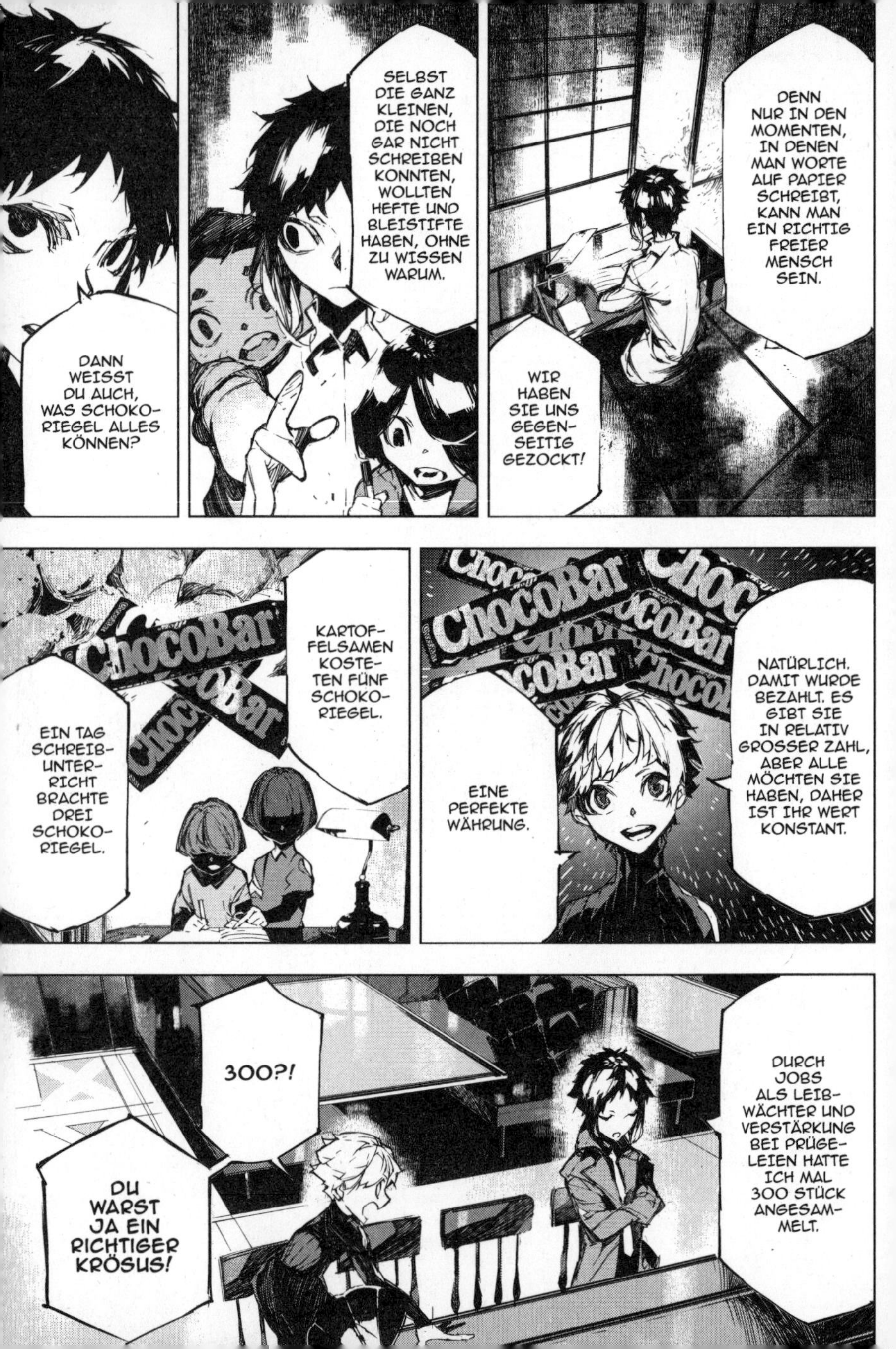
DENN NUR IN DEN MOMENTEN, IN DENEN MAN WORTE AUF PAPIER SCHREIBT, KANN MAN EIN RICHTIG FREIER MENSCH SEIN.
WIR HABEN SIE UNS GEGEN-SEITIG GEZOCKT!
SELBST DIE GANZ KLEINEN, DIE NOCH GAR NICHT SCHREIBEN KONNTEN, WOLLTEN HEFTE UND BLEISTIFTE HABEN, OHNE ZU WISSEN WARUM.
DANN WEISST DU AUCH, WAS SCHOKO-RIEGEL ALLES KÖNNEN?
NATÜRLICH. DAMIT WURDE BEZAHLT. ES GIBT SIE IN RELATIV GROSSER ZAHL, ABER ALLE MÖCHTEN SIE HABEN, DAHER IST IHR WERT KONSTANT.
EINE PERFEKTE WÄHRUNG.
ChocoBar
KARTOF-FELSAMEN KOSTE-TEN FÜNF SCHOKO-RIEGEL.
EIN TAG SCHREIB-UNTER-RICHT BRACHTE DREI SCHOKO-RIEGEL.
DURCH JOBS ALS LEIB-WÄCHTER UND VERSTÄRKUNG BEI PRÜGE-LEIEN HATTE ICH MAL 300 STÜCK ANGESAM-MELT.
300?!
DU WARST JA EIN RICHTIGER KRÖSUS!

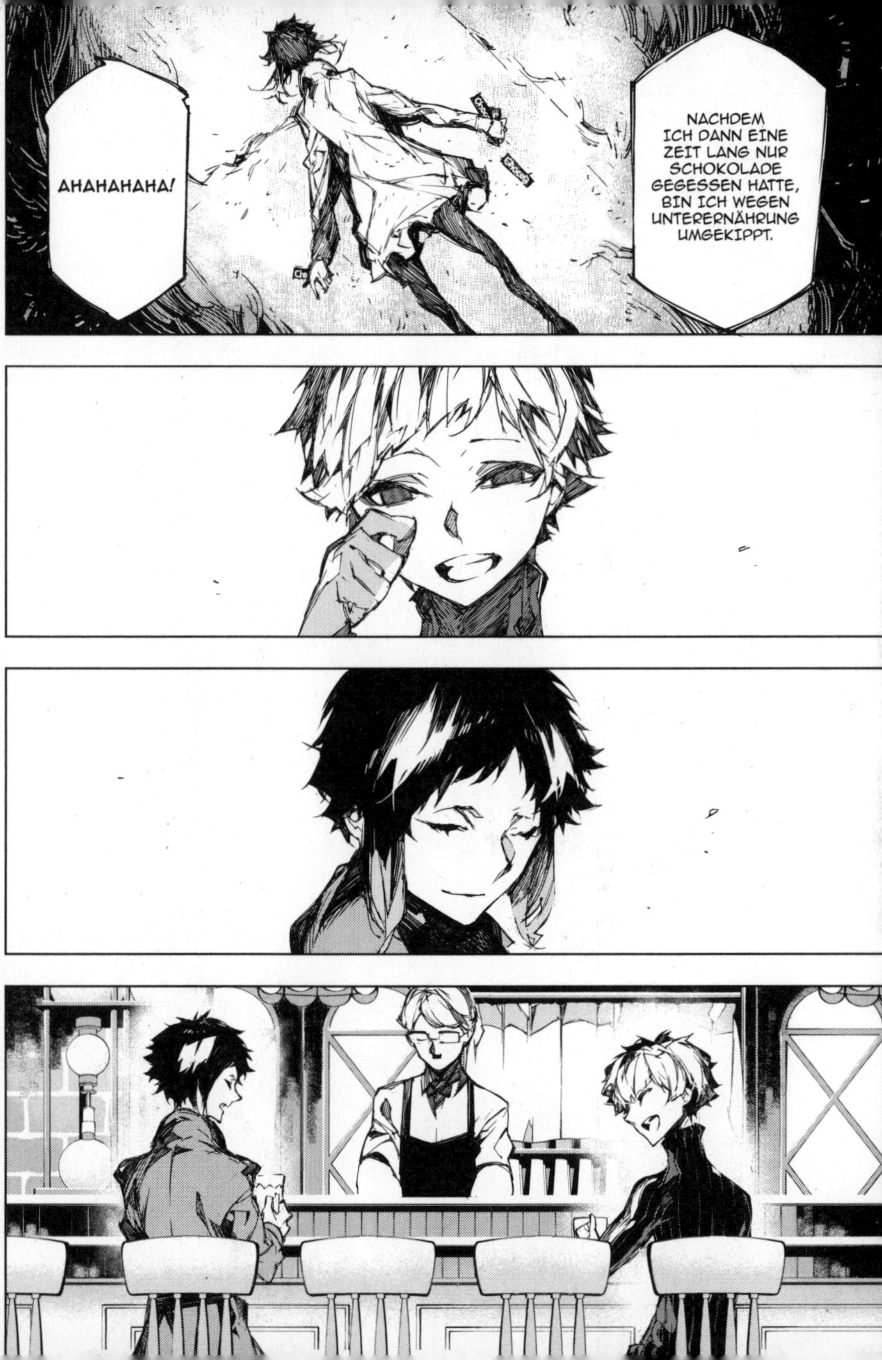
NACHDEM ICH DANN EINE ZEIT LANG NUR SCHOKOLADE GEGESSEN HATTE, BIN ICH WEGEN UNTERERNÄHRUNG UMGEKIPPT.
AHAHAHAHA!

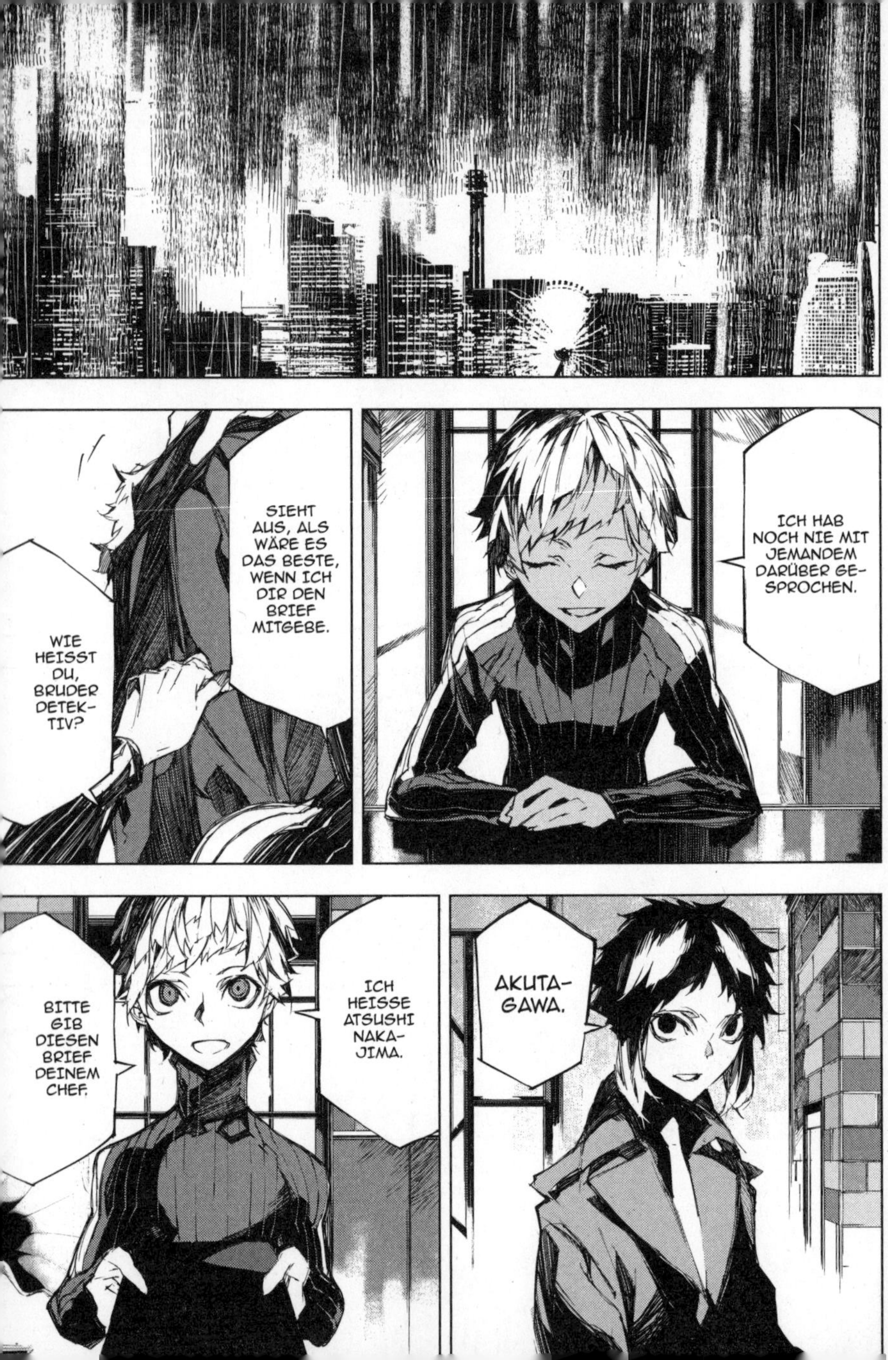
ICH HAB NOCH NIE MIT JEMANDEM DARÜBER GESPROCHEN.
SIEHT AUS, ALS WÄRE ES DAS BESTE, WENN ICH DIR DEN BRIEF MITGEBE.
WIE HEISST DU, BRUDER DETEKTIV?
AKUTAGAWA.
ICH HEISSE ATSUSHI NAKAJIMA.
BITTE GIB DIESEN BRIEF DEINEM CHEF.

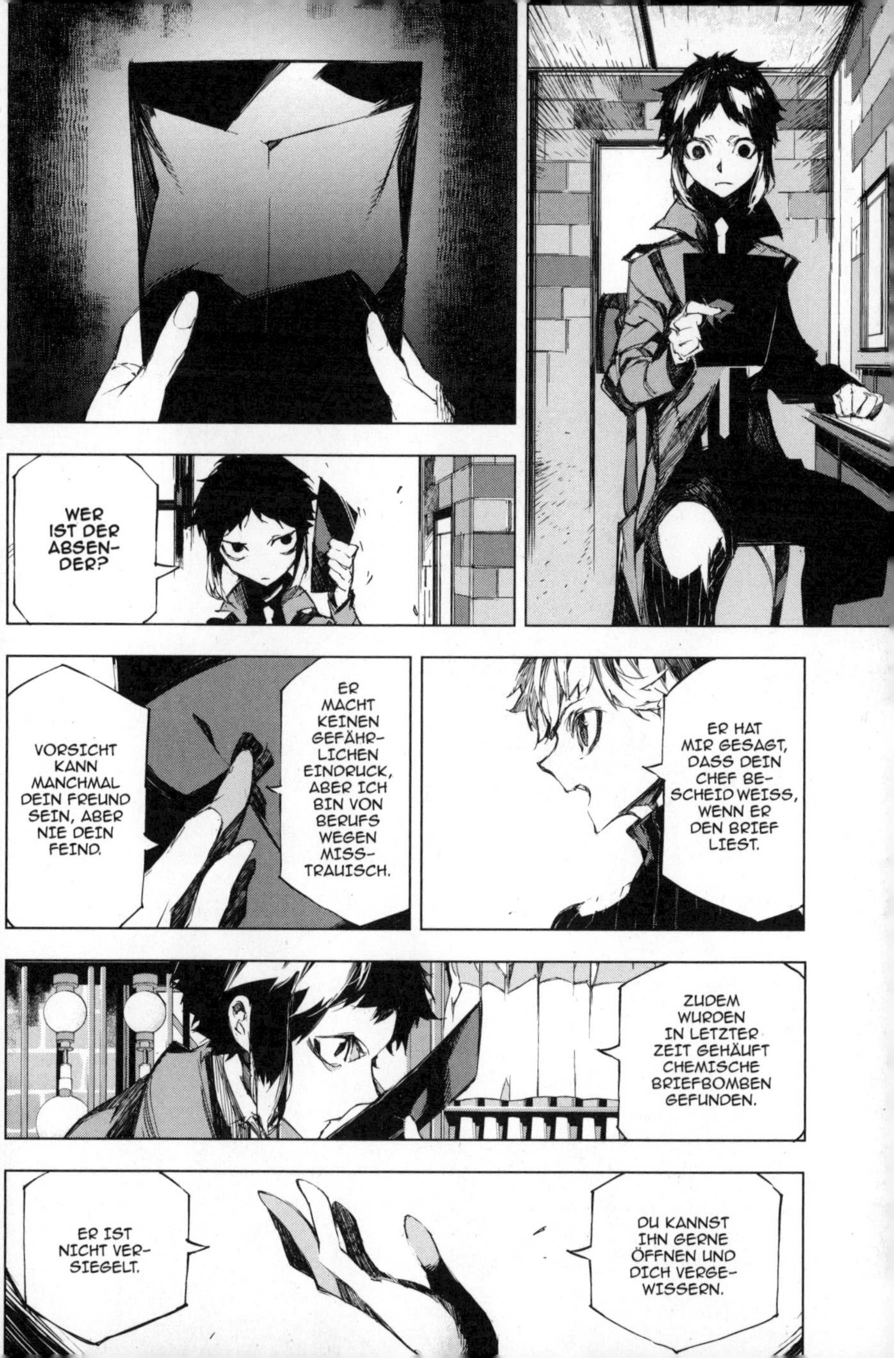
WER IST DER ABSENDER?
ER HAT MIR GESAGT, DASS DEIN CHEF BESCHEID WEISS, WENN ER DEN BRIEF LIEST.
ER MACHT KEINEN GEFÄHRLICHEN EINDRUCK, ABER ICH BIN VON BERUFS WEGEN MISSTRAUISCH.
VORSICHT KANN MANCHMAL DEIN FREUND SEIN, ABER NIE DEIN FEIND.
ZUDEM WURDEN IN LETZTER ZEIT GEHÄUFT CHEMISCHE BRIEFBOMBEN GEFUNDEN.
DU KANNST IHN GERNE ÖFFNEN UND DICH VERGEWISSERN.
ER IST NICHT VERSIEGELT.

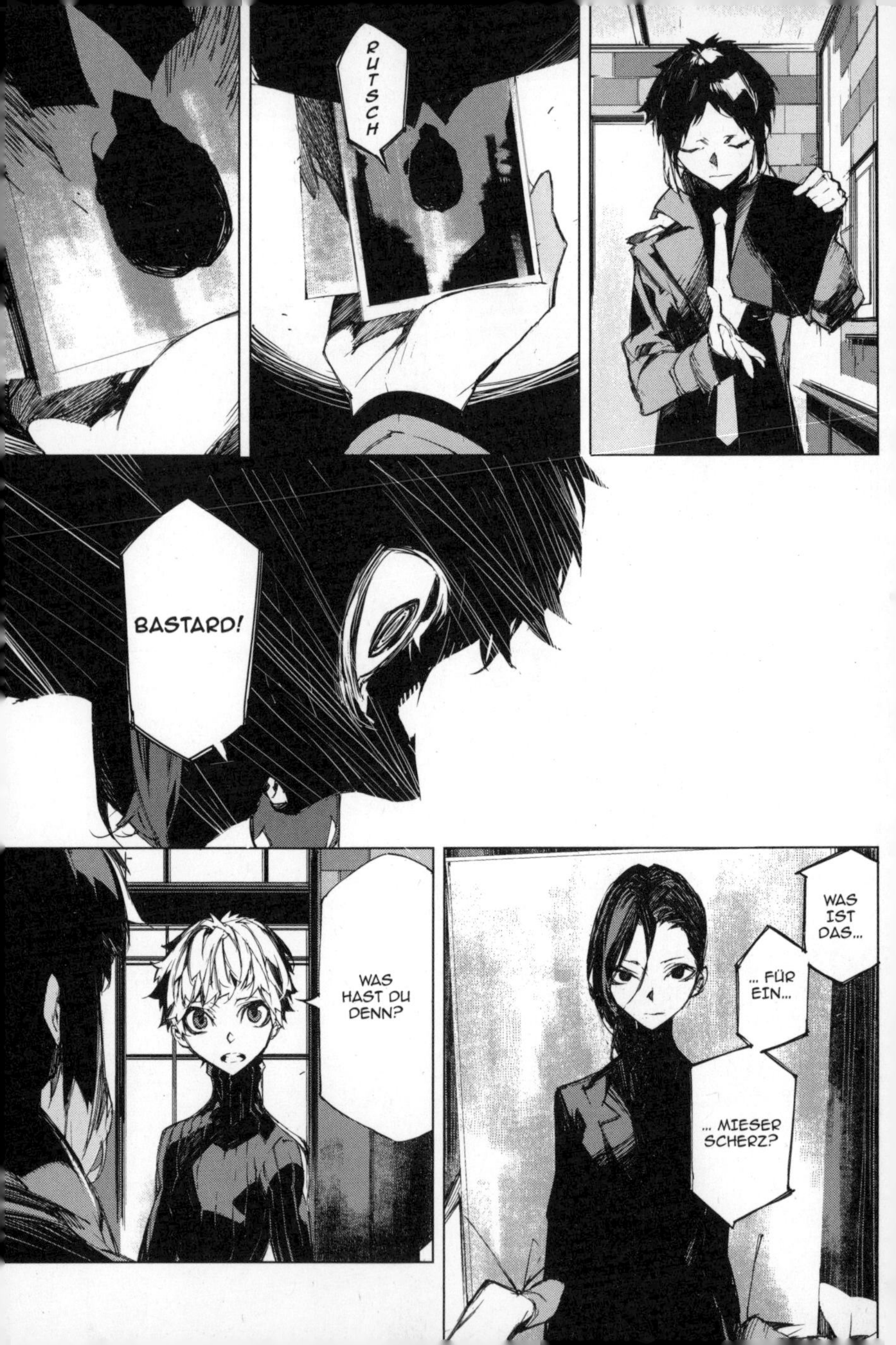
RUTSCH
BASTARD!
WAS IST DAS...
... FÜR EIN...
... MIESER SCHERZ?
WAS HAST DU DENN?

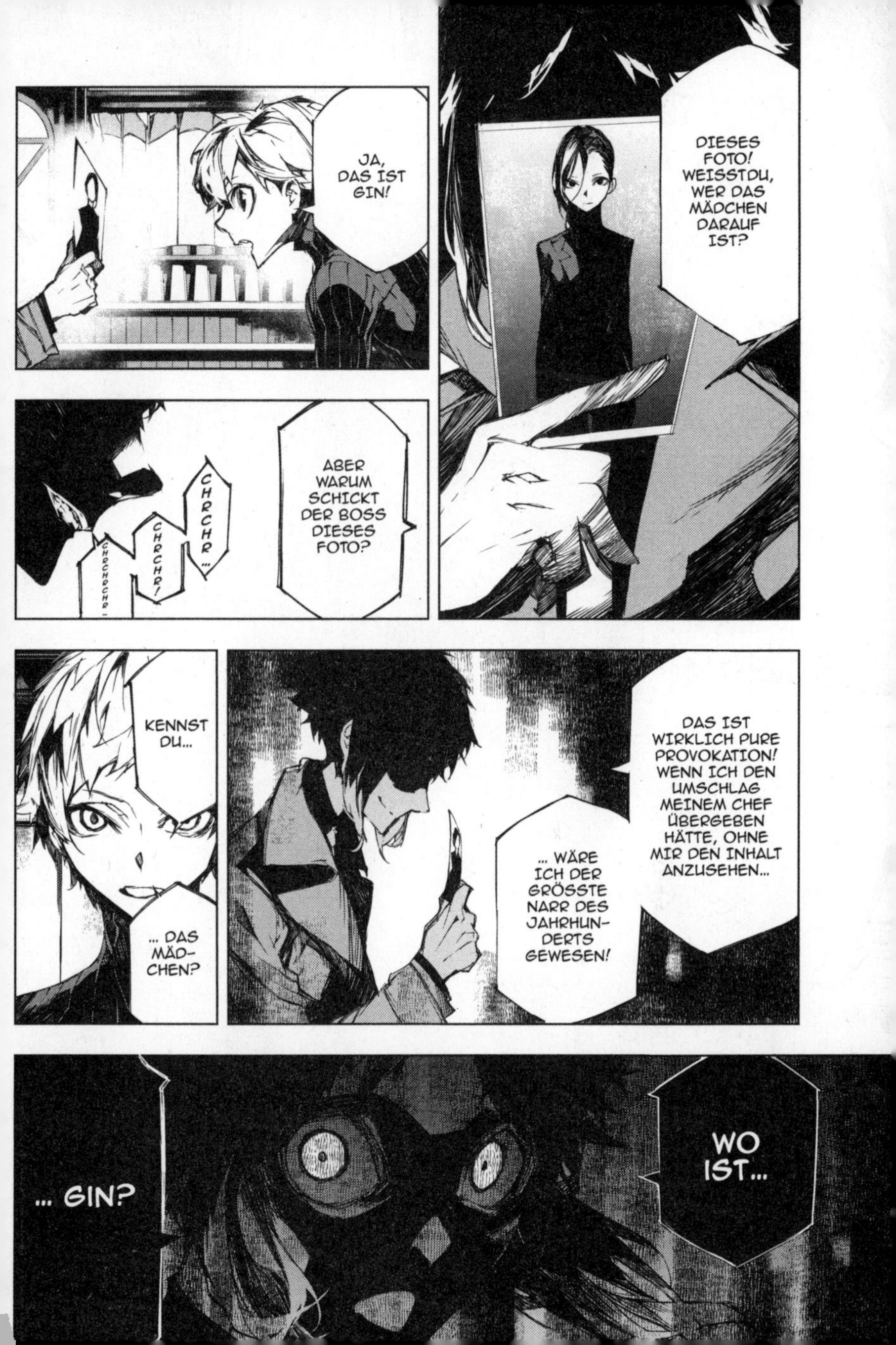
DIESES FOTO! WEISSTDU, WER DAS MÄDCHEN DARAUF IST?
JA, DAS IST GIN!
ABER WARUM SCHICKT DER BOSS DIESES FOTO?
CHRCHR ...
CHRCHR!
CHRCHRCHR ...
DAS IST WIRKLICH PURE PROVOKATION! WENN ICH DEN UMSCHLAG MEINEM CHEF ÜBERGEBEN HÄTTE, OHNE MIR DEN INHALT ANZUSEHEN...
... WÄRE ICH DER GRÖSSTE NARR DES JAHRHUN-DERTS GEWESEN!
KENNST DU...
... DAS MÄD-CHEN?
WO IST...
... GIN?

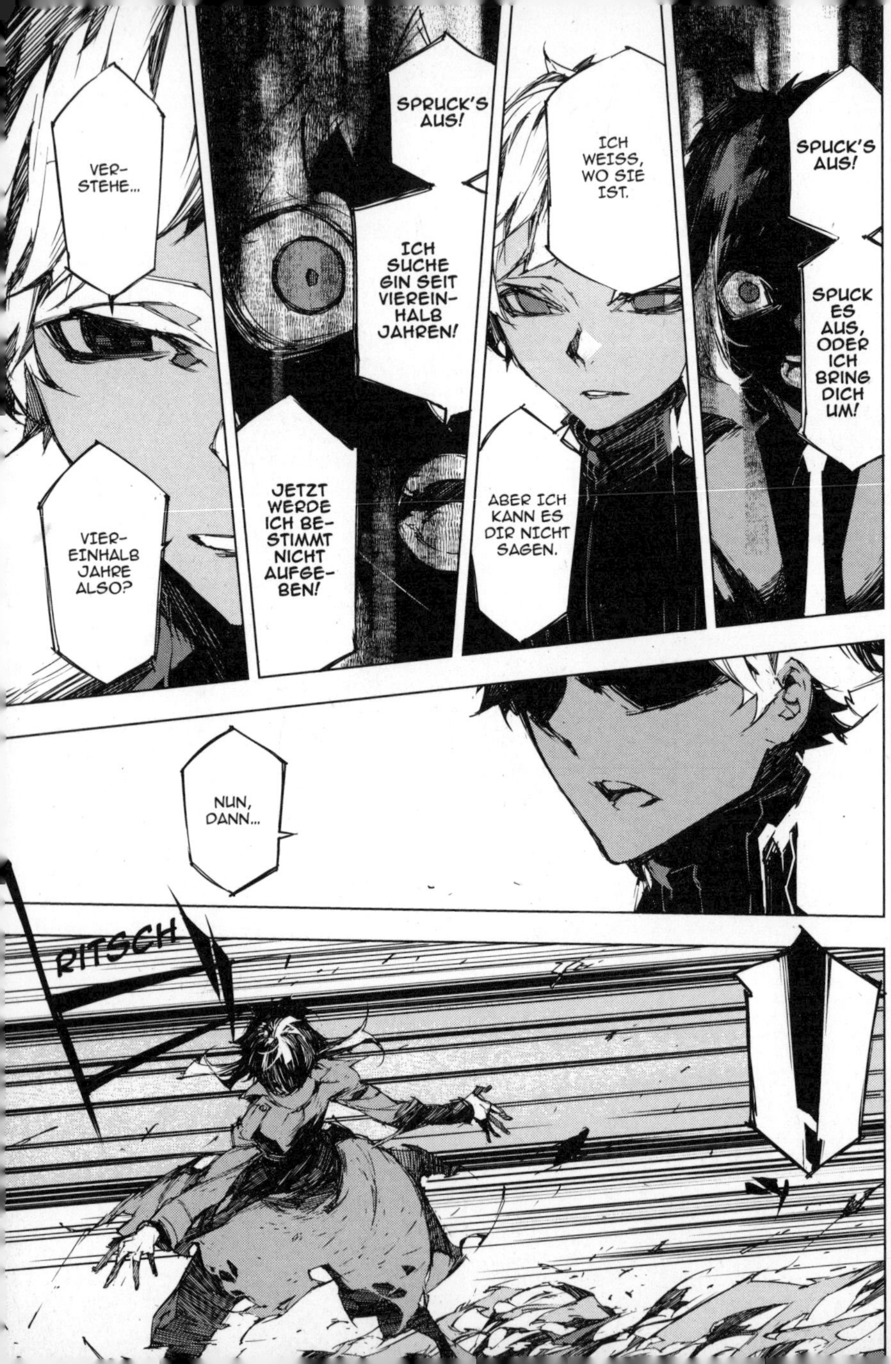
SPUCK'S AUS!
SPUCK ES AUS, ODER ICH BRING DICH UM!
ICH WEISS, WO SIE IST.
ABER ICH KANN ES DIR NICHT SAGEN.
SPRUCK'S AUS!
ICH SUCHE GIN SEIT VIEREIN-HALB JAHREN!
JETZT WERDE ICH BE-STIMMT NICHT AUFGE-BEN!
VER-STEHE...
VIER-EINHALB JAHRE ALSO?
NUN, DANN...
RITSCH

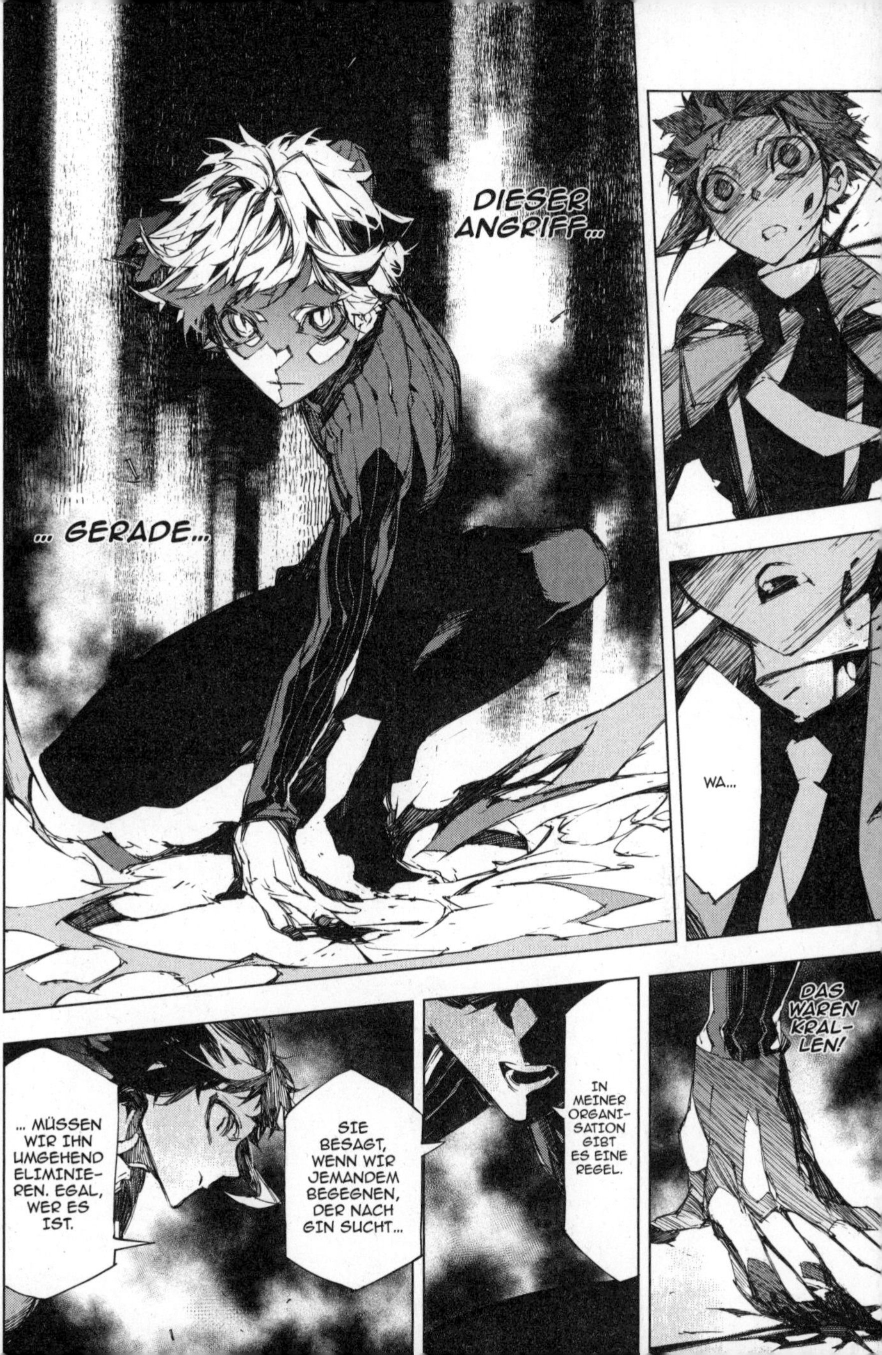
DIESER ANGRIFF...
... GERADE...
WA...
DAS WAREN KRAL-LEN!
IN MEINER ORGANI-SATION GIBT ES EINE REGEL.
SIE BESAGT, WENN WIR JEMANDEM BEGEGNEN, DER NACH GIN SUCHT...
... MÜSSEN WIR IHN UMGEHEND ELIMINIE-REN. EGAL, WER ES IST.

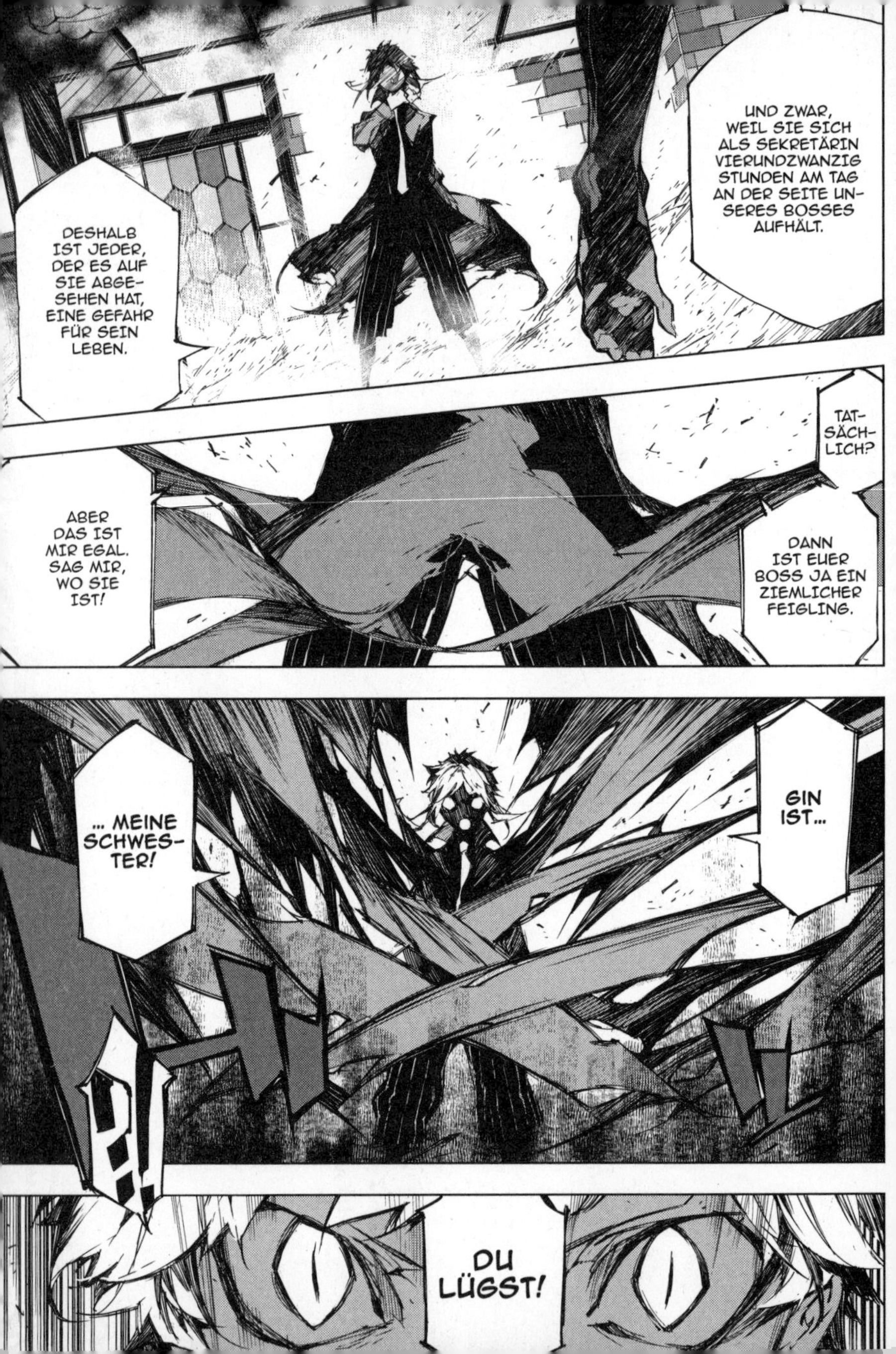
UND ZWAR, WEIL SIE SICH ALS SEKRETÄRIN VIERUNDZWANZIG STUNDEN AM TAG AN DER SEITE UNSERES BOSSES AUFHÄLT.
DESHALB IST JEDER, DER ES AUF SIE ABGESEHEN HAT, EINE GEFAHR FÜR SEIN LEBEN.
TATSÄCHLICH?
DANN IST EUER BOSS JA EIN ZIEMLICHER FEIGLING.
ABER DAS IST MIR EGAL. SAG MIR, WO SIE IST!
GIN IST ...
... MEINE SCHWESTER!
?!
DU LÜGST!

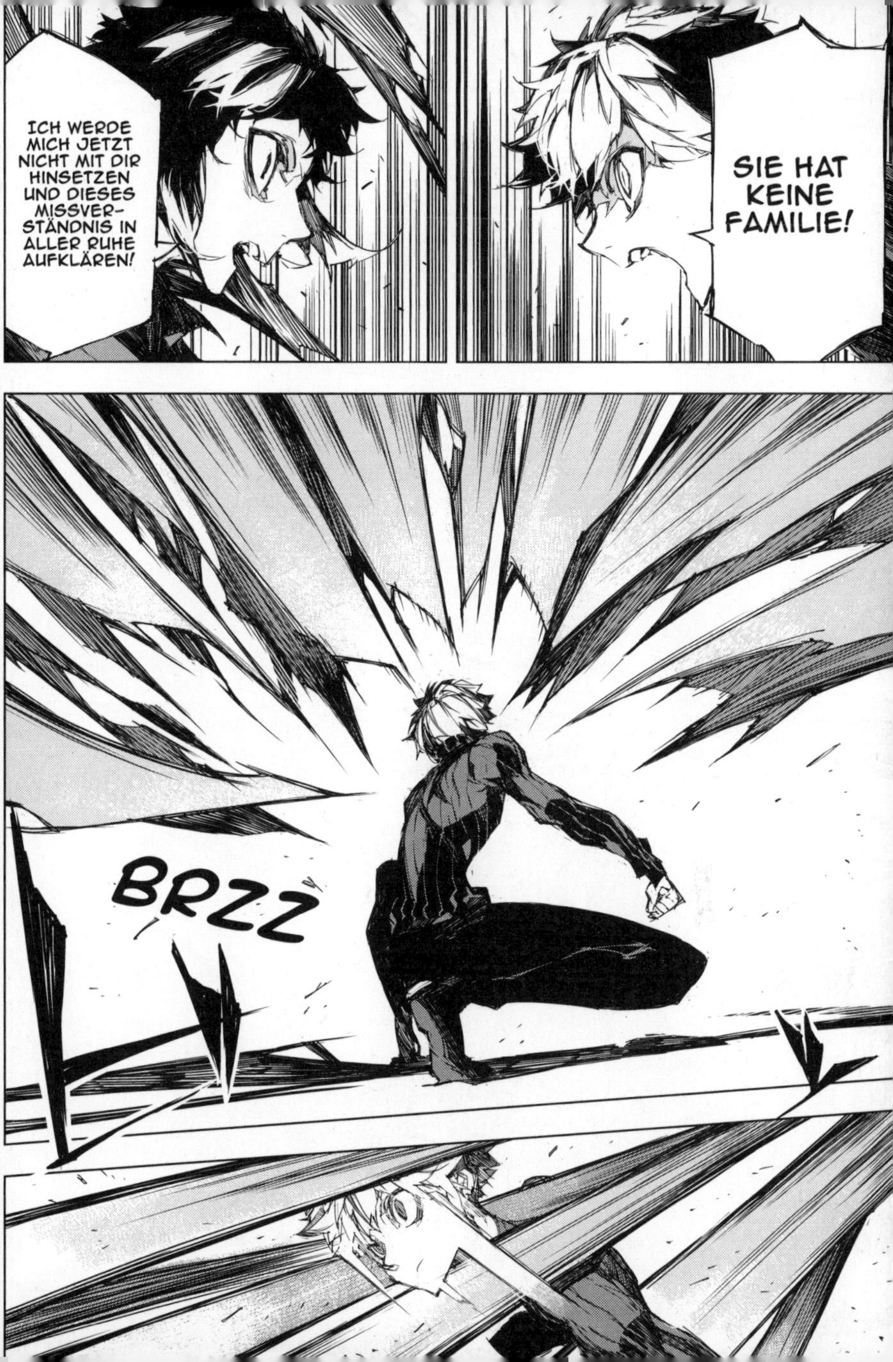
SIE HAT KEINE FAMILIE!
ICH WERDE MICH JETZT NICHT MIT DIR HINSETZEN UND DIESES MISSVER-STÄNDNIS IN ALLER RUHE AUFKLÄREN!
BRZZ

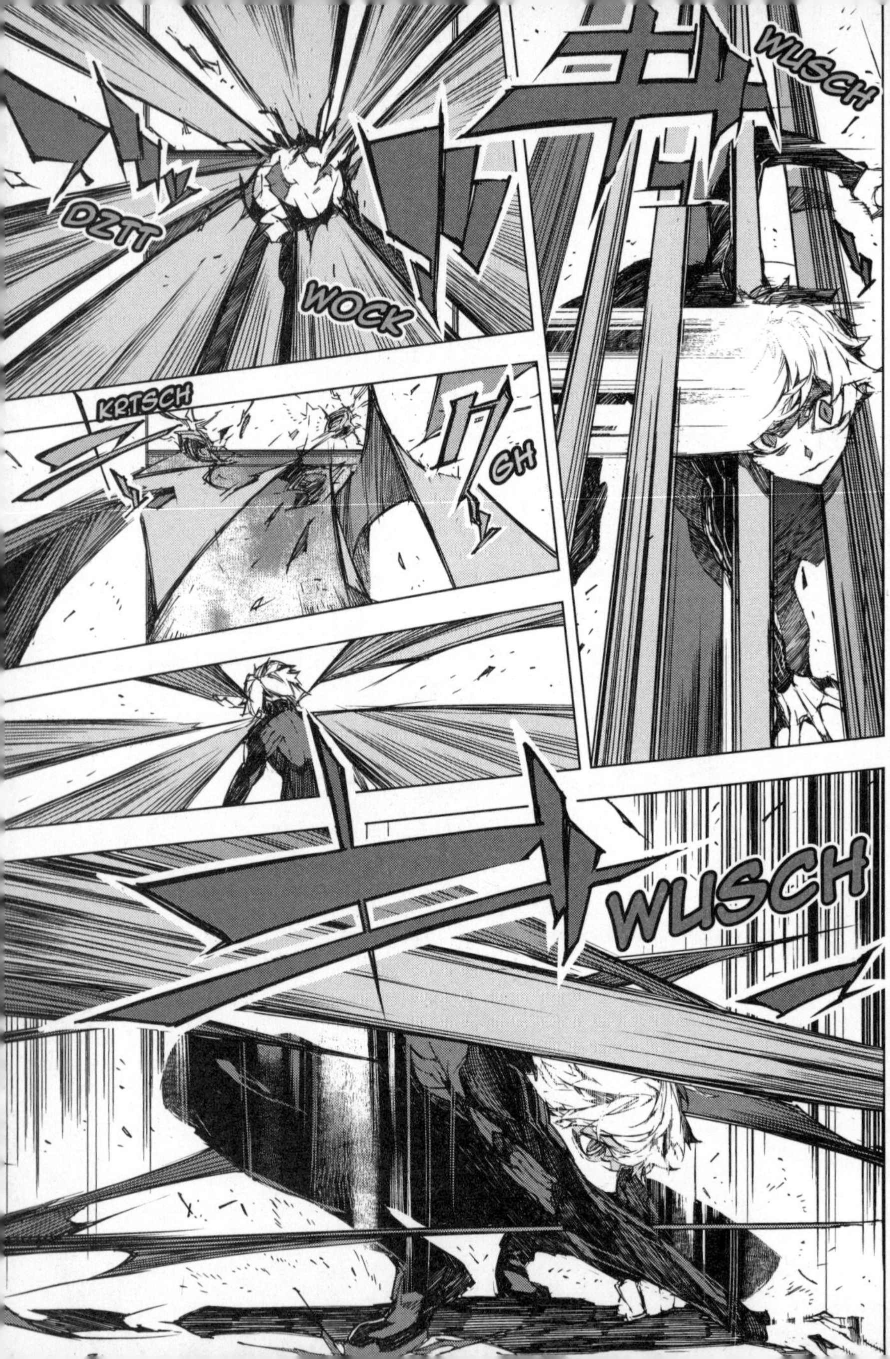
WUSCH
WOCK
DZTT
GH
KRTSCH
WUSCH

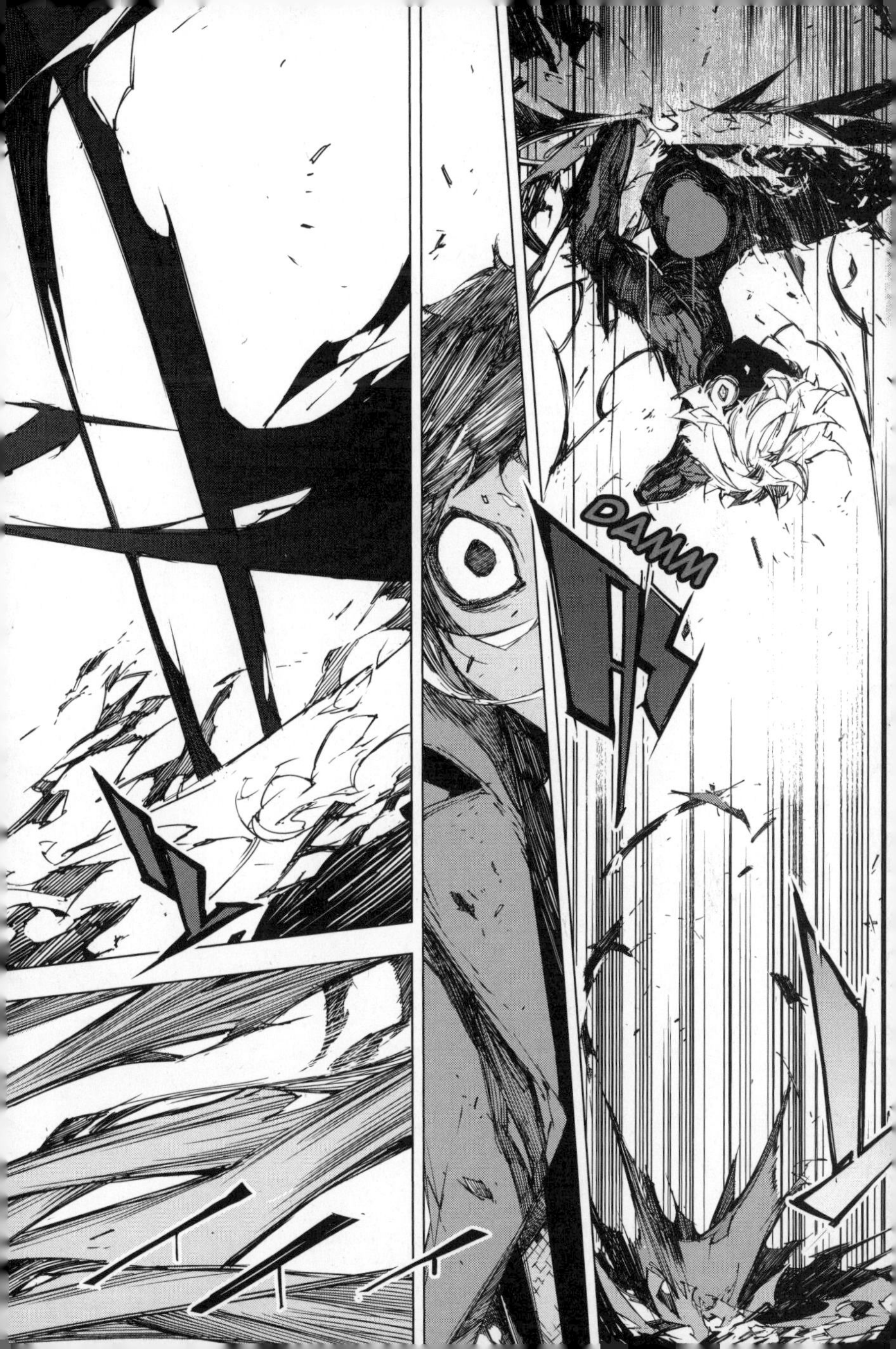
DAMM

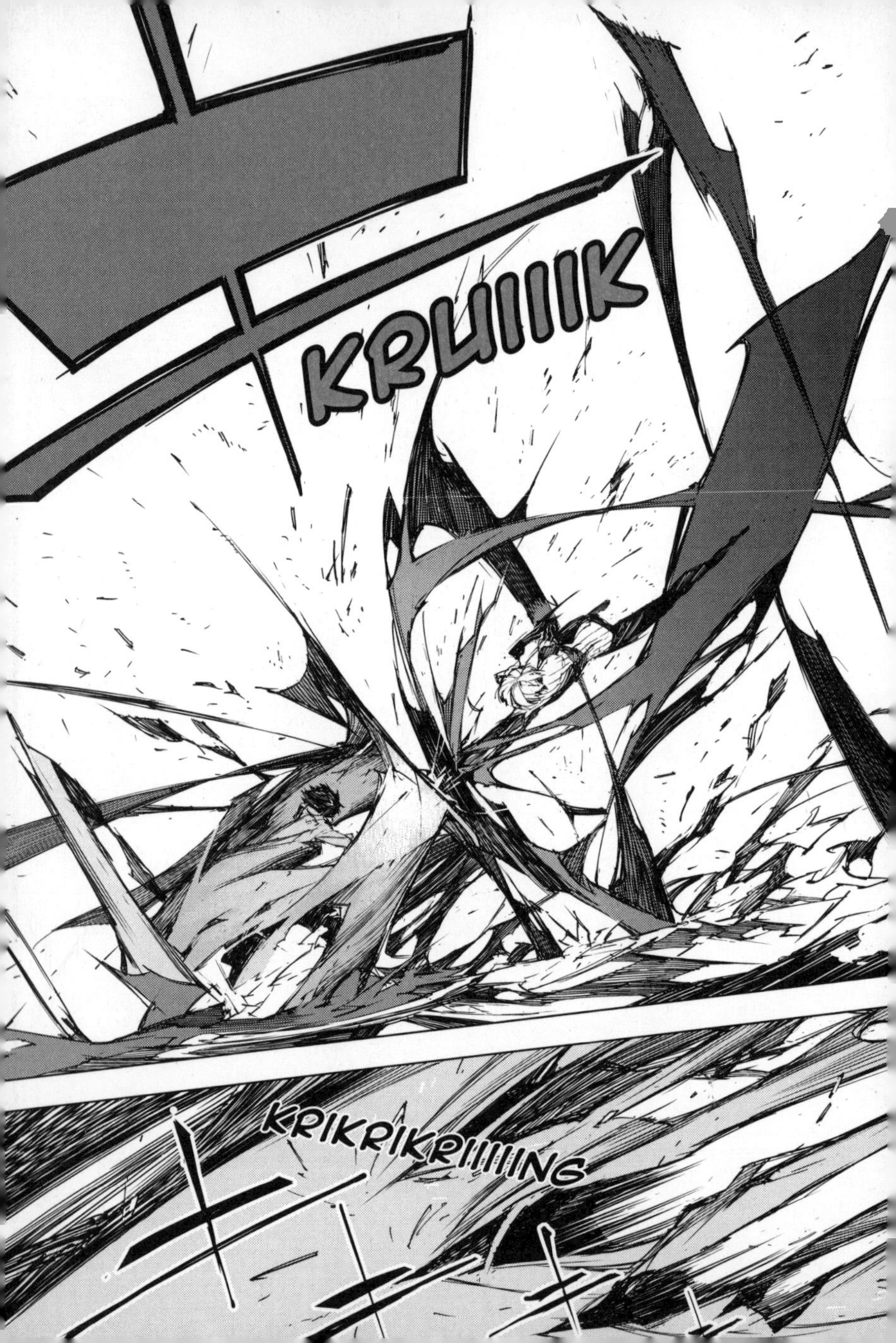
KRUIIIK
KRIKRIKRIIIIING

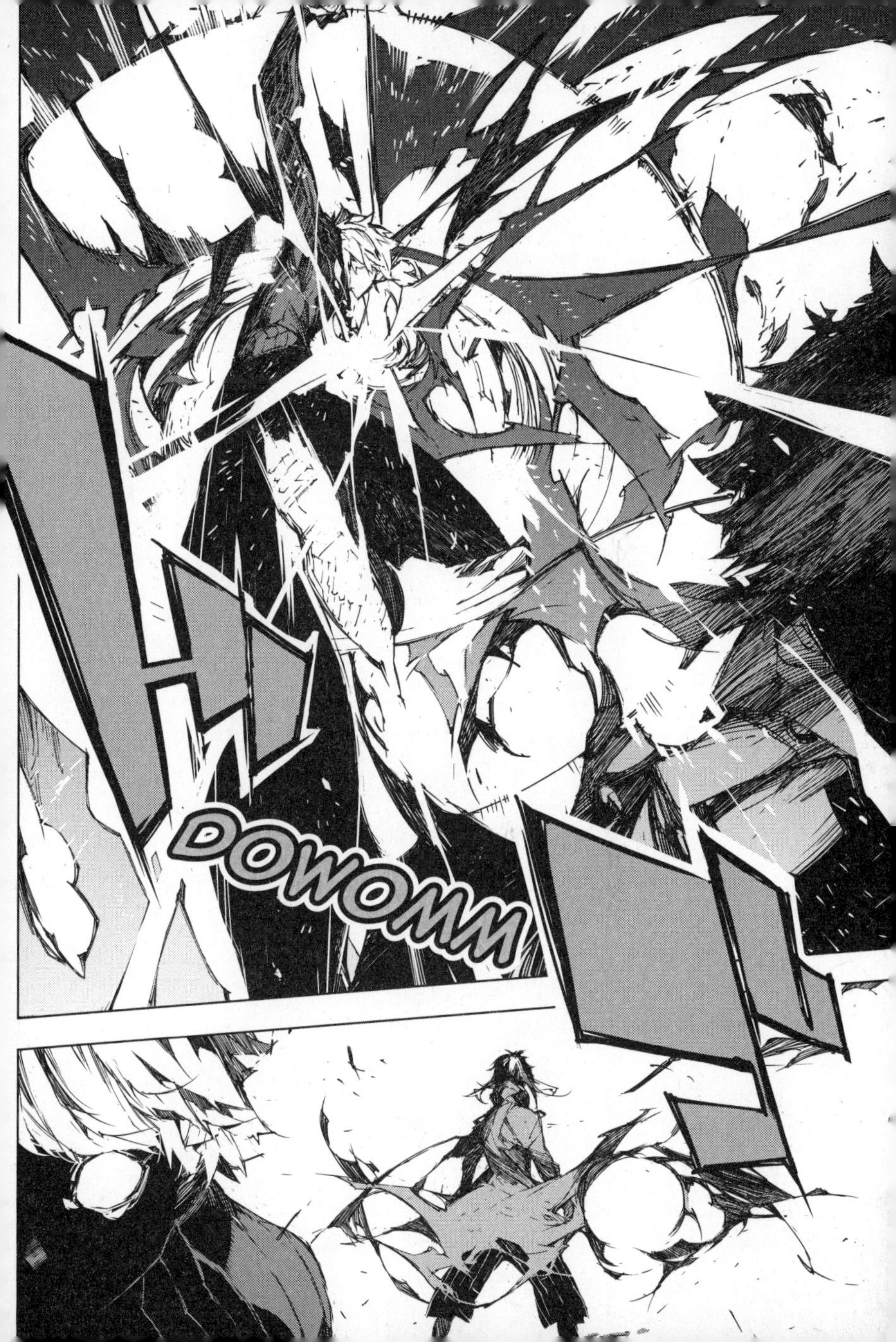
DOWOMM

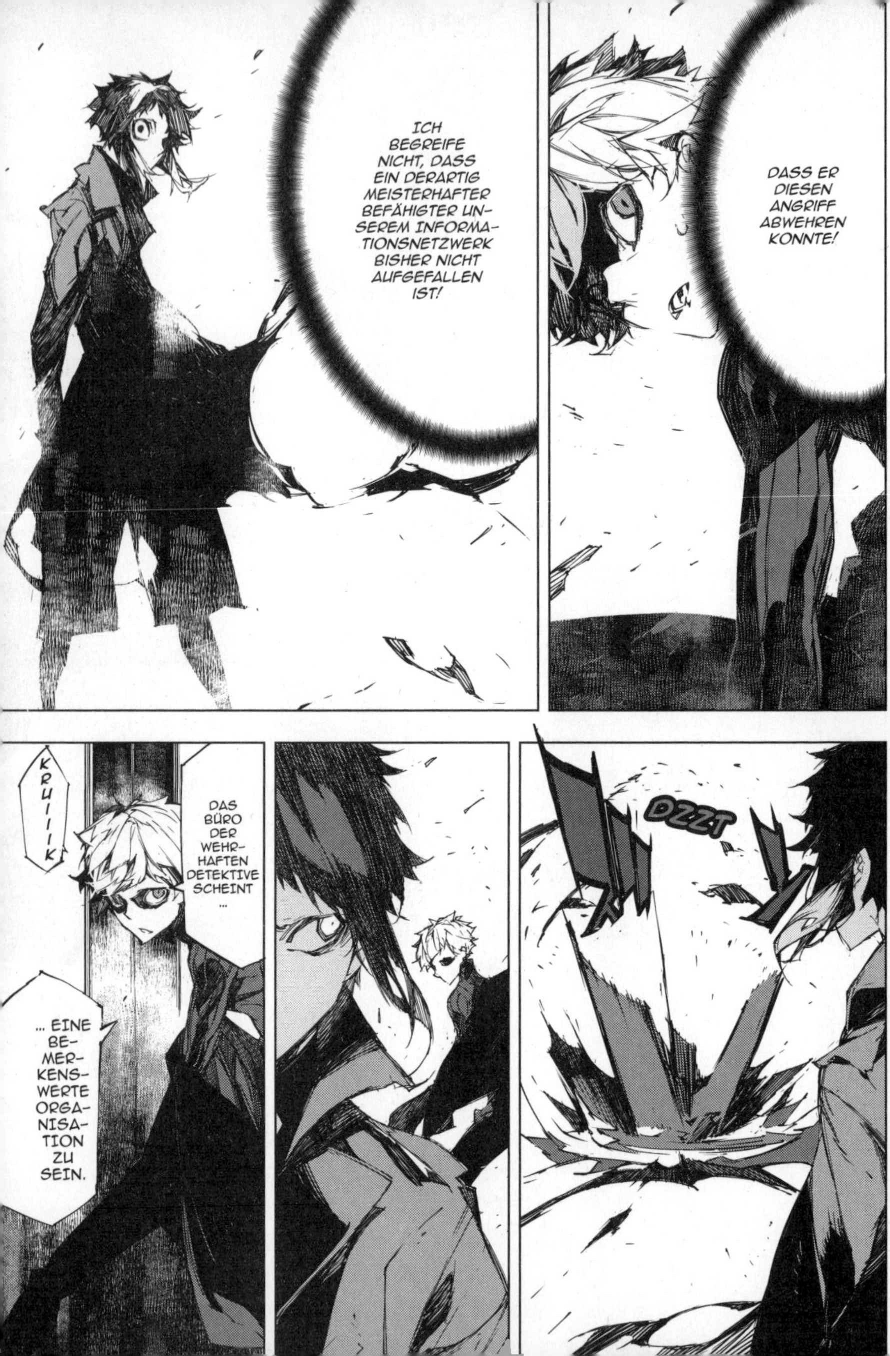
DASS ER DIESEN ANGRIFF ABWEHREN KONNTE!
ICH BEGREIFE NICHT, DASS EIN DERARTIG MEISTERHAFTER BEFÄHIGTER UN-SEREM INFORMATIONSNETZWERK BISHER NICHT AUFGEFALLEN IST!
DZZT
KRUIIIK
DAS BÜRO DER WEHRHAFTEN DETEKTIVE SCHEINT ...
... EINE BEMERKENSWERTE ORGANISATION ZU SEIN.

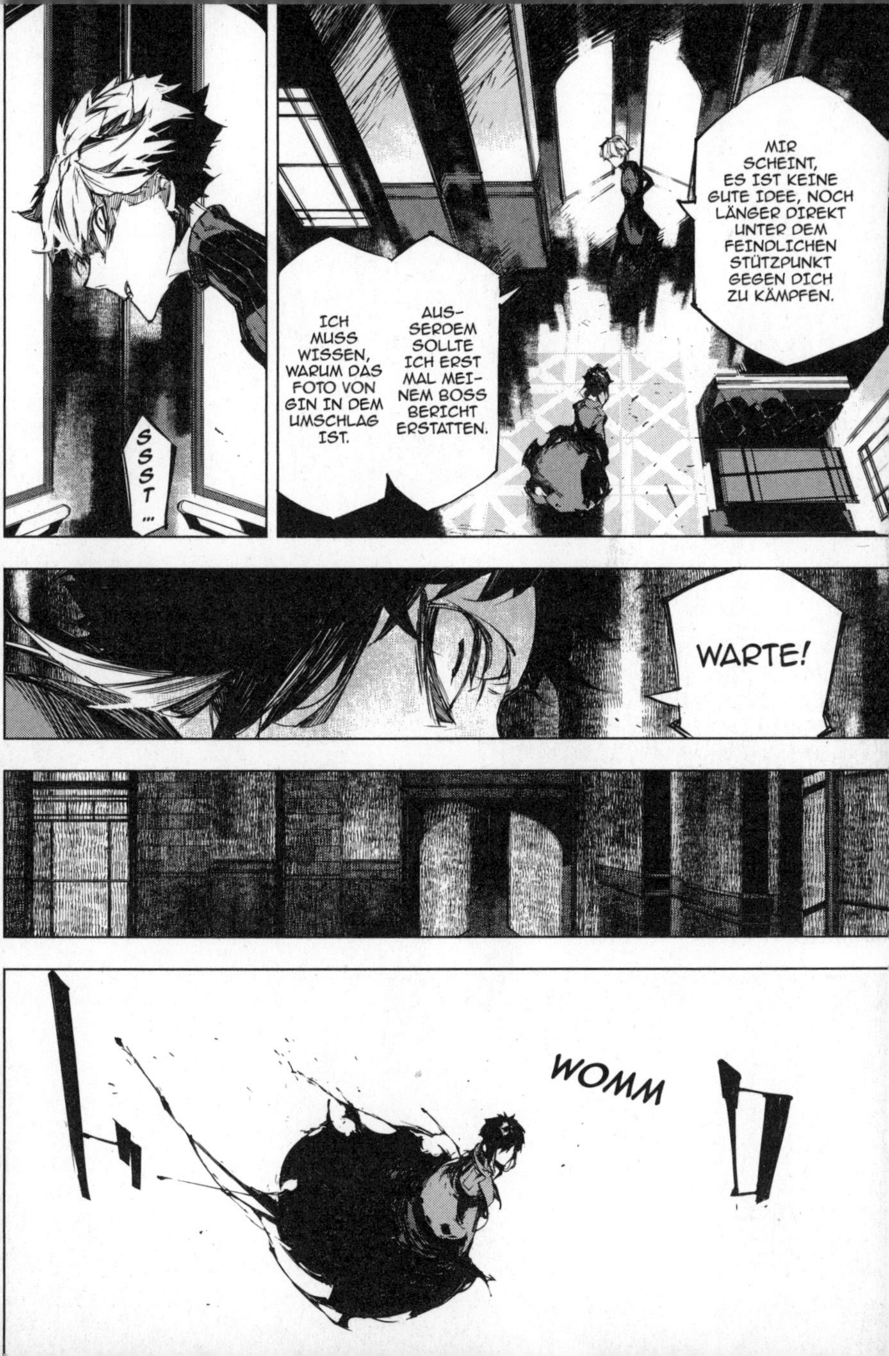
MIR SCHEINT, ES IST KEINE GUTE IDEE, NOCH LÄNGER DIREKT UNTER DEM FEINDLICHEN STÜTZPUNKT GEGEN DICH ZU KÄMPFEN.
AUSSERDEM SOLLTE ICH ERST MAL MEINEM BOSS BERICHT ERSTATTEN.
ICH MUSS WISSEN, WARUM DAS FOTO VON GIN IN DEM UMSCHLAG IST.
SSST …
WARTE!
WOMM

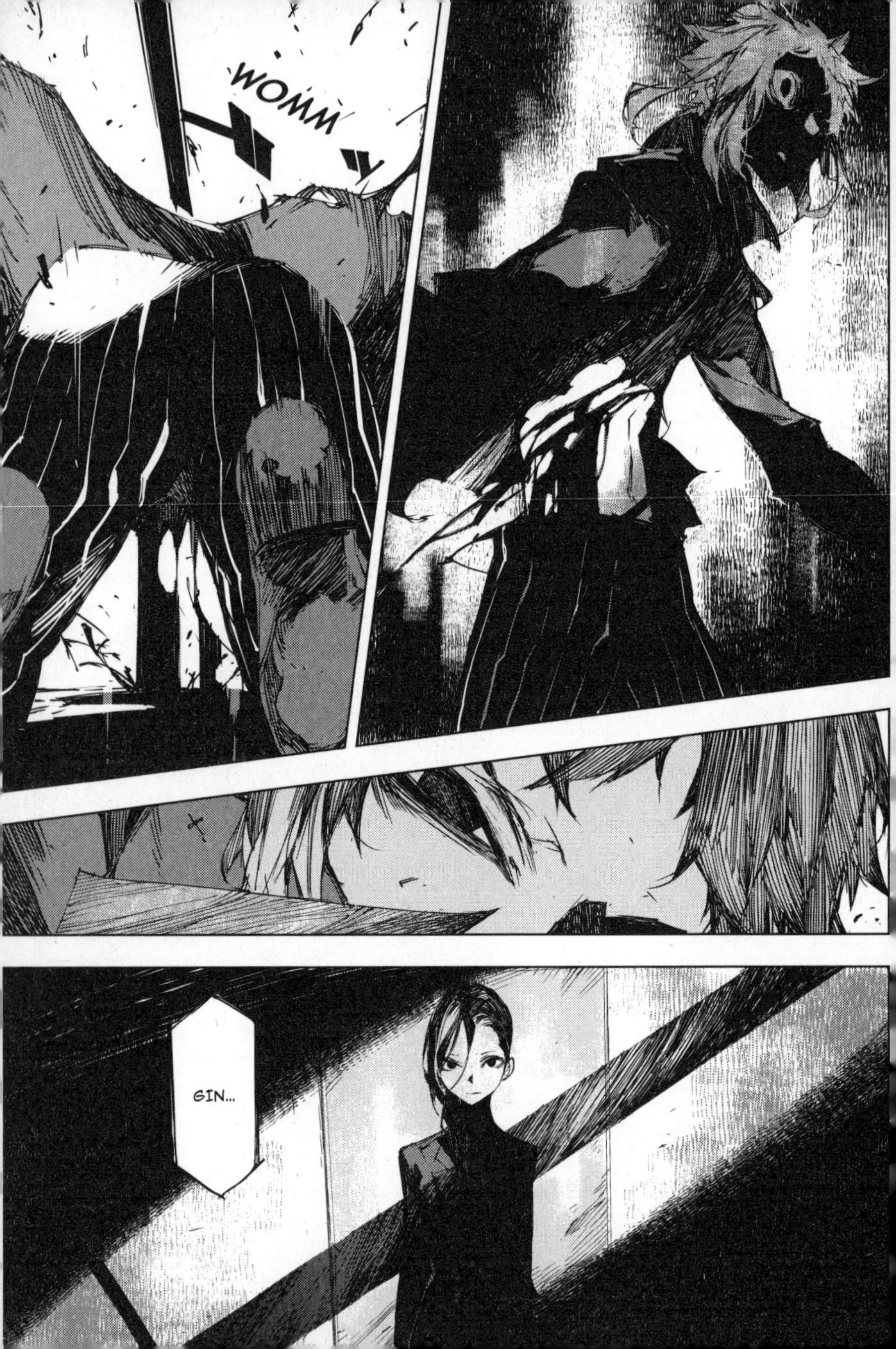
WOMM
GIN...

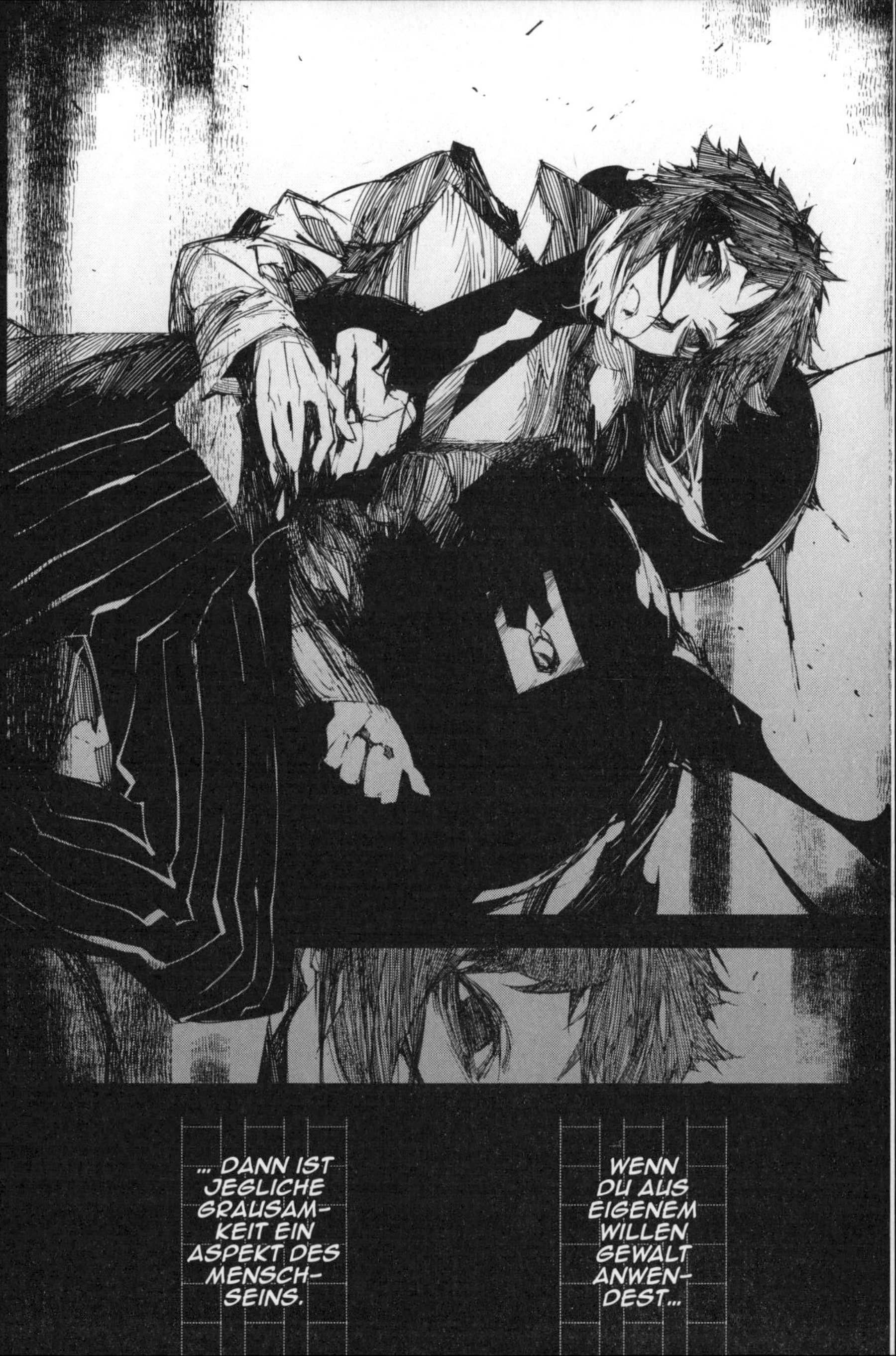
WENN DU AUS EIGENEM WILLEN GEWALT ANWEN-DEST...
... DANN IST JEGLICHE GRAUSAM-KEIT EIN ASPEKT DES MENSCH-SEINS.

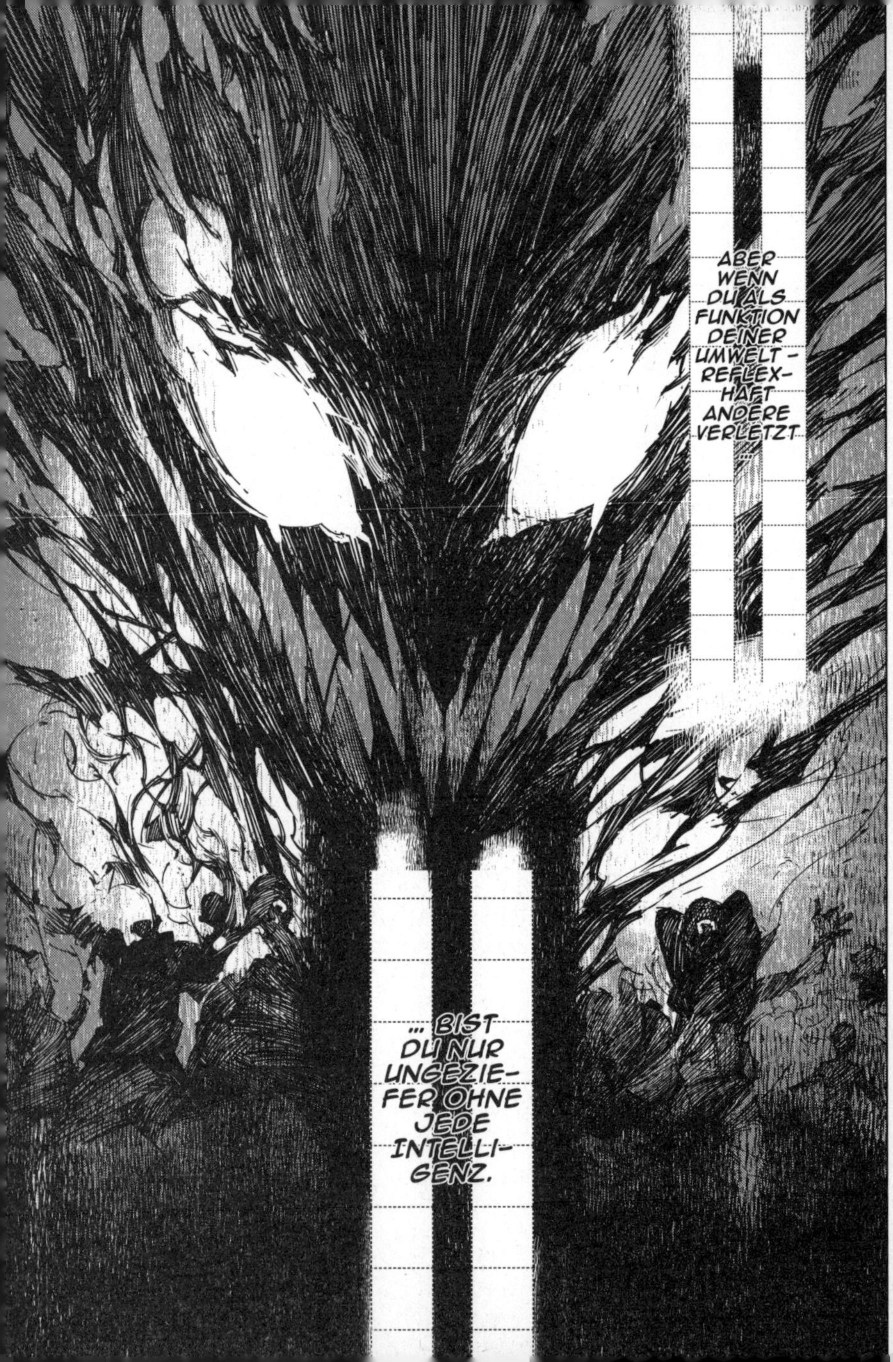
ABER WENN DU ALS FUNKTION DEINER UMWELT-REFLEX-HAFT ANDERE VERLETZT ...
... BIST DU NUR UNGEZIE-FER OHNE JEDE INTELLI-GENZ.

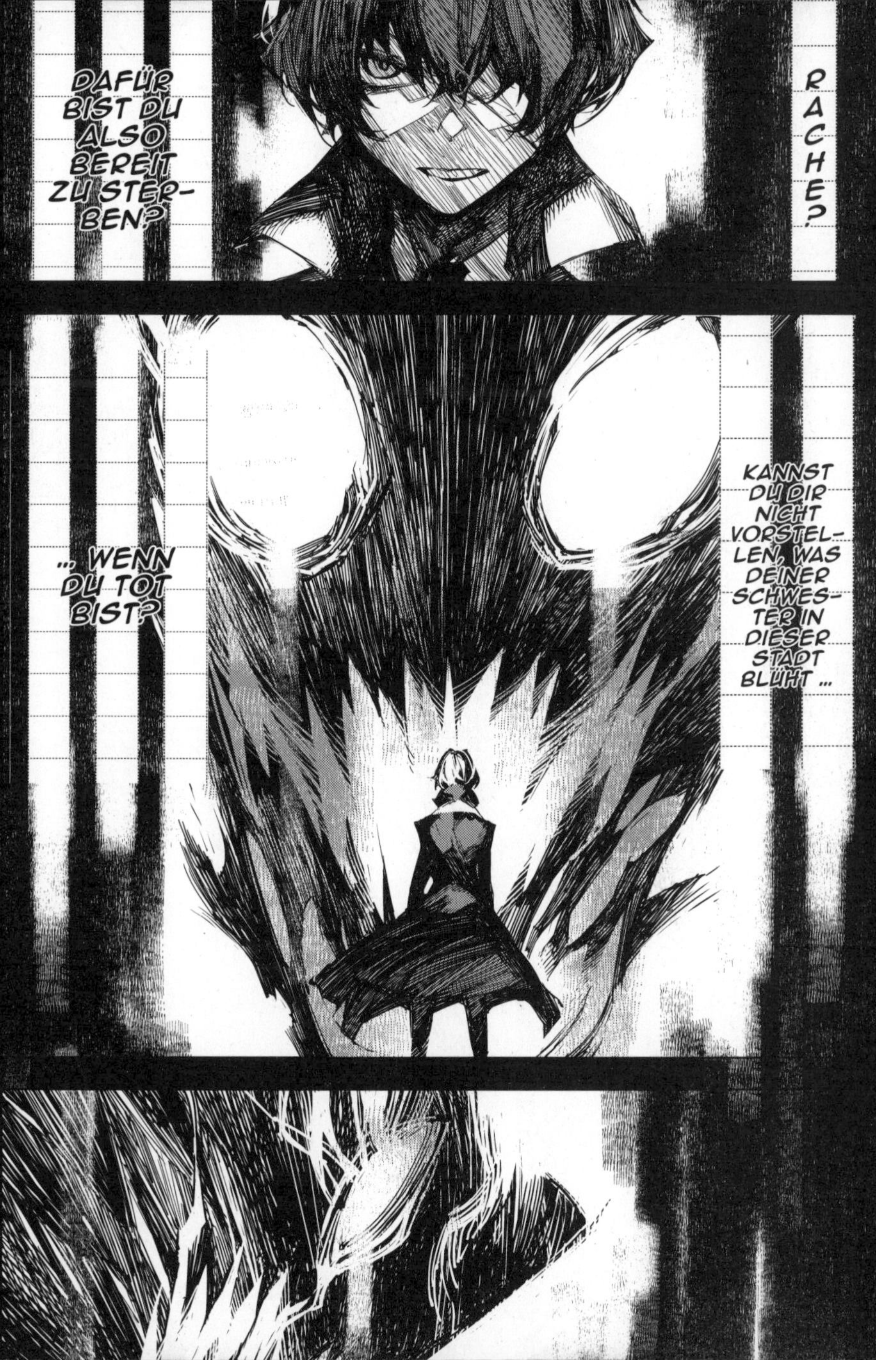
RACHE?
DAFÜR BIST DU ALSO BEREIT ZU STERBEN?
KANNST DU DIR NICHT VORSTELLEN, WAS DEINER SCHWESTER IN DIESER STADT BLÜHT ...
... WENN DU TOT BIST?

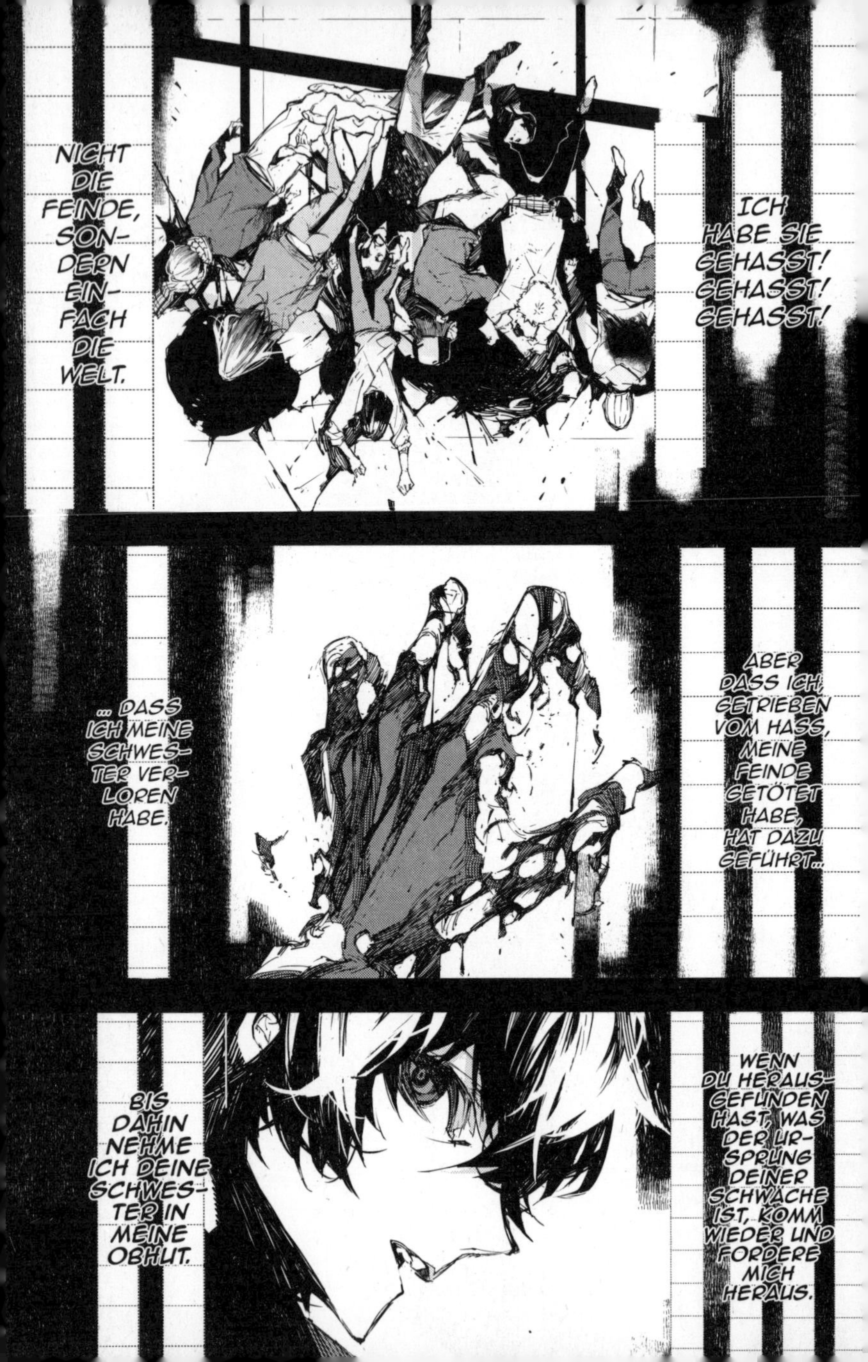
ICH HABE SIE GEHASST! GEHASST! GEHASST!
NICHT DIE FEINDE, SONDERN EINFACH DIE WELT.
ABER DASS ICH, GETRIEBEN VOM HASS, MEINE FEINDE GETÖTET HABE, HAT DAZU GEFÜHRT...
... DASS ICH MEINE SCHWESTER VERLOREN HABE.
WENN DU HERAUSGEFUNDEN HAST, WAS DER URSPRUNG DEINER SCHWÄCHE IST, KOMM WIEDER UND FORDERE MICH HERAUS.
BIS DAHIN NEHME ICH DEINE SCHWESTER IN MEINE OBHUT.

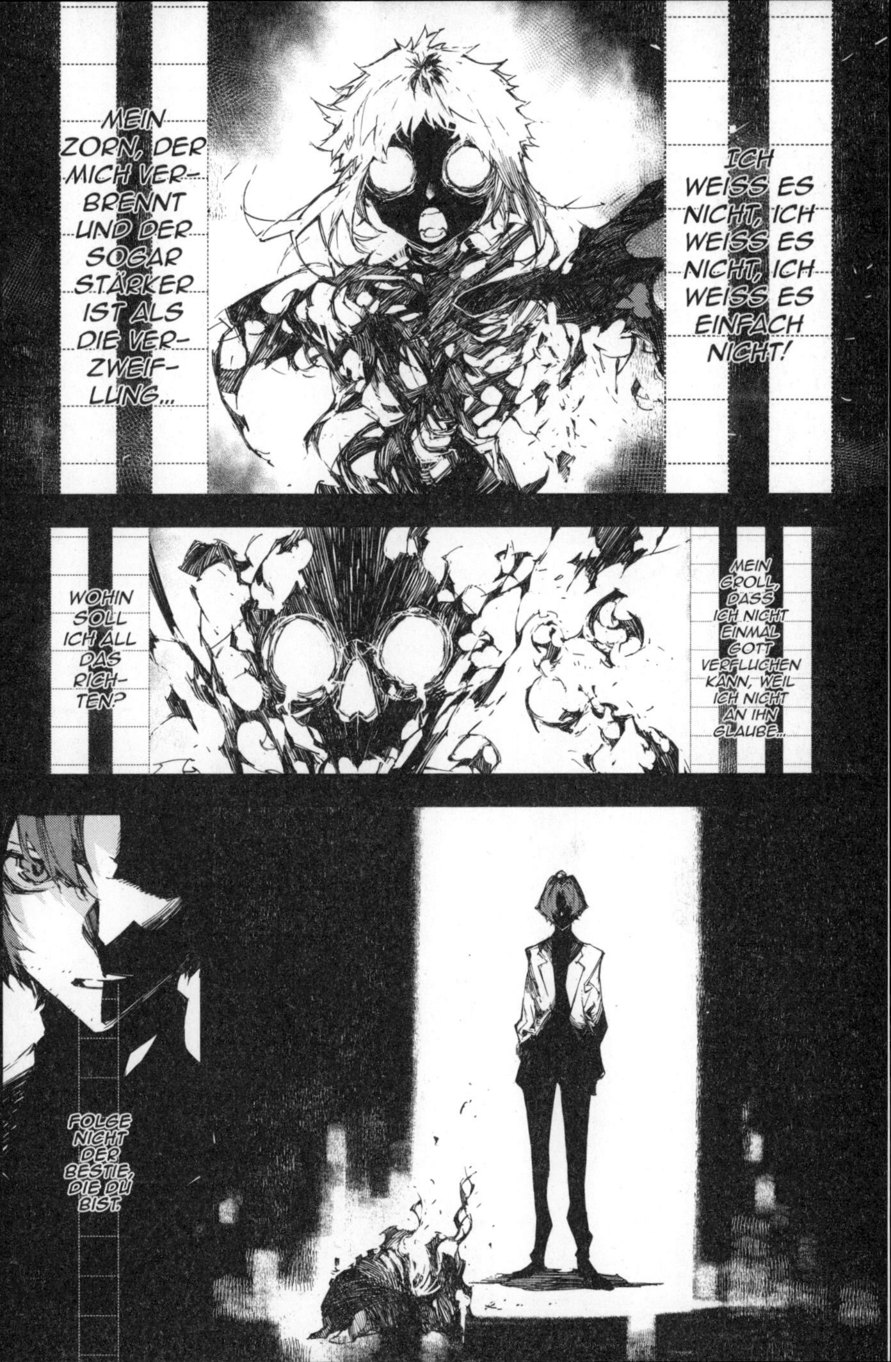
ICH WEISS ES NICHT, ICH WEISS ES NICHT, ICH WEISS ES EINFACH NICHT!
MEIN ZORN, DER MICH VER-BRENNT UND DER SOGAR STÄRKER IST ALS DIE VER-ZWEIF-LUNG...
MEIN GROLL, DASS ICH NICHT EINMAL GOTT VERFLUCHEN KANN, WEIL ICH NICHT AN IHN GLAUBE...
WOHIN SOLL ICH ALL DAS RICH-TEN?
FOLGE NICHT DER BESTIE, DIE DU BIST.

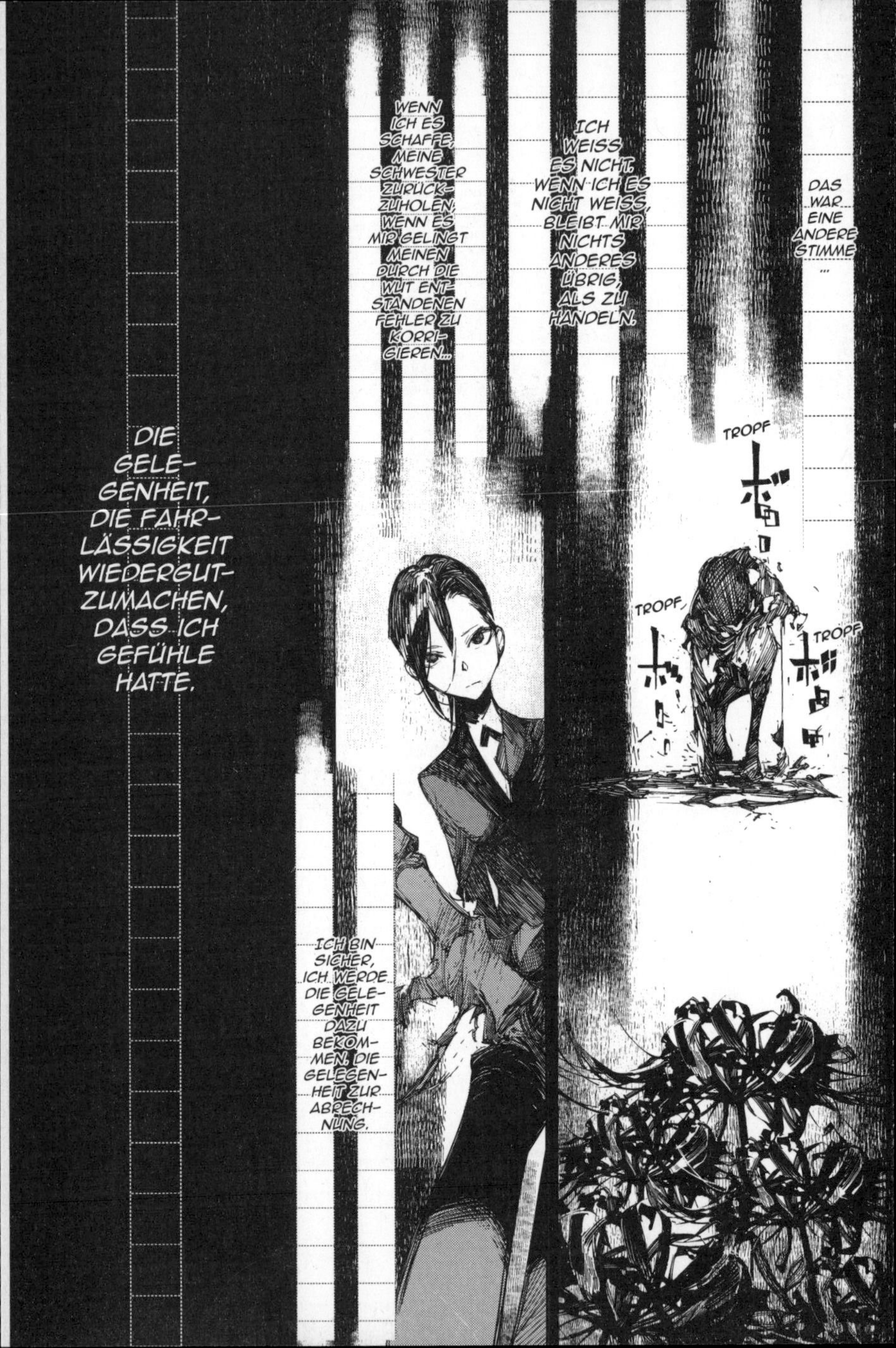

DAS WAR EINE ANDERE STIMME ...
ICH WEISS ES NICHT. WENN ICH ES NICHT WEISS, BLEIBT MIR NICHTS ANDERES ÜBRIG, ALS ZU HANDELN.
WENN ICH ES SCHAFFE, MEINE SCHWESTER ZURÜCK-ZUHOLEN, WENN ES MIR GELINGT MEINEN DURCH DIE WUT ENT-STANDENEN FEHLER ZU KORRI-GIEREN...
TROPF
TROPF,
TROPF
ICH BIN SICHER, ICH WERDE DIE GELE-GENHEIT DAZU BEKOM-MEN. DIE GELEGEN-HEIT ZUR ABRECH-NUNG.
DIE GELE-GENHEIT, DIE FAHR-LÄSSIGKEIT WIEDERGUT-ZUMACHEN, DASS ICH GEFÜHLE HATTE.

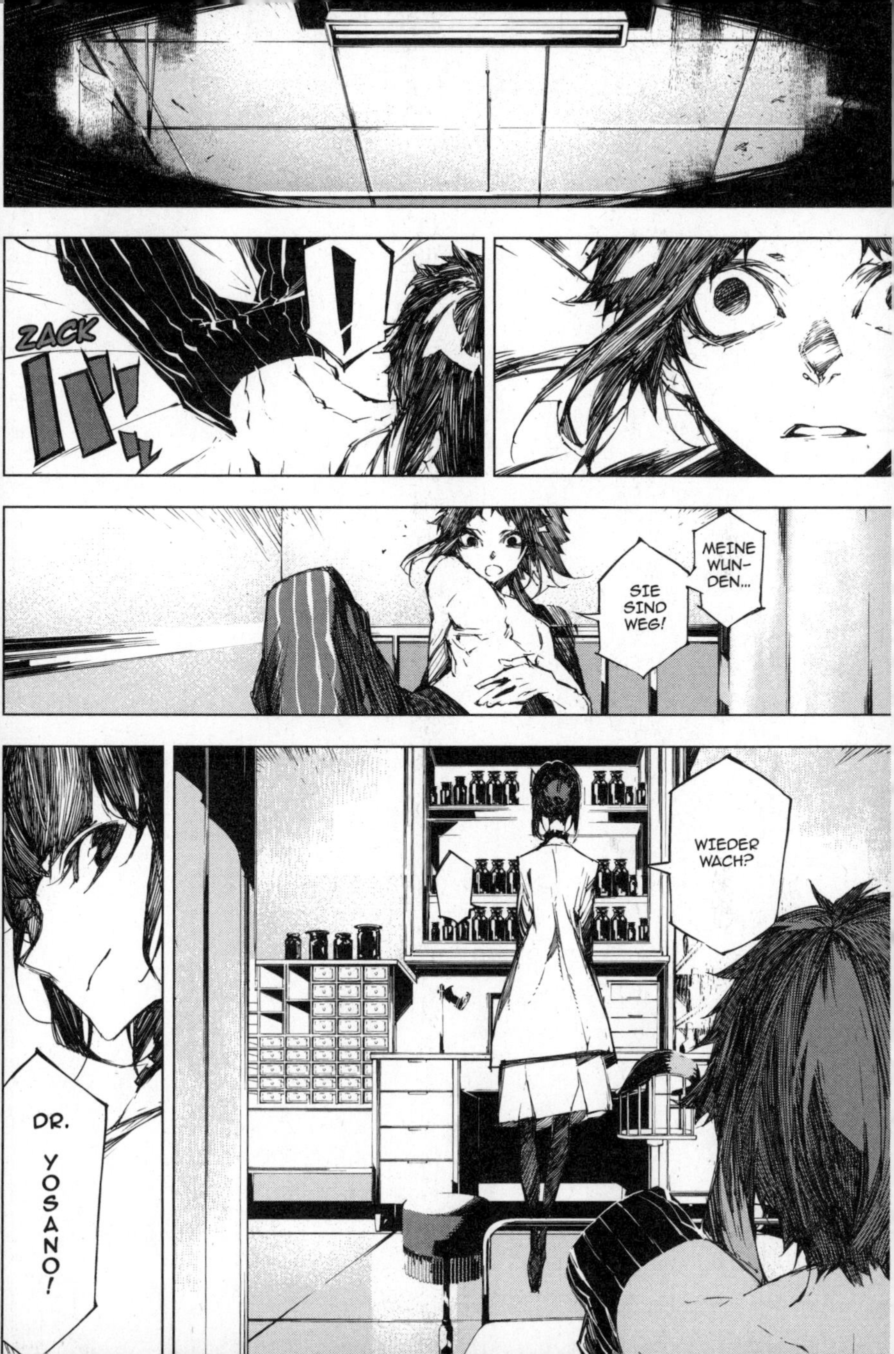

ZACK
MEINE WUNDEN...
SIE SIND WEG!
WIEDER WACH?
DR. YOSANO!

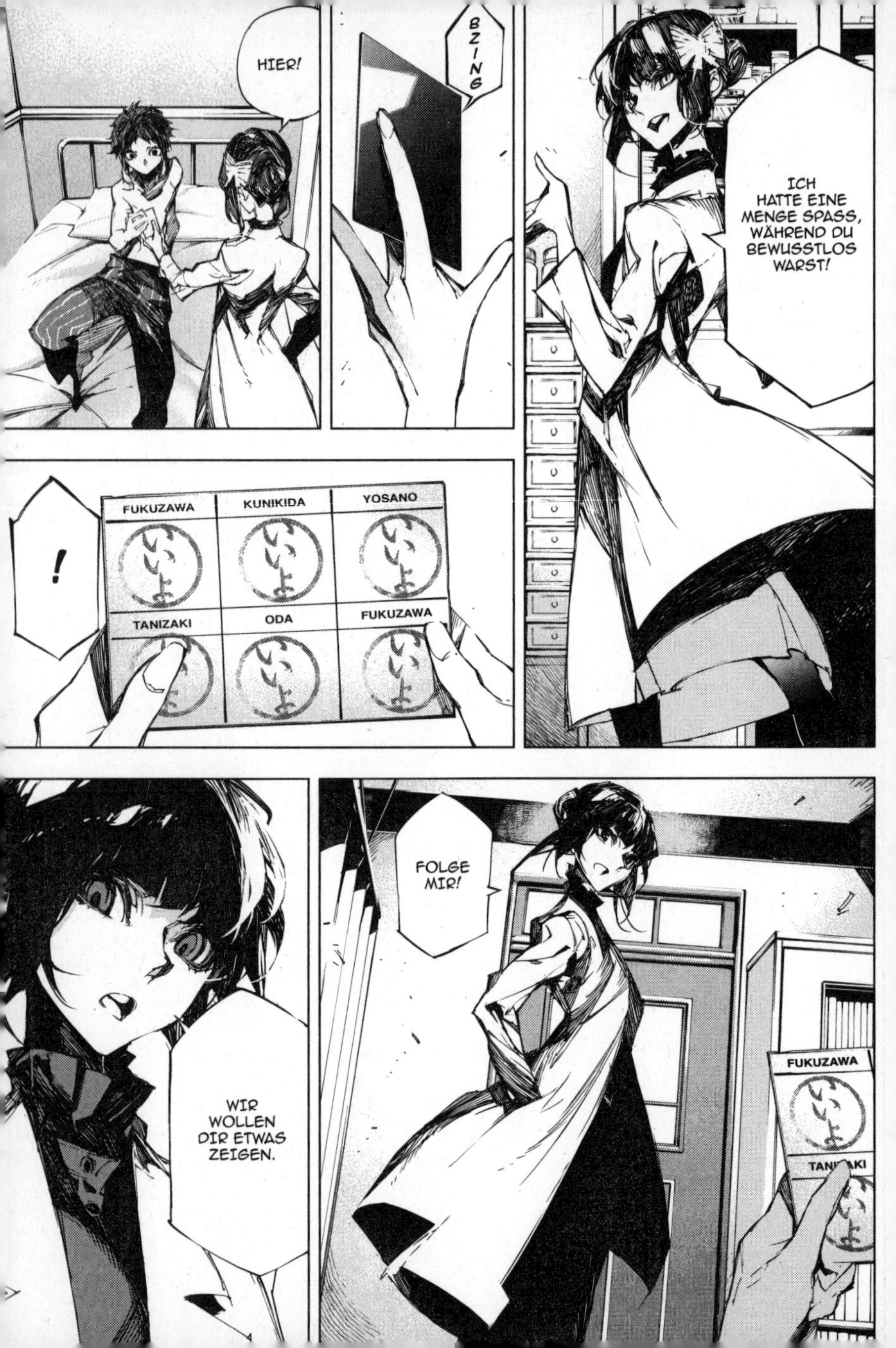
ICH HATTE EINE MENGE SPASS, WÄHREND DU BEWUSSTLOS WARST!
BZING
HIER!
FUKUZAWA
KUNIKIDA
YOSANO
TANIZAKI
ODA
FUKUZAWA
!
FOLGE MIR!
FUKUZAWA
WIR WOLLEN DIR ETWAS ZEIGEN.

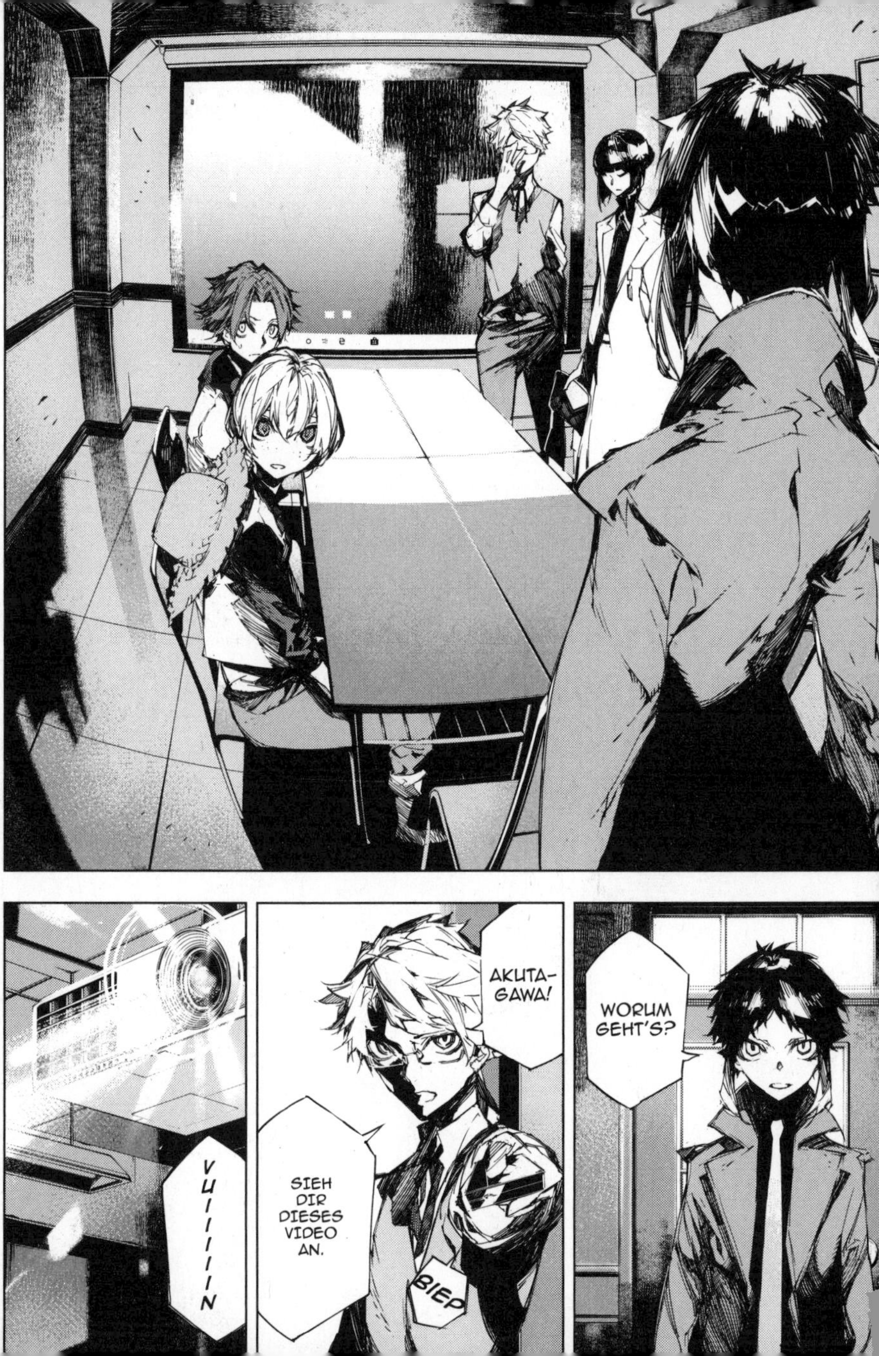
WORUM GEHT'S?
AKUTA-GAWA!
SIEH DIR DIESES VIDEO AN.
BIEP
VUIIIIIIN

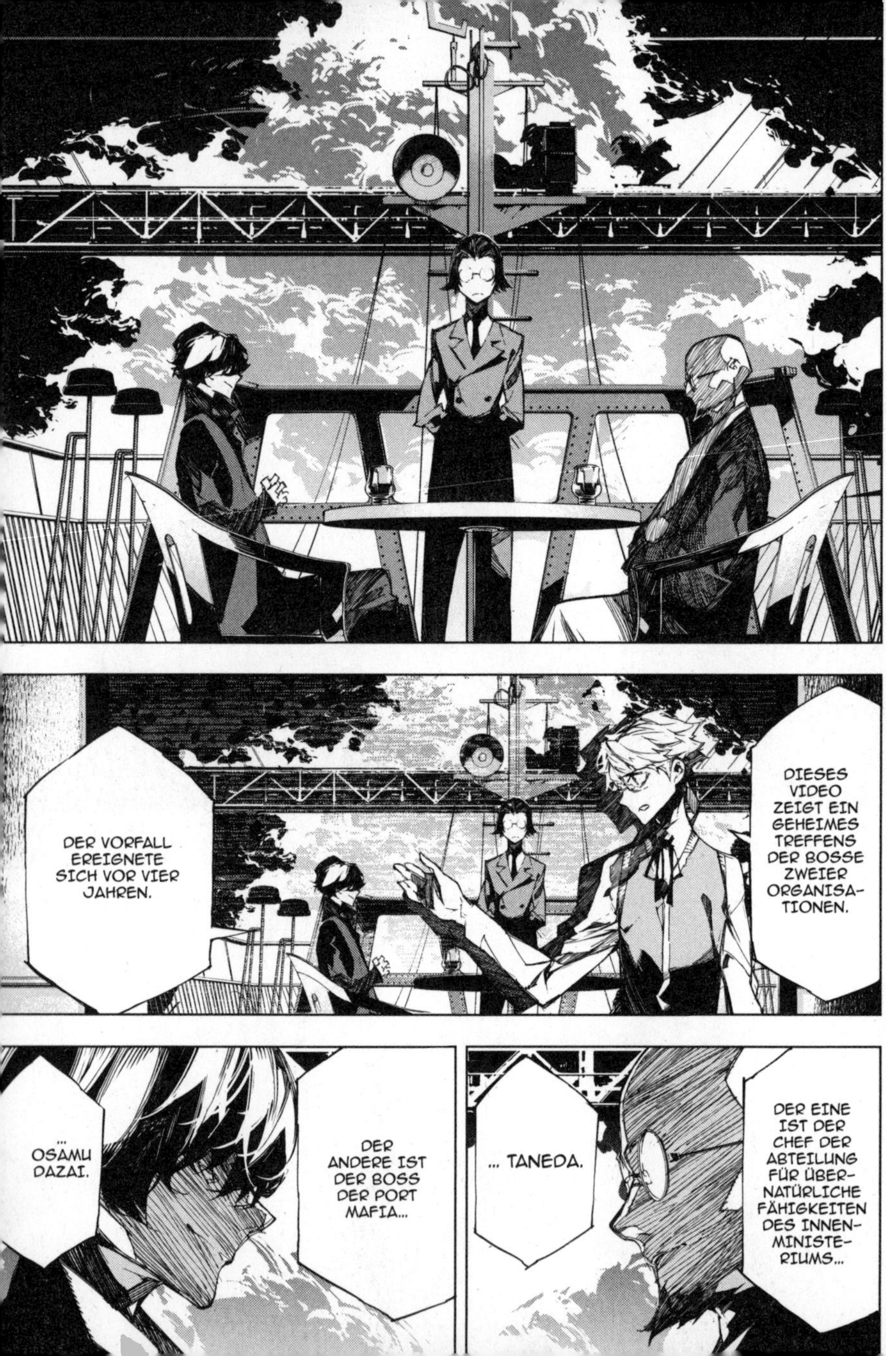

DIESES VIDEO ZEIGT EIN GEHEIMES TREFFENS DER BOSSE ZWEIER ORGANISA-TIONEN.
DER VORFALL EREIGNETE SICH VOR VIER JAHREN.
DER EINE IST DER CHEF DER ABTEILUNG FÜR ÜBER-NATÜRLICHE FÄHIGKEITEN DES INNEN-MINISTE-RIUMS...
... TANEDA.
DER ANDERE IST DER BOSS DER PORT MAFIA...
... OSAMU DAZAI.

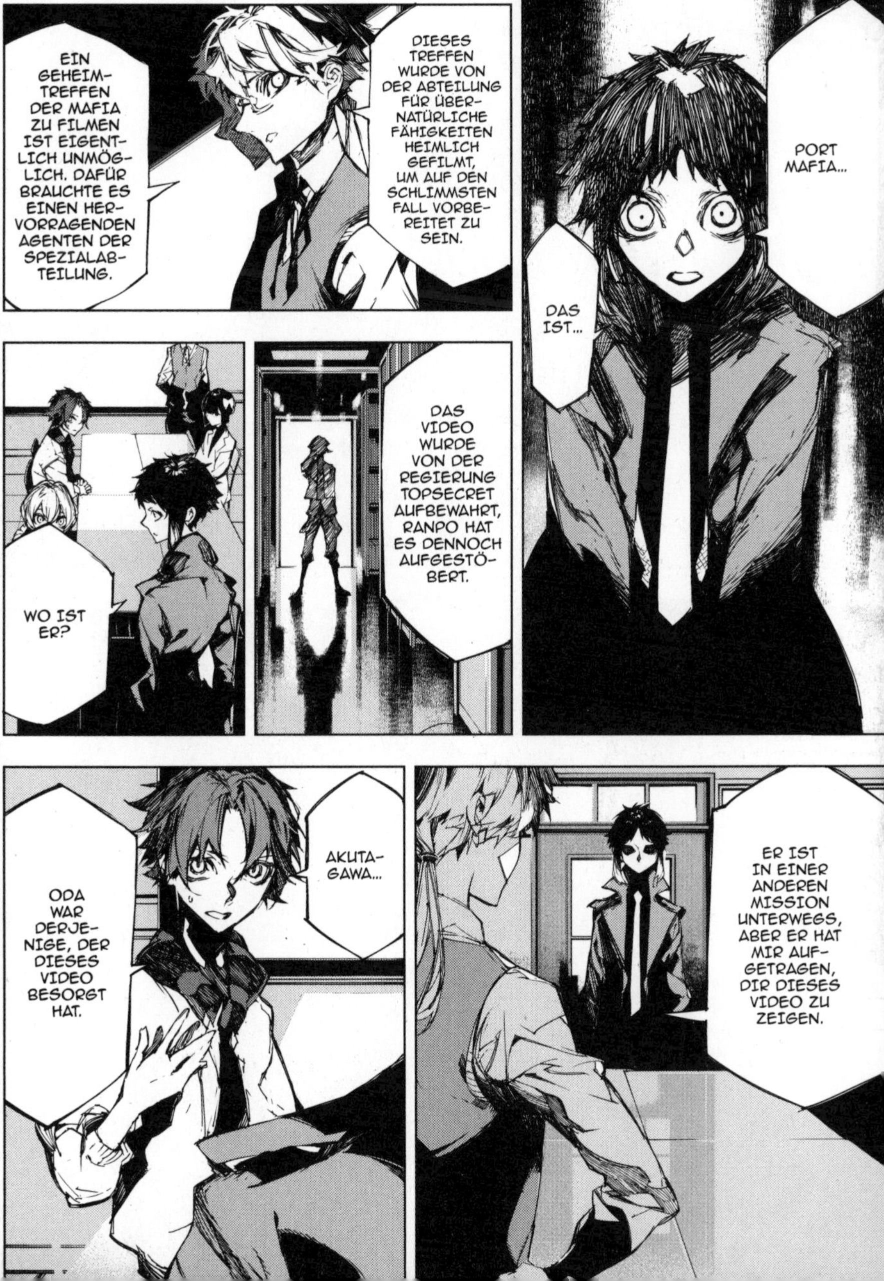
PORT MAFIA...
DAS IST...
DIESES TREFFEN WURDE VON DER ABTEILUNG FÜR ÜBERNATÜRLICHE FÄHIGKEITEN HEIMLICH GEFILMT, UM AUF DEN SCHLIMMSTEN FALL VORBEREITET ZU SEIN.
EIN GEHEIMTREFFEN DER MAFIA ZU FILMEN IST EIGENTLICH UNMÖGLICH. DAFÜR BRAUCHTE ES EINEN HERVORRAGENDEN AGENTEN DER SPEZIALABTEILUNG.
DAS VIDEO WURDE VON DER REGIERUNG TOPSECRET AUFBEWAHRT, RANPO HAT ES DENNOCH AUFGESTÖBERT.
WO IST ER?
ER IST IN EINER ANDEREN MISSION UNTERWEGS, ABER ER HAT MIR AUFGETRAGEN, DIR DIESES VIDEO ZU ZEIGEN.
AKUTAGAWA...
ODA WAR DERJENIGE, DER DIESES VIDEO BESORGT HAT.

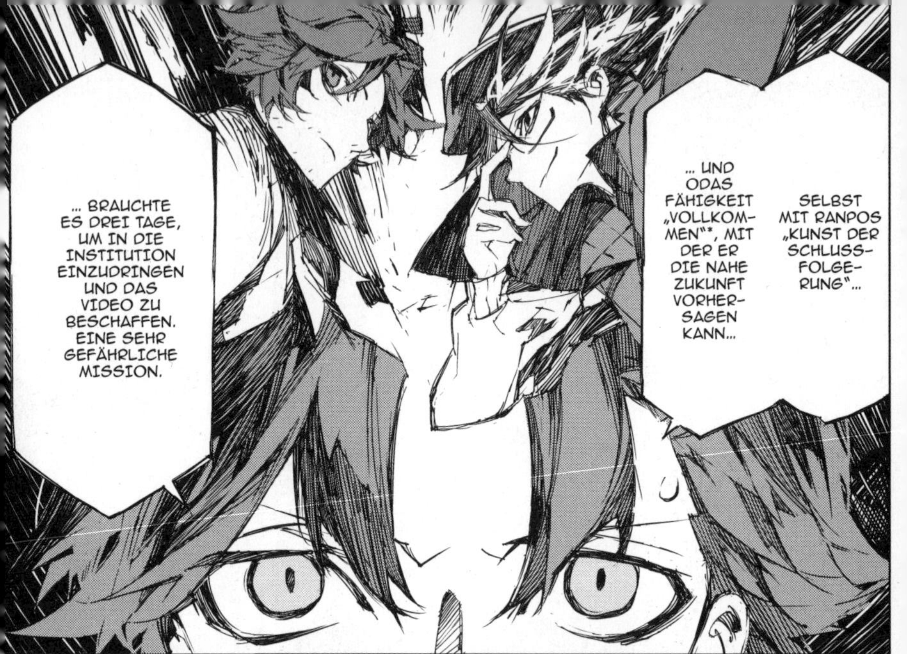

* „TENNIMUHO" (DT. VOLLKOMMEN) IST DER TITEL EINER NOVELLE VON SAKUNOSUKE ODA.

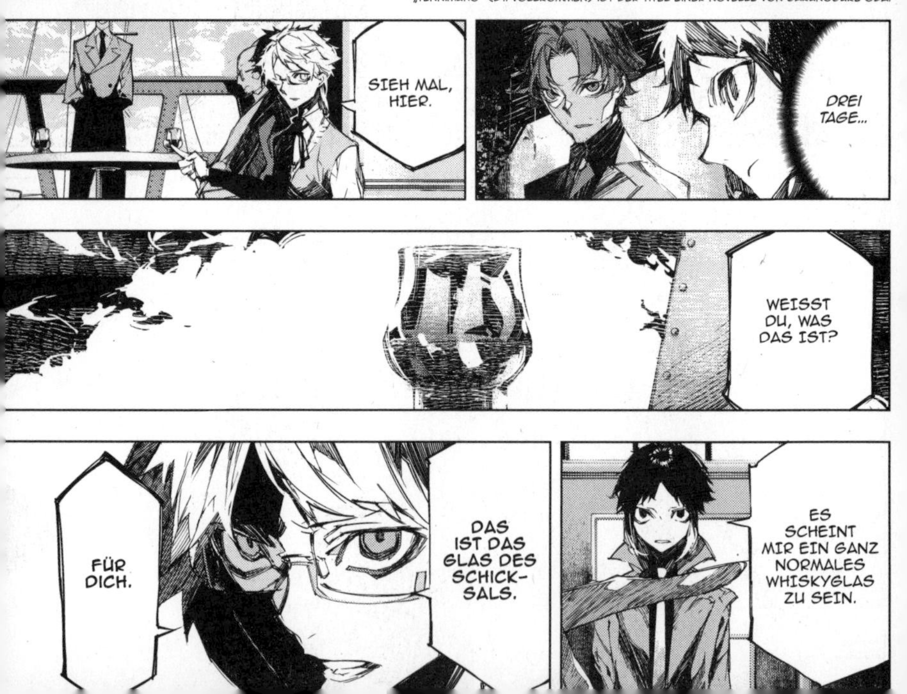

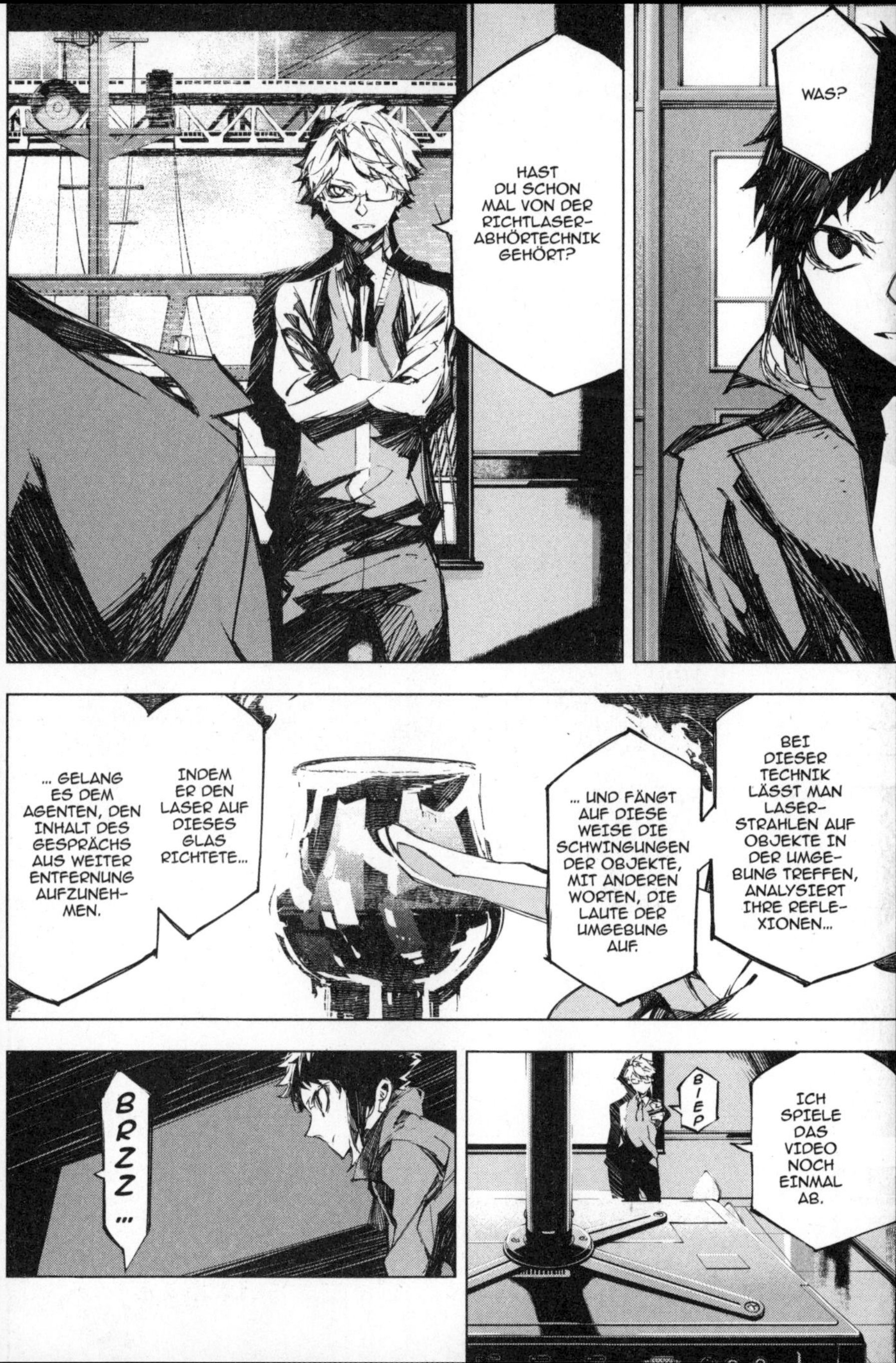
WAS?
HAST DU SCHON MAL VON DER RICHTLASER-ABHÖRTECHNIK GEHÖRT?
BEI DIESER TECHNIK LÄSST MAN LASER-STRAHLEN AUF OBJEKTE IN DER UMGE-BUNG TREFFEN, ANALYSIERT IHRE REFLE-XIONEN...
... UND FÄNGT AUF DIESE WEISE DIE SCHWINGUNGEN DER OBJEKTE, MIT ANDEREN WORTEN, DIE LAUTE DER UMGEBUNG AUF.
INDEM ER DEN LASER AUF DIESES GLAS RICHTETE...
... GELANG ES DEM AGENTEN, DEN INHALT DES GESPRÄCHS AUS WEITER ENTFERNUNG AUFZUNEH-MEN.
BIEP
ICH SPIELE DAS VIDEO NOCH EINMAL AB.
BRZZ ...

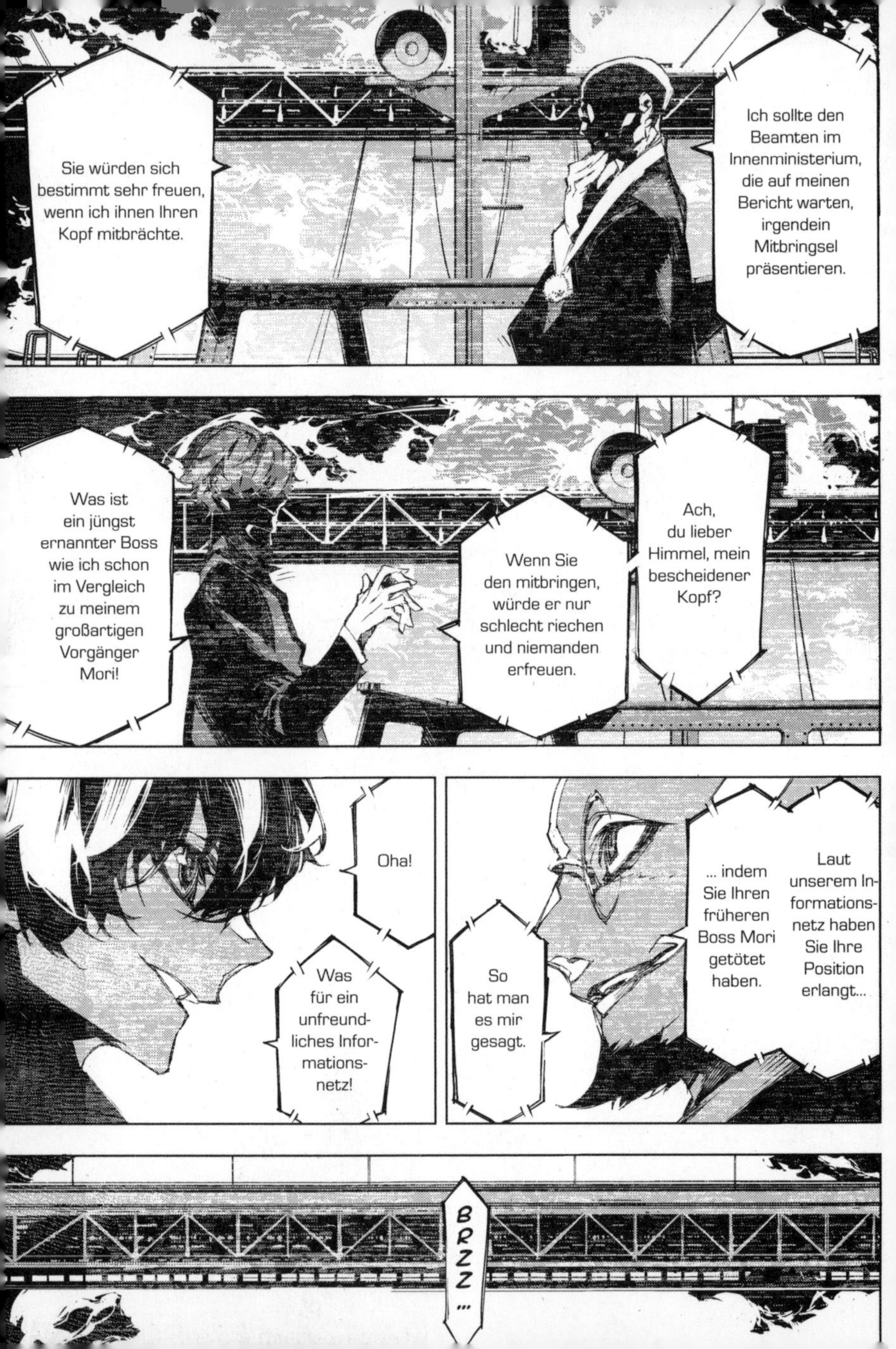
Ich sollte den Beamten im Innenministerium, die auf meinen Bericht warten, irgendein Mitbringsel präsentieren.
Sie würden sich bestimmt sehr freuen, wenn ich ihnen Ihren Kopf mitbrächte.
Ach, du lieber Himmel, mein bescheidener Kopf?
Wenn Sie den mitbringen, würde er nur schlecht riechen und niemanden erfreuen.
Was ist ein jüngst ernannter Boss wie ich schon im Vergleich zu meinem großartigen Vorgänger Mori!
Laut unserem Informationsnetz haben Sie Ihre Position erlangt...
... indem Sie Ihren früheren Boss Mori getötet haben.
So hat man es mir gesagt.
Oha!
Was für ein unfreundliches Informationsnetz!
BRZZ ...

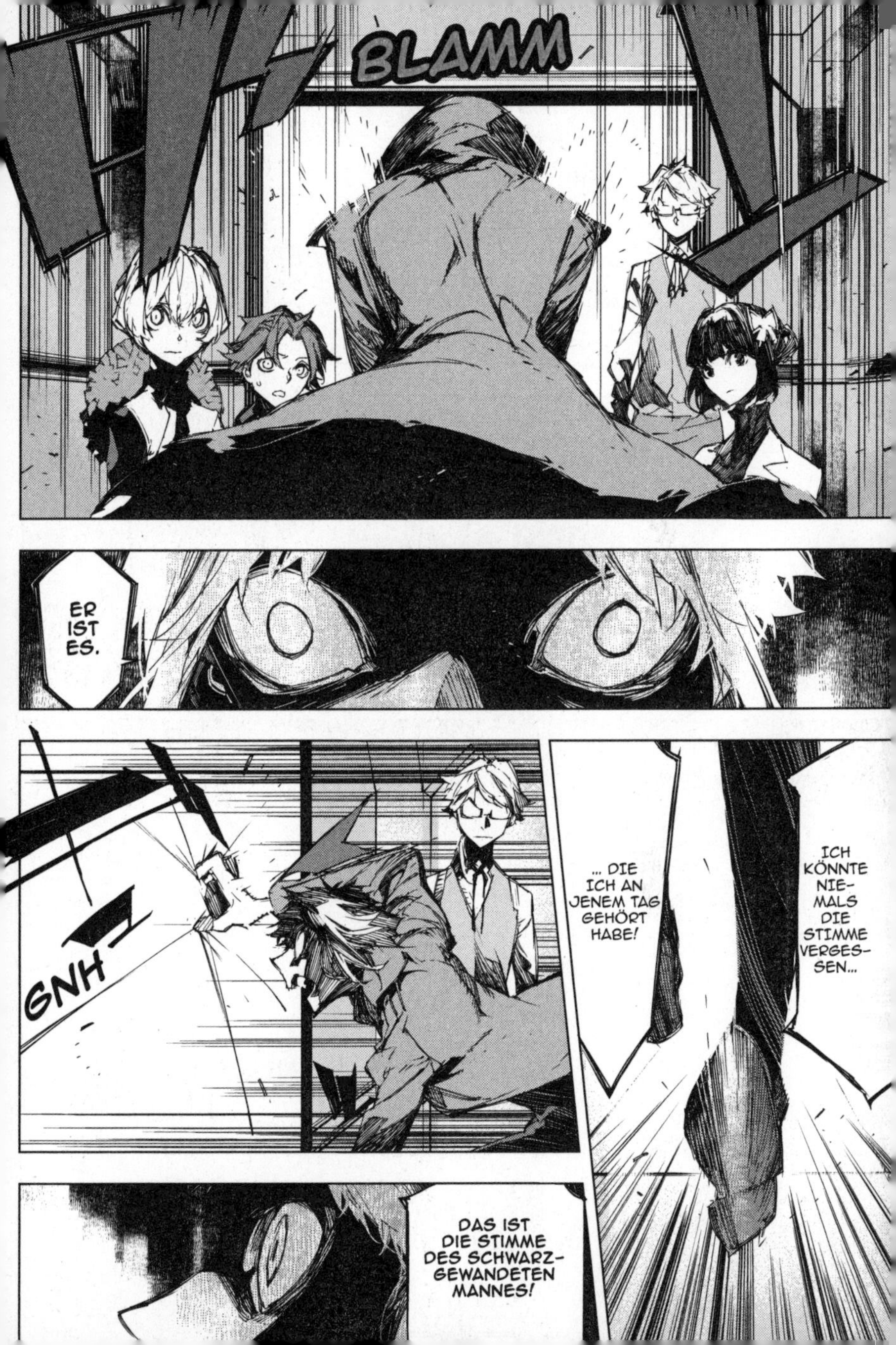

BLAMM
ER IST ES.
ICH KÖNNTE NIE-MALS DIE STIMME VERGES-SEN...
... DIE ICH AN JENEM TAG GEHÖRT HABE!
GNH
DAS IST DIE STIMME DES SCHWARZ-GEWANDETEN MANNES!

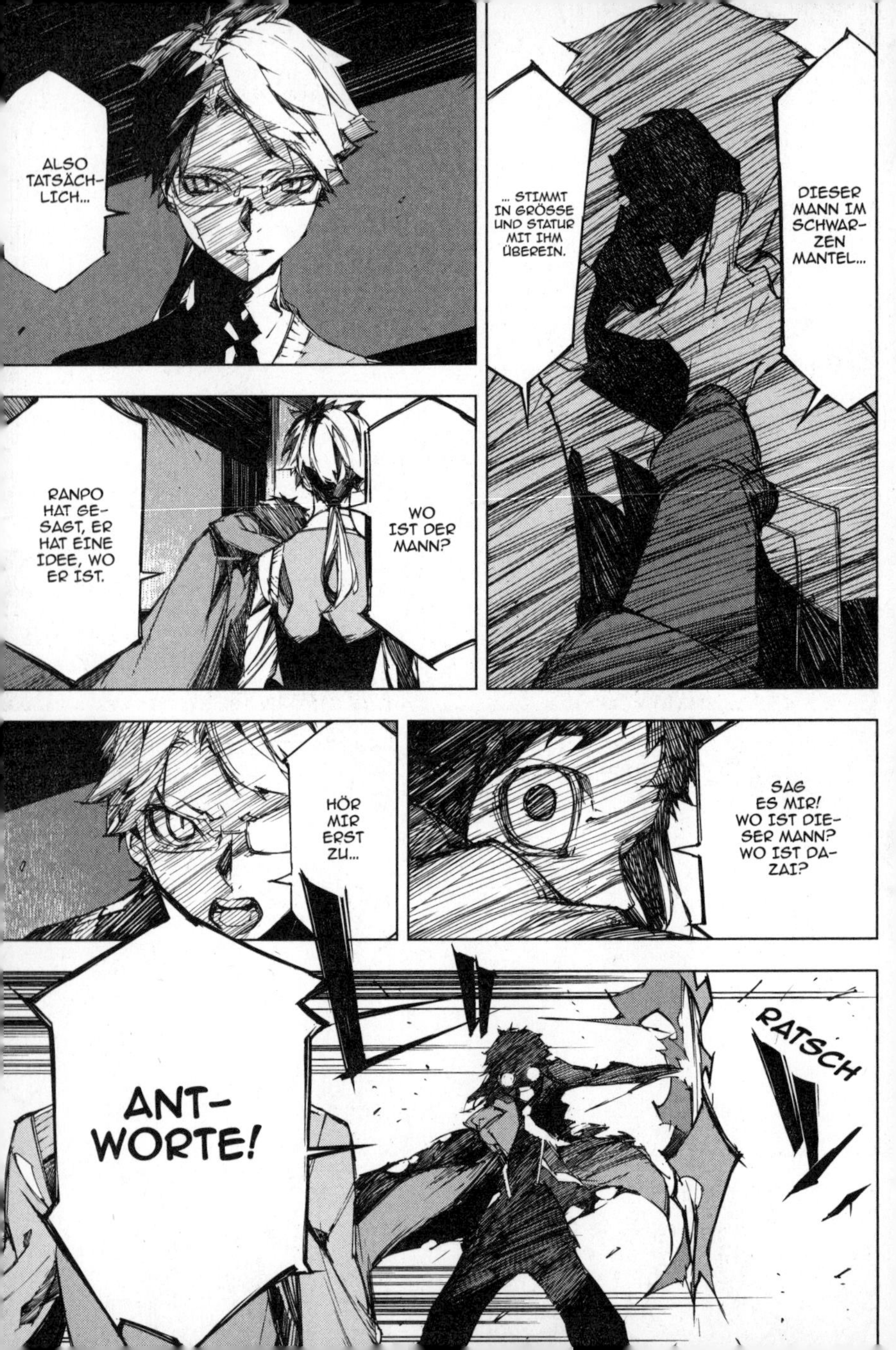
DIESER MANN IM SCHWAR-ZEN MANTEL...
... STIMMT IN GRÖSSE UND STATUR MIT IHM ÜBEREIN.
ALSO TATSÄCH-LICH...
WO IST DER MANN?
RANPO HAT GE-SAGT, ER HAT EINE IDEE, WO ER IST.
SAG ES MIR! WO IST DIE-SER MANN? WO IST DA-ZAI?
HÖR MIR ERST ZU...
RATSCH
ANT-WORTE!

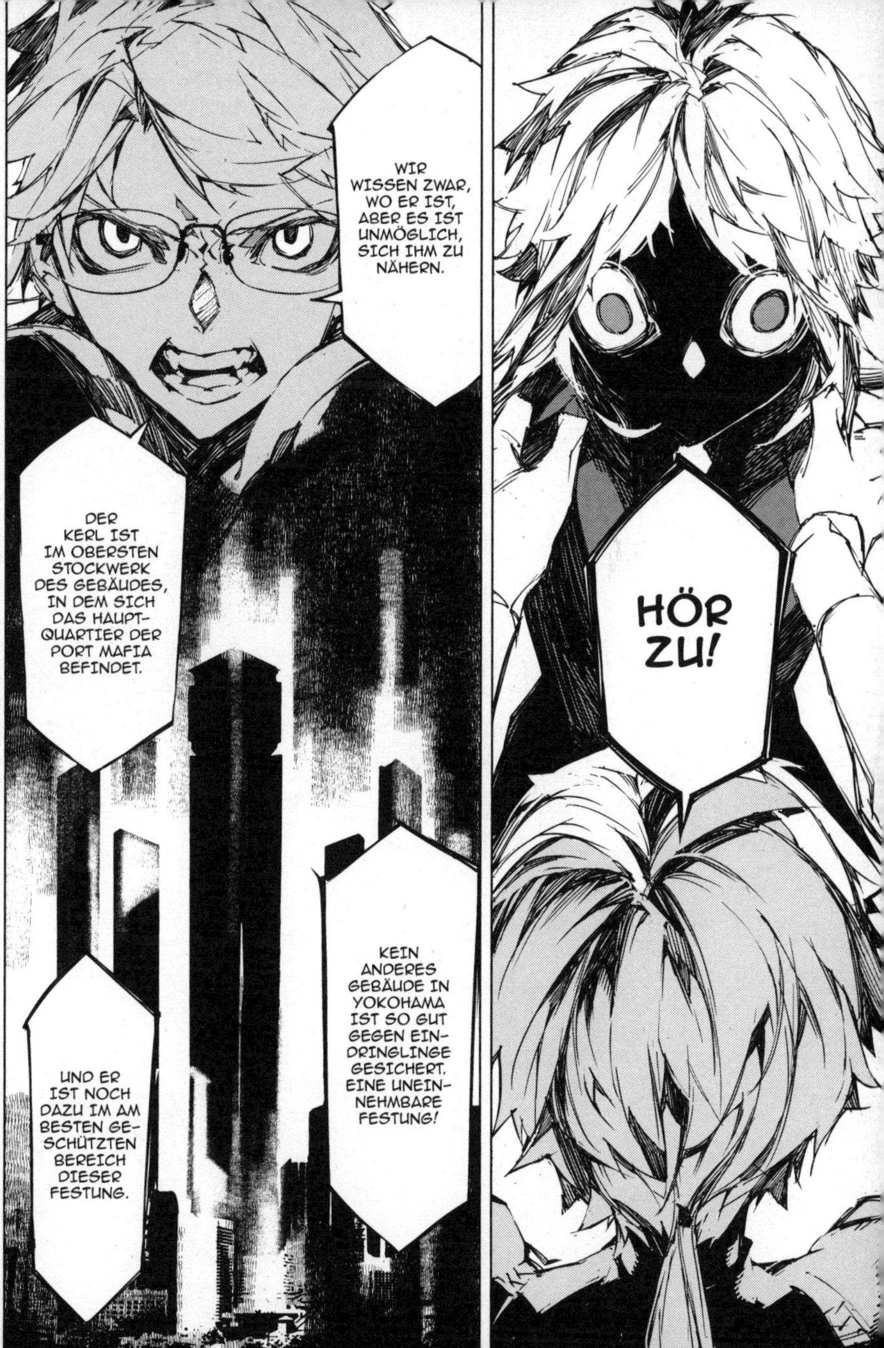

HÖR ZU!
WIR WISSEN ZWAR, WO ER IST, ABER ES IST UNMÖGLICH, SICH IHM ZU NÄHERN.
DER KERL IST IM OBERSTEN STOCKWERK DES GEBÄUDES, IN DEM SICH DAS HAUPT-QUARTIER DER PORT MAFIA BEFINDET.
KEIN ANDERES GEBÄUDE IN YOKOHAMA IST SO GUT GEGEN EIN-DRINGLINGE GESICHERT. EINE UNEIN-NEHMBARE FESTUNG!
UND ER IST NOCH DAZU IM AM BESTEN GE-SCHÜTZTEN BEREICH DIESER FESTUNG.

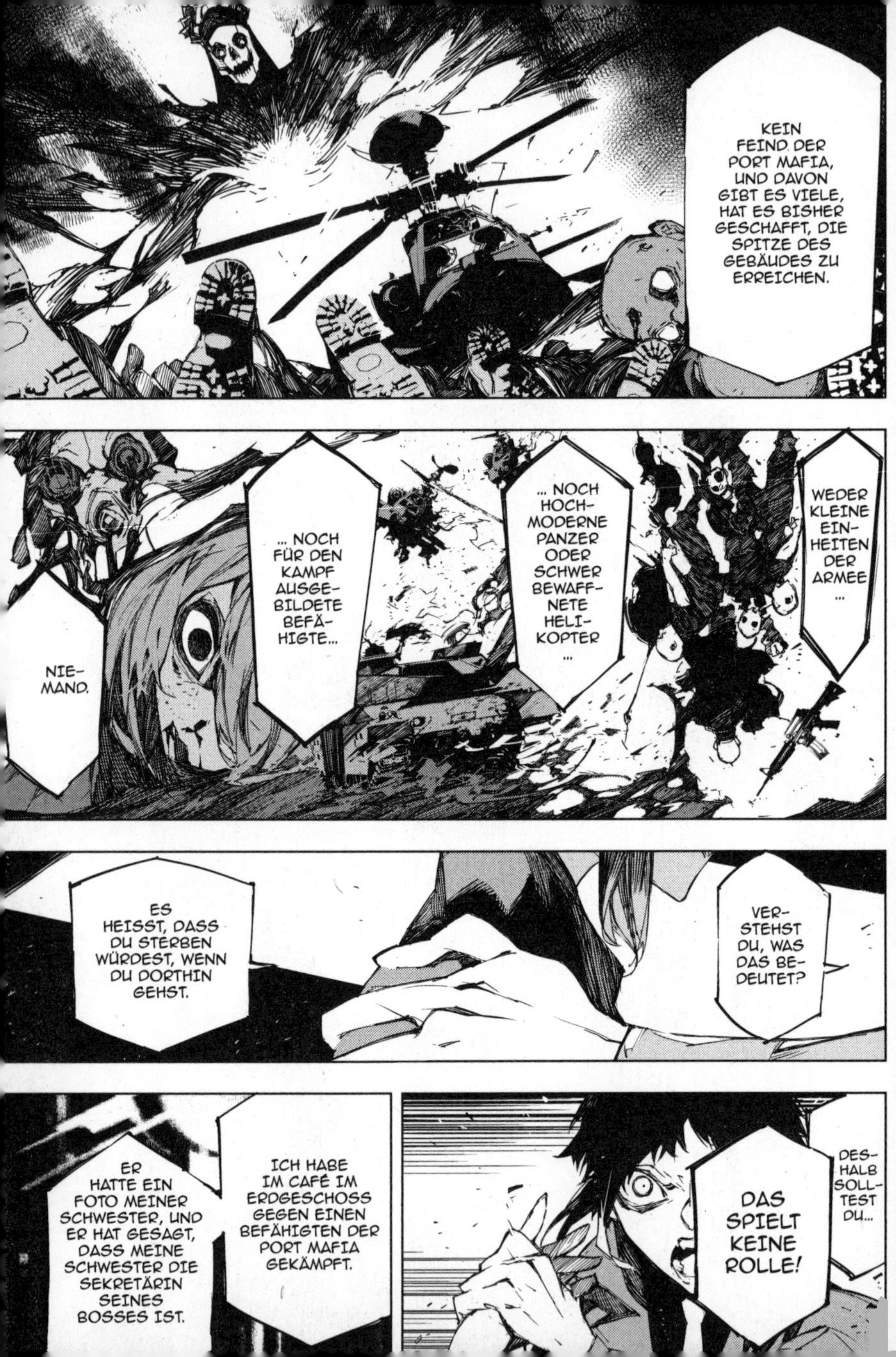
KEIN FEIND DER PORT MAFIA, UND DAVON GIBT ES VIELE, HAT ES BISHER GESCHAFFT, DIE SPITZE DES GEBÄUDES ZU ERREICHEN.
WEDER KLEINE EINHEITEN DER ARMEE ...
... NOCH HOCHMODERNE PANZER ODER SCHWER BEWAFFNETE HELIKOPTER ...
... NOCH FÜR DEN KAMPF AUSGEBILDETE BEFÄHIGTE...
NIEMAND.
VERSTEHST DU, WAS DAS BEDEUTET?
ES HEISST, DASS DU STERBEN WÜRDEST, WENN DU DORTHIN GEHST.
DESHALB SOLLTEST DU...
DAS SPIELT KEINE ROLLE!
ICH HABE IM CAFÉ IM ERDGESCHOSS GEGEN EINEN BEFÄHIGTEN DER PORT MAFIA GEKÄMPFT.
ER HATTE EIN FOTO MEINER SCHWESTER, UND ER HAT GESAGT, DASS MEINE SCHWESTER DIE SEKRETÄRIN SEINES BOSSES IST.

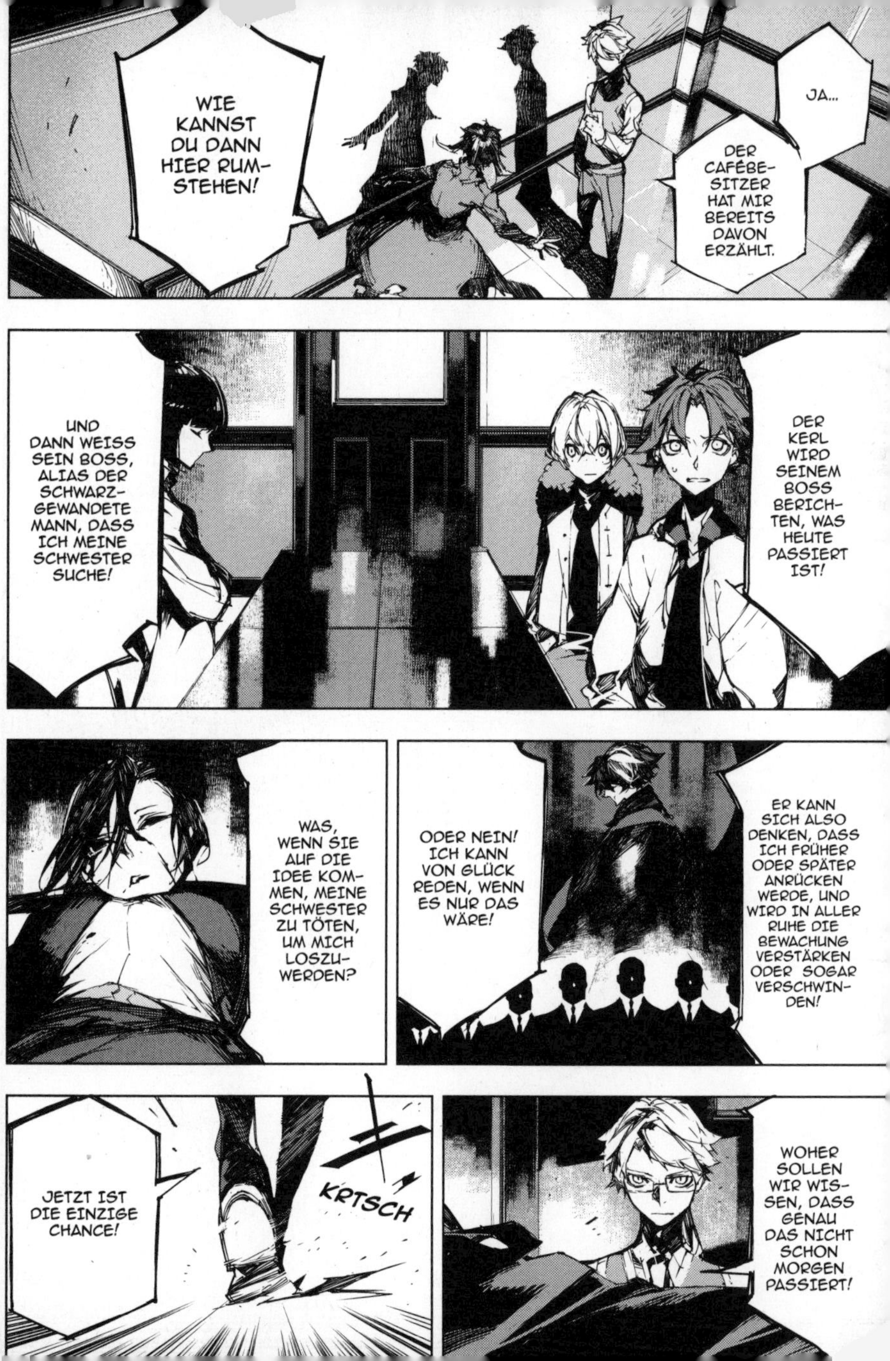
JA...
DER CAFÉBE-SITZER HAT MIR BEREITS DAVON ERZÄHLT.
WIE KANNST DU DANN HIER RUM-STEHEN!
DER KERL WIRD SEINEM BOSS BERICH-TEN, WAS HEUTE PASSIERT IST!
UND DANN WEISS SEIN BOSS, ALIAS DER SCHWARZ-GEWANDETE MANN, DASS ICH MEINE SCHWESTER SUCHE!
ER KANN SICH ALSO DENKEN, DASS ICH FRÜHER ODER SPÄTER ANRÜCKEN WERDE, UND WIRD IN ALLER RUHE DIE BEWACHUNG VERSTÄRKEN ODER SOGAR VERSCHWIN-DEN!
ODER NEIN! ICH KANN VON GLÜCK REDEN, WENN ES NUR DAS WÄRE!
WAS, WENN SIE AUF DIE IDEE KOM-MEN, MEINE SCHWESTER ZU TÖTEN, UM MICH LOSZU-WERDEN?
WOHER SOLLEN WIR WIS-SEN, DASS GENAU DAS NICHT SCHON MORGEN PASSIERT!
KRTSCH
JETZT IST DIE EINZIGE CHANCE!

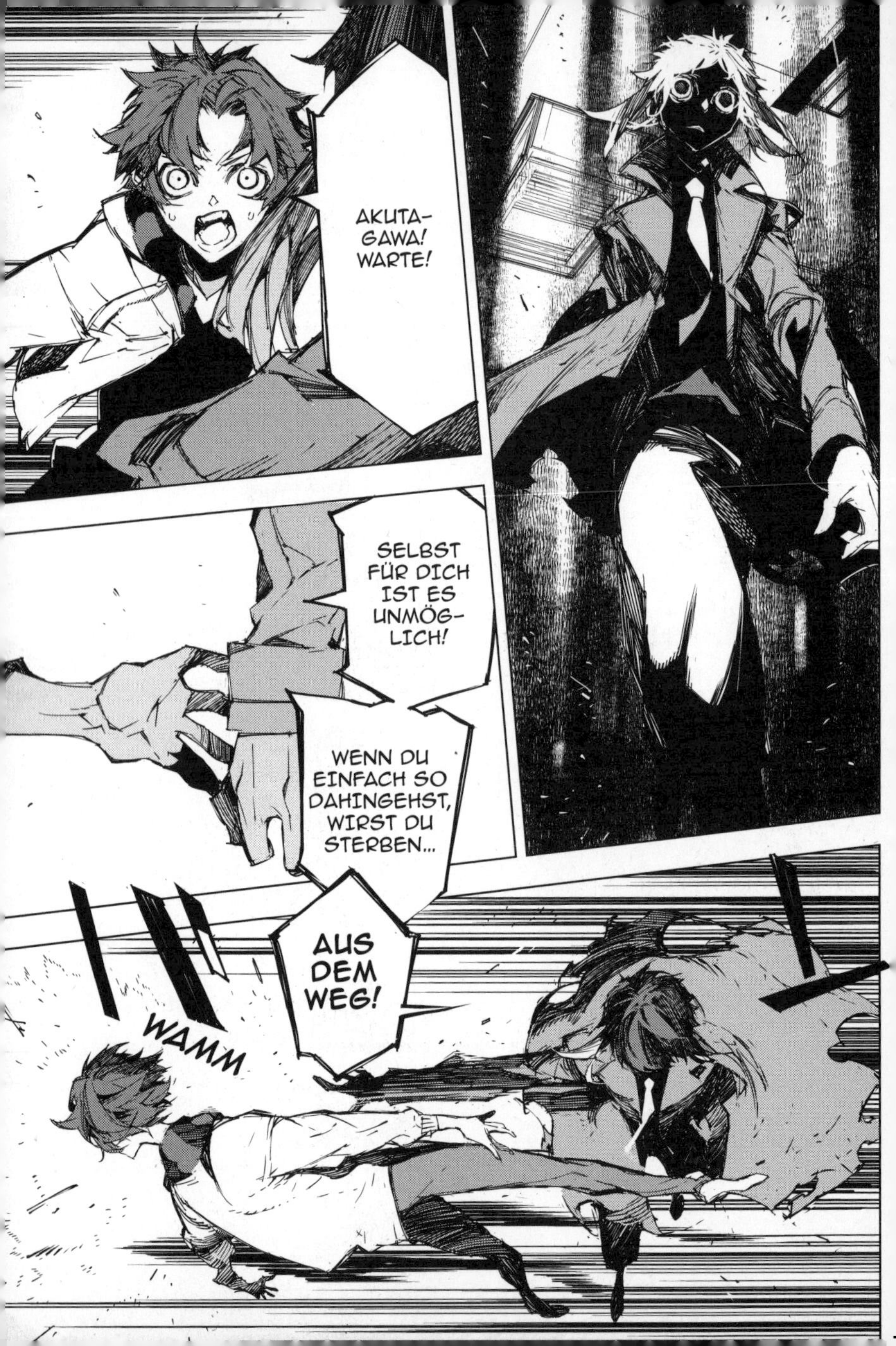
AKUTA-GAWA! WARTE!
SELBST FÜR DICH IST ES UNMÖG-LICH!
WENN DU EINFACH SO DAHINGEHST, WIRST DU STERBEN...
AUS DEM WEG!
WAMM

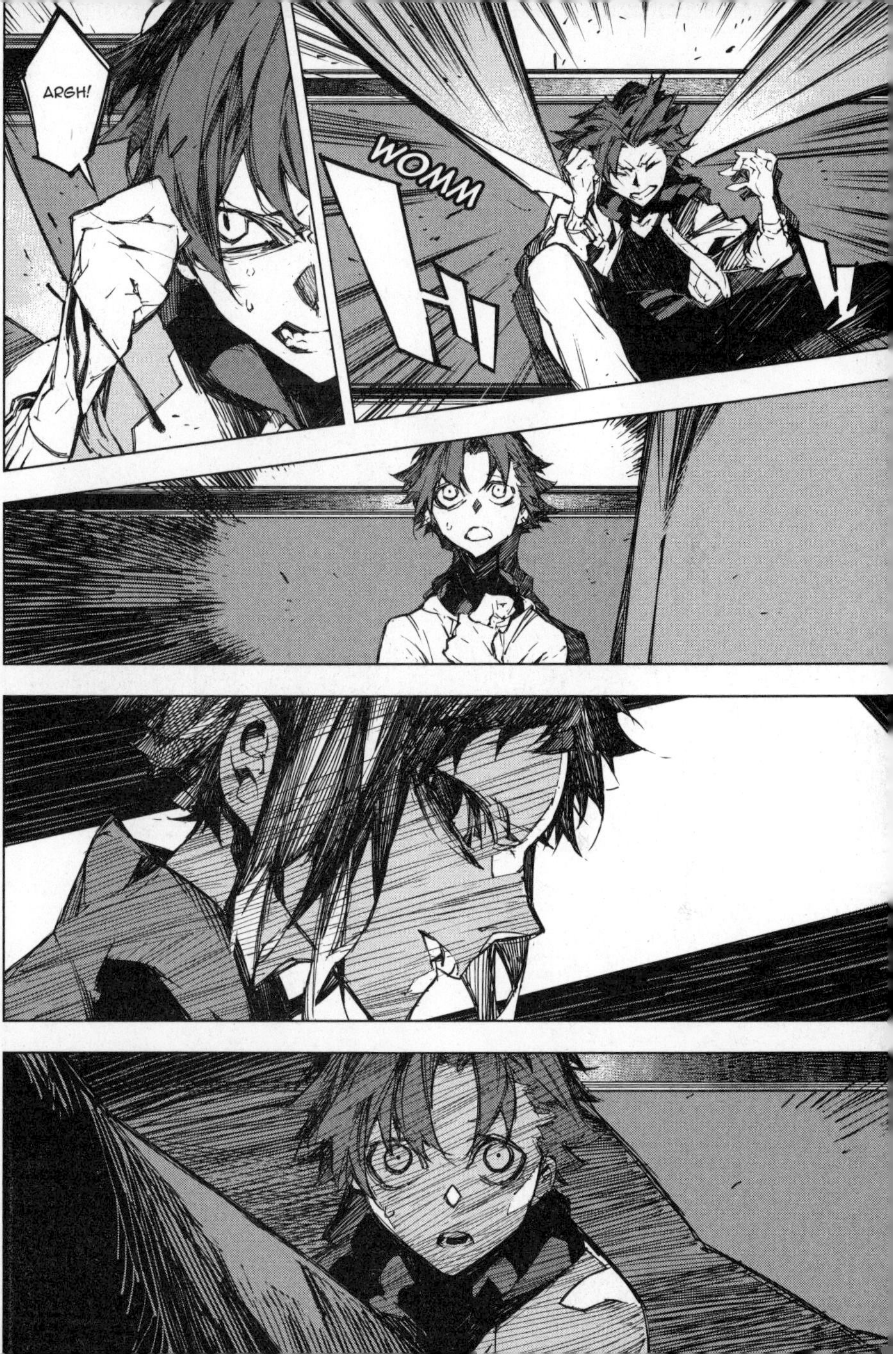
ARGH!
WOMM

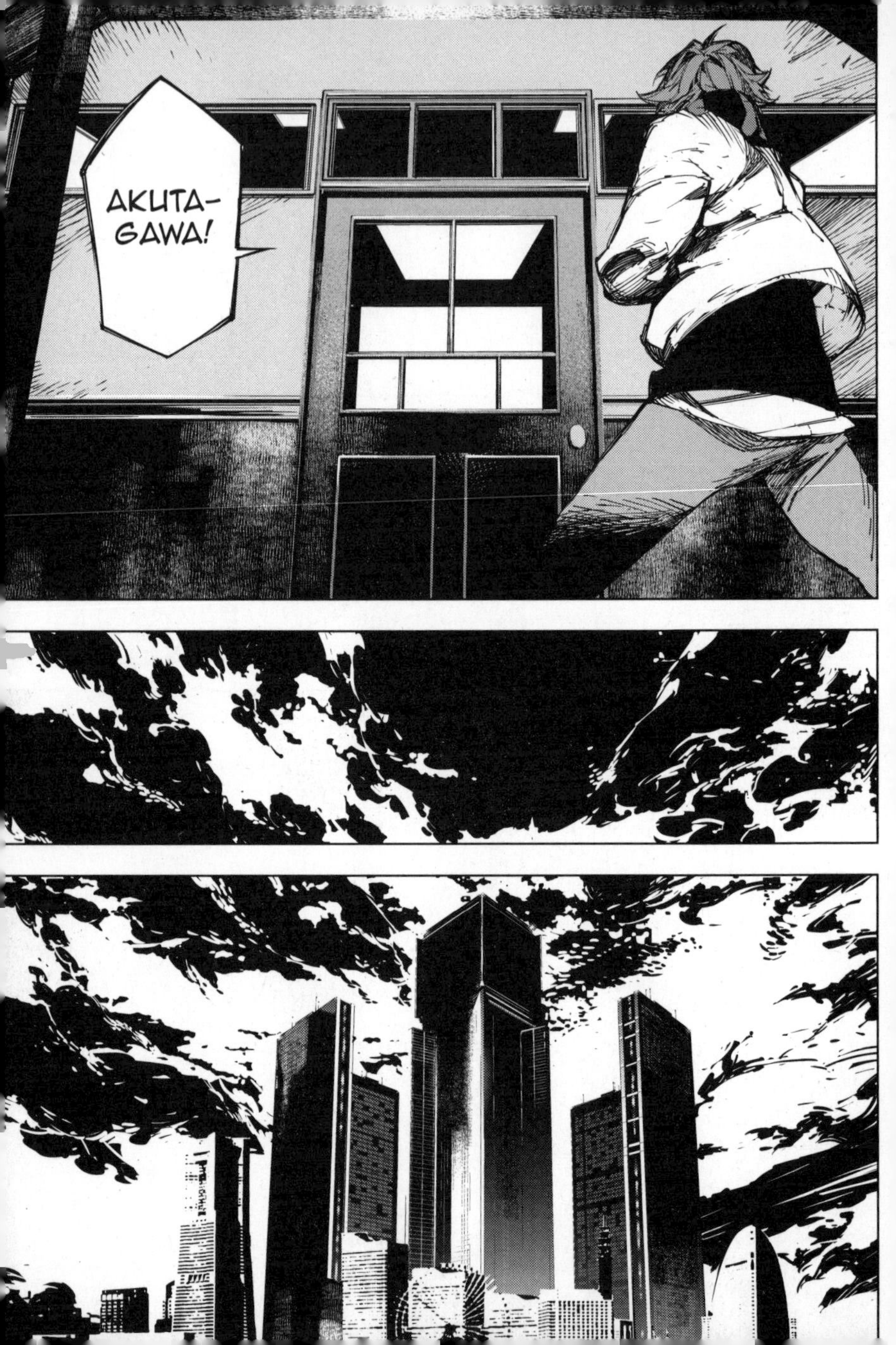
AKUTA-
GAWA!

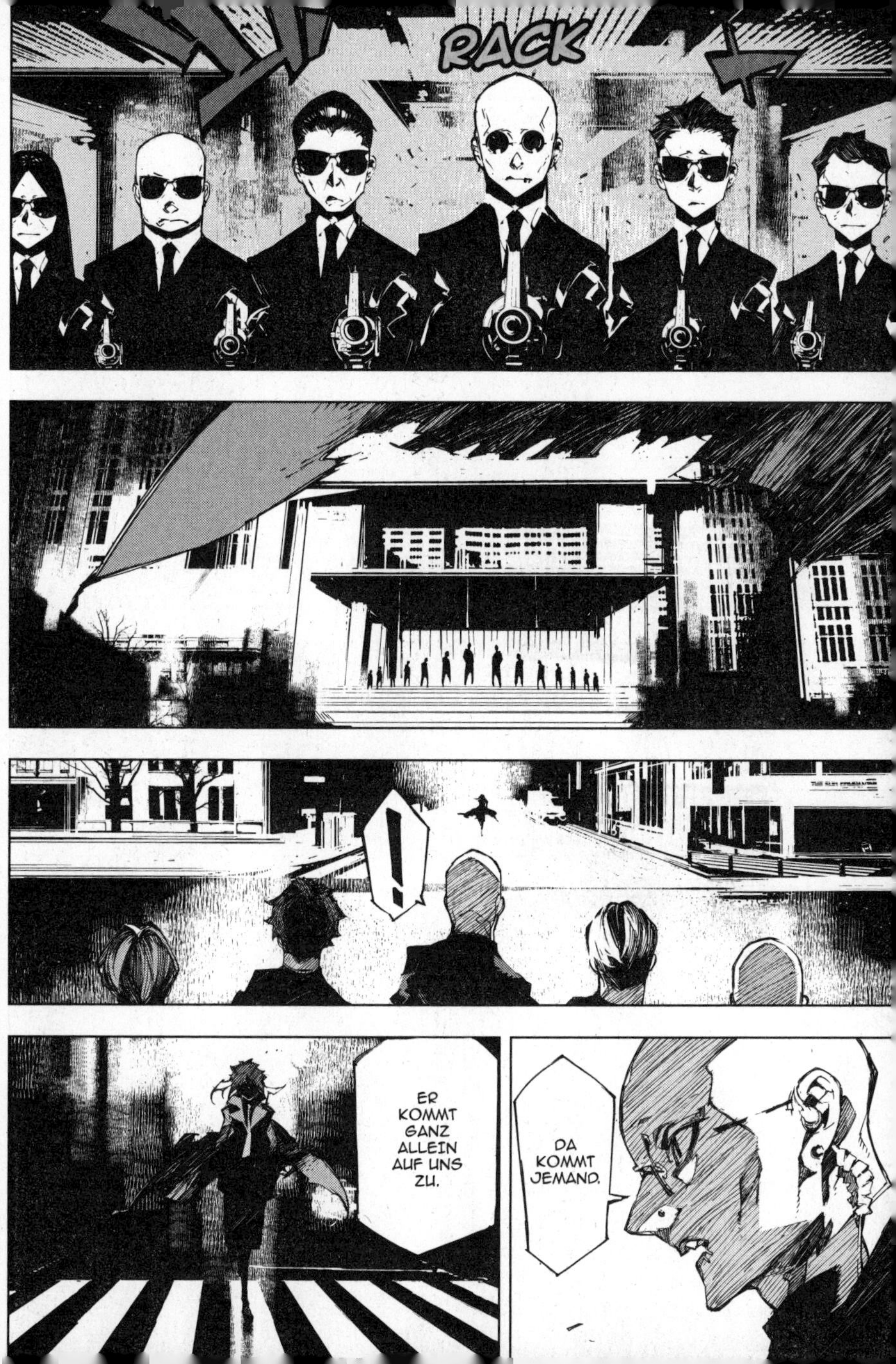
RACK
!
DA KOMMT JEMAND.
ER KOMMT GANZ ALLEIN AUF UNS ZU.

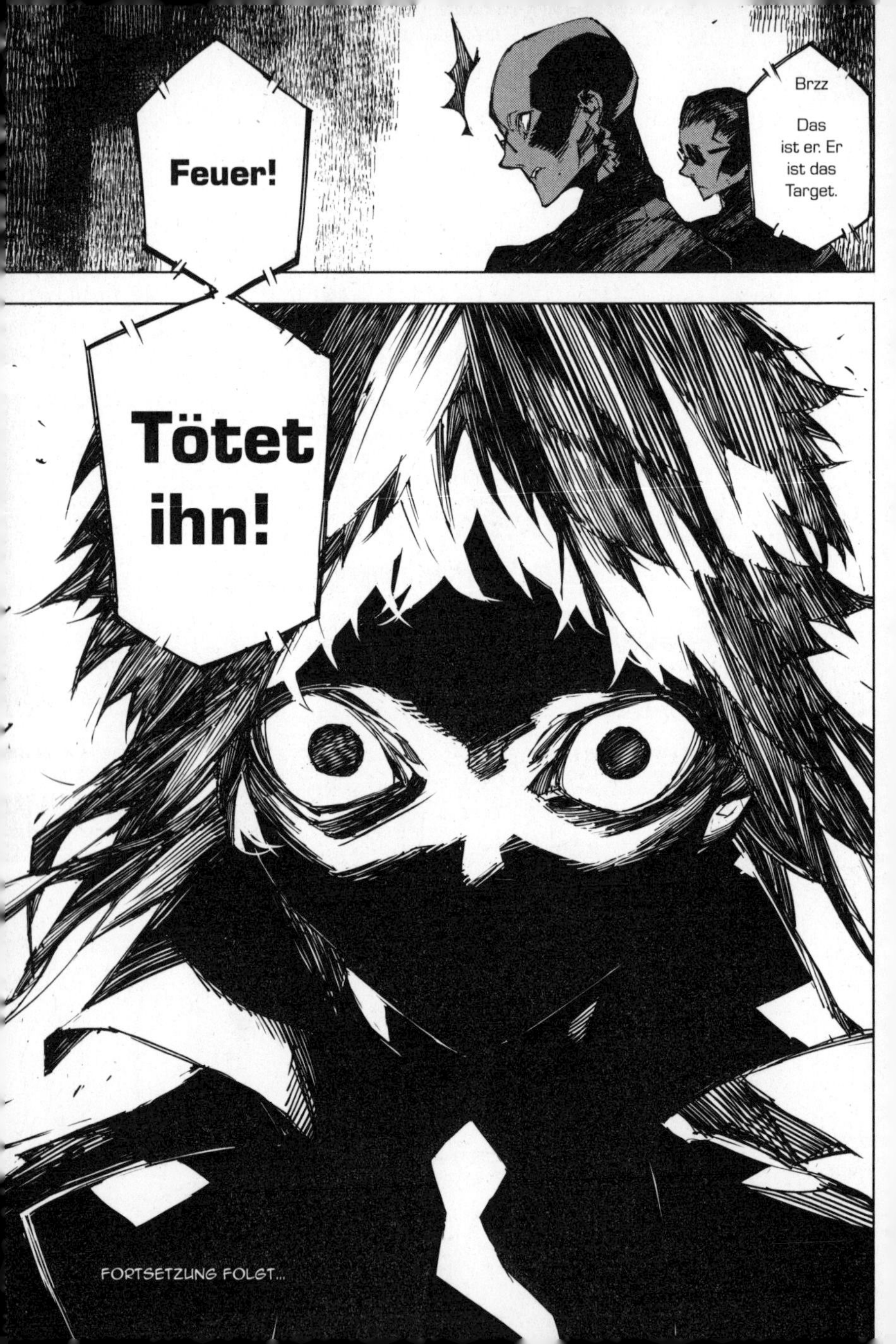

Brzz
Das ist er. Er ist das Target.
Feuer!
Tötet ihn!
FORTSETZUNG FOLGT...

AUTOR: KAFKA ASAGIRI

ORIGINAL CHARACTER DESIGN: HARUKAWA 35

ZUSTÄNDIGER REDAKTEUR: K-NAGA

TEAM PRODUKTION: ODA

Special Thanks

AN MEINE FAMILIE, VERWANDTSCHAFT,
GÖNNER UND AN DICH FÜR DEINE
BISHERIGE UNTERSTÜTZUNG!

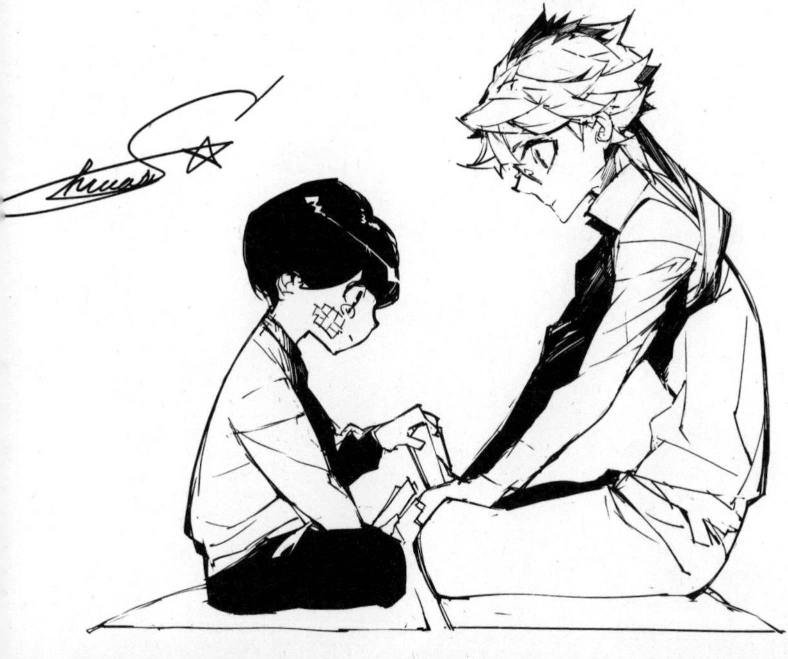

Bungo Stray Dogs

B E A S T

Bungo Stray Dogs

B E A S T

Mystery

Kenji Tsuruta / Shinji Kajio

EMANON

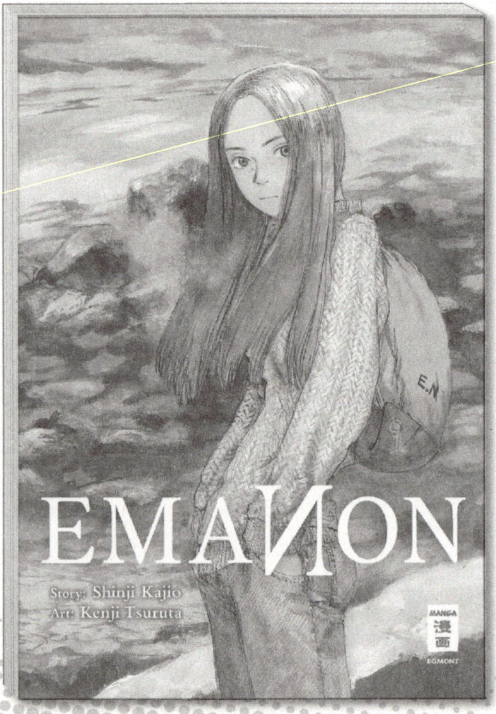

Eines Abends im Februar 1967 besteigt ein junger Mann eine Fähre, die ihn zurück auf seine Heimatinsel Kyushu bringen soll. An Bord kommt er mit einem Hippie-Mädchen ins Gespräch, das eine seltsame Faszination auf ihn ausübt. Auf die Frage nach ihrem Namen gibt sie ihm nur scherzhaft „Emanon" zur Antwort, „no name, aber rückwärts". Je länger ihre Gespräche andauern, desto klarer wird, dass Emanons Erinnerungen viel weiter zurückreichen, als er je für möglich gehalten hätte …

Emanon

Einzelband ISBN 978-3-7555-0105-3

€ 14,00 [D]

MANGA 漫画 EGMONT

www.egmont-manga.de

Fantasy

Adachitoka

NORAGAMI

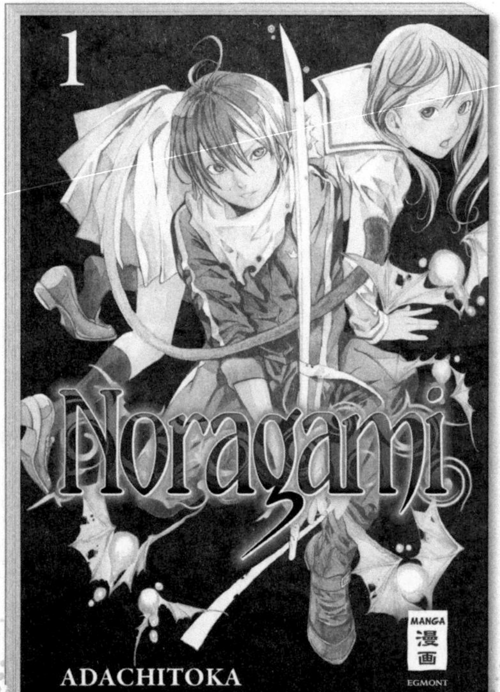

„Ob im Frühling, Sommer oder Winter – Ich löse deine Probleme!“, steht an die Wand der Schultoilette gekritzelt und die verzweifelte Mutsumi wählt die angegebene Telefonnummer. Yato, ein Junge im Jogginganzug erscheint, ohne echten Job oder festen Wohnsitz. Er ist derb, er ist frech und... hält sich für einen Gott!

So ganz weit hergeholt scheint das aber gar nicht zu sein, denn Yato kann jenen bösen Geistern, die zwischen Diesseits und Jenseits umherspuken, ganz gehörig einheizen!

Noragami

Band 1 ISBN 978-3-7704-7944-3
€ 7,50 [D]

MANGA 漫画

www.egmont-manga.de

EGMONT

Action

Shotaro Ishinomori

HIMITSU SENTAI GORENGER

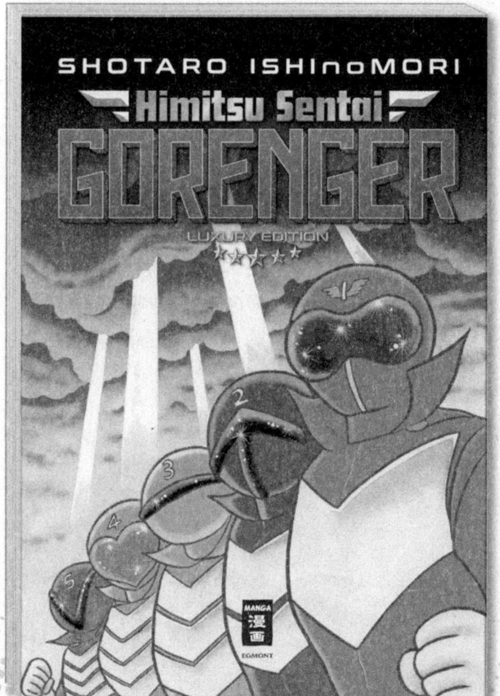

Der Weltfrieden ist in Gefahr, denn die böse Geheimgesellschaft Black Cross Army hat das Hauptquartier der Elite-Einheit Earth Guard League (EAGLE) zerstört! Wie durch ein Wunder überleben fünf junge Rekruten, an denen nun das Schicksal der ganzen Erde hängt. Mithilfe von innovativen Kampfanzügen und einem unzerstörbaren Teamgeist wird aus den unscheinbaren Jugendlichen die geheime Kampfgruppe „Gorenger"!

Himitsu Sentai Gorenger - Luxury Edition

Einzelband ISBN 978-3-7555-0087-2

€24,00 [D]

MANGA 漫画 EGMONT

www.egmont-manga.de

Action

Tatsuki Fujimoto

CHAINSAW MAN

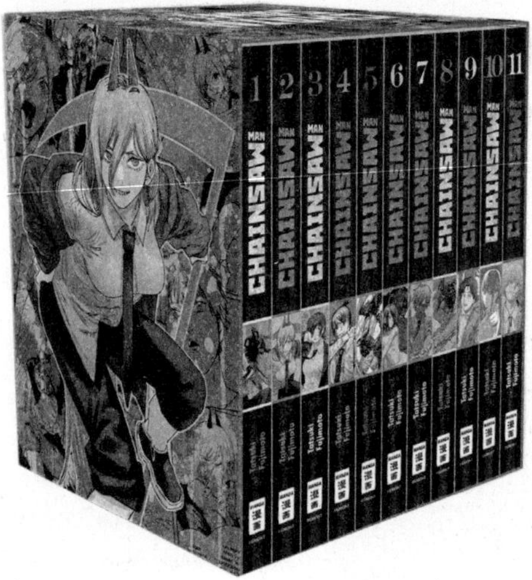

Als Denji dem kleinen Teufel Pochita – ein Hund mit einer Kettensäge auf dem Kopf – das Leben rettet, schenkt dieser ihm die Fähigkeit, sich in den Chainsaw Man zu verwandeln. Es dauert nicht lange, bis die Regierung auf ihn und seine Superkräfte aufmerksam wird: Ab sofort macht Denji beruflich den Dämonen die Hölle heiß!

Chainsaw Man Schuber mit Extras

ISBN 978-3-7704-4318-5

€ 86,00 [D]

MANGA 漫画

www.egmont-manga.de

EGMONT

Action

Tatsuki Fujimoto / Sakaku Hishigawa

CHAINSAW MAN - BUDDY STORIES

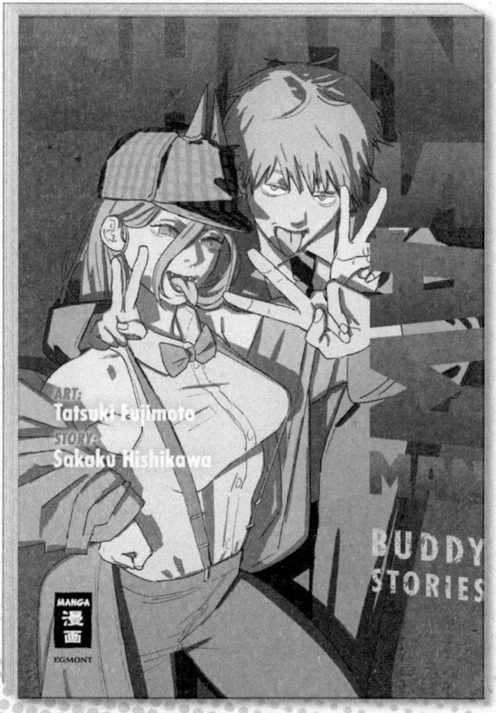

Buddy Stories erzählt drei Geschichten aus dem Chainsaw-Man-Universum, in denen sich alles um die Freundschaft beliebter Charaktere dreht: Die herrlich durchgeknallte Power als Detektivin mit ihrem Assistenten Denji, die gemeinsame Vergangenheit der unterkühlten Profis Quanxi und Kishibe sowie die frühen Tage als Teufelsjäger:innen von Himeno und Aki. Als Bonus gibt es noch eine richtige Perle, auf die Leser:innen der Serie schon sehnsüchtig gewartet haben dürften: Denjis und Powers Ausflug nach Enoshima!

Chainsaw Man - Buddy Stories

Einzelband ISBN 978-3-7555-0091-9

€ 12,00 [D]

MANGA 漫画 EGMONT

www.egmont-manga.de

Special

Tatsuki Fujimoto

17-21 - TATSUKI FUJIMOTO SHORT STORIES

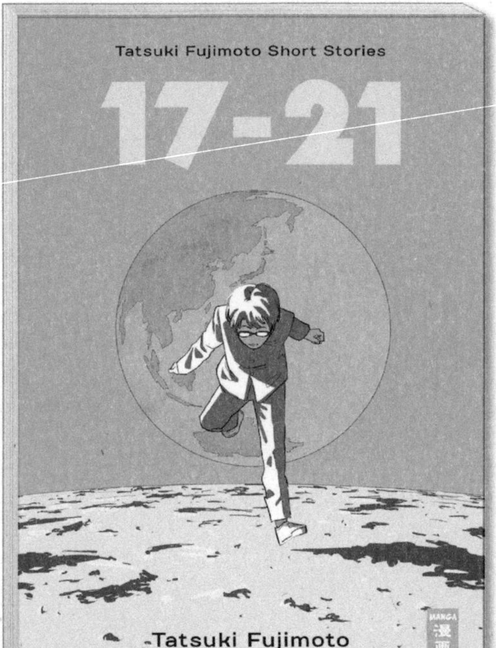

Zwei Hühner in einer Welt voller Aliens, ein Liebesgeständnis, das die Menschheit rettet, eine Auftragskillerin, die einen Unsterblichen töten soll – Tatsuki Fujimotos Kreativität kennt einfach keine Grenzen! Dieser Sammelband enthält verschiedene Kurzgeschichten aus der frühen Schaffensphase des Erfolgsautors.

17-21 - Tatsuki Fujimoto Short Stories

Einzelband ISBN 978-3-7555-0089-6

€ 12,00 [D]

MANGA 漫画 EGMONT

www.egmont-manga.de

www.egmont-manga.de
Unsere Bücher findest du im
Buch- und Fachhandel und auf

EGMONT Shop

www.egmont-shop.de

„Bungo Stray Dogs BEAST“ 01 von Kafka Asagiri,
Shiwasu Hoshikawa und Sango Harukawa
Aus dem Japanischen von Antje Bockel
Originaltitel: „Bungo Stray Dogs:Beast“ Vol. 02

Originalausgabe:
BUNGO STRAY DOGS BEAST Vol.2

First published in Japan in 2020 by KADOKAWA CORPORATION, Tokyo.
German translation rights arranged with KADOKAWA CORPORATION, Tokyo,
through TOHAN CORPORATION, Tokyo.

Deutschsprachige Ausgabe erschienen bei
2022 Egmont Manga
verlegt durch Egmont Verlagsgesellschaften mbH,
Ritterstraße 26, 10969 Berlin
safety@egmont.de

5. Auflage 2025
Verantwortliche Redakteurin: Inga Wurzbach
Textbearbeitung: Nina Fehn
Gestaltung: Wolfgang Schütte
Koordination: Angelika Schönhuber
Printed in the EU
ISBN 978-3-7555-0049-0

story house
EGMONT

SUTOPPU!

**Koko wa kono manga no owari dayo.
Hantaigawa kara yomihajimete ne!
Dewa omatase shimashita!
Tanoshii hitotoki wo dozo!**

Egmont-Manga-Chiimu

STOPP!

**Das ist der Schluss des Mangas.
Fangt bitte am anderen Ende an!
Und nun genug der Vorrede,
viel Spaß beim Lesen!**

Euer Egmont-Manga-Team